U0057414

中華民國憲政發展與修憲

—— 一九四九年以來的變遷

齊光裕 著

自 序

余年輕時好文史法政。大學時代初讀大師蕭公權之《憲政與民主》深為感動，尤其論及守憲守法之精義：

> 憲政的成立，有賴於守法習慣的培養。在我們缺乏守法習慣的中國，嚴守憲法的習慣遠比條文完美的憲典為重要。如果憲法可以輕易修改，任何人都可以藉口條文有缺點，企圖以修改憲法為名，遂其便利私意之實。

余研究所專研比較憲法，博士論文指導教授，前監察委員李師炳南曾愷切談及當年國內「憲改工程」之較妥適方針：

> 憲政成長，並非憲法修正一途而已，而憲法修正過度頻繁，更動規模過度龐雜，卻可能導致憲政制度之全盤失敗，故憲政改革應該盡量慎重其事，即以不修、小修或少修為宜。至於憲政的成長與鞏固，則賴朝野各黨共同信守憲法的規範為首要。

民國八十年起修憲，初始固解決原憲以全中國為格局之設計在運作上不當部份，並授權以法律特別規定兩岸人民關係與事務處理，反映兩岸分裂四十餘年政治現實，另在國民經濟、社會生活等基本國策，亦頗符合憲法適應性原則。

然而，中央政府體制走向顯然未順應臨時條款廢止，迅即回歸原憲法設計之中，主政者滋意妄為行徑，李師炳南提出「神魔二性」恰是傳神。國安會、國安局等「動員戡亂時期機構」在「程序修憲」中暗渡陳滄、總統公民直選、立法院生命線之「閣揆同意權刪除」、狗尾續貂毫無內閣制神髓之「倒閣權」・・・一步一步地踐踏原憲法體制精神，嚴重損毀憲法原理原則，使得七次修憲後反成治絲益棼，整部憲法成為「四不像」。政客之危害，憲法殘破如拼裝車，處處支離破碎，俯拾皆有可議。將使未來修憲若非全盤檢討將無以為濟。

本書第十四章『憲政回顧與展望：未來三種制度修憲草案試擬稿』，先論及憲政法理之諸多破毀與嚴重失當，並為國內首次大膽針對「內閣制」、「總統制」、「雙首長制」三種體制，一併提出三種版本之增修條文「修憲草案試擬稿」。此一具體實像必會引發諸多不同意見看法，然唯有如此，才真正可達「經世致用」之目標，力排「坐而論道」，走向「起而行動」階段，為國家建立累世之根基。因之余期望本書得為小小之火種！使國人更能集思廣益而成就修憲工程。

吾人深知，未來修憲有兩大困境橫亙於國人面前，倍增修憲工程之難度：

一者，無論「內閣制」、「總統制」、「雙首長制」三種體制，都有極難突破之高牆、深淵，不易跨越。以言「內閣制」，如何說服台灣之民眾接受已公民直選20年的總統成為「虛位元首」？甚或取消公民直選總統？以言「總統制」，如何說服民眾摒棄「立法院閣揆同意權」之價值？以言「雙首長制」如何說服學術界放棄對內閣制、總統制之頗多支持聲音？

二者，無論未來修憲採用何種制度，都有其優缺利弊。「內閣制」雖有諸多偏好者，其有助於「大中華國協」之鋪陳，[1]唯「行政與立法合一」，勝者通吃〈winner takes all〉，掌握國會多數〈立法權〉同時亦主導內閣施政〈行政權〉，「兩塊招牌一套人馬」，實非典型「三權分立」；益以國會呈現多黨林立、無政黨過半而需組成「聯合內閣」，觀之於法國二戰後之「第四共和」，不斷上演「倒閣」夢魘，政府施政益發疲弱、國家威望大損。「總統制」或有較佳之行政效率，但其政策「黑箱作業」，較之內閣制國會質詢制度之攤在陽光下，顯然高下立判；且除美國外，中南美洲、菲、韓之總統制讓人搖頭嘆息。「雙首長制」常以法國第五共和為典範，然而第五共和行政權之不明確部份為學界所疑慮，且以吾國之國民性與政黨意識型態南轅北轍，採行此制，或更增此制運作之難度。

唯民主最可貴在多元意見充分表達，民主機制避免「會而不議、議而不決」方案在「多數決」〈majority decision〉。余以為可用全國性公投定之。三種制度列舉，全國合格選民過半數出席投票，出席投票之同意票為三案之最高者，為通過。是然，選罷法可增修「三案〈含以上〉並列之公投規範」以為肆應。

余長時間以來研究國內憲政發展、政黨政治、政治參與、政治發展等議題，發表多篇論文於學術研討會、期刊，或出版學術專書。就民國八十年起至九十四年，國內前後進行七次修憲。因歷次修憲期間達十餘年，余針對各次修憲之政治環境、修憲緣始、修憲過程、修憲內容、利弊得失等等所著專論，發表於不同時期出版之專書中，各篇章初次發表時間列之如后：

『動員戡亂時期臨時條款』〈初次發表於《中華民國的政治發展 — 民國卅八年以來的變遷》第一版，1996 年 1 月，揚智文化公司。頁 183 – 頁 211〉。『戒嚴實施』〈初次發表於《中華民國的政治發展 — 民國卅八年以來的變遷》第一版，頁 211 – 頁 222〉。『威權體制轉型』〈初次發表於《中華民國的政治發展 — 民國卅八年以來的變遷》第一版，頁 440 – 頁 446〉。『解除戒嚴』〈初次發表於《中華民國的政治發展 — 民國卅八年以來的變遷》第一版，頁 447 – 頁 472〉。『國是會議』〈初次發表於《中華民國的政治發展 — 民國卅八年以來的變遷》第一版，頁 472 – 頁 494〉。『回歸憲法與一機關兩階段修憲』〈初次發表於《中華民國的政治發展 — 民國卅八年以來的變遷》第一版，頁 686 – 頁 736〉。『第三次修憲』〈初次發表於《中華民國的政治發展 — 民國卅八年以來的變遷》第一版，頁 736 – 頁 768〉。

『國家發展會議』〈初次發表於《中華民國的憲政發展 — 民國卅八年以來的憲法變遷》，1998 年 11 月，揚智文化公司。頁 173 – 頁 256〉。『第四次修憲』〈初次發表於《中華民國的憲政發展 — 民國卅八年以來的憲法變遷》，頁 257 – 頁 344〉。

『第五次修憲』〈初次發表於《中華民國的政治發展 — 民國卅八年以來的變遷》第二版，2013 年 1 月，揚智文化公司。頁 653 – 頁 660〉。『第六次修憲』〈初次發表於《中華民國的政治發展 — 民國卅八年以來的變遷》第二版，頁 661 – 頁 681〉。『第七次修憲』〈初次發表於《中華民國的政治發展 — 民國卅八年以來的變遷》第二版，頁 682 – 頁 697〉。

---

[1] 針對兩岸未來發展，因應歷史走向、兩岸特色，如何發揮炎黃子孫合則兩利「一中屋頂」最高理想，學術界有「邦聯」、「聯邦」、「大中華國協」等主張，均為選項〈option〉之一，既有助兩岸統合，亦保持各自主體性。「大中華國協」乃仿效「大英國協」之以「西敏寺法」結合各成員國，加拿大、澳洲、紐西蘭等共同遵奉英國元首為其共同元首，但各國內部為「內閣制」，主權、治權均在各該國手中。中華民國如採「內閣制」，有助益於他日「大中華國協」之設計。

以上十餘年七次修憲與憲政發展，余將研究所得發表於上述專書，然以各書體例格式並不相同，乃思以“憲政發展與修憲”爲一完整體系之專著，匯聚上述各文，並結合近兩年所寫之：『破局收場的民國 104 年修憲運動』、『憲政回顧與展望：未來三種制度修憲草案試擬稿』，都爲一書，名之爲《中華民國憲政發展與修憲──一九四九年以來的變遷》，完整呈現一九四九年以來迄今國內憲政發展與修憲。本書各章均可自成一單元，又前後相連貫，呈首尾相顧，環環相扣之勢。

余不敏且常怠惰，進入學術界多年，感謝諸多良師益友之助，或勉勵、或督促、或邀稿、或參加研討會發表論文，常有所思，並有所得，亦使余不致安於現狀停滯不前。授業恩師國立台灣師範大學蕭師行易、監察委員李師炳南、國防大學陳師新鋡、梁師中英、趙師明義，台師大紀師俊臣、黃師人傑、陳師延輝、黃師城、陳師文政等教授的經師人師，使余受益深厚。

特別地感謝彭壽春董事長、楊曼華校長、李大偉校長、金榮勇校長、高永光考試院副院長、潘維剛立法委員、黃年發行人、林國章館長、王水寶總裁、林鐘仁總經理、王福生總經理、葉忠賢總經理、董瑞林將軍、帥化民將軍、姚強將軍、黃四川將軍、李宗藩將軍、于茂生將軍、鄧長富將軍、賴振生將軍、黃慶靈將軍、黃弈炳將軍、王世塗將軍、李海同將軍、王明我將軍、李智雄將軍、明邦道將軍、胡瑞舟將軍、張延廷將軍、池玉蘭將軍、趙建中將軍、李慶元市議員、蔡政崇副秘書長、劉吳洲主任秘書、陳岳主任秘書、傅敬群主任秘書、匡思聖主任秘書、林信華總務長、陳滄海總務長、陳珠龍教務長、賴岳謙學務長、范振鳳學務長、徐煋輝學務長、鍾文博學務長、郭冠廷研發長、邵宗海院長、羅曉南院長、劉易齋院長、謝登旺院長、羅新興院長、林文清副院長、趙建民所長、何振盛所長、王定士所長、趙國材所長、齊茂吉所長、李細梅所長、傅仁坤所長、張克章所長、曲兆祥所長、范世平所長、王冠雄所長、吳德美所長、詹哲裕所長、洪陸訓所長、黃筱薌所長、洪泉湖所長、韓孟麒所長、韓毓傑所長、李亞明所長、傅錫誠主任、王 坪主任、盧國慶主任、曾慶華主任、張石柱主任、戴育毅主任、閔宇經主任、李偉敬主任、顏建發處長、謝易達館長、賴德炎總編輯、閻富萍總編輯、莊政、蔡志昇、劉性仁、劉義鈞、吳傳國、歐廣南、常如玉、秦宗春、何若湯、薛朝勇、杜維鈞、陳維新、羅中展、洪淑宜、林吉郎、謝仁真、董繼禮、郭祥瑞、陳偉杰、莊旻達、湯雲騰、許源派、劉碧蓉、于茂宗、陳佳吉等教授對余的指導與切磋。

本書出刊，犬子汝鴻已取得國立交通大學土木工程研究所碩士學位、金門服完兵役，刻正在新竹擔任工程師；小女汝萱亦於國立台灣師範大學歷史學研究所攻讀博士學位。子女學有所成，知禮守分，服務於社會，內人楊麗珠女士平日持家辛勞，子女的認真奮發，是她最大的成就與喜悅。今年欣逢父親齊治平先生九秩華誕、母親齊吳素琴女士八秩華誕，他〈她〉們鶼鰈情深，在社區中爲人人誇讚、羨慕之恩愛伴侶，特別敬謹將本書奉獻給育我劬勞的父、母親大人。

最後，感謝健行科技大學提供最優質學術環境，彭壽春董事長、李大偉校長對教育之長遠發展相當關注，尤戮力於本校學術研究風氣之倡導，乃使余在此優良環境之中，得全心、全力於教學、研究工作。這本「中華民國憲政發展與修憲」

是很大工程，個人學養、才識均有不足，疏漏自不能免，所有缺失之處，當由余負起全責。並請方家惠予斧正，是爲至禱！

齊光裕　謹識

健行科技大學 A605 研究室

2016.1.1

目　錄

表目錄

第一章　動員戡亂時期臨時條款

一、臨時條款的時代背景

民國卅七年三月第一屆行憲國民大會開幕之時，國共衝突已蔓延各地，尤其北方情勢最嚴重，部分人士有鑒於憲法賦予總統之權力，不足以應付緊急時機，乃主張宜將憲法作適度修改，但憲法甫經公布，尚未施行即予修改，將損及憲法之尊嚴，尤爲少數黨所不願。幾經會內外磋商，多數人認爲若能暫不牽動憲法，以適當方式賦予政府臨機應變，處理緊急情勢的權力，並得適應動員戡亂的需要，有其必要。於是有國大代表莫德惠、王世杰等 1,202 人提案制定臨時條款，經國民大會第一次會議第十二次大會，在民國卅七年四月十八日，依憲法第一百七十四條第一款規定修改憲法之程序，完成動員戡亂時期臨時條款，國民政府於民國卅七年五月十日明令公布。初次制定之臨時條款，全文如下：[1]

> 茲依照憲法第一百七十四條第一款程序，制定動員戡亂時期臨時條款全文如左：總統在動員戡亂時期，爲避免國家或人民遭遇緊急危難，或應付財政經濟上重大變故，得經行政院會議之決議，爲緊急處分，不受憲法第卅九條或第四十三條所規定程序之限制。前項緊急處分，立法院得依憲法第五十七條第二款規定之程序，變更或廢止之。動員戡亂之終止，由總統宣告，或由立法院咨請總統宣告之。

第一屆國民大會，應由總統至遲於卅九年十二月二十五日以前，召集臨時會，討論有關修改憲法各案，如屆時動員戡亂時期，尚未依前項規定宣告終止，國民大會臨時會應決定臨時條款應否延長或廢止。』

當時連署該案的王世杰代表，對於臨時條款之提案要旨有如下說明：[2]

> 我們七百餘人提這個議案，其根本目的，在求行憲戡亂並行不悖。我們知道，現在政府有兩大任務，一爲開始憲政，一爲動員戡亂。但在憲法裡，對於政府在變亂時期的權力，限制綦嚴，如果没有一個適當辦法補救，則此次國民大會閉會以後，政府實行憲政，必然會有兩種結果：一爲政府守憲守法，但不能應付時機，敉平叛亂，挽救危機；一爲政府爲應付戡亂需要，蔑視憲法或曲解憲法條文，使我們數十年流血革命，付了很大犧牲而制定的憲法，變爲具文，我們提這個案，以沉重的心情，要使國民大會休會以後，真正能行憲而且能戡亂，故有此提案。・・・

綜此臨時條款制定之經過，可看出其乃爲適應國家動員戡亂時期之需要，賦予元首以緊急應變的臨時權限，這在國際憲政史上亦不乏其例，如美國國會之對羅斯福總統授權，英國國會之對邱吉爾授權，這是爲了避免國家遭到非常變故下

---

[1] 林紀東，中華民國憲法釋論，卅一版（台北：大中國圖書公司，民國六十六年四月），頁四〇七—四〇八。

[2] 國民大會祕書處編，第一屆國民大會實錄，第一編（台北，國民大會祕書處，民國五十年），頁一一一九。

所發展出來的結果。[3]唯此一臨時條款對憲政造成重大影響，實肇因：(1) 中華民國與中共分裂分治之久，為始料不及。(2) 中華民國雖以法統自持，但因主權不及於大陸，造成嗣後中央民意代表無法全面改選之困境。(3) 非常時期之國家元首深受台澎金馬軍民所依托，憲法上有關總統任期問題亦浮現。於是使臨時條款不僅未能在短時期中止，其內容且有增加。

二、臨時條款的延長與擴張

臨時條款第四項原規定，應由總統於民國卅九年十二月廿五日以前，召集國民大會臨時會，討論有關修改憲法各案，如屆時動員戡亂時期尚未宣告終止，應由國民大會臨時會決定臨時條款應延長或廢止。惟因時局關係，國民大會臨時會未能如期召集，臨時條款應否延長或廢止之問題，因而亦無從決定。直到民國四十三年二月十九日，第一屆國民大會第二次會議在台北舉行時，始由陳其業、莫德惠等 877 位代表提出臨時動議：「請由大會決議，動員戡亂時期臨時條款繼續適用案」。其理由為：[4]

> 現在急欲反攻大陸，動員戡亂的情勢，更為緊張，本條款不能廢止，固不待言。而針對目前情形，主張修改，亦有其理由。但本條款是依照憲法第一百七十四條第一款的程序制定，須有國民大會代表總額五分之一提議，方能廢止與修改。目前由於大陸淪陷，在台代表總額三分之二之出席，既不可能，則對於本條款之廢止與修改，均難實現，本條款在未依照法定程序廢止與修改以前，自應繼續有效。

上述提案經大會於三月十一日議決通過：「動員戡亂時期臨時條款在未經正式廢止前，繼續有效。」

民國四十九年二月十日第一屆國民大會第三次會議在台北集會，當時輿論及與會國大代表咸認此時此地，不宜修憲，然而臨時條款的制定，已達十餘年之久，實有修訂的必要，俾能適應戡亂的需要。而在前第二次會議時所面臨的憲法所稱代表總額問題，亦於民國四十九年二月經司法院大法官會議釋字第 85 號解釋為：「憲法所稱國民大會代表總額，在當前情形，應以依法選出而能應召集會之國民大會代表人數為計算標準」，得到解決。於是在民國四十九年三月十一日通過了第一次修訂臨時條款，其後於五十五年二月十五日第三次會議臨時會、五十五年三月廿二日第四次會議、六十一年三月廿三日第五次會議，分別做了第二、三、四次的修訂臨時條款，第一次修訂至第四次修訂增刪情形如〈表一一一〉。

綜合而論，臨時條款制定及歷次修訂之主要作用為：

(1) 初次制定臨時條款的重點，在授予總統以「緊急處分權」之行使，在程序上不受憲法有關條文（卅九條、四十三條）之限制。

---

[3] 董翔飛，中國憲法與政府，廿四版（台北：自發行，民國八十一年九月），頁六八三。

[4] 國民大會祕書處編，第一屆國民大會實錄，第二編（台北：國民大會祕書處，民國五十年），頁二〇四一二〇五。

（2）第一次修訂臨時條款的重點，在賦予蔣中正總統得以繼續出任第三任總統的法源，對於鞏固當時領導中心，有著積極的意義。

（3）第二次修訂臨時條款的重點有二：一為國民大會創制複決兩權之行使。二為設置研究機構，研討憲政有關問題。

（4）第三次修訂臨時條款的重點有二：一為授權總統設置動員戡亂機構，決定動員戡亂有關大政方針，並處理戰地政務。二為總統因動員戡亂需要，得調整中央政府之行政機構及人事機構，並增補選中央公職人員。

（5）第四次修訂臨時條款的重點有二：一為擴大中央政府基礎，在自由地區增加中央民意代表名額。二為授權總統訂定遴選辦法，使僑居國外國民亦有選出或遴選之立法委員、監察委員等參與中央政治。

三、臨時條款的施行

臨時條款所規定內容的實施，可以從七個方面分析：（1）緊急處分權的運用。（2）總統得連選連任。（3）創制複決權的行使。（4）設置憲政研討會。（5）設置動員戡亂機構。（6）設立人事行政機構。（7）充實中央民意代表機構。

（一）緊急處分權的運用

依現行憲法第四十三條規定，總統有權依該條所定程序發布「緊急命令」，但一則發布緊急命令所必需依據之「緊急命令法」迄未制定，使憲法第四十三條無由實施；二則該條所定發布緊急命令之原因限於「國家遇有天然災害、癘疫、或國家財政經濟上有重大變故」，戡亂難以包括其中。職是之故，臨時條款之「緊急處分」即增加「為避免國家或人民遭遇緊急危難」一語。另緊急處分乃授予總統臨機應變的權力，在程序上，便可不必經由憲法第三十九條經立法院通過或追認之程序；亦可以不依照憲法第四十三條規定的「緊急命令法」（此法迄未制定）的規定，也不需依照同條規定須於發布命令後一個月內提交立法院追認，因之「緊急處分」與「緊急命令」的法源依據、原因、程序等均顯然不相同。

臨時條款制定後，總統運用緊急處分數量不多，在大陸時期所發布者有民國卅七年八月十九日，總統頒布「財政經濟緊急處分令」、民國卅七年十二月十日，總統發布「全國戒嚴」、民國卅八年一月十九日，總統發布「黃金短期公債」、同年三月廿五日代總統發布「財政金融改革案」、七月二日代總統復頒「制定銀元及銀元兌換券發行辦法」、七月廿三日代總統再頒布「戒嚴令」、七月廿三日代總統頒布「愛國公債條例」。[5]

政府來台後，緊急處分總共使用四次。第一次為民國四十八年八月卅一日，蔣中正總統頒布對於「八七水災」的搶救、重建工作的緊急處分令，規定緊急處分事項共 11 種。[6]

第二次為民國六十七年十二月十六日，美國宣布與中共建交，時值當年度增

---

[5] 谷祖盛，臨時條款與憲法的適應或成長，政治作戰學校，政治研究所，碩士論文，民國七十三年六月，頁九 0—九一。

[6] 總統府公報第一 0 四九號令，民國四十八年八月卅一日，頁一—二。

表一一 一　動員戡亂時期臨時條款歷次修訂情形

修訂次數	修訂時間	修訂會期	修訂內容
第一次修訂	49.3.11	第三次會議	新增二項： 1. 動員戡亂時期總統副總統得連選連任，不受憲法第四十七條連任一次之限制。 2. 國民大會創制、複決兩權之行使，於國民大會第三次會議閉會後，設置機構，研擬辦法，連同有關修改憲法各案，由總統召集國民大會臨時會討論之。 修正三項： 1. 國民大會臨時會由第三任總統於任內適當時期召集之。 2. 動員戡亂時期之終止，由總統宣告之。 3. 臨時條款之修正或廢止，由國民大會決定之。
第二次修訂	55.2.15	第三次會議臨時會	新增三項： 1. 動員戡亂時期，國民大會得制定辦法，創制中央法律原則與複決中央法律，不受憲法第二十七條第二項之限制。 2. 在戡亂時期，總統對於創制案或複決案認爲有必要時，得召集國民大會臨時會討論之。 3. 國民大會於閉會期間，設置研究機構，研討憲政有關問題。 刪除兩項： 1. 國民大會創制、複決兩權之行使，於國民大會第三次會議閉會後，設置機構、研擬辦法，連同有關修改憲法各案，由總統召集國民大會臨時會討論之。 2. 國民大會臨時會由第三任總統於任內適當時期召集之。 〈以上刪除原因，爲本次臨時會已召集，達成其既定目標，已無實質存在意義〉

第三次修訂	55.3.22	第四次會議	新增兩項： 1. 動員戡亂時期，本憲政體制，授權總統得設置動員戡亂機構，決定動員戡亂有關大政方針，並處理戰地政務。 2. 總統爲適應動員戡亂需要，得調整中央政府之行政機構及人事機構，並對於依選舉產生之中央公職人員，因人口增加或因故出缺，而能增選或補選之自由地區及光復地區，均得訂頒辦法實施之。
第四次修訂	61.3.23	第五次會議	新增一項： 1.動員戡亂時期，總統得依下列規定，訂頒辦法充實中央民意代表機構，不受憲法第二十六條、第六十四條及第九十一之限制〈1〉在自由地區增加中央民意代表名額，定期選舉，其需由僑居國外國民選出之立法委員及監察委員，事實上不能辦理選舉者，得由總統訂定遴選辦法遴選之。〈2〉第一屆中央民意代表，係經全國人民選舉所產生，依法行使職權，其增選補選亦同。大陸光復地區次第辦理中央民意代表之選舉。〈3〉增加名額選出之中央民意代表，與第一屆中央民意代表，依法行使職權。增加名額選出之國大代表，每六年改選，立法委員每三年改選，監察委員每六年改選。

資料來源：作者整理

額中央民意代表競選期間，由於國家安全整體考量，蔣經國總統乃即日頒發緊急處分令：（1）軍事單位採取全面加強戒備之必要措施。（2）行政院經濟建設委員會會同財政部、經濟部、交通部，採取維持經濟穩定及維持發展之必要措施。（3）正進行中之增額中央民意代表選舉，延期舉行，即日停止一切競選活動。[7]

第三次爲民國六十八年一月十八日，蔣經國總統復發布緊急處分令補充令。[8]以解決中央增額選舉經前項緊急處分宣告停止，而依臨時條款規定於六十一年及六十四年選出之增額國民大會代表、立監委員之任期將於六十八年初屆滿問題，而得以解決。

第四次爲民國七十七年李登輝總統發布於國喪期間，禁止人民集會遊行請願。

（二）總統得連選連任

依憲法第四十九條之規定：「總統副總統之任期，均爲六年，連選得連任一次。」亦即限制總統作兩次以上連任。憲法之規定，自當爲人人所謹遵。唯因我國於民國三十年代末期以來，即處於動員戡亂，非屬承平，沒有卓越、堅強又爲全體國民所信服之領導中心，凝聚全民力量，恐無法渡過那段艱辛、百廢待舉、內憂外患的局面。爰於臨時條款第三項特別規定：「動員戡亂時期，總統副總統得連選連任，不受憲法第四十七條連任一次之限制。」根據此一規定，蔣中正總統得於民國四十九年、五十五年、六十一年連任中華民國第三、四、五屆總統，以其豐富反共經驗，堅定革命意志，領導國人一面對抗共產政權、一面增強國力，不僅渡過重重難關，且銳意建設台澎金馬，始有其後台灣富裕繁榮之社會。

（三）創制複決兩權行使

國民大會之創制複決兩權，依憲法第二十七條第二項之但書：「關於創制複決兩權，俟全國有半數之縣市曾經行使創制、複決兩項政權時，由國民大會創定辦法並行使之。」規定，政府來台後，主權不及於大陸，國民大會之創制複決兩權因而完全冰封凍結了。國民大會乃擬循臨時條款把它從憲法解凍出來，國民大會臨時會於民國五十五年二月七日第三次大會修訂臨時條款，增加第四項「動員戡亂時期，國民大會得制定辦法，創制中央法律原則與複決中央法律，不受憲法第二十七條第二項之限制。」唯並於第五項中規定「在動員戡亂時期總統於創制案或複決案認爲有必要時，得召集國民大會臨時會討論之。」即把是否行使此兩權必要的決定權交給總統。亦即「有無必要行使兩權，以及要不要召集國民大會」權在總統，國民大會不得自行集會行使兩權。[9]

基於上述臨時條款第四項之規定，國民大會臨時會乃在民國五十五年二月八日舉行第四次大會，三讀通過「國民大會創制複決兩權行使辦法」，全文共分總則、創制、複決、程序及附則等 5 章，凡 13 條。主要內容在規定國民大會，對中央法律原則有創制權（第 3 條）。對中央法律有複決權（第 6 條），其明文訂定

---

[7] 總統府公報第三四四八號令，民國六十七年十二月十八日，頁三。
[8] 總統府公報第三四六二號令，民國六十八年一月十八日，頁一。
[9] 董翔飛，前揭書，頁一八一。

國民大會代表提出之創制、複決案，須有代表總額六分之一簽署（第 8 條），二分之一以上之出席及出席代表二分之一以上之同意，否則不得決議（第 10 條）。並咨請總統於六個月內公布之（第 13 條）。[10]總統於同年八月八日公布本法。

「國民大會創制複決兩權行使辦法」公布實施後，因臨時條款第五項之規定，將有無必要行使兩權，以及要不要召集國民大會討論之權，賦予總統，國民大會不得自行集會行使兩權。因之，國民大會雖常有行使兩權之議，然以終未獲總統回應而作罷，故而形成雖有兩權辦法之制訂，但並無任何行使的紀錄。

（四）設憲政研紂會研討憲政有關問題

國民大會憲政研討會乃是依據五十五年二月十五日第二次修改臨時條款，其第六項「國民大會於閉會期間，設置研究機構，研討憲政有關問題。」而產生，以國民大會全體代表爲委員組織而成。其組織綱要於民國五十五年三月廿三日經過國民大會第四次會議第十次大會通過，並於六十七年三月十八日經國民大會第六次會議第十次大會修正。有關國大憲政研討會組織的重要規定如下：[11]

1.憲研會設主任委員、副主任委員各一人，主任委員公推總統擔任，副主任委員由主任委員就委員中指定之。（第五條）

2.憲研會設十三個研究委員會，其中台北區設第一至第九研究委員會與第十三研究委員會；台中區設第十、十一研究委員會；台南區設第十二研究委員會。分別研討有關憲法憲政、內政、外交、國防、財政經濟、教育文化、交通、邊疆、僑務、司法等事宜。（第六條）

3.每一位代表以自由參加一委員會爲限，每年認定一次。另自七十一年度起，每位代表於認定登記時，除參加一個研究委員會外，同時依其志願可登記列序參加另一委員會。（第七條）

4.憲研會綜合會議，每三個月舉行一次。（第十條）

5.憲研會全體會議，每年十二月舉行一次，由主任委員召集。（全體委員出席，討論各委員會提出之研討結論。）（第十一條）

憲研會從民國五十五年至八十年的廿五年間，各研究委員會提出之研討論，共有 1,091 件，全部完全成者 1,054 件，佔總件數百分之 96.8%，其中完成達百分之百者，有第五、六、七、十三研究委員會。歷年來各研究委員會研究成果統計（如表一—二），其中內政類 153 件、憲法憲政類 143 件、教育文化類 137 件、財政經濟類 131 件，國防類 10 件（歷年來各研究委員會研究成果分類統計如表一—三）。經憲研會綜合會議或全體會議通過者，函送政府各機關參辦者計 985 件，佔完成總數 95.6%，其中函送政府機關部門者，包括：行政院、司法院、考試院、國家安全會議、文復會等等，並轉發其他有關工作單位參採辦理，參辦率爲 80%以上（歷年來憲研會各研究委員會完成研討結論，其處理情形統計詳如表一—四）。

---

[10] 總統府公報第一七七三號令，民國五十五年八月九日，頁一—二。

[11] 國民大會祕書處編印，國民大會統計輯要（台北：國民大會祕書處，民國八十年十二月），頁二五。

（五）設置動員戡亂機構

民國五十六年二月一日，總統依照臨時條款第四項「得設置動員戡亂機構」的規定，公布「動員戡亂時期國家安全會議組織綱要」；同日頒布命令：「國防會議自動員戡亂時期國家安全會議成立之日起撤銷，原隸國防會議之國家安全局及戰地政務委員會改隸於國家安全會議。國防計畫局分別併入國家安全會議計畫委員會及國家總動員委員會。」[12]（嗣令奉核定將行政院經濟動員計畫委員會併入國家安全會議）。

國家安全會議依其組織綱要第二條之規定，共有七項任務：①動員戡亂大政方針之決定事項。②國防重大政策之決定事項。③國家建設計畫綱要之決定事項。④總體作戰之策定及指導事項。⑤國家總動員之決策與督導事項。⑥戰地政務之處理事項。⑦其他有關動員戡亂之重要決策事項。

至其組織成員，依同法第六條規定，國家安全會議除以總統爲主席外，由副總統、總統府祕書長、參軍長、總統府戰略顧問委員會主任、副主任、行政院長、副院長、國防部長、外交部長、財政部長、經濟部長、參謀總長、該會秘書與各委員會主任委員，以及總統特別指定的人員組成。總統爲國家安全會議主席，主持會議，總統因事不克出席時，由副總統代理之。

國家安全會議爲一合議制之機構，唯因其一切決議，須經總統核定後，再依其性質交主管機關實施，故其精神具有獨位首長制的色彩。故有謂：「國家安全會議不但是戡亂時期政府的決策機關，而且是決策的中樞所在，在其決策範圍之內，行政院倒退而成爲執行其決策的機關。」[13]

依國家安全會議組織綱要第四條規定「總統行使動員戡亂時期臨時條款第四項及第五項之職權時，以命令行之。」此中所稱「命令」與憲法第三十七條「總統依法公布法律，發布命令須經行政院長及有關部會首長副署」所稱之「命令」，是否具有相同含意？即是否與憲法三十七條一樣，須經行政院長副署，或不須副署？論者從臨時條款授與總統之職權計有一、四、五、六、七、九項等，其中第一、六、七項有「不受憲法有關條文之限制」之除外規定，獨第四、五、九項沒有除外之規定，因而認爲總統行使此項權力以命令爲之，仍應依憲法三十七條規定，須經行政院長之副署。[14]故以過去總統頒布「動員戡亂時期國家安全會議組織綱要」、「行政院人事行政局組織規程」時，均未經行政院長或相關部會長首長副署，似值商榷。[15]唯臨時條款一、六、七項之所以有除外規定，乃因該等條文明顯牴觸原憲法條文；而四、五、九項條文本爲憲法中所無明確規範，故没有除外規定。事實上，觀之於有除外規定之臨時條款第一項，過去總統在行使緊急處分權時亦有行政院院長之副署，因之總統以命令行使臨時條款職權時，是否須經行政院院長副署，應無關是否有除外規定，而應注意到臨時條款是否有規定總統行使命令，不受憲法第三十七條之限制，如果没有，則總統行使臨時條款職權時

---

[12] 總統府公報第一八二四號令，民國五十六年二月三日，頁一一二。
[13] 羅志淵，中國憲法與政府，三版（台北：正中書局，民國六十八年），頁四九六。
[14] 董翔飛，前揭書，頁二五五。
[15] 同上。

表一 一 二　國民大會歷年來各研究委員會研究工作成果統計表

委員會別	提出研討結論件數	經綜合會議完成者	完成件數佔提出%	備註
總計	1091	1054〈實際完成 1030〉	96.6%	1054 件因爲完成件數合併而減少 24 件，實際完成者 1030 件
第一研究委員會	88	78	88.6%	完成件數 78 件，內含 5 件與第十研究委員會合併整理。
第二研究委員會	85	83	97.6%	完成件數 83 件，內含 9 件與其他研究委員會合併整理。
第三研究委員會	96	88	91.7%	
第四研究委員會	102	101	99.0%	
第五研究委員會	89	89	100%	完成件數 88 件，內含 2 件與第十二研究委員會合併整理。1 件與第十研究委員會合併整理。
第六研究委員會	88	88	100%	
第七研究委員會	87	87	100%	
第八研究委員會	71	67	94.4%	
第九研究委員會	80	79	98.8%	
第十研究委員會	102	101	99.0%	完成件數 101 件，內含 2 件與第十二研究委員會合併整理。
第十一研究委員會	81	79	97.5%	完成件數 79 件，內含 1 件與第十三研究委員會合併整理。
第十二研究委員會	81	73	90.1%	完成件數 73 件，內含 2 件與第十研究委員會合併整理。
第十三研究委員會	41	41	100%	

資料來源：國民大會秘書處編印，國民大會統計輯要〈台北：國民大會秘書處，民國八十年十二月〉

表一 一 三　國民大會歷年來各研究委員會研究成果分類統計

年度別	項別	合計	憲法憲政類	內政類	外交類	國防類	財政經濟類	教育文化類	交通類	邊疆類	僑務類	司法類
總計	提出件數	1091	143	153	97	107	131	137	95	72	81	75
	完成件數	1080	121	141	89	106	127	132	94	68	80	72
〈一〉第一研究階段	提出件數	233	49	32	22	31	25	23	13	13	13	12
	完成件數	217	41	31	20	30	21	23	13	10	13	12
五十六年度	提出件數	29	13	1	4	1	4	2	-	1	2	2
	完成件數	22	9	1	2	1	4	2	-	-	2	2
五十七年度	提出件數	46	20	3	4	3	3	6	1	2	2	2
	完成件數	46	20	3	4	3	3	6	1	2	2	2
五十八年度	提出件數	38	3	9	3	9	4	3	1	2	2	1
	完成件數	38	3	9	3	9	4	3	1	2	2	1
五十九年度	提出件數	48	7	8	6	7	6	4	3	3	3	6
	完成件數	45	6	7	6	7	5	4	3	3	3	6
六十年度	提出件數	53	4	7	4	8	6	6	5	4	1	-
	完成件數	50	2	7	4	8	6	6	5	3	1	-
六十一年度	提出件數	19	2	4	1	3	2	2	3	1	20	14
	完成件數	16	1	4	1	2	2	2	3	-	20	12
〈一〉第二研究階段	提出件數	240	30	26	25	24	27	37	25	12	4	2
	完成件數	226	27	24	22	24	27	34	25	11	4	2
六十二年度	提出件數	48	10	5	7	6	5	4	3	2	3	3
	完成件數	43	9	5	5	6	5	3	3	1	3	2
六十三年度	提出件數	41	4	3	4	4	6	8	5	2	4	3
	完成件數	39	4	3	4	4	6	7	5	1	4	2
六十四年度	提出件數	33	1	6	4	2	3	6	3	1	3	4
	完成件數	30	1	5	3	2	3	5	3	1	3	3
六十五年度	提出件數	47	7	3	4	5	7	7	5	1	3	2
	完成件數	46	6	2	4	5	7	7	5	1	3	2
六十六年度	提出件數	48	5	45	4	4	4	8	6	4	4	2
	完成件數	45	5	39	4	4	4	8	6	4	4	2
六十七年度	提出件數	25	3	3	4	5	7	7	5	4	3	2
	完成件數	23	2	2	4	5	7	7	5	4	3	2

年度別	項別	合計	憲法憲政類	內政類	外交類	國防類	財政經濟類	教育文化類	交通類	邊疆類	僑務類	司法類
〈一〉第三研究階段	提出件數	287	26	45	22	26	36	37	29	22	21	23
	完成件數	267	21	39	19	26	33	37	28	22	20	22
六十八年度	提出件數	52	7	5	4	6	6	7	6	4	3	4
	完成件數	48	6	4	2	6	6	7	6	4	3	4
六十九年度	提出件數	47	3	9	4	5	5	7	4	4	3	3
	完成件數	46	3	8	4	5	5	7	4	4	3	3
七十年度	提出件數	45	5	9	4	4	4	5	5	3	3	3
	完成件數	41	5	6	4	4	4	5	4	3	3	3
七十一年度	提出件數	52	3	8	4	4	7	7	5	4	5	5
	完成件數	48	3	8	4	4	4	7	5	4	5	4
七十二年度	提出件數	53	4	7	4	4	9	6	6	4	4	5
	完成件數	50	2	7	3	4	9	6	6	4	4	5
七十三年度	提出件數	38	4	7	2	3	5	3	3	3	3	3
	完成件數	34	2	6	2	3	5	3	3	3	2	3
〈四〉第四研究階段	提出件數	293	33	44	25	23	39	34	25	22	24	2
	完成件數	285	29	41	25	23	39	33	25	22	24	2
七十四年度	提出件數	50	5	7	5	4	9	5	4	3	4	3
	完成件數	50	5	7	5	4	9	5	4	3	4	3
七十五年度	提出件數	48	3	7	4	4	7	5	5	4	4	5
	完成件數	45	2	6	4	4	7	4	5	4	4	5
七十六年度	提出件數	53	5	9	5	4	8	6	4	4	4	4
	完成件數	52	5	8	5	4	8	6	4	4	4	4
七十七年度	提出件數	52	9	6	4	4	6	7	4	4	4	4
	完成件數	51	8	6	4	4	6	7	4	4	4	4
七十八年度	提出件數	51	6	8	4	4	5	6	5	4	4	5
	完成件數	49	1	8	5	4	5	6	5	4	4	5
七十九年度	提出件數	39	5	7	3	3	4	6	3	3	3	2
	完成件數	38	5	6	3	3	4	6	3	3	3	2
〈五〉第五研究階段	提出件數	38	5	6	3	3	4	6	3	3	3	2
	完成件數	35	3	6	3	3	4	6	3	3	3	2
八十年度	提出件數	38	5	6	3	3	4	6	3	3	3	2
	完成件數	35	3	6	3	3	4	5	3	3	3	2

資料來源：國民大會秘書處編印，國民大會統計輯要

表一 — 四　國民大會歷年來各研究委員會完成研討結論處理情形分類統計

民國五十五年七月至八十年三月　　單位：件

案件類別	合計	函送政府機關參辦者	留待修憲或臨時條款參考者	報告國民大會第五次會議者	報告國民大會第六次會議者	報告國民大會第八次會議者	交由原委員會繼續研究者	請主任委員鑑察者	移送祕書長參辦者	簽報主任委員未經核可者	保留或緩議者	其他	備註
總計	1091	985	20	13	1	3	34	3	1	2	3	2	合併減少 24 件
憲法憲政類	143	79	20	12	1	2	15	3	1	1	2	2	合併減少 5 件
內政類	153	141	-	-	-	-	2	-	-	-	-	-	合併減少 10 件
外交類	97	89	-	-	-	-	7	-	-	-	1	-	
國防類	107	106	-	-	-	-	1	-	-	-	-	-	
財政經濟類	131	126	-	1	-	-	1	-	-	-	-	-	合併減少 3 件
教育文化類	137	132	-	-	-	-	2	-	-	-	-	-	合併減少 3 件
交通類	95	94	-	-	-	-	1	-	-	-	-	-	
邊疆類	72	68	-	-	-	-	4	-	-	-	-	-	
僑務類	81	79	-	-	-	2	1	-	-	-	-	-	
司法類	75	71	-	-	-	-	-	-	-	-	-	-	合併減少 3 件

資料來源：國民大會秘書處編印，國民大會統計輯要，頁 39

之命令，均宜須行政院長之副署。

歷來國家安全會議，授權總統對戡亂有關大政方針決定事項中，若干重要性決策如：（1）民國五十六年設置行政院人事行政局。（2）民國五十七年實施九年國民教育。（3）民國六十八年擴大領海爲十二海浬，經濟海域爲兩百海浬（原領海爲三海浬，經濟海域爲十二海浬），（4）民國五十六年「動員戡亂時期自由地區中央公職人員增選補選辦法」與六十一年「動員戡亂時期自由地區增加中央民意代表名額選舉辦法」，辦理中央民意代表在自由地區之增額選舉以及華僑地區之遴選。上述事項均發揮相當大作用。

（六）設置行政院人事行政局

總統於動員戡亂時期，爲統籌所屬各級行政機關及公營事業機構之人事行政，加強管理，並儲備各項人才，於民國五十六年六月十四日，蔣中正總統在國家安全會議中裁示決定：「行政院設置人事行政局案，可依動員戡亂時期臨時條款第五項之規定，由總統以命令行之。」關於『行政院人事行政局組織規程』，由總統於五十六年七月二十七日明令公布實施。[16]

依據「行政院人事行政局組織規程」第三條至第六條規定，人事行政局之職權計有人事管理權、法規研議權、人才調查儲備權、人員分發權、組織編制審議權、公務人員訓練進修規畫權、考核政績獎懲核議權、待遇獎金福利規劃權、退休撫卹保險建議權、及人事資料建立運用權等。其與考試院所屬之銓敘部共有之職權合計達十項之多，相異之職權不多。[17]此所以人事行政局既係行政院所屬之機構，復就有關人事考銓業務，並受考試院指揮監督之故（組織規程第一條），其對於行政院所屬各級人事機構之組織、編制、人員派免，於核定之後，尙應報送考試院銓敘部備查（組織規程第十四條），體例至爲特殊。

（七）充實中央民代機構

蔣中正總統根據民國五十五年三月，國民大會增訂臨時條款之授權，爰交由國家安全會議通過「動員戡亂時期自由地區中央公職人員增選補選辦法」，於五十八年三月二十七日正式公布。繼而制定施行細則，舉行選舉。於當年十二月廿日投票後，圓滿選出國民大會代表 15 名，立法委員 11 名，及監察委員 2 名，是爲我國中央民意機關來台首次增加新血輪。

臨時條款於民國六十一年經修正之後，復授權總統不受憲法有關條文之限制，辦理中央民意代表在自由地區之增額選舉以及華僑地區之遴選。總統即於民國六十一年六月廿九日公布「動員戡亂時期自由地區增加中央民意代表名額選舉辦法」，並於同年七月廿七日公布「動員戡亂時期僑選增額立法委員及監察委員遴選辦法」。按照此兩項辦法，於自由地區選出增額國民大會代表 53 名，增額立法委員 36 名，增額監察委員 10 名；另僑區遴選增額立法委員 15 名，增額監察委員 5 名，共計選出增額中央民意代表 119 名。並於民國六十四年辦理增額立法

[16] 總統府公報第一八七四號令，民國五十六年七月廿八日，頁一－二。

[17] 陳聰勝，行政院人事行政局地位與組織之研究，台灣大學，政治研究所，碩士論文，民國五十九年六月，頁三四五。

委員改選一次。[18]

民國六十七年，原定依據臨時條款辦理三項增額中央民意代表之改選，旋因中美斷交而由總統發布緊急處分令予以停止。至民國六十九年六月十一日，總統發布三項命令，規定同年舉行六十七年經延期停止之選舉，並就其應選名額大幅增加，制定「動員戡亂時期自由地區增加中央民意代表名額選舉辦法」，修訂「動員戡亂時期僑選增額立法委員及監察委員遴選辦法」，並廢止六十一年公布之增選辦法。據此，乃於民國六十九年底辦理選舉，在國內自由地區選出增額國民大會代表 76 名，增額立法委員 70 名，增額監察委員 22 名；僑選增額立法委員 27 名，增額監察委員 10 名，共計選出增額中央民意代表 205 名。此後增額國大代表並於民國七十五年選出 84 名，增額立法委員亦分別於民國七十二年、七十五年、七十八年分別選出 98 名、100 名、130 名；增額監察委員於民國七十六年選出 32 名。[19]

四、臨時條款的爭議 — 性質論

臨時條款的時代背景，乃為切合國家之特殊需要，加強憲法之適應法。亦即因應動員戡亂時期，以不修改憲法本文的原則下，維持憲法的穩定性與適應性；同時使行憲與戡亂並行不悖，合於平時與戰時的雙重要求，戡亂時期終止，則臨時條款即予廢止。正因其體例的特殊，益使臨時條款的性質極具爭議，大別之，有兩種說法：一謂臨時條款是構成憲法之一部分；一謂臨時條款係獨立於憲法之外，分述如下：

（一）主張臨時條款為憲法之一部分

此即憲法內容說，以臨時條款乃為構成憲法之一部分內容，附隨憲法而存在，與憲法所規定之其他部分，同為根本大法，捨憲法則臨時條款失所附麗，而無單獨存在之餘地。就制定程序言，臨時條款完全適用修憲之程序；就效力言，臨時條款有停止或變更憲法之效力，其他任何法律能變更法律、命令，但不能變更憲法，改變憲法者，只有憲法，臨時條款能變更憲法，其為憲法無疑。[20]

持相反看法者，認為臨時條款並未嵌入憲法典內構成憲法之一部，而係自立於憲法外與中華民國憲法併列的獨立法典，縱因其具憲法位階效力，也只是「實質憲法」(materielle verfassung) 而非「形式憲法」(formelle verfassung)。論者並就臨時條款內容佐證，指出其第十一項規定「臨時條款之修訂或廢止，由國民大會決定之」，如臨時條款為憲法一部，則依憲法第一百七十四條之規定，其修改或廢止決定權本屬國民大會，何需再設第十一項？此外如臨時條款第一、二、三、六、七項在引述憲法本文時，均不厭其煩一一詳指「憲法第 X 條」，而非用「本

[18] 中央選舉委員會，中華民國選舉統計提要（三十五年—七十六年）（台北：中央選舉委員會，民國七十七年六月），頁四四一八四。

[19] 同上，頁八四——五一。

[20] 左潞生，比較憲法，再版（台北：文化圖書公司，民國五十六年六月），頁三二〇—三二一。

憲法第 X 條」或直呼「第 X 條」，因之認爲臨時條款應非憲法內容之一部分。[21]

（二）主張臨時條款獨立於憲法之外

特此種看法者，又有許多不同學理主張，如憲法之特別法說、戰時憲法說、授權法說…不一而足。

1. 憲法之特別法說

該說主張臨時條款與憲法並存，兩者之關係一如特別法與普通法的關係，適用「特別法優於普通法原則」（lesspecialis derogat legi generali）亦即臨時條款可凍結部分憲法條文而優先適用。[22]

此說亦有若干疑問存在，一則特別法與普通法乃係一般法律的分類，可否用於憲法仍有爭議。再則如有所謂特別憲法，那麼應由制憲國民大會制定，而臨時條款是由行憲國大完成，行憲國大之職權爲修憲權而非制憲權。

2. 戰時憲法說

該說以「平時法」、「戰時法」概念著手，臨時條款因係爲動員戡亂時期而制定，適用於非常時期，因具有戰時憲法之性質。戰時憲法乃因應社會情勢之劇烈變動，故所依據之法理、規定之內容與平時憲法有異。[23]

此說亦不甚周延，因臨時條款所規定者，並非具有完整性且可單獨存在，正因臨時條款並非完整憲法法典形式，其所大部分未規定者，仍適用憲法，故而臨時條款尚難謂即取得憲法之地位而代之。

3. 授權法說

此說謂臨時條款係國民大會授權於總統在動員戡亂時期所得行使之職權，即加強戰時統帥權之行使，與各國在戰時由國家制定授權法案，以授權政府在戰時之職權相同，故臨時條款具有授權法之性質。

此說固然指出臨時條款乃國民大會對於總統授權淵源，但未說明臨時條款本身之性質爲何？以及臨時條款與憲法之關係爲何？因之顯然有欠周延性與完整性。

4. 獨立於憲法之外，惟法制地位等於憲法

此說認爲臨時條款係獨立於憲法之外，但法制之地位等於憲法，高於普通法律或命令。此因臨時條款係由有權機關 — 國民大會依法定程序完成，並先後經國民政府、總統公布，是爲成文法之一種，自得爲憲法之法源。且臨時條款因有「變更憲法之力」，則又有優於憲法之處，此外，臨時條款冠以「臨時」二字，限以「動員戡亂時期」，衡諸憲法之永久性，則臨時條款究其實，不能與憲法相

---

[21] 許宗力，「憲政改革途徑的比較分析與建議」，見國家政策研究中心，改革憲政（台北：國家政策研究資料中心，民國七十九年四月），頁五五—五六。

[22] 持此一張之學者有林紀東、涂懷瑩、管歐、耿雲卿等人。見林紀東，中華民國憲法逐條釋義（台北：三民書局，民國七十 一年），頁二九七。此外見管歐之中華民國憲法論，頁三三三—三三八；耿雲卿之中華民國憲法論，頁二六七；涂懷瑩之中華民國憲法原理，頁二七。

[23] 董翔飛，前揭書，頁六八五。

提並論，當動員戡亂時期終止時，臨時條款即廢止，然在限定時期內，臨時條款則有高於憲法與獨立於憲法外之效力。[24]

此說認爲臨時條款獨立於憲法之外，即表示其非憲法之一部分內容，但以國民大會僅有修憲權而無制憲權，並不能「制定」任何「法制地位等於憲法」之憲法典，故此說仍難成立。

5. 獨立於憲法之外，類似威瑪憲法之「破憲法律」

此說認爲臨時條款不是憲法的一部，而是國民大會越權所制定的一部適用上優先於憲法之新的、獨立的特別憲法，其體例相當於德國威瑪時代破壞憲法統一、完整之法典性的「破憲法律」(verfassungsdurchbrechende gesetze)。[25]德國威瑪憲政史上的「破憲法律」乃指其修憲機關在保持憲法典原封不動之前提下，依修憲程序制定出一個與憲法典有別，但內容與之牴觸且適用順序又較爲優先的特別法律。[26]

此說認爲臨時條款爲國民大會「越權」所制定的一部獨立的特別憲法，然衡諸事實亦有失允當，一則臨時條款全文之首已說明國民大會依照憲法第一百七十四條第一款程序爲之，就法言法，並無「越權」；二則臨時條款先採原則性敘述，而在第二次修正後，改採條項列舉，然無論原則性敍述抑或條項式列舉，內容均非完整憲法典，尙不足以稱爲「獨立」的特別「憲法」。

上述各種論及臨時條款的性質中，看法互異，差別亦大，要較明確論述臨時條款之性質，宜從四方面分析：即臨時條款由誰制定？臨時條款依據爲何？臨時條款制定目的爲何？臨時條款的體例與世界憲政發展經驗的同異爲何？

（一）臨時條款由國民大會制定，而非由立法院或行政部門制定，故就其位階性而言，絕非法律、命令之層級，而是憲法之同等位階。

（二）臨時條款的依據爲「依照憲法第一百七十四條第一款程序」。憲法一百七十四條第一款爲修憲程序，亦即說明臨時條款乃「由國民大會代表總額五分之一提議，三分之二之出席，及出席代表四分之三之決議，得修改之。」而完成。行憲國民大會所擁有的憲法職權爲修憲權而非制憲權，因之臨時條款爲行憲國大依修憲程序完成的憲法修正條款，自然與憲法有相同的合法效力。

（三）臨時條款的目的，依王世杰代表說明，得知在求行憲與戡亂並行不悖，維持憲法的穩定性與適應性，從臨時條款目的當中，亦可瞭解臨時條款效力具有時間性 — 即動員戡亂時期，當動員戡亂時期終止，臨時條款即予廢止。

（四）臨時條款的體例與世界憲政發展經驗的同異方面，確實較爲特殊。臨時條款係行憲國民大會依憲法第一百七十四條第一款之修憲程序完成的憲法修

[24] 王成聖，中華民國憲法要義，再版（台北：中外圖書出版社，民國六十二年十二月），頁一七二。

[25] 許宗力，前揭文，頁六三。

[26] 許宗力，「動員戡亂時期臨時條款之法律問題」，中國比較法學會學報，第九輯，民國七十七年六月十五日，頁二二　。

正條款。依近代各國憲法經驗，憲法之修改約有三種：修改條文、刪除條文、增補條文。[27]其中增補條文，乃不廢止舊條文，而另行增加新條文列於憲法之後，再依「後法推翻前法原則」（lex posterior derogat legi priori），新增補條文有效，被修改之條文雖形式上仍在憲法中，但已失去效力，僅具歷史意義而已，美國修憲即是著例。就我國臨時條款而言，有與之相近者，一爲均採增補條文列於憲法之後的方式，二爲均是採用「後法推翻前法」原則，原憲法條文與臨時條款牴觸者均失其效力。但兩者亦有不同處，臨時條款使原憲法條文失去效力僅是凍結暫不適用之條文，而非使之廢止，戡亂時期結束，臨時條款即廢止，原有條文，仍回復其效力。因之，這確是各國所少見。我國臨時條款的體例有其獨創性，殆無疑義。或有學者指出，行憲伊始，正值戡亂時期，烽火已經燒起全國半壁江山，國民大會能及時透過臨時條款途徑，使國家行憲與戡亂得以並行，正是行憲代表高度智慧的表現，也是中國憲政史上不可磨滅的一頁。[28]

綜合前述四點，臨時條款乃係行憲國民大會依憲法第一百七十四條第一款：「由國民大會代表總額五分之一提議，三分之二之出席，及出席代表四分之三之決議，得修改之。」而制定，爲動員戡亂時期臨時性的憲法修正條款。只不過兩蔣時代，政治宣示要將憲法原原本本帶回大陸，政治高層不同意修憲，但臨時條款能產生等同憲法的效力，就行憲國民大會所能進行者，厥爲修憲，殆無疑義。就法律效力而言，國民大會既有修憲權，其依修憲程序所制定的憲法修正條款，自然具有與憲法相同的合法效力。就體例而言，則有其獨創性，雖不易於從世界各國憲法實例中找出相似者，但卻爲生存、爭自由民主，對抗中共極權專政的中華民國政府留下歷史的可貴紀錄。謝瀛洲即說明：[29]

> 臨時條款係依憲法第一百七十四條第一款之程序而制定，其性質等於原憲法之修正，原憲法之條文與之牴觸者，均失其效力，而以臨時條款所規定者爲適用之根據，其與通常所稱憲法修正案有所不同者，即原憲法經修正後，其被修正的條文，即行廢止，而臨時條款僅凍結憲法中暫不適用之條文而已，時機一至，原有條文，即仍然回復其效力。

謝瀛洲此說頗爲公允，並明確指出臨時條款的性質與意義。

五、臨時條款的評析

臨時條款之存在，或有仁、智之見，一體之兩面亦各有所本。然歷史分析，必須重視時代背景因素，避免以現今看過往，以承平看亂時，免除引喻失義、妄加評議，有失公道與客觀。

（一）臨時條款正面的價值

1.具有穩定政局的功能

---

[27] 左潞生，比較憲法，台八版（台北：正中書局，民國六十九年十月），頁六五一。

[28] 董翔飛，前揭書，頁六八四。

[29] 謝瀛洲，中華民國憲法論（台北：司法院祕書處，民國六十五年十月），頁十一—十一。

國家承平時代，只須憲法正常運作，即可有條不紊。正因時局逆轉，生存遭受威脅，乃有臨時條款，臨時條款成之於亂世，故而其凍結、改變原憲法條文，如授與總統緊急處分權，授與總統設置動員戡亂機構，決定國家安全大政方針，凍結總統連選連任一次的規定，使蔣中正總統得以領導全民走過風雨飄搖的歲月，不僅台、澎、金、馬士氣振奮，上下團結和諧，且造成軍事上局部的優勢，經濟上繁榮的基石，爲其後「台灣經驗」奠定良好的基礎。

2.緊急處分權運用謹慎

緊急處分權的力量甚大，但觀之政府來台，緊急處分總共使用四次：民國四十八年的「八七水災」，民國六十七年的中美斷交，民國六十八年的解決中央增額選舉經前一年中美斷交而停止後，所面臨的原任將到期，新任未選出的解決補充令。第四次爲民國七十七年李登輝總統發布於國喪期間，禁止人民集會遊行。這四次都是重大事故，且事涉國家安全、人民生命財產，總統乃以緊急處分權因應，應屬得宜。

3.國家安全會議決定大政方針之成效甚佳

民國五十七年實施九年國民義務教育，使教育落實普及，民智大開，民國五十八年起辦理增選補選中央民意代表，民國六十八年因應國際間共同發展的趨勢，將領海擴大爲十二海浬，經濟海域擴大爲二百海浬，上述均是臨時條款授權總統有關大政方針的決策而來，這些決策都是具有前瞻性，而影響深遠的。

4.中央民代增補選擴大政治參與

民國五十八年起，總統依據臨時條款的授權，在自由地區辦理中央民意代表之增選補選，使國會得以灌注新的血輪，同時也擴大了政治參與的管道，將民選的層級由地方自治範疇，達到中央階層的選舉，對民主政治的逐步落實甚具貢獻。

（二）臨時條款的負面影響

1.改變憲法原有精神

依據中華民國現行憲法的條文，我國雖有五權憲法的架構（憲法中「國民大會」、「總統」以及五院都列有專章），但依職權分析，我國憲法的體制較傾向於內閣制，在臨時條款規定下，總統依授權設置國家安全會議，決定國家建設與動員戡亂大政方針，原行政院每年提出於立法院的預算案、法律案，依憲法第五十八條規定，只需提出行政院會議即可，在國家安全會議成立後，前述各案在行政院會通過後，尚須報請國家安全會議審議，始能向立法院提出，而國家安全會議對行政院提報之預算及法案，有變更之權。[30]明顯的，國家安全會議成爲決策中樞，行政院倒退成爲執行其決策的機關，因之破壞了現行憲制由行政院爲最高行政機關的體制。

2.總統職權擴大

臨時條款第四項「授權總統得設置動員戡亂機構，決定動員戡亂時期有關大政方針」，於是國家安全會議設置，由總統擔任主席，行政院長成爲其幕僚長，

---

[30] 田弘茂，大轉型（台北：時報文化出版，民國七十八年），頁七〇四。

加以國安會的精神具有獨位首長制的色彩，國安會一切決議，須經總統核定後，再依其性質交主管機關實施。由於總統職權擴大，乃有利於強人政治的發展，此一趨勢，固然對事權統一、政局安定有相當價值，但相對也使憲政所規範體制受到改變。論者或指因內戰下，面對國家危急情勢，賦予總統的權力是必要的。然而，隨著臨時條款持續施行幾十年後已引起更多爭論，斯時，許多人相信台灣的軍事與政治現狀，已不需要再賦予總統緊急處分權，台灣海峽軍事及政治表面緊張局勢的減輕更支持此一論點[31]。台灣地區在政治民主化的走向下，到了民國八十年，政府乃宣布終止戡亂時期，廢止臨時條款。

六、臨時條款的小結

國家內憂外患，危急存亡之時，救亡圖存應爲最高的法則，正如著名的法諺：「刀劍之下，法律沉默」(Amidst arms the laws are silent)，英國在第一次世界大戰有「國防法」(The Defence of the Realm Acts)，第二次界大戰有「緊急權力法」(Emergency Power Defence Acts）予政府廣泛命令權。又如美國開國之初華盛頓（G. Washington)、亞當斯（J. Adams）起樹立「反三任」的憲法慣例，亦因戰爭關係，羅斯福（F. D. Roosevelt）連四任。

就我國而言，如何以有效手段渡過難關？使國家民族免於危亡，實應正視。臨時條款、戒嚴法，都是基於此種「救亡圖存」的法理而來。[32]雖有論者提出不同看法，如：「一九四八年四月，在內戰的藉口下，第一屆國民代表大會就制定了使憲法凍結的『動員戡亂時期臨時條款』。」[33]「我國自行憲以來，即籠罩在強人的威權統治之下，憲政結構始終無法確立，民主化的進展即常失去依憑，難以落實。」[34]究爲「藉口」抑或「事實」？「籠罩在強人的威權統治」的背後是否有其不得已的情境因素？更值探究。

臨時條款是非常時期下的產物，基本上它凍結了憲法上原有的部分條文，就憲政而言是有負面影響的，但也因它而使台澎金馬得以穩定，更爲其後帶來自由地區經、社發展的有力契機。

臨時條款存在的另一個重要因素，即是與中共長期的軍事對峙，到民國四十七年尙有「八二三砲戰」，中共全面停止砲擊金馬，則是民國六十七年中美斷交後的事，這也造成戡亂時期持續下去，遲遲無法回歸憲法。終止戡亂時期，廢止臨時條款則是到了民國八十年，這長達四十餘年的臨時條款所造成的爭議很多，持平地說，其對憲政體制的發展有正面的價值，亦有負面的影響。而事實上，就同一件事情，論者評之往往亦是正反兩面的，茲以總統任期爲例，臨時條款凍結

31 同上，頁一三六。

32 耿雲卿，中華民國憲法論（台北：華欣文化事業中心，民國七十一年五月），頁二六三。

33 江啓元，解嚴後台灣地區政治穩定之研究，中國文化大學，政治研究所，碩士論文，民國八十年，頁五六。

34 胡佛，「當前政治民主化與憲政結構」，見國家政策研究中心，改革憲政（台北：國家政策研究資料中心，民國七十九年四月），頁四四。

憲法第四十九條之連選連任一次規定，就肯定者言，蔣中正總統的在位，穩定全國軍民士氣，並凝聚出堅定的團結意志，當其之時，除蔣中正總統外，何人能有此領袖魅力（charisma）？故有謂瑕不掩瑜。但質疑者就其連任達五次，在位近三十年之久，以民主憲政體制而言殊非常態。

臨時條款與戒嚴的實施，對憲政發展有相當程度的影響，然而國民政府來到台灣，對憲法的重視與行憲的決心並未忽視，蔣中正總統即如此說明：[35]

> 我們中華民國憲法，是一部血汗凝成的寶典，其崇高的原則，便是保障人民的權益與增進人民的福利。・・・在此期間，我們依據憲法所產生的中華民國政府，在復興基地台澎金馬，以憲法爲準繩，以民生爲首要，使國家各項建設齊頭並進，人民的權益與福利得到充分的保障。

中華民國現行憲法的推行，實亦樹立諸多優良憲政規範，與任何民主先進國家相較，絲毫不遜色。例如民國六十四年四月五日，蔣中正總統逝世，由嚴家淦副總統依憲法第四十九條「總統缺位時，由副總統繼任，至總統任期屆滿爲止」之規定，於次日宣誓就任總統，此一民主和平之轉移國家領導權，亦爲行憲以來，樹立民主政治最佳表現之一章。

又如文人政治的踏實基礎亦頗具成效，杭廷頓（S. Huntington）在「轉變中社會的政治秩序」一書中，指出開發中國家政治發展過程中的一個通病：「政治現代化諸多面向中，首推軍事干涉政治最爲突出，亦最爲常見。…不管那一洲，不管那一個國家，軍事干涉顯然是政治現代化不可分的一部分。」[36]此一論述，觀之於中南美洲、東南亞的許多開發中國家，政治不穩定，經濟難以發展，軍事力量控制了政府、社會，軍人干政現象層出不窮，最常見的就是「軍事執政團」（junta），此一軍事執政團不僅阻礙了民主政治，亦使得經濟力、社會力大幅滑落。反觀我國則完全不見此種落後情形，穩健踏實的文人政治，使政治發展日趨成熟，文人政治亦落實在每個國民理念中。

---

[35] 蔣中正，「中華民國五十五年二月八日在國民大會臨時會閉會致詞」，見中央文物供應社，總統　蔣公對國民大會致詞彙編（台北：中央文物供應社，民國六十七年五月），頁一三一。

[36] S. P. Huntington, Political Order in Change Countries 江炳倫、張世賢、陳鴻瑜合譯「轉變中社會的政治秩序」（台北：黎明文化公司，民國七十二年十月），頁二〇一。

第二章　戒嚴實施

一、戒嚴的緣起

政府因戡亂需要，於民國卅七年十二月十日由總統依據憲法第三十九條前半段規定：「總統依法宣布戒嚴，但須經立法院之通過或追認。」發布戒嚴令，明令「全國各省市，除新疆西康青海台灣四省及西藏外，均宣告戒嚴。」[1]並畫分「警戒地域」及「接戰地域」。民國卅八年，大陸情勢危急，戰爭即將影響到達台灣地區，五月十九日，台灣省警備總司令部發布戒嚴令，並自五月廿日起實施。同月廿七日，該部訂定「戒嚴期間防止非法集會、結社、遊行、請願、罷課、罷市、罷業等規定實施辦法」及「戒嚴期間新聞圖書管制辦法」，分別公布實施。這乃是根據戒嚴法第三條所爲臨時戒嚴的宣告。

民國三十八年十一月二日，行政院第九十四次會議通過國防部代電：「爲匪軍深入我東南及西北各省，而海南島、雲南、西康各地，猶深藏隱憂。爲加強戰備，用挽危局計，請將全國，包括海南島及台灣，一併劃作接戰地域，實施戒嚴。」同月廿二日，咨請立法院查照，並由東南軍政長官公署於民國三十九年一月八日以三九署檢字第四二二號代電分行並公告在案，畫定台灣省爲「接戰地域」，實施戒嚴，該項命令於民國卅九年三月十四日經立法院第五會期第六次會議通過。[2]國防部四十二年二月廿五日廉庶字第〇一三號令：[3]

> 三十八年五月台灣省戒嚴令，係依戒嚴法第三條規定之程序，並經呈報在案。卅九年一月頒行之全國戒嚴令，將台灣畫分爲接戰地區，並經立法院追認有案，則台灣省之戒嚴，自應溯及於卅八年五月頒行戒嚴令之時，其所須之戒嚴令，自不應因全國戒嚴令之頒行而失效。

民國卅八年下半年中共企圖以武力解放台灣，並高喊要「血洗台灣」，故而當時台灣戒嚴，是必要而無可避免的；同年十二月廿五日，共軍進犯金門，古寧頭戰役國軍大捷，從而暫時穩定台海局勢，但因中共始終並未放棄併吞台灣的企圖，對於台灣的威脅一直存在，這是台灣戒嚴長期存在的主因。唯亦因此遭到諸多批評，因之，須先瞭解台灣戒嚴的真實狀況與範圍，才能正確評論台灣實施戒嚴的得與失。

二、戒嚴實施的範圍

戒嚴法的完全實施，其影響憲法保障個人基本自由，主要來自戒嚴法第六條、第七條、第八條、第九條、第十一條（如表二－一）。

---

1 段紹禋，最新六法判解彙編，下冊，七版（台北：三民書局，民國七十一 一年七月）頁一七八五—一七八七。

2 國家政策研究資料中心，臺灣歷史年表：終戰篇 I（台北：國家政策研究資料中心，民國七十九年十一月），頁八二——〇六。

3 馬起華，民主與法治（台北：黎明文化公司，民國六十九年），頁一八四。

戒嚴法最嚴厲的是第六、第七兩條。第六條：「戒嚴時期、警戒地域內地方行政官及司法官處理有關軍事之事務，應受該地最高司令官之指揮。」第七條規定：「戒嚴時期，接戰地域內地方行政事務及司法事務，移歸最高司令官掌管；其地方行政官及司法官應受該地最高司令官之指揮。」此種戒嚴與民主政治的軍民分治及司法獨立不相容，西方人士概念中的戒嚴是此種軍事管制的，但中華民國政府並未實施這些部分。

我國憲法保障個人基本自由包括了：人身自由（第八條、第九條）、居住遷徙自由（第十條）、意見表達自由一言論、講學、著作及出版自由（第十一條）、通訊自由（第十二條）、信仰宗教自由（第十三條）、集會結社自由（第十四條）、生存權、工作權、財產權（第十五條）等。戒嚴法第八條、第十一條雖限制了基本個人自由，但其實施範圍非全面的，而是有限度的，事實上，我國戒嚴的期間，有許多並未限制而形同具文，有些執行寬鬆，有些執行很嚴格。歸納而言，政府來台後，戒嚴實施的影響主要在以下各項：

（一）人身自由方面

人身自由方面最值得注意的乃是非軍人由軍事審判。現行憲法第九條規定：「人民除現役軍人外，不受軍事審判。」而戒嚴法第八條則規定刑法上的十種罪一內亂罪、外患罪、妨害秩序罪、公共危險罪、僞造貨幣、有價證券及文書、印文各罪、殺人罪、妨害自由罪、搶奪強盜及海盜罪、恐嚇及擄人勒贖罪、毀棄損壞罪等，軍事機關得自行審判或交由法院審判。此一範圍確實廣泛但又有其不確定性。行政院於民國五十六年四月一日修正「台灣省戒嚴時期軍法機關自行審判及交法院審判案件畫分辦法」，確定軍法機關自行審判的案件縮小爲三種：

1.軍人犯罪。

2.犯戡亂時期檢肅匪諜條例、懲治叛亂條例所定之罪。

3.犯陸海空軍刑法第七十七條、第七十八條之屬於盜賣、買受軍油案件，及懲治盜匪條例第四條第一項第三款一盜取、毀損軍事交通或通訊器材；戰時交通電業設備及器材防護條例第十四條一竊盜或毀損交通電業設備及器材，第十五條 — 收受、搬運、寄藏、押保、熔毀被竊盜之交通電業設備及器材等罪。

由此可知，非軍人在戒嚴時期確有受軍事審判之規定，但非軍人受軍事審判的範圍不大，只有上列少數犯行，才由軍事審判，質言之，絕大多數人與此項審判無關。

（二）遷徙自由方面

戒嚴時期對人民遷徙自由影響最大者爲「三防」管制與檢查，我國由於大陸淪於共產黨的統治之下，中共對我台澎金馬，必欲得而甘心，造成了國家特別的緊急危難，當此之時，如何防止敵人對島內的滲透、顛覆活動，刻不容緩，因之，加強三防 — 國境防、海防、山防乃爲首務。

就國境防而言，旨在防止危害國家安全、社會安定的人和物入境，防止應受法律制裁的要犯或出境後有害於國家利益的人出境。戒嚴法第十一條以及依據戒嚴法制頒的子法有「戒嚴時期入境出境管理辦法」、「台北國際機場安全秩序維護辦法」、「台灣地區國際港口旅客行李檢查室安全秩序維護辦法」等，均對人民入出境有所規範。

就海防而言，台灣（含澎湖）海岸線長達 1,566.7 公里，海岸線就是國防線，海防即國防。爲防止危害國家安全與社會秩序分子的偷渡進出、各種物資的走私、武器彈藥及毒品的非法入境，應加強海防，海防自然也會影響人民出入海岸的自由。關於在戒嚴時期，管制人民進出海岸的子法規定有：「戒嚴時期台灣地區各機關及人民申請進出海岸及重要軍事設施地區辦法」、「台灣地區沿海海水浴場軍事管制辦法」、「戡亂時期台灣地區各港區漁民進出港口檢查辦法」、「戒嚴時期台灣地區國際港口登輪管制辦法」等。

就山防而言，台灣面積爲三萬六千平方公里，而山地（含山坡地及高山林區）佔了 73.65%，其中高山林區即佔了全台面積 46.6%，無論人和物均易於隱匿，且不易發覺，如有危害國家安全、社會秩序的分子潛入山地，後果嚴重，故而山防顯屬重要，山防規定自然也影響人民出入山地的自由。戒嚴時期關於山防的子法有「戒嚴時期台灣省區山地管制辦法」。

綜合而論，港口、機場出入境，以及海岸、山區的警戒與檢查，縱使平時已不可少，況在戒嚴時期？故而其價值應是肯定的，唯爲防範匪諜以及危害國家、社會安寧之分子，亦自必對一般人民在入出境、山防、海防造成不便，則是極難兩全的困境。

（三）意見表達自由方面

戒嚴法中有關意見表達自由方面影響與爭議最多的，則是在於出版品的管理：出版法第 34 條規定：「戰時或遇有變亂，或依憲法爲急速處分時，得依中央政府命令之所定，禁止或限制出版品關於政治、軍事、外交之機密，或違反地方治安事項之記載。」本條所稱「戰時或遇有變亂」可涵蓋戒嚴時期，本條對於出版品的禁限亦可適用於戒嚴時期。此後行政院於民國五十九年五月五日核准修正「台灣地區戒嚴時期出版物管制辦法」，這是戒嚴時期檢查、取締、扣押出版物的主要依據。唯該辦法中以「淆亂視聽、足以影響民心士氣」作爲禁限出版品的依據，則易受到批評，咸以此種詞句，內容含糊，難有標準，給予查禁單位以過大的行政自由裁量權。此外，報紙限制家數、張數亦是戒嚴時期的規定。

（四）集會結社遊行方面

戒嚴期間，集會雖須事先請治安機關核准，但很少有集會是先報准的，故集會方面執行較寬鬆。相對於集會，則禁止組黨可稱之爲戒嚴時期執行較嚴格的一項，在禁組政黨之下，雷震的組黨失敗可爲一例。此外，就遊行而言，亦是禁止的。

綜合而論，戒嚴的實施，並非完整的戒嚴法全部執行，其第六、七兩項的軍事管制並未實施，而基隆高雄的宵禁只在戒嚴初期實施了極短的時間，罷工、罷課、罷市雖是禁止，但從未發生過。戒嚴執行較有影響的則是：非軍人須受軍事審判、入出境的限制、出版品的管制、禁組政黨、限制報紙張數、禁止遊行等。此時期，警備總部有權管轄人民的入出境及新聞工作，並由軍事法庭審理非軍人犯罪案件，此外基於政治安定的作用，乃禁止組成新政黨，報紙的家數、張數亦

表二一 一 戒嚴法全文中影響憲法保障個人基本自由的條文

條文	內容
第六條	戒嚴時期，戒嚴地區內地方行政官及司法官處理有關軍事之事務，應受該地最高司令官之指揮。
第七條	戒嚴時期，接戰地域內地方行政事務及司法事務，移歸該地最高司令官掌管，其地方行政官及司法官應受該地最高司令官之指揮。
第八條	戒嚴時期，接戰區域內關於刑法上下列各罪，軍事機關得自行審判或交法院審判之：一、內亂罪。二、外患罪。三、妨害秩序罪。四、公共危險罪。五、僞造貨幣、有價證券及文書、印文各罪。六、殺人罪。七、妨害自由罪。八、搶奪強盜及海盜罪。九、恐嚇及擄人勒贖罪。十、毀棄損壞罪。
第九條	戒嚴時期，接戰地域內無法院或與其管轄之法院交通斷絕時，其刑事及民事案件，均得由該地軍事機關審判之。
第十一條	戒嚴地域內，最高司令官有執行下列事項之權： 一、得停止集會結社及遊行請願，並取締言論、講學、新聞、雜誌、圖畫、告白、標語暨其他出版品之認爲與軍事有妨害者。 上述集會、結社及遊行、請願，必要時並得解散之。

第十一條	二、　得限制或禁止人民之宗教或動有礙治安者。 三、　對於人民罷市、罷工、罷課及其他罷業，得禁止及強制其回復原狀。 四、　得拆閱郵信、電報。必要時並得扣留或沒收之。 五、　得檢查出入境內之船舶、車輛、航空機及其他通訊交通工具，必要時得停止其交通，並得遮斷其主要道路及航線。 六、　得檢查旅客之認爲有嫌疑者。 七、　因時機之必要，得檢查私有槍砲、彈藥、兵器、火具及其他危險物品，並得扣留或沒收之。 八、　戒嚴地域內，對於建築物、船舶及認爲情形可疑之住宅、得實施檢查，但不得故意損壞。 九、　寄居於戒嚴地域內者，必要時得命其退出，並得對其遷入限制或禁止之。 十、　因戒嚴上不得已時，得破壞人民之不動產，但應酌量補償之。 十一、在戒嚴地域內，民間之食糧物品及資源可供軍用者，得施行檢查或調查登記，必要時得禁止其運出。

資料來源：作者整理

受到限制，由於「黨禁」的原因，使此一時期的政治反對力量薄弱。張劍寒研究指出，台灣戒嚴體制對民眾權益的限制，至少包括限制在憲法上明定的人身自由權，如言論、講學、出版、通訊、集會、結社的自由。[4]

三、戒嚴的檢討

台灣地區實施戒嚴，對我國政治發展是利弊互見，茲分析如下：

（一）實施戒嚴的功能

戒嚴的實施在於防止匪諜及台獨的活動，維持社會的安定。蔣經國總統即指出：「政府從卅八年播遷來台之後，爲防制中共的武力進犯與滲透顛覆，乃將台澎金馬列爲戒嚴地區，來維護國家整體安全，保障一個安定行憲的環境。」[5]

葛永光認爲實施戒嚴對台灣的利益，有三個方面，一是由於嚴格的入出境管制，以及嚴密的山防和海防管制措施，使中共的滲透和顛覆活動受阻。二是戒嚴禁止新政黨的成立，因而，沒有出現分裂國家意志和多黨林立現象，黨爭和權力傾軋的情形也不致出現，國民意志亦較能集中，政治較易維持團結和諧。三是戒嚴禁止罷工、罷課、罷市、及限制聚眾遊行，因使社會秩序得以維持。[6]

持平論之，政府執行戒嚴，花費了相當大的人力和財力，其目的，乃在於國家安全、社會安定。基本上，它是達到了階段性的功能，戒嚴並未全部執行，它使部分人民的部分自由受到因戒嚴才有的限制，此即戒嚴雖是影響了民主政治的常態運作，但以戒嚴實施的年代，極廣大民眾並未有太多切身感受的原因。

（二）實施戒嚴的弊端

戒嚴的缺失，馬起華指出有三點：一是戒嚴執行的技術，似乎沒有多少改進，使之更合理，就違反戒嚴法令受到處罰的人，也少有作如何不違反法令以減少處罰的打算。二是缺少溝通的政治藝術，化解許多不必要的衝突，當然有關此點，馬氏亦認爲體制外的分離運動是沒有溝通妥協的餘地。三是戒嚴時期對出版物品的管制雖可援引「出版法」和「台灣地區戒嚴時期出版物管制辦法」，但事實上所採用的是後者，而非前者；後者是行政命令，前者卻是法律，此一做法不符「法律效力高於命令」的規範。[7]

張玉法認爲實施戒嚴，對於我國民主政治的發展有下列不利因素：（1）使我國以戒嚴法統治聞名於世界，對國家形象損傷甚大。（2）人民的政治自由受限制，使權力的分配和轉移，趨於僵化。（3）基本人權不能獲得良好的維護與保障，不

---

[4] 張劍寒，戒嚴法研究（台北：漢苑出版社，民國六十五年六月），頁一〇八。

[5] 行政院新聞局編印，蔣故總統經國先生七十六年及七十七年言論集，第一版（台北：行政院新聞局，民國七十七年六月），頁一六八。

[6] 葛永光等著，現代化的困境與調適—中華民國轉型期的經驗（台北：幼獅文化公司，民國七十八年一月），頁一五。

[7] 馬起華，當前政治問題研究（台北：黎明文化公司，民國八十年一月），頁七。

僅受世人抨擊，而且直接影響人民對政府的向心力[8]。

戒嚴的實施對民主政治的不利影響是多方面的，歸納分析如下：

1.就國家形象言：戒嚴雖只實施部分，但 martial law 對西方世界的直接感受是刻版的（stereotypes）—軍事管制、宵禁、戰車停於路中，人權受完全壓抑等，我國雖非如此，但傷害是巨大的。

2.就民主政治發展言：戒嚴因考量政治安定，禁組新政黨，政黨政治是民主政治的精髓，因而戒嚴對民主政治發展是不利的。同時，戒嚴因限制集會、遊行、結社、故而對民主政治中政治參與規範面的設計不充分，沒有政治團體、政黨、集會遊行等相關規範來導引民主運作，對民主的實施是不完整的。

3.就憲法保障個人基本自由言：部分非軍人觸犯特別規定項目，須受軍事審判；此外言論、講學、出版、通訊、入出境管制等，對憲法保障人民自由都有一定程度的限制與影響。

4.就執行戒嚴的技術面言：缺乏有效或漸進的檢查、取締改革作爲，以致民主政治的容忍和妥協無法有效產生。以出版品管制爲例，因採事後檢查，一些內容經認定違禁的刊物多在印刷廠中、書報攤架上遭扣押，使得血本無歸，而另一方出版人及作者往往不理會「台灣地區戒嚴時期出版物管制辦法」的條文，造成兩極化對立態勢，而出版品取締條文的標準欠缺明確，亦易使查禁單位有過大的自由裁量權。

綜合以上所論述戒嚴的得與失，衡諸戒嚴的成因、實施的範圍，戒嚴對我國政治發展是有利有弊，但整體說來，允宜利多於弊。戒嚴的目的在保障國家的安全、社會的安定，人民的生命，而戒嚴發布於烽火連天之際，共產赤焰的威脅立即而明顯，戒嚴令源之於戒嚴法，戒嚴法爲特別法，故而戒嚴的時機、性質均屬合宜，而政府的實施有其限度，使生活在自由地區的多數民眾並未感受到戒嚴的存在。戒嚴時期，提供了一個國家社經發展的有力安定條件，對國家實力的厚植、社會動能的蓄積，意義是肯定的。誠然，戒嚴使部分人民的部分自由受到限制，戒嚴亦影響了民主政治的發展，以及國家的形象。以大環境來看，非常時期能以有限的戒嚴，保障生存，而生存是最根本的，沒有生存，何談民主？能厚積國力，穩定時局，然後於適當時機，回復正常運作，這在危機中的國家應是最佳的選擇和步驟，中華民國政府即準此原則，逐步走向民主政治之理想。

---

8 張玉法，「從戒嚴到解嚴的一萬三千九百三十五天」，自立晚報，民國七十六年七月廿日，版二。

第三章　威權體制轉型

一、威權體制轉型的相關概念

「威權 — 民主」的轉型過程，由於中國國民黨推動一連串重大政治改革，以及最大反對黨民進黨的成立，使台灣的政治發展進入「轉型期」。「自由化」、「民主化」爲重要概念。

普利茲沃斯基（A. Przeworski）將「自由化」（liberalization）視之爲威權體制的解體（the disintegration of authoritarian），而將「民主化」（democratization）視之爲民主制度的出現（the emergence of democratic）。[1]

奧唐諾（G. O′ Donnell）與史密特（P. C. Schmitter）對於自由化與民主化的界定，「自由化」乃意指「保護古典自由主義者所主張基本的個人或社會權利，使其不受國家或第三者恣意或非法的侵犯。」而「民主化」則指「將公民權和民主程序原則取代先前運用其他統治原則的國家，或擴充人民參與政策、體制的討論、決定。」[2]亦即自由化指涉「公民權」（civil rights）的範疇，民主化則指涉「政治權利」（political rights）。

道爾（R. A. Dahl）則認爲唯有進行公開競爭（public contestation）和參與（participation）兩個層面並重的改革，才能達到「多元政治」（poliarchy）的目標，亦才得以建立民主化的政權。[3]

史提本（A. Stepan）將一個朝向民主化努力的現代化政體區分爲三個領域：民間社會（civil society）、政治社會（political society）、與國家（the state）。「民間社會」是指企圖透過組織運作而表達意見與增進本身利益的各種階級所組成的民間組織。「政治社會」是指企圖透過政治競爭而獲得對公權力和國家機關控制的政治團體。「國家」則不僅是要透過行政體系對國家機關進行控制，更進一步建立市民與公權力、市民與政治社會間的結構關係。因而政治自由化指的是民間社會的開放，政治民主化指的則是政治社會的開放。[4]

田弘茂認爲，自由化代表公民集會、結社、言論出版、資訊傳播以及社會、政治運動等方面的自主性趨勢（trend toward autonomy），這意味「黨國」逐漸減少對公民活動的干預和限制。而民主化則是一個演進的政治過程，逐漸將人民主權（popular sovereignty）與政治平等（political equality）的理想付諸實施。[5]

---

[1] Adam Przeworski, "Some Problems in the Study of the Transition to Democracy", in Guillermo O′Donnell, Philippe C. Schmitter, and Laurence Whitehead, eds., Transitions from Authoritarian Rule: Comparative Perspectives (Baltimore: John Hopkins university Press, 1986), p.56.

[2] Guillermo O′Donnell and Philippe C. Schmitter, "Defining Some Concepts", in O′Donnell and Schmitter, eds., Transition from Authoritarian Rule: Tentative Conclusions about Uncertain Democracies (Baltimore: John Hopkins University Press, 1986), pp.7-8.

[3] Robert A. Dahl 著，張明貴譯，多元政治—參與和反對（台北：唐山出版社，民國七十八年），頁六一八。

[4] Stepan 著，引自吳乃德，「不確定的民主未來：解釋台灣政治自由化現象」，時報文教基金會主辦，「中國民主前途研討會」論文，民國七十八年，頁五。

[5] Hung-mao Tien, "The Transformation of an Authoritarian Party-State: Taiwan′s Developmental

呂亞力以自由化乃爲種種限制人民自由與權利行使之束縛的解除，以及其主觀意識之自我解放，尤其是從對權威恐懼與敬畏中擺脫；民主化則是指權力之重新分配，政治參與的擴充或落實、民意對政策影響增加與特權的消除等。[6]

周陽山謂自由化是指旨在保護個人與社會團體，使其避免國家非法或違憲侵害的種種權利，得以發生實際效能的一段歷程。這些權利包括：使傳播媒體免於檢查或減少查禁；使自主性的社會團體有更大的組織活動空間；正當法律程序的人身保護；確保隱私權、言論自由、通訊自由、請願自由等，以及最重要的一點，是容許反對勢力的出現，並得自由的參與政治活動。至於民主化則係專指公民權或公民地位恢復與擴張的歷程，其進一步要求開放參政管道，甚至包括完全開放的競爭性選舉，其結果很可能是政權的合法轉移。[7]

前述界定紛陳，基本上，「自由化」乃是保障或恢復個人基本權利，以我國憲法言之，即憲法第八條至第十四條之人身自由、居住遷徙自由、意見自由（言論、講學、著作及出版自由）、祕密通訊自由、信仰宗教自由、集會結社自由等。「民主化」則是保障或恢復公民參政權利，以我國憲法言之，即憲法第十七條、十八條之四權行使和應考試、服公職之權。由公民參政權向外延伸的法制化（含憲法、各種選罷法規）、政黨競爭、和平轉移政權都屬政治民主化的範疇。

二、威權體制轉型的指標分析

「威權轉型」，係指從威權轉變到民主的一段歷程。在轉型期中，有些民主型式已經奠立，但仍有某些屬於威權政體的保留部份，而從國際間的經驗來看，轉型期的時間長短不一，且並非是直線的或不可逆轉的。有鑒於此，如何確保自由化、民主化的實踐，有賴尋找一些明確的「指標」（indicators），用以衡量自由化、民主化的程度，並導引其進展。

明尼（C. S. Meaney）建立的指標具體可行，他認爲自由化需要有一個政治空間，使團體及個人的權利得以行使，但不含「執政黨轉讓其對成果的控制」。亦即自由化指標至少包括以下：[8]

1.新聞檢查的放鬆。

2.允許集會、抗議和示威。

3.容忍來自人民及反對勢力的批評。

4.組織政治團體或政黨的自由。

至於民主化，則在「轉讓對所有團體或組織成果的控制」此一定義之下，其指標包括：[9]

Experiences, Issues & Studies, July 1989. p.119.

6 呂亞力，「政治自由化及民主化發展」，見二十一世紀基金會，時報文教基金會合辦，「『台灣經驗』新階段：持續與創新」研討會論文，民國七十九年二月，頁一。

7 周陽山，「民主化、自由化與威權轉型—國際經驗的比較」，國立台灣大學中山學術論叢，第八期，民國七十七年十二月，頁八〇—八一。

8 Constance Squires Meaney, "Liberalization, Democratization, and the Role of the KMT ", in Tun-jen Cheng, et.al., eds., Political Change in Taiwan (Boulder:Lynne Rienner Publishers, 1992),pp.98-99.

9 Ibid, PP.99-100.

1.允許政黨交替執政的政治制度與安排（不考量是否真正發生過）。

2.活躍而非橡皮圖章的國會。

3.軍隊或相關安全單位的勢力，從國內的政治過程中撤出。

4.政黨、國家機關和人事的相互分開。

除此四點外，各項選舉的選舉品質（如過程的非暴力、無賄選、公平、公正、公開等）以及任期制建立，亦是民主化的重要指標。

結合我國實際狀況，則「政治自由化」的指標應包括：(1)解除戒嚴。(2)開放組黨。(3)新聞及言論自由。(4)集會遊行法制化。(5)刑法一○○條（內亂罪）的修改。(6)准許海外異議份子返國。(7)開放大陸返鄉探親。(8)出版、廣播電視法規再修訂。

我國「政治民主化」的指標包括：(1)國是會議的召開。(2)終止動員戡亂時期。(3)廢止臨時條款。(4)回歸憲法。(5)修憲（含一機關兩階段修憲及後續）。(6)資深中央民意代表完全退職。(7)國會（國民大會、立法院）全面改選。(8)地方自治法制化。(9)省長、直轄市長民選。(10)總統公民直選。

三、威權體制轉型的理論依據

威權體制何以會發生轉型？研究者往往從各種面向去分析，例如領導者的認知與決心、經濟社會發展對政治結構的衝擊、反對運動的影響、政治文化與選舉競爭的因素、環境因素等，分述如下：

（一）領導者因素：

領導者因素乃重視人類行動者（human agent）的研究途徑，認爲領導者（個人或團體）是具有意志（volitional），其會依照理性而選擇最適當的策略來達到目標，最後的結果是領導者意志的表現，因而研究的重心乃擺在領導者的觀念、態度、價值取向、策略形成等方面，亦即強調人創造結果，非環境造成。

（二）經社衝擊影響

主張經社衝擊影響最具代表性者爲「現代化理論」（Modernization Theory），此一理論認爲民主政治乃是存在於富裕社會中，即經濟發展是民主化最先決條件。因爲經濟發展引發了工業化、都市化和提升教育水準，使人民具備充分能力參與政治。李普塞（S. M. Lipset）即持此一觀點，認爲民主政治與經濟是不可分的，同時民主政治與若干現代化的社會條件有關，例如社會的開放性、健全的溝通系統、低度分歧性等。[10]

（三）反對運動的影響

持反對力量的研究途徑，乃認爲轉型的推動，反對勢力是最主要的觸媒。因爲透過反對運動 — 無論採用和平或暴力手段，使一般民眾產生對若干問題的思索，亦迫使政府當局面對改革壓力，重新塑造新的遊戲規則。反對運動的研究途徑，包括其組織的產生背景、組織的結構、組織的發展路線與策略、發展的有

---

[10] S. M. Lipset, "Some Social Requisites of Democreacy: Economic Development and Political Legitimacy", American Political Science Review, Vol. 53, No.l, March 1959, pp.69-105.

利因素等之探討。

（四）政治文化因素

政治文化（political culture）是指一政治體系的成員所共同具有之政治信仰與態度，爲維持並持續該體系的政治結構之必要條件。政治文化所包含的準則、價值與認同，則透過政治社會化的過程，灌輸到體系中的每一成員，形成他們的政治態度。[11]

依照白魯恂（Lucian W. Pye）對政治文化的看法，包括三個面向：(1)認知圖（cognitive map），爲人民對於政治事務所具有的知識和信念。(2)情感取向（affective orientation），對政治事務的好惡及熱心或冷漠態度。(3)評價過程（evaluative process）對事務的見解和價值判斷。[12]因此政治文化可分三類，即地域性取向（parochial orientation），成員中對政治體系的認知、情感及評價都偏低。臣屬性取向（subject orientation）爲對投入、參與的知識和行動偏低，但對政治體系及其決策，有較佳的知覺。參與性取向（participant orientation）對政治體系的知覺和涉入都有較高傾向。[13]亦即當政治參與的文化升高，以及人民對民主政治文化具有高度共識時，有助於轉型的發展。

（五）選舉競爭因素

任一政權都將面臨到民眾支持的問題，亦即如何建立政府統治基礎的合法性（legitirmacy）至爲重要，而舉辦選舉則可達到政權已獲「大眾同意」的合法性作用。選舉爲一嚴酷考驗，對執政的政黨固可測試其組織動員能力，或繼續獲得合法地位的作用。[14]但對反對勢力而言，亦可透過競選活動深入群眾，組織、甄補、宣傳、教育選民、建立基層組織，是以選舉成爲反對運動累積其政治資本的最佳途徑。

選舉一方面有促使政治文化變遷的作用，此因民眾置身於競選期間大量資訊刺激的環境，可使其有更多比較、分析的素材；另一方面透過選舉亦可使反對勢力成員逐漸接近國會議堂，雖其力量或未逮贏得政權，但亦可在法定程序上產生相當程度的制衡作用。選舉、反對勢力相互運作，成爲一體兩面，對轉型期的發展有極大影響作用。

（六）國際結構因素

結構分析的研究途徑，強調結構限制了政治、經濟與社會過程，並影響決策者的「行爲模式」。亦即認爲國內政治、經濟各層面皆整合到國際體系中，受到國際體系變動的影響，當研究政治體系內的政治民主化、自由化問題時，國際環

---

11 羅志淵，雲五社會科學大辭典，第三冊，政治學，第六版（台北：台灣商務印書館，民國七十三年十一月）頁一九〇。

12 Lucian W. Pye, "Introduction :Political Culture and Political Development ", in Lucian W.Pye and Sidney Verba, eds., Political Culture and Political Development, (N.J.: Princeton University Peess, 1965) p.218.

13 G. A. Almond & Sidney Verba, The Civil Culture: Political Attitude and Democracy in Five Nations, (Princeton, N.J.: Princeton University Press, 1963), chap.l.

14 Fred M. Hayward, "Introduction", in Fred M. Hayward eds., Election in Indipendent Africa, (Boulder, Co.: Westview Press, 1987) p.13.

境是相當重要的關鍵。

綜合前述各種構成威權體制轉型的理論，可知轉型是複雜多面性的，並非只有單一因素，亦絕對無法認定某種研究途徑是唯一可行的。國內亦有學者從事檢討各種解釋台灣政治變遷的文獻，認為台灣政治自由化與民主化呈現高度的複雜性，不可偏執單一因素，各種理論需綜合，做多面向的觀察，才能一窺全貌。[15]

---

[15] 張佑宗，「對台灣『政治自由化與民主化』的解釋問題」，政治學刊，創刊號，一九九〇年九月，頁一——一二。

第四章　解除戒嚴

一、前言

實施戒嚴乃是爲維護國家整體安全，保障一個安定行憲的環境，保護一個全中國唯一未被赤化的淨土。戒嚴的實施爲權宜之計，中央政府來台亦並未嚴格全面的執行「戒嚴法」，而有「百分之三」的戒嚴之說。[1]雖然絕大多數的人没有感受到戒嚴對於生活的不便，但政府執行嚴格的那一部份：如非軍人由軍事審判、黨禁、報禁、禁止罷工、罷課、罷市、出版物的管理等（詳見第二章第二節），則明顯的影響了政治自由化，亦間接使政治民主化無法徹底推動。如組黨是屬政治自由化，但因黨禁，而使得政黨政治下的政黨選舉競爭並不具備（民、青兩黨實力薄弱，缺乏制衡之力），且没有政黨組織的零散力量（無黨籍人士）亦不足以構成政權轉移（透過選舉）的條件。「政黨—政黨」的參與競爭和政權移轉是屬政治民主化，它是必須植基於允許組黨的政治自由化之上。故而戒嚴的管制項目雖多爲政治自由化的層面，但不可避免地對政治民主化產生廣泛影響。

再者，政府實施黨禁、報禁，以及對言論自由和出版品的限制，雖然僅佔戒嚴所有項目的百分之三，但卻是部分在野人士欲積極參與政治活動的最大限制。（例如民主奠基期的「中國民主黨」組黨失敗是。）

政府實施戒嚴是一個兩難困境，民國卅八年的軍事危機，到民國四十七年的「八二三砲戰」，以及其後延續到中美斷交才停止的中共砲擊金馬外島，可說明我國處於「非常時期」，戒嚴有其必要性和背景因素，亦即戒嚴是「軍事」考量。到了民國七十六年七月一日，蔣經國總統宣告台澎地區自十五日零時起解嚴，正式開啓政治自由化的一連串改革，此時中共仍然存在，且仍是對我有敵意（其三不政策爲：不承認我爲政治實體、不放棄使用武力、不停止國際間對我之孤立），是故解嚴顯然是「政治」考量。

二、解嚴的背景因素

（一）中共的影響

台海兩岸的長期對峙狀態，對我國家安全構成威脅，亦因初始的安全考量乃有戒嚴的頒布（decree the martial law）。唯中共的對台政策，亦隨時空的變化而有所調整，雖本質上其欲達到統一政權的目標始終未變，但手段方法上，到了民國六十七年底，中共與美國宣布建交後，則有了改變。中共因國際上的有利形勢、國內經濟上改革開放的需要，乃將對台政策由過去「解放台灣」改爲「和平統一」（但乃不排除使用武力），在「和平統一」下，先後推出「三通四流」、「葉九條與鄧五點」、「一國兩制」等一連串主動示好行動。

對於中共的和平統戰攻勢，我政府在「挑戰 — 回應」（challenge and response）的模式上，[2]基於過去歷史的教訓，採取「不接觸、不談判、不妥協」

---

[1] 耿雲卿，「台灣僅實施了百分之三點七的戒嚴」，中央日報，民國六十七年十二月廿二日，版二。
[2] 彭懷恩，中華民國政治體系的分析（台北：時報出版公司，民國七十二年一月），頁卅六。

的三不政策，同時認爲中共和平統戰的目的，在於瓦解我心防，鬆懈敵我意識，故而我政府並不理會中共和平統戰論調，且逐一予以批駁。民國七十五年華航貨機飛往廣州，華航與中共民航在香港的接觸、談判，索還人機，則是初次改變過去一成不變的守勢形象。爲擴大國際空間，在外交上，政府亦趨積極不迴避態度，唯就「政府 — 政府」關係上，則仍是相當堅持原則的。

促使政府進一步考量兩岸關係的發展，基本上並非回應中共的統戰策略，而是兩岸民間的活動日益頻繁有以致之。與日俱增的兩岸離散家庭信件往來、探親、貿易（以上多透過香港、日、韓進行），最後終使我政府在宣告解嚴後，並基於人道立場，開放國人赴大陸探親。質言之，解嚴並非政府接受中共的「和平統一」策略，但中共「和平統一」的推動下，增加了台海表面穩定的氣氛，緩和過去劍拔弩張的緊張態勢，則是政府得以考慮解嚴的重要因素。

（二）國際的影響

國際對我國的影響，最主要的來自兩方面，一是美國、一是東亞鄰國。就美國而言，由於我國在政治、經濟、軍事上的依賴程度甚大，在爭取美國有形無形的支持時，往往須承受其自由民主人權觀念的壓力。[3]特別是在中美斷交後，「台灣關係法」〈Taiwan Relation Act〉第二條第三項的「人權條款」，說明：「本法任何條文不得與美國對人權之關切相抵觸，尤其是有關居住在台灣的一千八百萬全體人民之人權」。民國六十八年以後，美國國會針對我國之政治發展舉行多次聽證會，自由派議員索拉茲（S. J. Solarz）、李奇（J. Leach）、派爾（C. Pell）、甘迺迪（E. Kennedy）等人，均認爲戒嚴的存在會破壞雙方關係。[4]這從其後政府宣告解嚴，美國務院立即表示歡迎，並稱對未來的改革深具信心，[5]顯示內政上的解嚴與國際外交上，仍有密切關連性。亦即解嚴有助於國際形象的改善。

就東亞鄰國的影響而言，主要是菲律賓、韓國的民主化運動。菲律賓在一九四六年至一九七二年採行美式的典型民主體制，被譽爲亞洲「民主櫥窗」，但因嚴重的官員貪污、經濟蕭條、貧富差距擴大、共黨滲透破壞等亂象，[6]馬可仕（Ferdinand Marcos）在一九七二年宣布實施戒嚴，馬可仕政權的特權橫行、貪污腐化與家族政治，到了一九八三年八月，因馬可仕的政敵，前參議員艾奎諾被暗殺身亡，人民紛紛走上街頭，要求民主與人權，終而導致一九八六年的二月革命，這一場不流血革命，使馬可仕下台去國，艾奎諾夫人在人民力量付託下接掌政權。

韓國的政治環境受到地理位置、歷史背景、民族性、南北韓分裂以及償還推動經濟建設的巨額外債等因素之影響甚大，使韓國難有安定的政局。一九七九年

[3] 裘兆琳編，中美關係報告：一九八五——一九八七，前揭書，頁四三。
[4] 林正義，「斷交後美國政府對中華民國政治發展的影響」，美國月刊，第五卷，第二期，民國七十六年一月，頁五一七。
[5] 賴遠清，台灣地區解嚴後政治民主化轉型之研究，中央警官學校警政研究所，碩士論文，民國八十年六月，頁六八。
[6] 郭淑敏，菲律賓從民主到獨裁—結構與文化因素之探討，國立政治大學，政治研究所，碩士論文，民國七十七年九月，頁一七五——一七六。

十月廿六日朴正熙被刺身亡，結束其長達十八年的執政。全斗煥就任總統後，民間提出修改憲法，保障基本人權，由人民直選總統等要求，終於在一九八七年六月爆發全國大示威，約有百萬人以上參與，美、日等國紛紛規勸韓國政府勿採戒嚴等方式對抗。[7]此時盧泰愚終於發布「民主化特別宣言」，進行修憲工作，此項關鍵性抉擇爲韓國局勢帶來正面影響。

韓國、菲律賓的政治發展是否對我國產生影響？影響程度有多大？有謂鄰國民主化氣氛的感染，最能解釋拉丁美洲及東亞各國的局勢，東亞各國的民主化浪潮，從菲律賓、南韓到台灣，並進而波及東南亞各國。[8]亦有謂這些鄰國的波動對國民黨政府構成無形的壓力。[9]基本上台灣與韓、菲兩國政情並不相同，差別且甚大。韓國的長期軍人干政、經濟困境、貧富懸殊、學生運動均與台灣不同，菲律賓的經濟長期衰退、內政不彰更無法與台灣相比擬。若加分析，我國政局在解嚴前，因經濟持續繁榮、社會充滿活力，以當時的反對運動實力，尚不足對國民黨造成立即而嚴重的威脅，因此東亞局勢對主政當局採取解嚴屬無形的壓力。

（三）國內經社的發展

台灣地區經濟發展成就斐然，它所締造的奇蹟包括：(1)由落後的農業社會，轉變爲新興工業化社會。(2)自惡性物價膨脹，進步爲穩定而快速成長。(3)從依賴美援，達到自力成長。(4)突破資源貧乏，國內市場狹小限制，成爲貿易大國。(5)自財政收支鉅額赤字，轉變爲剩餘。(6)自失業問題嚴重，進步到充分就業。(7)自所得不均，轉變爲所得差距最小的國家之一。[10]以台灣過去的經濟發展來看，由於中產階級出現，加上教育普及，都市化程度高，使政治愈趨多元化。

現代化理論普遍認爲經濟發展是民主化最先決的條件。間有學者提出質疑，認爲經濟狀況與政治狀況之間，並非是有著不變的相關性，甚且快速的經濟發展，常招來政治的不穩定。[11]卡波（J. F. Copper）即表示，台灣加速邁向多元化的工業社會，這種多樣而深層的變化，將對政治體系產生廣泛的穩定或不穩定的成用，可能提昇政治現代化，或者給主政者製造嚴重的問題。因此社會的變遷，明顯的具有雙重作用。[12]

經濟發展與社會變遷對政治穩定而言，存在著諸多變數，如參與需求擴大、社會分化造成脫序、主政者的態度等均是。以台灣解嚴前發生的社會運動有：[13]

---

[7] 高崇雲，「南韓政局峰迴路轉」，亞洲與世界文摘，第七卷，第二期，民國七十六年八月，頁三九—四〇。

[8] 周陽山，「東亞的民主化浪潮—觀念層次的澄清」，亞洲與世界文摘，第九卷，第三期，民國七十七年九月，頁五二—五三。

[9] 張忠棟，「國民黨台灣執政四十年」，中國論壇，第三一九期，民國七十八年一月，頁六六。

[10] 葉萬安，「台灣地區實踐民生主義的經驗成果與展望」，台大中山學術論叢，第七期，民國七十六年，頁九〇—九五。

[11] Mencur Olsen, Jr., "Rapid Growth as a Destabilizing Forces", Journal Economic History, 23, Dec. 1967, 轉引自江炳倫，「我國政黨政治的現況與未來」，中國論壇，第二四八期，民國七十五年一月，頁一五。

[12] J. F. Copper, "Political Development in Taiwan", China & Taiwan Issue, ed. (N.Y. Praeger, 1979) p.57.

[13] 蕭新煌，「多元化過程中社會與國家關係的重組」，廿一世紀基金會與時報文化基金會合辦，「台灣經驗新階段：持續與創新」研討會論文，民國七十九年二月廿三日，頁一一。

1.消費者運動（民國六十九年）

2.反污染自力救濟運動（民國六十九年）

3.生態保育運動（民國七十年）

4.婦女運動（民國七十一年）

5.原住民人權運動（民國七十二年）

6.學生運動（民國七十五年）

7.新約教會抗議運動（民國七十五年）

蕭新煌分析其中原因，或爲民間社會不滿政府對於新興社會問題的漠視；或爲對某些特定政策或措施的抗議；或爲有意識的向國家機關長期對民間社會的支配進行挑戰；或爲有意突破某種敏感的政治約束。[14]就在民國七十年代以後，「經濟力」培植了「社會力」，「社會力」多面向尋求突破「政治力」已是發展趨勢。唯就我國長期以來經濟、社會穩健的成長，對於政治民主化或轉型毋寧是有助益的：

1.民主政治的失敗，多發生於貧窮、落後、混亂與文盲的社會，因其群眾最易被激發、煽動。而在台灣的社會邁向富裕、進步、穩定、教育程度高的同時，較少有激情而能爲社會大眾所接受，故較有利於透過理性、思辯過程，建構和諧融洽的環境。

2. 台灣地區的發展已進入資本制生產的社會經濟體制，這種講求公平競爭的企業精神下，容易產生民主價值的信仰，而對於金錢與權力的不當結合，亦能展現出反感和牽制的作用。

3.中產階級形成爲社會的中堅份子。中產階級亦提高了社會及政治意識，促使民眾期待民主化腳步加快，而其所具有一定的「公民社會」價值判斷，有助於社會的進步和穩定。

台灣地區的經濟條件、社會型態和教育普及均是走向民主的有利因素，蔣經國總統即表示：「在現階段解除戒嚴，是政府一貫恪守誠信的明證，是國家邁向一個新里程的開始，也是我們對國家前途充滿信心的宣示。」[15]解嚴前台灣地區經濟發展和社會變遷所孕育的特質，確有助於使主政者下定決心向民主過渡。

（四）反對運動的訴求

在戒嚴時期，政治反對運動是透過定期的公職選舉而逐漸凝聚，形成相當的力量。道爾（R. A. Dahl）指出，民主制度的發展有三個面向，以投票參與政府決定的權利，選舉被代表的權利，在選舉和在國會中成立有組織的反對派爭取選票以對抗政府的權利。[16]國內反對運動的人士經由歷來各項選舉的逐次考驗，所獲得的當選率和得票率，呈現緩慢而穩定的成長，顯示台灣地區已朝多元化的政

---

[14] 蕭新煌，「台灣新興社會運動的剖析：民主性與資源分配」，蕭新煌等著，壟斷與剝削—威權主義的政治經濟分析（台北：台灣研究基金會，民國七十八年），頁二八—二九。

[15] 蔣經國先生全集編輯委員會編，蔣經國先生全集，第十五冊（台北：行政院新聞局，民國八十年十二月），頁一九六—一九九。

[16] Robert A. Dahl 著，「政府與反對派」，黃德福譯，幼獅文化公司編譯，總體政治理論（台北：幼獅文化公司，民國七十二年六月），頁一四一。

治方向發展。

台灣反對運動的成長過程，係由無黨無派的獨立個體，進而爲「黨外」政團型態的鬆散組合，再進一步成立政黨組織。「黨外」名稱的廣泛使用，是在民國六十六年十一月五項公職人員選舉時，國民黨在該次選舉成績欠佳。「黨外」人士以全島串聯方式，贏得 5 席縣市長、21 席省議員、6 席台北市議員。次年（民國六十七年）的增額中央民意代表選舉期間，反對人士組成「台灣黨外人士助選團」全省巡迴助講，並提出共同政見和選舉主題。「黨外」一詞成爲無黨籍人士中的政治異議分子共同使用的符號。嚴格分析，「黨外」一詞有語義上的混淆，因「黨外」的最初意義，是執政的國民黨稱本身爲「本黨」，稱非國民黨籍者爲「黨外」，這是以國民黨本位立場的表達法，其後爲無黨籍反對人士使用，自稱己爲「黨外」，則語意相當含混。

民國七十年地方選舉，黨外人士組成「黨外選舉團」、七十二年增額立委選舉，成立「黨外中央後援會」，另有部分黨外新生代組成「黨外編輯作家聯誼會」，七十三年五月「黨外公職人員公共政策研究會」（公政會）成立，並設立「黨外中央選舉後援會」。七十五年全省各地紛設公政會分會（共計 14 個分會），前述發展顯示黨外已有雛型政黨的規模與運作基礎。國民黨亦於民國七十五年三月，十二屆三中全會通過「以黨的革新帶動全面革新」案，並於四月起由 12 位中常委研擬「解除戒嚴」、「開放黨禁」、「充實中央民意代表機構」、「地方自治法制化」、「社會風氣與治安」、「黨的中心任務」等六項革新方案。[17]黨外人士於民國七十五年九月廿八日搶先在政府宣佈解嚴前，於台北圓山飯店成立「民主進步黨」。

反對運動與解嚴之間的關係實相連，如無政治上反對勢力，執政的國民黨則無需當下即討論解嚴、開放黨禁等六項議題，討論該等問題，反對運動顯已具有相當程度影響力。唯論者或有謂反對運動爲此次改革最主要觸媒，其以國民黨一方面未受到資本家全然支持，投資率逐漸下降，另一方面反對運動不斷對其政權進行體制內、外抗爭，其正當性基礎甚受質疑。[18]對上述觀點作者持保留態度：

1.從解嚴前歷次選舉得票率、當選率觀察，黨外人士的實力，尚不足以稱已構成對國民黨的直接威脅。以民國七十四年省市議員選舉，經黨外推薦當選席次 25 人（佔 14.71%），得票率爲 15.74%。同年的縣市長選舉，經黨外推薦當選者 1 人（佔 4.76%），得票率 14.86%。民國七十五年底立法委員選舉，黨外推薦當選席次 12 人（佔 16.44%），得票率 22.17%。如包含其他反對候選人士（即一般無黨籍者，有別於黨外推薦的「真黨外」，黨外身份之認定可參考李筱峰「台灣民主四十年」一書）七十四年縣市長當選 4 人（佔 19.05%），得票率 37.61%，省市議員當選 39 人（佔 22.95%），得票率 30.10%。民國七十五年立法委員選舉當選 14 人（佔 19.17%），得票率 31.01%。民國七十五年的選舉，國民黨仍得到總投票率 69%的支持，顯示當時國民黨執政仍是獲得多數人民的認同。

---

17 台北，聯合報，民國七十五年四月十日，版二。

18 王振寰，「台灣的政治轉型與反對運動」，台灣社會研究季刊，第二卷，第一期，民七十八年，頁七一——一一六。

2.從社會穩定性觀察，雖在解嚴前已有若干社會運動，但層面仍是有限。我國經濟持續成長，投資的不振，因素甚多，非一個原因所能涵蓋，政府推動經濟自由化的努力，亦在解決若干問題。社會平穩除選舉中支持國民黨籍候選人佔相當高比例外，另從民國七十六年的民意調查顯示，我國成人有50%以上自認是中產階級，這些自認是中產階級的民眾，都認爲他們的社會地位比上一代高，而他們下一代的社會地位又會比他們高。[19]余英時曾指出：「經國先生推行民主改革，決不是完全向台灣的社會現象求取妥協與適應。他集大權於一身，而總不濫用權力，甚至容忍少數人對他的無理辱罵，我不相信這是由於他爲客觀形勢所迫，而不得不示弱；相反的，他是爲了民主理想的實現，而寧願付出這一點無足輕重的代價。」[20]從整個社會結構穩定性分析，解嚴前的反對勢力雖有其一定程度影響力，但全局尚在國民黨政府主導下，殆無疑義。

（五）執政者改革的決心

解除戒嚴和推動改革的全面性變遷，除了內外的環境因素考量外，執政者的認知與決心應是最具決定的關鍵因素。蔣經國總統晚年所發動的民主改革，使政治環境有了大幅改觀。曾任行政院長的孫運璿指出：「我擔任行政院長時，經國先生曾多次與我談及有關政治革新的問題，在他內心有一個時間表，認爲經濟建設成功，社會穩定，人民安和樂利了再尋求政治發展建設。」[21]蔣經國即在我國經濟持續成長、社會日趨多元化下，全力推動政治革新工作。白魯恂（L. W. Pye）指出，蔣經國有兩項主要成就，使其列爲世界級的卓越領袖，一是以極佳方法，減低本省人和外省人之間的差距，並使台灣地區所有中國人之間保持和諧；二是他促使政治反對力量合法化，並設定了民主政治發展的各個階段。[22]

誠然改革之途並不容易，杭廷頓（S. P. Huntington）即認爲，改革者道路之艱難來自三方面，一是他面臨保守者、革命者兩面作戰。二是改革者須比革命家更懂得掌握社會勢力和社會變遷。三是改革者如何選擇改革途徑及其優先順序頗值困擾。因此，成功的革命家不一定是一流的政治家，成功的改革者則必是出色的政治家。[23]蔣經國主導的政治改革起點，是於民國七十五年三月廿九日舉行的國民黨十二屆三中全會，會議中達成了「以黨的革新帶動全面革新」的共識。其後蔣氏四月九日指定國民黨十二位中常委員負責研擬六項革新方案（包括解除戒嚴、開放黨禁、充實中央民意代表機構、地方自治法制化、社會風氣與治安、黨的中心任務），負責人爲技術官僚出身的前總統嚴家淦以及台籍菁英輩份甚高的

---

[19] 魏鏞，「爲成長、平等與民主而規劃—中華民國發展過程中的非經濟性因素」，中央月刊，第廿卷，第十一期，民國七十六年十一月，頁三七—四八。

[20] 余英時，「吾見其進，未見其止—經國先生的現實與理想」，歷史巨人的遺愛（台北：中央日報社，民國七十七年），頁二二四。

[21] 孫運璿，「我失去一位敬重的長者」，黎明文化公司編印，蔣故總統經國先生追思錄，三版（台北：黎明公司，民國七十七年十月），頁一五〇。

[22] Lucian W. Pye 著，吳瓊恩譯，「後蔣經國時代可有良策？」，聯合報，民國七十七年九月廿日，版二。

[23] Samuel P. Huntington 著，江炳倫等譯，轉變中社會的政治秩序（台北：黎明文化公司，民國七十七年），頁三五四。

前副總統謝東閔，其他成員分別包括了黨內自由派、保守派中極具影響力者。

蔣經國推動的政治改革極具前瞻性，其在國民黨中常會多次談話，可見其理念和決心：「時代在變，環境在變，潮流也在變，因應這些變遷，執政黨必須以新的觀念、新的做法，在民主憲政體制的基礎上，推動革新措施，唯有如此，才能與時代潮流相結合才能與民眾永遠在一起。」[24]其並勉勵五院院長：「只要有決心和誠意，認清形勢，把握原則，事事以國家整體利益和民眾福祉爲先，走正確的道路，踏穩腳步，勇往直前，自必克服一切困難。」[25]唯當時國民黨內部仍有阻力，據稱在中常會有超過三分之二的資深委員反對他的改革，軍方（尤其是警備總部）對解嚴後大權旁落亦深感不悅，蔣氏終能以不斷宣示其決心和見解，消除若干疑慮和不前。[26]

民國七十五年六月，十二人小組提出六點改革計劃：(1)充實中央民意代表機構。(2)地方自治法制化。(3)簡化國家安全法律。(4)制定人民團體組織法。(5)強化公共政策。(6)強化黨務工作。蔣氏特別指示先針對(3)、(4)兩項擬定更詳細的計畫。[27]

蔣氏推動改革的同時，則予反對人士以較大寬容。首先是國民黨在決定研擬六項方案之後，黨外「公共政策研究會」紛紛成立分會，引起國民黨內部反對之聲，亦成爲蔣氏推動政治革新的一項難題，然蔣氏欲以「溝通」方式與黨外取得解決方案，其後「溝通」雖了無進展或被迫取消，但因執政當局始終未對「公政會」分會採取實際行動，無形中等於「默許」黨外提昇「組織化」的作爲。其後是蔣氏在民國七十五年七月在接受訪問時明確表示，未來一年內台灣地地區將解嚴，黨外即於九月廿八日在台北圓山大飯店搶先宣布成立「民主進步黨」，突破了將近卅八年的黨禁封鎖。此時國民黨內部多主張取締，但蔣氏不贊成鎮壓行動，反而指示與尚無法律地位的民進黨溝通，以化解政治衝突。[28]隨後在十月十五日國民黨中常會優先通過解除戒嚴和開放黨禁兩項議題：（一）廢止戒嚴令，代之以「國家安全法」。（二）修改「人民團體組織法」中禁止新黨之規定，但要求新登記的政黨須符合「反共」、「遵守憲法」、「不得有分離意識」的三項原則。上述動作，等於已默許民進黨的存在。到了民國七十六年六月底立法院三讀通過「動員戡亂時期國家安全法」，七月十五日政府正式宣布解除戒嚴，我國憲政發展進入一個新的階段。

綜觀解嚴的條件，是相互影響與催化的作用。正如蔣氏所稱：[29]

---

[24] 行政院新聞局編，蔣總統經國先生七十五年言論集（台北：正中書局，民國七十六年），頁八五。

[25] 中央日報社編，蔣總統經國言論選集，第九輯（台北：中央日報出版部，民國七十七年三月），頁五七。

[26] Harvey J. Feldman 著，劉宗賢譯，「台灣正向前大步邁進」，亞洲與世界文摘，第八卷，第一期，民國七十七年一月，頁五一六。

[27] Chou Yang-Sun & Andrew J. Nathan, "Democratizing Transition in Taiwan" , Asia Survey, March 1987, p.11.

[28] 李東明，「經國先生與台灣地區的政治發展（一九七二——九七八）」，憲政思潮，第八一期，民國七十七年，頁七九。

[29] 行政院新聞局編，蔣總統經國先生七十五年言論集，前揭書，頁八二－八三。

> 經國自己深感責任重大，相信每一位同志對於自己的責任都有同感。但是，外來的壓力越大，我們內部越要團結・・・環顧今日國內外的環境，我們要求突破困難，再創新局，就必須在觀念上及作法上作必要的檢討與研究。

從上述談話中，可以肯定國際局勢、兩岸態勢、國內社會變遷、經濟發展以及執政者改革的決心、反對運動者對民主的需求等，對於解嚴的形成都有影響。就程度而言，執政者改革的決心與反對運動的發展占重要地位。唯深論之，政府能在民國七十六年即宣布解嚴，而未延至其後任何時期，或使民主改革遙遙無期，執政者改革的決心，則應居於關鍵地位。其他外環境因素以及國內經濟發展、社會變遷則屬相關的情境因素影響。

三、解嚴的時代意義

民國七十六年七月十四日總統令：「准立法院中華民國七十六年七月八日（76）台院議字第一六四一號咨，宣告台灣地區自七十六年七月十五日零時起解嚴。」七月十四日行政院新聞局所發表的「解嚴聲明」，說明解嚴的意義如下：[30]

> 民國三十八年中共全面叛亂，國家處於危急存亡之秋，政府爲確保復興基地的安全，別無選擇的宣告台灣地區戒嚴。三十餘年來，一方面採行最小限度的戒嚴措施，一方面積極推動民主憲政，終於獲致政治民主、經濟繁榮、文化發達、社會安定的卓越成果。在此過程中，事實上，國人受到戒嚴措施的影響極其有限，甚至尚有部分國人不知台灣地區一直實施戒嚴。因之，爲期加速推動民主憲政，貫徹憲法精神，使政治更民主，社會更開放，人民更幸福，政府乃宣告台灣地區自明日零時起解嚴。此一決定，實爲我國民主憲政發展史上一個新的里程碑。

邵玉銘指出，解嚴至少有三方面的實質意義：[31]

1.軍事管制範圍的減縮與普通行政及司法機關職權的擴張：平民不再受軍事審判，而且縱使是現役軍人，如其所犯者爲較輕微的犯罪行爲，也不受軍事審判。出入境及出版品的管理，分別由警察機關及行政院新聞局負責。

2.人民從事政治活動，將以普通法律保障並促成，因之，在立法院通過「人民團體組織法」與「集會遊行法」後，人民將可依法組黨結社及集會遊行。

3.行政主管機關的行政裁量權也不再如戒嚴時期的廣泛和較有彈性，使一般人民或民意機關更能發揮督促或監督的功能。

行政院新聞局於七月十四日同時宣布廢止了與「戒嚴法」有關的行政命令，共計有三十種之多：[32]

1.戒嚴時期台灣地區港口機場旅客入境出境查驗辦法。

2.戡亂時期台灣地區內河船筏檢查管理辦法。

3.戒嚴時期台灣地區各機關及人民申請進出海岸及重要軍事設施地區辦法。

---

[30] 馬起華，民權主義與民主憲政（台北：正中書局，民國八十一年十一月），頁四〇九。

[31] 謝瑞智，憲法大辭典（台北：國家發展策進會，民國八十年），頁一六二。

[32] 馬起華，前揭書，頁四一〇—四一二。

4.戰時台灣地區公路交通管制辦法。
5.台灣地區戒嚴時期出版物管制辦法。
6.戡亂時期台灣地區各港區漁船漁民進出港口檢查辦法。
7.管制匪報書刊入口辦法。
8.台灣地區沿海海水浴場軍事管制辦法。
9.台北衛戍區人員車輛及危險物品進出檢查管制辦法。
10.戒嚴時期台灣地區查禁匪僞郵票實施辦法。
11.戒嚴時期台灣省區山地管制辦法。
12.戒嚴時期台灣地區國際港口登輪管制辦法。
13.台灣地區戒嚴通行核發辦法。
14.戡亂時期台灣地區入境出境管理綱要。
15.電信密檢聯繫辦法。
16.台灣省戒嚴時期郵電檢查實施辦法。
17.台灣地區戒嚴時期軍法機關自行審判及交法院審判案件劃分辦法。
18.台灣地區國際港口旅客行李檢查室安全秩序維護辦法。
19.台灣地區國際民用航空器旅客空勤人員及物品檢查辦法。
20.台北國際機場安全秩序維護辦法。
21.戡亂時期台灣地區民航機構空地勤人員管理辦法。
22.戡亂時期台灣地區民航機構空地勤人員管理辦法施行細則。
23.台灣地區環島飛行民航機旅客檢查及限制辦法。
24.攝影記者進入台北國際機場攝影規則。
25.台灣警備總司令部航空安全工作督導實施辦法。
26.台灣地區國際港口軍援船檢查辦法。
27.戡亂時期台灣地區入境出境管理辦法。
28.台灣地區國際港口出入國境證照查驗站編組辦法。
29.台灣省戒嚴時期取締流氓辦法。
30.台灣省戒嚴時期戶口臨時檢查實施辦法。

這批行政命令均爲依「戒嚴法」所頒行的子法，隨著解嚴而停止適用。解嚴的意義從憲政發展觀點言，則爲人民權利義務將恢復憲法第二章的條文施行，它與戒嚴時期有很大的出入（參見表四—一），人民可依法集會、結社、享有充分言論自由和人身自由，不僅確保政治自由化的落實發展，並有助於導引政治民主化的逐步達成。

四、解嚴後發展情形

解嚴後，在國家安全的維護及落實政治自由化上，有「國家安全法」的實施，以及開放組黨、新聞及言論自由、集會遊行合法化、准許海外異議人士返國、開放返鄉探親等自由化的推展。

（一）國安法的實施

國安法是我國行憲以來爭議甚多的法典之一。它從制定的過程當中，各方面贊成、反對、批評的言論沓至，可說發言盈庭，立法院內激烈辯論，院外「只要解嚴，不要國安法」的街頭運動不斷。[33]反對派人士街頭抗爭達八次之多。[34]

國安法的制定源於民國七十五年十月十五日，國民黨中常會通過決定要廢止戒嚴令，同時要另行制定「國家安全法」。民國七十六年三月九日立法院內政、司法、國防三委員會開始審查，先後舉行十五次聯席會議，委員發言 340 人次，三月十六日並舉行學者專家聽證會。經提報院會於六月十九日、廿三日討論，有委員 37 人次發言，終於在廿三日三讀通過，由蔣經國總統於七月一日公布，全文 10 條。其內容大要如下：

第一條係闡明動員戡亂時期，爲確保國家安全，維護社會安定而制定本法。

第二條乃規範人民集會、結社，不得違背憲法或主張共產主義，或主張分裂國土。

第三條爲人民入出境應向內政部警政署入出境管理局申請許可。未經許可者，不得入出境。

第四條爲警察機關必要時得對下列人員、物品及運輸工具實施檢查：(1)入出境之旅客及其所攜帶之物件。(2)入出境之船舶、航空器或其他運輸工具。(3)航行境內之船筏、航空器及其客貨。(4)前兩項運輸工具之船員、機員、漁民或其他從業人員及其所攜帶之物件。

第五條乃爲確保海防及軍事設施安全並維護山地治安，得由國防部會同內政部指定海岸、山地或重要軍事設施地區劃爲管制區。人民入出前項管制區，應向該管機關申請許可。

第六條、第七條爲罰則。違反第三條第一項未經許可入出境，處三年以下有期徒刑、拘役或併科三萬元以下罰金。違反第四條者處六月以下有期徒刑、拘役或併科五千元以下罰金。違反第五條第二項者處六月以下有期徒刑、拘役或併科五千元以下罰金。

第八條爲規定非現役軍人，不受軍事審判。

第九條爲戒嚴時期戒嚴地域內，經軍事審判機關審判之非現役軍人刑事案件，於解嚴後之處理情形。

第十條爲國安法施行細則及施行日期，由行政院定之。

國安法於民國七十五年七月一日公布，七月七日立法院通過「解嚴案」及「動員戡亂時期國家安全法施行細則」50 條。七月十四日總統宣告次日起解嚴。同日行政院令，國安法定於同年七月十五日施行。政府對國安法的實施有如下說明：[35]

> 中共對我之威脅迄未稍減；對我之滲透、顛覆不會放鬆，故我國仍處於動員戡亂時期，而絕非太平盛世局面・・・因此，若干必要防範措施，實屬

[33] 同上，頁三九〇。

[34] 潘啓生，台灣地區政治抗爭之研究一九七七－一九八八，國立政治大學，三民主義研究所，碩士論文，民國八十年一月，頁七十五。

[35] 馬起華，前揭書，頁四一〇。

表四——一　解嚴前後人民權利義務狀況對照表

項目	解嚴前	解嚴後
入出境管理	一、申請入出境需由各縣市警察局核准。 二、出境需覓保證。 三、出入境證遺失，申請補發，需繳交遺失保證書。 四、申請入出境所繳戶籍謄本有效期爲三個月。 五、未經許可之入出境案件未有複審制度。	一、直接送境管局辦理，可節省 4 - 7 天。 二、除其他法令需具保者外，其餘一律免保 三、遺失申請補發免繳保證書。 四、有效期限延長爲六個月。 五、特設審查委員會複審未經許可入出境案件。
海岸管制	一、海岸管制地區爲各海岸距離高潮線 500 公尺以內地區。 二、經常管制區長 1,374 公里，面積 617 平方公里；特定管制區 37 公里，18.5 平方公里	一、縮短爲高潮線 300 公尺。 二、經常管制區縮減爲 507.8 公里、面積 152.3 平方公里；特定管制區減爲 33.5 公里，面積爲 10.5 平方公里。
山地管制	有 30 山地管制區〈即山地鄉〉，21 個山地管制遊覽區，62 個山地開放區及 6 個平地行政管理區。	簡化爲 29 個山地經常管制區及 32 個山地特定管理區。其中山地開放區、平地行政管制區均解除限制。
犯罪管制區	一、非軍人犯匪諜叛亂案件、竊盜或損毀戰時交通或通信器材罪，以及重大殺人強盜案，得經行政院核定由軍事機關審判。 二、軍人犯罪概由軍事機關自行審判。	一、非現役軍人不受軍事審判。 二、軍人除犯刑法六十一條輕微罪，移由普通法院審理外，其餘均交軍事審判。
人身自由	治安人員得於晚間實施臨檢，晚間查察戶口。	政府擬議警察人員如有必要於夜間查察戶口時，得經警察首長核准，會同村里長行之。
集會遊行	最高司令官得停止集會遊行，必要時得解散之。	將制定「集會遊行法」加以規範，依法定程序申請許可。
結社自由	戒嚴地域內最高司令官得停止結社。政府事實上禁止政治團體、政黨成立。	政府將修訂「非常時期人民團體組織法」及「動員戡亂時期公職人員選舉罷免法」，有條件開放政治團體的成立。
言論自由	軍事機關得取締言論、講學、新聞、雜誌、圖書等出版物之認爲與軍事有妨害者。其審查權利相當廣泛。	出版物審查均劃歸文職機關掌理。對於違法出版品的認定，有必較明確的標準。
通訊自由	軍事機關得拆閱郵信電報，必要時並得扣留或沒收。	依據戡亂時期及動員時期法令規定，軍政機關仍具有電信及郵電抽查權。
勞資自由	軍事機關得禁止罷工。	依據法令規定，罷工仍受禁止，不過政府已研擬有限度開放罷工權的行使。

資料來源：聯合報，民國七十六年七月十七日，第二版

不可避免。解嚴之後，爲確保國家安全、維護社會安定，乃將與國家安全有關而爲各國所採行的入出境管理、公共安全之檢查以及山防、海防等尚無其他法律加以規範的事項，以稍簡的方式，採行最少限度的立法精神，制定了「動員戡亂時期國家安全法」，期能一方面邁向民主憲政的大道，一方面維護國家的安全、社會的安定以及人民的安康。

國安法在制定過程中，贊成者多以國家安全爲首要考慮，而反對者則約有兩種主張，一是根本否定國安法制定的必要性；一是主張不制定國安法，而另制定法律或修改其他法律以爲替代。主張制定國安法者理由如下：[36]

1.解嚴並非解除武裝，故而有必要制定國安法，彌補解嚴後留下的國防漏洞。特別是依據戒嚴法所制定有關鞏固三防（國境防、海防、山防）的子法都要廢除，國安法即在堵塞解嚴後留下的安全空隙。

2.國安法與各有關國家安全的法律並不重疊，這些國家安全有關法律，不足以勝三防之任。如「要塞堡壘法」，只是點的防衛，無法概括海防，海防是線的防衛；「非常時期農礦工商管理條例」及「國家總動員法」，均無三防的規定；「懲治叛亂條例」、「妨害軍機治罪條例」、「戡亂時期檢肅匪諜條例」及刑法「內亂罪」和「外患罪」，不僅無三防規定，且都是懲治性，與國安法之具有預防性者不同。如不制定國安法而制定他法或修改他法，不僅曠日持久，且同樣有爭論。

3.保障國家安全是國家重要目的和手段。生存是國家第一法則，國家須先求生存、後求發展，因此國家必須排除危害其安全的各種因素，包括外來的侵犯和內在的顛覆。從政治上看，憲法、共產主義、台獨與國家安全有關，憲法是國家根本大法，共產主義不合人性且危及國家安全，台獨主張分離運動，偏狹短淺且徒增紛擾。故以國安法第二條「三原則」有其必要性。即人民集會、結社，不得違背憲法、主張共產主義，或主張分裂國土。

4.國安法的位階在法制級序上是憲法第一七〇條所稱的法律，是中央法規標準法第十一條規定在憲法之下，命令之上的法律。將原戒嚴法的部分子法所定的事項，規定在國安法中，乃是爲保三防所必需，不但提高了原位階，而且規定亦不盡相同，並不是以國安法取代戒嚴法，亦非換湯不換藥。故不宜以對待戒嚴法的同樣態度來對待國安法，亦即現階段不必戒嚴，但不能說現階段不要三防。

反對制定國安法者理由如下：[37]

1.徵之以世界法學發展趨勢，鮮有國家制定國家安全法者。一則，現行法律已夠保障國家安全，有無國安法，無關乎國家安全宏旨；再則，制定國安法，將使國家緊急法制權更形紊亂，悖離憲政精神，故而無須國安法。

2.觀之以憲法與戒嚴法所規定解嚴條件，都不包括制定國安法，顯然該法並非解嚴必要條件，乃是戒嚴法的借屍還魂，換湯不換藥，新瓶裝舊酒，無此必要。

3.可分別制定「出入境管理條例」、「解嚴程序條例」、「集會法」、「結社法」、「軍事設施管制法」，並修改「要塞堡壘地帶法」以涵蓋海防、山防，不必要制

---

[36] 同上，頁三九四－四〇五。

[37] 同上，頁三九七－三九八。

定國安法。

4.從國安法之法條內容分析，國家安全的大架構下，內容顯得貧乏，並沒有整合現有全部國家安全的法律，使之更臻完備。第二條之「三原則」和其他條文不連貫，頗似拼裝車，其爲政治用語，非法律用語，且本條無罰則，不能執行，形同具文，沒有實質意義。

上述國安法贊成、反對意見紛歧，一項由民意調查文教基金會以大學法學院教師及律師爲調查對象的研究報告顯示，贊成與反對制定國安法的人數相近。在受訪者 742 人中，贊成者 342 人（45.6%），反對者 323 人（43.1%）。政治學者有 60.3%贊成，法律學者則有 65.9%反對。執業律師中，贊成者佔 45.5%，反對者佔 45%。對於第二條「三原則」，多數受訪者認爲應保留或保留並作明確界定，贊成保留比主張刪除者高出一倍。[38]

國安法的性質是政治性抑法律性？從其以國家安全爲首要考慮，且列舉「三原則」的內涵來看，應屬政治性的法律，或政治性很高的法律。觀之以國安法十項條文，除去立法精神（第一條）、憲法已有規定者（第八條）、軍事審判在解嚴後之處置（第九條）、施行細則及施行日期（第十條）外，其主要重點有二：「三防」及「三原則」。「三防」可否分別制定或修法方式爲之？亦有仁智之見。故「三原則」實爲國安法重要精神，或謂國安法乃國民黨爲安撫反對解除戒嚴的勢力。所採取妥協方式，提出的一套象徵意義大於實質意義的法典。[39]而反對人士之杯葛制定國安法，實即憂慮在國安法「三原則」下，其有關台灣獨立之主張，在解嚴之後，仍無法在公開場合進行宣揚。[40]然以「三原則」並無罰則，只具宣示效果，故而國安法的制定雖有高爭議性，但是落實在執行面，亦僅有「三防」而已。

（二）政治自由化的推展

解嚴後，政治自由化的腳步加快，舉凡開放組黨、集會遊行、新聞及言論自由、准許海外異議份子返國、返鄉探親方面有一番氣象。就開放組黨而言，民進黨搶先於民國七十五年九月逕行成立，並未遭到取締，實已使得行之有年的黨禁名存實亡。解嚴後，黨禁正式結束，七十八年一月廿七日「動員戡亂時期人民團體法」公布實施，開放政治團體及政黨的籌組，奠定政黨政治之基礎。該法對政治團體採立案制、政黨採備案制，亦即凡有意組黨者，在向內政部提出申請後，只要形式要件無缺失，即可准予成立，內政部無審查權。由於組黨從寬原則，自七十八年內政部民政司開始受理政黨登記起，第一年當中，我國政黨數量以平均每月成立三個的驚人速度增加中。[41]雖然經過內政部在民國七十九年上半年曾訪視各政黨，發現有許多小黨結構及體質並不很健全，真正用心於發展黨務，並以競選公職爲主要目的之新成立政黨寥寥可數。但大體言之，我國政黨政治已朝向民主目標邁進，政黨並成爲我國民主發展的主角，選舉所代表的功能和意義將日

---

[38] 台北，聯合報，民國七十六年三月廿三日，版二。

[39] 彭懷恩，台灣發展的政治經濟分析，再版（台北：風雲論壇出版社，民國八十年十月），頁二二三。

[40] 潘啓生，前揭論文，頁七四。

[41] 台北，中央日報，民國七十九年五月廿九日，版二。

益凸顯，由於政黨競爭的出現，民主化發展將益趨快速。

集會遊行法制化於民國七十七年一月十一日立法院三讀通過「動員戡亂時期集會遊行法」，並在一月二十日公布實施，該法對於民眾集會遊行之申請及主管機關予以許可要件，作了詳細規定。在限制方面，明定遊行須遵循國安法「三原則」— 不得違背憲法、主張共產主義、分裂國土。並規定不得在政府重要機關附近遊行。該法保留了政府管制權力，但終使集會遊行之自由得以抒解。

就新聞及言論自由方面，在戒嚴時期的報禁，政府採限家限張發行，而出版品方面，警總因行政裁量權甚大，多有扣押或查禁情事。在民國七十四年，所有發行反政府的政論性刊物，約有 75%被查禁；民國七十五年則幾乎每一本反對的政論性刊物均遭查禁，迫使其轉入地下發展。[42]直到民國七十六年初解嚴在即，行政院長俞國華於二月五日聽取輿情報告後，指示新聞局重新研議報紙登記及張數問題，首次表明政府欲解除報禁的立場。[43]隨著解嚴，「台灣地區戒嚴時期出版物管制辦法」廢止，出版品的管理審查轉由新聞局負責。十二月一日新聞局宣布，自民國七十七年元旦起，正式開放報紙登記。報禁的解除，使報紙的種類激增，戒嚴時期一直維持 31 種，到民國七十七年增爲 124 種、七十八年 208 種，七十九年更達 221 種。不僅報紙，各種出版事業亦呈現蓬勃發展的情形。

就准許海外異議份子返國方面，因憲法規定人民有遷徙之自由，返鄉也是聯合國人權公約中肯定的基本人權之一。解嚴後，民國七十七年七月，國建會學人向境管局問及出入境「黑名單」問題，國民黨籍立委李勝峰（後爲新黨）等要求准許在外台胞返國，及准許世台年會在台灣舉行。民進黨中常會則決定訴諸群眾運動，聲援台胞返鄉運動。[44]政府對此問題則是採取逐漸放寬的態度，民國七十七年十一月，國民黨中央邀集黨政及情治單位首長進行政策性討論，並達成逐漸放寬政治異議份子申請入境的共識，但對倡議推翻政府、主張激進台獨路線以及曾獲准返台卻參加違法活動或破壞協議者，仍持續以往較嚴格的審理態度。[45]政府的「和諧專案」亦從民國七十七年十月起，陸續核准多位海外異議人士入境，其背景涵蓋「台獨聯盟」、「FAPA」、「台灣民主運動海外組織」、「台灣人權協會」、「台灣民主運動支援會」等。民國八十一年五月內政部長吳伯雄在立法院首次承認有黑名單存在，並表示歷年累積下來的「列註名單」只有 282 人，並將在短期內大幅放寬。[46]之後，五月十六日立院修改刑法一〇〇條「內亂罪」，七月七日修改國安法，刪除三原則中「不得違背憲法」之規定，吳伯雄部長隨即表示，根據國安法修正原則，原「列註名單」將僅剩 5 人。[47]流亡海外多年的台獨教父彭明敏，亦於是年十一月返台，顯示政府接納政治反對人士的決心。

---

[42] 法治斌，「近年來中華民國法律改革與憲法解釋」，見張京育編，中華民國民主化—過程、制度與影響（台北：政大國關中心，民國八十一年），頁三三九。

[43] 林東泰，「台灣地區大眾傳播媒體與政治民主化歷程」，台灣地區政治民主化的回顧與展望研討會論文集 （台北：民主基金會，民國八十年），頁一二〇。

[44] 台北，中國時報，民國七十七年七月廿八日，版三。

[45] 台北，聯合報，民國七十七年十一月卅日，版三。

[46] 台北，自立早報，民國八十一年五月五日，版三。

[47] 台北，聯合報，民國八十一年七月八日，版一。

（三）兩岸交流互惠的推展

就返鄉探親方面，兩岸長期分隔，使骨肉親情因時代影響，致無法相聚團圓。隨著解嚴的宣布，政府即基於人道立場，採取開放民眾返鄉探親之一系列措施：

1.開放一般民眾赴大陸探親（七十六年十一月）

2.准許大陸同胞來台探病及奔喪。（七十七年九月）並擴大對象及於配偶之父母（翁姑、岳父母）及兄弟姊妹；且如申請人因年邁或重病、重傷，致無法單獨來台者，開放配偶同行來台照料。（八十年十一月）

3.開放海峽兩岸民眾間接電話（報）及改進郵寄信件手續，（七十八年六月），開辦郵寄航空掛號函件。（八十年六月）

4.開放大陸民運人士來台參觀訪問及居留。（七十八年七月）

5.開放在大陸地區居住未滿二年；因重病或其他不可抗力之事由，致繼續居住逾二年，未滿四年；及回台領取本人之戰士授田憑據補償金，無有效證照者亦得申請回台。（八十年十一月）

6.開放各級政府機關及公營事業機構基層公務員赴大陸探親，（七十九年一月）並擴及未涉及機密之雇用人員。（八十年十一月）。

7.開放部分滯留大陸台籍同胞返台探親，（七十九年一月）並擴及公費留學生。（八十年四月）

8.開放各級民意代表赴大陸探親及訪問。（七十九年四月）

9.准許軍、公、警人員在大陸配偶或三親等以內血親來台探親，（七十九年六月）如申請人因年邁或重病重傷，致無法單獨來台者，開放其配偶同行來台照料（八十年十一月）

10.開放各級公務人員赴大陸探病、奔喪（七十九年六月）並擴大對象及其祖父母。（八十年二月）

11.開放未涉及機密之軍中聘任人員准赴大陸探病奔喪。（八十年十一月）

12.開放大陸同胞來台居留或定居。（八十年十一月）。

民國八十年五月，中華民國政府宣佈「終止動員戡亂時期」、「廢止動員戡亂時期臨時條款」。這是台灣繼解嚴後又一劃時代的新頁，中華民國政府實質放棄「動員戡亂」，摒棄「武力反攻」，改以「三民主義統一中國」，以「國家統一綱領」架構兩岸關係。承認對岸爲政治實體，稱之爲「中共當局」或「北京當局」。並陸續推展近程目標：「交流互惠」，與中程目標「互助合作」。[48]

民國八十九年〈2000 年〉，中國國民黨首次在總統大選失利，失去中央政權。民進黨陳水扁當選總統，台灣進入第一次的「政黨輪替」。時任國民黨副主席的吳伯雄訪問中國大陸，是國民黨遷台後，該黨高層與大陸方面第一次公開接觸。吳伯雄赴福建龍岩出席世界客屬懇親大會，並到廣州黃花崗七十二烈士墓與南京中山陵敬謁，獻上國民黨主席連戰署名的花圈。當時擔任福建省長的習近平，專

[48] 「國家統一綱領」沒有時間表，只有進程表：「近程日標」—交流互惠；「中程目標」—互助合作；「遠程日標」—協商統一。中共只要同意：〈1〉承認中華民國爲政治實體。〈2〉放棄武力犯台。〈3〉不在國際間孤立中華民國。雙方隨時可進入第三階段協商統一。唯陳水扁主政期間已經「終統」。

程從福州趕到吳伯雄下榻的酒店，共進早餐。吳伯雄還與當時之中共副總理錢其琛、海協會會長汪道涵、中共中央台辦、國務院台辦主任陳雲林及中共元老、前人大委員長葉劍英的長子葉選平（前廣東省長、全國政協排名第一位副主席）等中共高層人士會晤，這也打破近半世紀，國共之間不相往來的紀錄。

連戰於 2005.4.26 以中國國民黨主席身分，率領近 70 人之訪問團，訪問中國大陸，展開「和平之旅」，成爲中華民國政府遷台後，首位在北京大學發表演說之重量級政治人物。2005.4.29 國民黨主席連戰並與中共總書記、國家主席胡錦濤會晤，發表極具歷史性之「連胡會新聞公報」。

連戰回台不久，5 月 5 日，親民黨主席宋楚瑜亦赴大陸，展開「搭橋之旅」，宋會見中共國家主席胡錦濤、全國政協主席賈慶林和國台辦主任陳雲林，對兩岸之平和互動發展極有助益。

其後，連戰飛美國，領取美國百人會團體頒發「國際傑出領袖獎」，肯定其開啓兩岸歷史性「破冰之旅」。2006 年 4 月 13 日，連戰以國民黨榮譽主席身份，再啓程訪大陸，參與國共經貿論壇。4 月 16 日，連戰同中共總書記胡錦濤於北京會晤。雙方重申九二共識。4 月 17 日，連戰南下福建，展開「尋根之旅」。

連戰與宋楚瑜陸續於 2005 年往訪大陸，此一「破冰之旅」有著劃時代之意義。2008 年馬英九當選總統後，更務實的發展兩岸關係，積極的從「有效管理」，走向「開放佈局」，開展了熱絡的兩岸「制度性協商」，不僅使兩岸關係趨於穩定發展，對台灣的經貿也有實體的助益。2008 年至 2012 年之間，「江〈丙坤〉陳〈雲林〉會談」共進行了八次，兩岸合計簽署了 18 項協議、2 個共識以及 2 個共同意見。在兩岸旅遊、空運、海運、食品安全、郵政、金融合作、共同打擊犯罪及司法互助、農產品檢疫檢驗合作、標準計量檢驗認證合作、漁船船員勞務合作、兩岸經濟合作架構協議〈ECFA〉、智慧財產權保護合作、醫藥衛生合作、陸資來台等議題上，完成各項之協議、共識。之後，2013 年「林〈中森〉陳〈德銘〉會」在上海第九次會談，簽署「兩岸服務貿易協定」，爲第 19 項協議；2014 年「林陳會」在台北第十次會談，簽署「兩岸氣象及地震監測合作協議」，爲第 20 項協議；2015 年「林陳會」在福州第十一次會談，簽署「海峽兩岸避免雙重課稅及加強稅務合作協議」、「海峽兩岸民航飛航安全與適航合作協議」爲第 21、22 項協議。〈如表四—二〉岸兩會對於兩岸經貿、文化交流的貢獻値得肯定。

兩岸未來發展擺在眼前有兩個隱憂：就中國大陸而言 — 台灣內部少數「台獨」主張，是大陸所無法接受者；就台灣內部而言 — 大陸的「共黨制度」，是台灣所最憂心者。兩岸逐年放寬民間交流、互惠，同時兼顧彼此認知與國家安全考量，有助於雙方交往，對中國未來走向實有俾益。當然，中華民國已是完全民主化國家，每逢總統大選、政黨輪替對兩岸交流發展具有不可預期性，是一隱憂，唯主政者有政治智慧，穩健發展兩岸關係，也在歷史軌跡中，雙方朝合則兩利，以兩岸各自優勢，創造中華民族最輝煌時代。觀之以德、法世仇，英、法亦是世仇，彼等不同之民族尙能有智慧在經濟考量上，一笑泯恩仇，結合成「歐盟」（EU）。兩岸炎黃子孫同文同種，尙且不如歐西民族者乎？

表四 一 二　兩岸兩會歷次高層會談達成協議簡表

	簽署時間	地點	雙方主談人	會談重大成果
第一次江陳會談	2008.6.14	北京	江丙坤 陳雲林	簽署：「海峽兩岸包機會談紀要」及「海峽兩岸關於大陸居民赴台灣旅遊協議」等 2 項協議。
第二次江陳會談	2008.11.7	台北	江丙坤 陳雲林	簽署：「海峽兩岸空運協議」、「海峽兩岸海運協議」、「海峽兩岸郵政協議」、「海峽兩岸食品安全協議」等 4 項協議。
第三次江陳會談	2009.4.29	南京	江丙坤 陳雲林	簽署：「海峽兩岸共同打擊犯罪及司法互助協議」、「海峽兩岸金融合作協議」、「海峽兩岸空運補充協議」等 3 項協議。並對「陸資來台投資議題」達成共識。
第四次江陳會談	2009.12.25	台中	江丙坤 陳雲林	簽署：「海峽兩岸農產品檢疫檢驗協議」、「海峽兩岸漁船船員勞務合作協議」、「海峽兩岸標準計量檢驗驗證合作」等 3 項協議。
第五次江陳會談	2010.6.29	重慶	江丙坤 陳雲林	簽署：「兩岸經濟合作架構協議〈ECFA〉」，確定早收清單；「兩岸智慧財產權保護」2 項協議。
第六次江陳會談	2010.12.20	台北	江丙坤 陳雲林	簽署：「海峽兩岸醫藥衛生合作協議」、決定成立「協議落實的檢討機制」。
第七次江陳會談	2011.10.20	天津	江丙坤 陳雲林	簽署：「兩岸核電安全合作計劃」1 項協議。
第八次江陳會談	2012.8.9	台北	江丙坤 陳雲林	簽署：「海峽兩岸投資保障和促進協議」、「海峽兩岸海關合作協議」，針對投保協議，雙方共同發表「人身自由與安全保障共識」。
第一次林陳會談	2013.6.20	上海	林中森 陳德銘	簽署：「兩岸服務貿易協定」
第二次林陳會談	2014.2.27	台北	林中森 陳德銘	簽署：「兩岸氣象及地震監測合作協議」
第三次林陳會談	2015.8.26	福州	林中森 陳德銘	「海峽兩岸避免雙重課稅及加強稅務合作協議」、「海峽兩岸民航飛航安全與適航合作協議」

資料來源：行政院大陸委員會；作者自行整理

第五章　國是會議

民國七十九年召開的「國是會議」，爲我國繼解嚴之後，由政治自由化步向政治民主化關鍵的一步。「國是會議」所作成「動員戡亂時期終止、臨時條款廢止、修定憲法」的結論，改變了過去長期以來，中央政府一貫以修改臨時條款代替「修憲」的作法，憲政改革自此有了全新的起點。其後的「第一階段修憲」更確定中央民意代表的法源依據，使國會全面改選順利展開。

一、國是會議召開的緣起與經過

（一）國是會議召開的緣起

「國是會議」的召開，直接導源於國民大會的擴權行動，引發「三月學潮」後的一項回應結果。民國七十九年三月間第一屆國民大會召開第八次會議，利用選舉第八任總統、副總統之機會，國大自行增加出席費，並在審查「動員戡亂時期臨時條款」修正案中，通過國大代表每年集會一次，行使創制複決兩權，以及增額國大代表六年任期延長爲九年等。這一幕幕上演的「山中傳奇」，引起全國譁然，認爲國大代表私心自用，擅自擴大職權。乃紛紛表達對憲政問題以及將來政治發展的看法。大專學生並於三月十六日發起到台北中正紀念堂廣場靜坐抗議，三月十九日學生開始聚集，並提出「解散國民大會、廢除臨時條款、召開國是會議、訂定民主改革時間表」四大改革訴求。整個現場氣氛更因東海大學學生方孝鼎等 15 人發動絕食而升高，引起媒體高度關注。到三月廿一日參加人數超過 6,000 人，爲四十多年來，規模可數的大型學潮 —「野百合學運」〈或稱爲「台北學運」〉。[1]

學潮期間，李登輝總統爲回應國人殷切的期望，於三月廿日指示籌備召開「國是會議」，並指派當時總統府資政蔣彥士、行政院長李煥、總統府祕書長李元簇及執政黨中央委員會祕書長宋楚瑜四人，就「國是會議」有關問題先行研商。三月廿一日國民黨中常會決議，由蔣彥士任召集人，組織籌備委員會，負責籌備事宜。當天晚上，李總統召見 50 名學生代表，承諾提前召開「國是會議」、擬定政經改革時間表。但認爲現階段不適宜修憲，關於憲法修改，至少要兩年。二月廿二日早上學生即在宣布組織「全國學生聯盟」，並發表「我們的聲明 — 追求民主永不懈怠」後解散，結束歷時一週的「野百合學運」。[2]

「國是會議」得以召開，三月學潮有直接影響作用。李登輝總統固然是回應大專學生及社會大眾的呼聲，但他本人對召開「國是會議」，亦有強烈的推動意願，蓋因「三月學潮」時，大專學生曾要求李總統以強烈手段排除國民大會，或拒絕老代表之投票。唯李總統囿於既有之政治體制，仍以傳統方式完成第八屆之總統選舉。其本人雖無力於迅即解決經年累月所堆陳的政治結構問題，卻有著憲政改革的決心，正好配合國內民間的強烈要求，透過非體制內的「國是會議」方

[1] 李炳南，憲政改革與國是會議（台北：永然文化出版公司，民國八十一年四月），頁二八。
[2] 同上，頁二九。

式，壓制國民黨內反對力量，取得改革動力。[3]

（二）國是會議召開的經過

李登輝總統於民國七十九年三月廿日，正式宣布將召開「國是會議」，並指派總統府資政蔣彥士爲「國是會議」籌備委員會召集人，從此展開「國是會議」之序幕。此時第一項工作在於如何產生「國是會議」籌備委員之名單，因其關係著國內政治生態現實力量的反映。執政黨最須考量的參與對手，自然是長久以來最大的反對黨 — 民進黨。國民黨透過商界陳重光居間協調，先後有三月廿日國民黨祕書長宋楚瑜與民進黨主席黃信介見面，三月廿九日總統府資政蔣彥士親訪黃信介，除邀請民進黨參與「國是會議」之籌備外，並確定李總統將於總統府與黃信介主席見面之事。[4]四月二日李總統邀請民進黨主席黃信介到總統府「喝茶」。黃信介代表民進黨提出四項訴求：1.制定憲政體制改革時間表。2.平反政治案件。3.徹底落實政黨政治。4 有效維護治安。李總統則向黃表示，將在兩年內完成憲政改革目標，同時指出，不能違反中華民國之認同。[5]

四月一日，民進黨召開臨時中常會，以附帶條件方式通過，原則確定參加「國是會議」籌備會。政府因而得以順利完成了籌組籌備會工作，並以各方代表：國民黨 11 人，民進黨 4 人，無黨籍 5 人，學者公正人士 5 人之比例完成適切反應政治生態現狀的組合。[6]

籌備委員會於民國七十九年四月十四日召開第一次會議，並經持續兩個多月的策畫，「國是會議」終於在六月廿六日到七月四日在台北圓山大飯店舉行，出席人數應爲 150 人（包含籌備會審核推薦 115 人，總統遴選 35 人），實際參加者共有 141 人（如表五—一）。

國是會議是政府來台後，政治體制邁向全面改革的一個起點，它的性質雖不具有法律上的合法性地位，僅爲總統的諮詢會議，但因其網羅朝野各界代表，且在若干重要問題上獲得原則性的共識，使其後的政治改革有了著力點，所代表的政治意義重大，同時亦將佔有顯著的歷史地位。國是會議從近處觀察，乃是國內七十九年二月以來動盪不安的政局，得到一個舒緩的空間，維持了政局的穩定，並圖開創另一個嶄新格局。從遠處來看，乃是在台灣四十多年來經濟發展與社會變遷快速下，相對的政治體系中分配機能（distribution function）與參與機能（participation function）則顯得僵化，其中所造成的「歷史包袱」，實有賴國是會議此一超體制的、非常的途徑，以解決經年累月交錯複雜的憲政困境。[7]

二、國是會議的內容與發展

國是會議是以國人最關切之兩大問題「健全憲政體制」及「謀求國家統一」爲討論範圍，其五項議題爲：(1)國會改革問題。(2)地方制度問題。(3)中央政府

[3] 同上，頁三四—三五。
[4] 台北，中國時報，民國七十九年三月三十日，版三。
[5] 台北，聯合報，民國七十九年四月三日，版一。
[6] 李炳南，前揭書，頁三六—三七。
[7] 同上，頁二一。

體制問題。(4)憲法（含臨時條款）修定方式有關問題。(5)大陸政策及兩岸關係。其中獲與會朝野人士取得共識的部分如下：[8]

（一）國會改革問題

1.第一屆中央資深民意代表應該全部退職。

2.反對國民大會維持現狀。

3.淨化選舉風氣。

（二）地方制度問題：

1.回歸憲法或授權立法院立法，甚至循修憲方式達成改革。

2.地方自治應以民選、自主爲基本要求，依據台灣目前發展，兼顧憲法體制及實際狀況，將國家主權與國內行政的需求作合理的統合。

3.地方自治與制度的改革，應正視地方派系糾紛，選舉風氣敗壞的現象。

4.肯定台灣發展的成就，主張在改革地方制度時，應保留台灣省名稱，維護台灣經驗的良好形象。

（三）中央政府體制問題

現行總統選舉之方式應予改進。

（四）憲法（含臨時條款）修定方式有關問題：

1.終止動員戡亂時期，廢止臨時條款。

2.憲法應予修定。

3.修定應以具有民意基礎之機關及方式爲之。

（五）大陸政策及兩岸關係：

1.制定開放與安全兼顧的階段性大陸政策。

(1)應以台灣人民的福祉爲前提。

(2)考慮國際形勢限制，中共政權性質及大陸人民心理等客觀因素。

(3)在能力範圍內，促使大陸走向民主自由。

2.兩岸關係之界定方面，體認兩岸分別爲政治實體之現實。

3.現階段實際運作，放寬功能性交流，政治性談判則從嚴。

(1)功能性交流方面：①開放應有條件，有限制。②訂定安全、互惠、對等、務實四點作爲交流原則。③學術文化科技交流放寬爲雙向，並考慮合作的可能。④規劃開放記者及體育的雙方訪問和比賽。⑤經貿在不危及安全及妨礙整體經濟發展原則下，穩定前進。⑥功能性交流談判，在方式上以政府授權之「中介團體」對等談判爲宜。

(2)政治性談判方面：大多數皆認爲時機未成熟，須滿足下述先決條件後，始可考慮：①中共放棄武力犯台。②不反對中華民國國際參與。③台灣達成內部共識。④建立朝野共信，權責分明的談判機構。

4.從速設立專責的政策機構和授權的中介機構。

國是會議開幕時李登輝總統親臨主持，閉會時李總統也親自到場聆聽總結報告，充分顯示其對此項會議的重視。國是會議閉會時，主席團曾提議設置「憲政

[8] 台北，中國時報，民國七十九年七月五日，版五。

表五 — 一 國是會議參與人員名單

組別	人員名單
第一組	尤清、王昭明、朱士烈、吳明進、呂亞力、李念祖、李鴻禧、林棟、邱垂亮、姚舜、柯明謀、苗素芳、殷允芃、高玉樹、康水木、張俊宏、梅可望、許勝發、陳水扁、陳金德、陳健治、彭光正、黃石城、黃鎮岳、趙少康、蔡友土、鄭次雄、楊黃幸美、謝崑山、蘇永欽。
第二組	王又曾、王桂榮、朱堅章、吳英毅、呂秀蓮、李長貴、沈君山、林仁德、邱聯恭、姚立明、洪冬桂、郎裕憲、翁松燃、高希均、康寧祥、張俊雄、莊海樹、許倬雲、陳必照、陳長文、陳璽安、彭明敏、黃信介、楚松秋、楊選堂、趙昌平、蔡政文、鄭竹園、謝深山、蘇俊雄。
第三組	王世憲、王惕吾、朱雲漢、吳哲朗、宋楚瑜、李哲朗、汪彝定、林永樑、金神保、姚嘉文、洪俊德、徐亨、荊知仁、高育仁、張文獻、張淑珠、許仲川、郭仁孚、陳永興、陳建中、陳繼盛、葉加志、黃崑虎、楊日旭、葉金鳳、劉炳偉、蔡勝邦、鄭彥文、謝瑞智、蘇裕夫。
第四組	王玉雲、丘宏達、余紀忠、吳豐山、李仁、李海天、周聯華、林佾廷、金耀基、宣以文、胡佛、徐賢修、馬克任、高忠信、張旭成、張博雅、許宗力、陳川、陳田錨、陳重光、陶百川、辜振甫、黃越欽、楊志恒、葉潛昭、蔣彥士、蔡鴻文、覺安茲仁、鄭欽仁、謝學賢。
第五組	王作榮、田弘茂、余陳月瑛、吳澧培、李伸一、李鍾桂、林空、法治斌、艾阿翰、施啓揚、胡志強、悟明、馬英九、高英茂、張京育、張富美、許信良、陳五福、陳江章、陳唐山、傅正、黃主文、黃煌雄、楊國樞、廖述宗、蔣廉儒、鄭心雄、謝長廷、簡明景、饒穎奇。
備註	王世憲、宣以文、胡佛、朱雲漢、楊國樞、李鴻禧、陳唐山、彭明敏因故宣佈退出。

資料來源：李炳南，憲政改革與國是會議〈台北：永然文化出版公司，民國八十年四月〉，頁三九八—三九九。

改革諮詢小組」，以求落實國是會議結論，但國民黨內部傾向於在黨內設置「憲改小組」，以落實各項憲改事宜。[9]民國七十九年七月十一日，國民黨中常會決定於其黨內設置「憲政改革策畫小組」，由副總統李元簇擔任召集人，（如表五—二）下設「法制」與「工作」兩個分組。前者，負責憲法修定及修定程序之研擬；後者則負責有關憲政改革意見之搜集、整理、分析與有關機關、政黨就憲政改革事項的協調與聯繫。有關國民黨「憲政改革策劃小組」之決議事項如下：[10]

（一）**有關國民大會問題**：策劃小組決議爲：1.國民大會之制度應予維持。2.關於國民大會代表區域選舉之辦理方式，採以複數當選人爲主之選舉區制。3.有關國民大會之職權，俟相關議題討論獲有結論後，再行討論。4.國民大會代表應爲無給職，惟出席法定會議時得支給出席費。

（二）**有關監察院問題**：策劃小組之決議爲 1.監察院制度應予維持。2.省市選出之監察委員仍由省市議會選舉產生。3.有關監察委員總名額應爲若干及省市名額分配原則如何；前項究應在憲法增訂條文予以規定抑或另以法律定之；監察委員應否酌留一定比例名額做爲全國不分區代表，其產生方式如何？及第二屆監察委員產生時間等問題，應再詳加研究，另行討論。4.監察委員候選資格應予提高，由內政部從政主管同志研究。

（三）**有關第二屆中央民意代表產生時間及名額問題**：策劃小組決議之第二屆中央民意代表產生時間，在民國八十年十二月辦理第二屆國大代表選舉，在民國八十二年二月一日前辦理第二屆立法委員、監察委員選舉。

至於第二屆中央民意代表名額問題，法制分組建議：1.國民大會代表之區域選出者，每直轄市、縣市各選出代表 2 人，但其人口逾 10 萬人者，每增加 5 萬人增選 1 人；逾 50 萬人者，每增加 10 萬人，增選 1 人；逾 300 萬人者，每增加 20 萬人，增選 1 人。此外山胞選出者，平地山胞及山地山胞各選出 3 人。另全國不分區選出者，其名額佔總額五分之一。2.立法委員之區域選出，每省、直轄市人口在 20 萬以下者，選出 2 人，逾 20 萬人者，每增加 10 萬人增選 1 人；逾 100 萬人者，每增加 15 萬人增選 1 人；逾 400 萬人者，每增加 25 萬人增選 1 人；逾 1,500 萬人者，每增加 35 萬人增選 1 人。此外山胞選出者，平地山胞及山地山胞各選出 3 人。另全國不分區選出者，其名額佔總額五分之一。3.監察委員名額之分配，每省議會選出 30 人，每直轄市議會各選出 12 人。上述省選出之監察委員應有婦女當選名額 3 人，市應各有 1 人。

（四）**有關中央民意代表之僑選、職業團體、婦女團體代表問題**：策劃小組之決議爲：1.中央民意代表應包含海外僑選代表，產生方式及名額，再行研究。2.廢除職業團體代表選舉。3.凍結憲法第二十六條第七款之適用，中央民意代表中之婦女代表名額依憲法第一百三十四條規定辦理。

（五）**有關設置全國不分區名額代表問題**：策劃小組討論不分區代表名額佔總名額之比例，以及採政黨名單比例代表制方面，有如下結果：

---

[9] 同上。

[10] 台北，中央日報，民國七十九年十二月六日，版二。

表五 — 二 國民黨「憲政改革策劃小組」成員結構分析表

小組職務	召集人	副召集人	副召集人	副召集人	成員	成員	成員
姓名	李元簇	郝柏村	林洋港	蔣彥士	梁肅戎	黃尊秋	林金生
黨政職務	副總統	行政院長	司法院長	總統府祕書長	立法院長	監察院長	考試院副院長
背景	李總統有關憲政問題的重要諮詢對象	國是會議黨內議題小組重要成員	國是會議黨內議題小組召集人	國是會議召集人	國民黨中評委	國民黨中常委	國民黨中常委
小組職務	成員	成員	成員	成員	成員	成員	
姓名	何宜武	蔣經國	李煥	邱創煥	宋楚瑜	連戰	
黨政職務	國民大會祕書長	國安會祕書長	資政	資政	國民黨祕書長	台灣省主席	
背景	國民黨中常委	國民黨中評委	國是會議黨內議題小組召集人	國是會議黨內議題小組成員	國是會議主席團主席	國民黨中常委	

資料來源：高永光，修憲手冊〈台北：民主文教基金會，民國八十年十一月〉頁三七—三八。

1.國民大會之全國不分區代表名額佔總名額比例有甲、乙兩案，甲案主張佔總名額五分之二，乙案主張佔總名額三分之一，表決結果，贊成甲案 12 人，贊成乙案 13 人。

2.立法院之全國不分區代表名額佔總名額比例有甲、乙兩案，甲案主張佔總名額三分之一，乙案主張佔總名額四分之一，表決結果，贊成甲案者 8 人，贊成乙案者 15 人。

3.監察院是否設置全國不分區代表有甲、乙兩案，甲案主張設置全國不分區代表名額，又有一、二兩案，第一案主張佔總名額三分之一，第二案主張佔總名額四分之一。乙案主張不設全國不分區代表名額。表決結果，贊成甲案者 19 人，贊成乙案者 4 人，其中主張甲案之第一案者 8 人，主張第二案者 15 人。

4.全國不分區代表之選出方式採政黨名單比例代表制，就選舉票式與投票方式，有甲、乙兩案。甲案主張全國不分區代表選舉不另行印製選舉票（即一票制），以區域選舉各政黨候選人得票數或當選人數按比例計算分配其當選名額。乙案主張全國不分區代表之選票另行印製（即兩票制），其選舉票僅列印政黨名稱，選舉人只能圈選政黨。表決結果，贊成甲案者 13 人，贊成乙案者 11 人；其中主張甲案以各政黨候選人得票數之比例分配當選名額者 11 人，主張各政黨候選人當選人數比例分配當選名額者 9 人；無論主張甲、乙兩案者，均認爲政黨須先公布提名候選名單。

5.政黨參加全國不分區代表，決定不設條件限制，由經依法登記之政黨，自由提出全國不分區代表候選人名單，但參選之政黨應繳納一定數額之保證金，得票不足規定標準者，其保證金不予發還。

6.政黨分配當選名額之條件是否需要，有甲、乙兩案。甲案爲設定條件限制，如政黨得票率未達 5%以上者，不予比例分配名額。乙案爲不設條件限制，完全依政黨得票數比例分配當選名額。表決結果，贊成甲案者 22 人，贊成乙案者 3 人。

7.實施方式採憲法增修條文、修改公職人員選舉罷免法。就憲法增修條文，有甲、乙兩案，甲案主張凍結憲法相關條文，增訂中央民意代表之名額另以法律規定，並於所訂法律內，分別明定由全國不分區選出之代表名額。乙案主張凍結憲法相關條文，於所增修條文中，分別明定全國不分區選出之代表名額。表決結果，贊成甲案者無，贊成乙案者 19 人。就修改公職人員選舉罷免法，增訂全國不分區選出之中央民意代表名額，採政黨比例代表制，及其相關之選舉作業規定。

（六）有關總統、副總統民選問題：策劃小組經討論認爲法制分組所提有關總統、副總統選舉方式之委任代表制、直接民選及改進之法定代表制等三案，各有利弊，除請幕僚單位將有關資料分送與會人士參考，並請法制分組再深入研究。

（七）有關總統、行政院及立法院之關係問題：策劃小組討論本案時，有甲、乙兩案。甲案主張臨時條款廢止後，總統、行政院、及立法院之關係，原則上均依憲法本文之規定。惟在國家統一前，爲謀求政治安定、經濟發展及處理緊急事件發生，宜在憲法增修條文中，增列兩項條文：1.增訂條文（一）：「總統爲應付國家發生天然災害或財政經濟上發生重大變故，或為避免國家或人民遭遇緊急危難，得經行政院會議之決議，發布緊急命令，為必要之處置；但須於發布命令後十日內提交立法院追認，如立法院不同意時，該緊急命令立即失效。」2.增訂條文（二）：「為決定國家統一及國家安全有關大政方針，得設置諮詢機關，由總統召集之。」乙案則主張臨時條款廢止後，總統、行政院及立法院之職權及相互關係，均依憲法本文之規定，但應於動員戡亂終止前，制定緊急命令法，以落實憲法第四十三條之規定。表決結果，贊成甲案者 19 人，贊成乙案者無。對於甲案增訂條文（二）項，主張廢除者 10 人，主張維持者 4 人。

（八）有關行政院長副署問題：策劃小組根據法制分組所建議之五案予以討論：甲案主張維持現行副署制度，憲法第三十七條完全不變。乙案主張保持副署制度，總統公布法律、發布命令，按該項法律、命令之性質，分別由行政院長副署或其他相關院院長副署；而不必全部一律由行政院院長副署，或行政院院長及有關部會首長副署。丙案主張保持憲法第三十七條原有精神，即總統公布法律、發布命令，須經行政院院長副署；但該項法律、命令與其他院有關者，須經行政院院長及相關院院長共同副署。丁案主張總統公布「法律」及發布「法規命令」，仍須經行政院院長副署；人事命令則分為兩部分，屬行政院，由行政院長副署，或院長及有關部會首長副署；行政院以外者，除行政院院長副署外，並經有關院、部、會首長共同副署。戊案主張總統公布「法律」及發布「法規命令」，仍須經行政院院長副署；人事命令，一般仍由行政院院長副署，或院長及有關部會首長副署，但依憲法規定，須經立法院或監察院行使同意權後任命者，總統依法任免時，其命令毋庸副署。表決結果，贊成甲案者 10 人，贊成乙案者 2 人，贊成丙、丁案者無，贊成戊案者 14 人。

（九）有關中華民國憲法（含臨時條款）修訂方式問題：策劃小組討論「第一階段憲法增修條文參考內容要點」時，有如下決議：

1.有關名稱問題，甲案主張「中華民國憲法增修條文」，乙案主張「中華民國憲法第一次增修條文」，丙案主張「中華民國憲法憲政改革特別條款」，丁案主張「中華民國憲法增修準備條文」。表決結果，贊成甲案者 15 人，贊成乙案者 3 人，贊成丙案者 1 人，贊成丁案者 6 人。

2.有關前言部分，原則通過，文字再做修正。

3.有關第二屆中央民意代表之產生與集會。主張三種中央民意代表之法源均應列入增修條文者 21 人，主張僅將第二屆國大代表列入者 6 人。

4.有關「省市長民選」應否列入憲法增修條文，贊成者 1 人，反對者 20 人。

5.有關「兩岸關係」應否在憲法增修條文中規範，贊成者 9 人，反對者 14 人。

6.有關憲法增修條文之有效期應否刪除，贊成者 16 人，反對者 3 人。

關於修憲體例部分，策劃小組決議憲法本文不動，以「附列增訂條文」方式修憲；增修部分採集中條列方式，附在憲法本文之後，名稱定為「中華民國憲法增修條文」；增修條文之前言或第一條，應說明係在國家統一前適用；至於修憲程序及修憲機關部分，決定：

1.建議國民大會在民國八十年四月底前舉行臨時會，並完成第一階段修憲，即訂定中華民國憲法增修準備期間有關過渡條文，並廢止「動員戡亂時期臨時條款」。

2.建議國民大會在第二屆國民大會代表於民國八十年十二月選出後，一個月內舉行臨時會，進行第二階段修憲，即訂定「中華民國憲法增修條文」，並廢止前述過渡條文，俾在民國八十一年年中完成憲政改革。

（十）有關動員戡亂時期宣告終止問題：策劃小組決議於國民大會臨時會在八十年四月底前，訂定中華民國憲法增修準備期間有關過渡條文，廢止「動員戡亂時期臨時條款」後，建議總統宣告動員戡亂時期終止。

（十一）有關動員戡亂時期終止後，有關機關之存廢或調整問題：策劃小組對於戡亂時期的有關機關存廢討論時，有如下決議：

1.動員戡亂時期終止，臨時條款廢止後，「國家安全會議」（含祕書處）仍應繼續存在，於憲法增修條文中，明定直接隸屬於總統；其組織與職掌，於國家安全會議組織法中規定，俾能釐清與行政院職權之關係，並充分發揮其功能。另「國家安全局」亦應繼續存在，隸屬於國家安全會議，其組織與職掌應以法律定之。

2.「國家建設研究委員會」及「科學發展指導委員會」均隨動員戡亂時期終止、臨時條款之廢止而結束。

3.「台灣警備總司令部」應在保持其維護國家安全及社會安定之必要功能原則下繼續存在，其組織與業務職掌應如何配合當前社會需要及民主憲政發展作適當調整，由行政院檢討並修正相關法規。

4.「行政院人事行政局」於臨時條款廢止後，仍應設置爲常設機構，於中華民國憲法增修條款中，規定其法源依據，並於行政院組織法中，明定其機關名稱及組織職掌，同時應把握下列基本原則：(1)凡憲法第八十三條規定，屬全國性考銓政策與考銓制度之研議訂一定事項，係爲考詮機關之職掌權限，應排除於其組織條例之外。(2)在既定考銓政策與考銓制度規範下之執行或研擬建議事項，及憲法第八十三條未列舉之其他人事行政業務，可列爲其組織條例之職掌事項。(3)有關「人事考銓業務」，應於組織條例中明定並受考試院之指揮監督。

（十二）有關戡亂時期終止後相關法令修改或廢止問題：工作分組之機關調整組已將有關法令彙整完畢，其中行政院及所屬機關主管以動員戡亂時期爲適用要件之法規，已有 3 種法律案，由行政院送立法院審議，16 種命令由行政院或所屬各機關發布修正或廢止；其餘各機關報行政院審查之 54 種法規，除正交有關機關（單位）研議者外，有 24 種業經行政院修法專案小組審查竣事，其中 9 種已審議通過修正或廢止，4 種決議不修正，另有 11 種請有關機關再行研議。

（十三）有關地方制度法制化問題：策劃小組獲得決議者有：1.在中華民國憲法增修條文中規定，凍結憲法有關省縣自治條文，並規定省縣地方自治另以法律規定。2.在省長民選原則下，由內政部研擬省縣自治法草案，報請行政院核定後送立法院審議。3.在直轄市市長民選原則下，由內政部研擬直轄市自治法草案，報請行政院核定後送立法院審議。

（十四）有關地方政府行政組織層級問題：策劃小組獲得決議者有：1.省制應予維持。2.有關地方政府層級問題，維持現行省（市）、縣（市）、鄉鎮縣轄市三級制，或地方政府採行省（市）、縣（市）二級制，鄉鎮縣轄市長採任命制，尙待討論。

三、國是會議的檢討

國是會議是在順應民意趨勢，整合朝野國是意見，以做爲政府制定政策參考的體制外會議，它所代表的是政治上的一個指標，在我國政治發展的過程中，具有相當的政治影響力。有謂民主可貴，在於人人可表達意見，而非定於一尊，唯「一人一義，十人十義」，如何歸納整合，並在異中求同，尋求「共識」，殊非易事。國是會議亦面臨同樣困難，會議之後，各種民意測驗、學者座談，對國是會議評分都不太高，有 38.9%的受訪民眾認爲國是會議成功，30.4%認爲不成功。法政學者打 57 分，增額中央民代打 50 分。[11]指標量化只是分析的方法之一，有助於對整體概括的認識。唯其中包含諸多情境因素，則不易察覺，尤以國是會議成員廣泛，會議進行中的黨派利益導向，易趨於各說各話，一般民眾中無論保守者抑或積極改革者，對於各種與其相左之意見，不無疑慮，而對各自的理想目標能否達到，亦易由疑惑產生失望，正因人們主觀的衡量標準和觀點各異，而有不同的評價。整體分析國是會議的得失如下：

（一）憲政改革的開展

國民黨於民國七十五年〈一九八六年〉即推出「六大政治革新」，由於體制內的改革是十分困難的，尤以既得利益者阻撓體制變革爲最，故革新工作一直未能全部落實。更以民國七十九年〈一九九 0 年〉春，第一屆國民大會第八次會議的擴權牟利動作，引發大眾的關切和指責，亦直接促成了國是會議的召開。

國是會議是一體制外的形態，不受體制的拘束，可以提出各種憲政改革的主張。它一方面肯定了相對於政府公權力的社會力，已成熟到可成爲主導社會的一股新力量，日後可能在決策體系過程中發揮更大作用。另一方面，傳統的政黨和政府有從威權型態走向更開放民主的準備。[12]在國是會議所達成的共識中，廣泛的涉及憲政問題。有些不須修憲：如終止動員戡亂時期、廢止臨時條款、新國會產生的時間、防止金錢污染、暴力介入選舉，國土重劃等；有些必須透過修憲方式達成：如中央民意代表產生的法源依據、總統副總統民選問題、國民大會與五院組織及職權問題等。上述無論是否須修憲，均使憲政改革自此有了新起點。

國是會議對憲政改革的開展具有積極意義，有了國是會議的結論共識，政府當局即著手進行大幅憲政改革工作。有關憲法面臨之問題，有兩個途徑可資運用：一是修憲，一是釋憲。前者透過「一機關兩階段」進行修憲，一機關即「國民大會」；兩階段即「第一階段修憲」 — 程序修憲，「第二階段修憲」 — 實質

---

[11] 綜合民國七十九年七月七日、八日聯合報、中國時報、自由時報。

[12] 李炳南，前揭書，頁四二。

修憲。後者則透過大法官會議釋憲，民國七十九年六月二十一日釋字第 261 號文：「爲適應當前情勢，第一屆未定期改選之中央民意代表除事實上已不能行使職權或經常不行使職權者，應即查明解職外，其餘應於中華民國八十年十二月三十一日以前終止行使職權，並由中央政府依憲法之精神、本解釋之意旨及有關法規，適時辦理全國性之次屆中央民意代表選舉，以確保憲政體制之運作。」[13]國內的憲政發展從戡亂時期終止，廢止臨時條款，回歸憲法，並進行修憲工程，國是會議實居關鍵性地位，並有著政治革新的催化作用。

（二）教育功能的發揮

國是會議經由大眾傳播媒體多方面廣泛的報導和評論，各種不同的意見及理性溝通的方式呈現在社會大眾面前，使一般民眾知道國是會議討論的主題是什麼？同時知道憲政改革的爭議性有那些？減少了民眾對政治的冷漠和疏離，拉近了彼等和國家的距離與關心。

然而國是會議能否稱爲憲法教育？學界看法不一，馬起華即持否定看法，其以國是會議是一種國是教育，而非憲法教育。民眾由於國是會議而對於憲法的了解幫助不大，尤以民意測驗顯示，受訪民眾有 48%沒有讀過中華民國憲法，對中華民國憲法有印象的只佔 22%。馬氏推斷，沒有讀過中華民國憲法的人，不大可能因爲國是會議而去讀它，對它沒有印象的人也不大可能因此而有清晰的瞭解。而國是會議在討論憲法修訂時，是把各種不同的意見通通呈現出來，在此情形下，一般民眾對涉及的憲法條文不易條理清晰，更難以判定優劣，如有主張看法，亦多非經由憲法學理的認知，而爲情感好惡的表達。[14]

基本上，國是會議應爲國是教育而非憲法教育，在國是會議期間，各種媒體報導，有助民眾對「國是」的認知和關心，而對於憲法教育的功能則顯有不逮，因國是會議是將各種主張併陳，至於其背後的憲法學理則付之闕如，民眾甚難由檯面上的各種看法，辨明其優劣。例如有人主張修憲，有人主張制憲，而「基本法」、「大憲章」、「現行憲法」之優劣如何？一個未受憲法教育者，可能無法明確分辨「憲法」、「憲政」與「憲政精神」三者的基本意涵，如這三者無法釐清，如何能知修憲、制憲的利弊？因此，國是會議有其教育意義，但屬於偏向一種國是教育，並非憲法教育。

（三）容忍異議的典範

國是會議出席的代表涵蓋面相當廣，政黨的代表包括：國民黨、民進黨以及無黨籍；公職人員包括：國代、立委、監委、中央官員及地方公職人員；另外尙有海外人士 （包括海外反政府、主張台獨的異議份子）、國內學者、大學校長、學生代表、少數民族、宗教、企業界、傳播媒體、社會賢達等。雖然出席代表的憲政專業知識或有不足，但是從與聞國是角度而言，則是有其普遍性。尤以此種大規模的座談方式，其成員包括長久以來被政府當局視爲「叛亂」的海外異議份子，這種突破不但代表時空環境的改變，亦顯示了執政黨的決心與誠意。

13　三民書局編，大法官會議解釋彙編（台北：三民書局，民國八十四年四月），頁二一七。

14　馬起華，前揭書，頁七四八—七四九。

國是會議的出席代表都享有廣泛發言的自由，可以暢所欲言其主張理想，會中並無任何限制，充分展現容忍異議的精神，故而國是會議發言內容充滿分歧，且看法廣泛不一，欲尋求交集實屬不易，卻是民主時代中完全言論自由的表現。唯就有關憲政的主題而言，雖然看法見解互異，基本上仍可分成兩大組群，一是以民進黨爲中心的組群（包括民進黨、無黨籍人士 、海外異議人士、部分國內學者），一是以國民黨爲中心的組群。因此言論表達形式上是自由發言，但言論表達的內容則有兩極化的傾向。

（四）集思廣義的成效

國是會議籌備委員會在國是會議召開之前，爲了要讓更多國人有機會參與國是建言，做爲國是會議的參考，於是採取各種措施來聽取各方的建言。如：1.舉辦「分區國是座談」、「學者諮詢座談」、「海外國是座談」、「青年座談」等，共計 119 場次的座談會，邀請 13,000 人參加。2.設置「國是信箱」，收到 2,187 封信函，「國是熱線電話」，接聽 1,180 通電話。辦理民意調查，共計實施 3 次。另外國民黨、救國團也舉辦多場的國是座談會，廣泛地使關心國是的人，都有表達意見的機會。[15]

國是會議期間，朝野政黨人士、海內外各方代表、學術界菁英、各階層人士共聚一堂，溝通憲政改革以及大陸政策的意見，達成若干原則性的共識，雖然這些共識在實行程序和方法上都是有歧見的，但也正是言路廣開的必然結果。在集思廣義下，對加速民主改革的步伐產生極大的正面作用。

（五）理論深度的不足

國是會議討論主題以憲政改革與大陸政策兩大問題爲主，故參與人員宜應慎選朝野政黨及海內外之法政學者、大陸問題學者專家爲重點，以增加討論內涵的深度和廣度，但實際狀況並非如此，由於政治色彩過於濃厚，對於憲政、憲法外行者過多，演變成朝野政黨間以爭奪更大的政治資源及傳播效用爲主要目標，亦即不少人以國是會議爲其作秀、鬥爭的場所，且動輒以集體退出之方式表達，不僅模糊了國是會議的真正焦點，也使討論缺少應有的深度。

（六）預設立場的爭議

國是會議實爲一政治性極重的會議，欲達到參與各方具接受的結論本屬困難，如何能使各方意見完整表達，並有原則性共識產生已屬難能可貴。國是會議之目的在尋求共識，但對於國是會議的本體，卻因參與之兩大組群 — 國民黨與民進黨的彼此預設立場，而始終無法達成最基本的會議共識。這些最基本的會議共識包括：國是會議的性質、討論的主題、結論的效力等，均因雙方各有一套基本的價值體系而產生極大差異。

就國是會議的性質而言，國民黨認爲會議屬體制外，並無法律依據，僅爲總統所邀請的社會代表，以個人身份組成，不代表政黨，故而將國是會議定位於總統的諮詢會議。民進黨則認係兩黨之政治協商會議，因爲政治主權高於法律主

---

[15] 李炳南，前揭書，頁三七—三八。

權，所以不必有法的依據，即可以政治方法解決。[16]

就國是會議討論主題而言，國民黨認爲應以憲政改革與國家統一兩主題並行，民進黨則認爲「國家統一問題」因涉及統獨爭議，且「國家統一」已明顯地預設了統一的立場，不該成爲協商議題，多次討論後，改爲「大陸政策與兩岸關係」。民進黨尤將國是會議之討論重點定在四十年來不妥的政治體系 — 即憲政改革上。[17]

就結論的效力言，國民黨認爲國是會議屬於總統的諮詢會議，只須整合出一個共識來，將來由政府落實到政策面，亦即並不表示國是會議的結果具強制力。[18]民進黨則認爲因屬政治協商，則應討論出結論，此一結論具有無形的拘束力，政府應該確實執行。[19]

綜合前述國是會議的六項檢討，前四項爲優點，後兩項則爲缺失。整體言之，國是會議是我國在非戰爭時期所召開的政治會議。它使我國內部政治結構的爭執和困擾，用和平公開的方式尋求解決。有了國是會議的若干共識，「憲政改革策劃小組」乃得以積極務實的態度，向憲政改革推動。它最具關鍵性的決定：終止戡亂時期、廢止臨時條款、回歸憲法、採用一機關兩階段修憲方式、修憲用附加條款並冠以「中華民國憲法增修條文」等，將民國三十八年政府來台後所運作的非常時期體制，予以徹底改革，使政治民主化得以穩健發展。

[16] 台北，首都早報，民國七十九年四月二日，版三。
[17] 台北，首都早報，民國七十九年四月二日，版六。
[18] 國是會議祕書處編，國是會議實錄（未出版），頁二三一。
[19] 台北，自立早報，民國七十九年四月一日，版二。

第六章　回歸憲法與一機關兩階段修憲

一、回歸憲法與第一階段修憲

（一）第一階段修憲的經過

國是會議閉幕後，國民黨內部即開始著手進行憲政改革。原國是會議主席團提議設置「憲政改革諮詢小組」以落實國是會議結論，唯國民黨高層內部傾向由黨內設置「憲改小組」，以推動各項憲政改革事宜。民國七十九年七月十一日，國民黨中常會決議在黨內設置「憲政改革策劃小組」，由副總統李元簇擔任總召集人，下設「法制」、「工作」兩個分組。前者負責憲法修定及修定程序之研擬；後者負責有關憲政改革意見之搜集、整理、分析與有關機關、政黨就憲政改革的協調與聯繫。[1]

國民黨「憲改小組」於民國七十九年八月十五日召開第三次全體會議中確定小組本身的行政作業組織、職權與流程：「法制分組」確定 10 項修憲議題及其研議小組，預計 6 個月完成規劃。「工作分組」，其下分設資料、宣傳、協調、機構調整與地方制度 5 個小組，預計 8 個月時間完成相關議題之研議，並協調行政事宜。「法制小組」與「工作分組」的權限，僅在於研議分析各項改革方案之利弊，再將意見彙整提報「憲改小組」審議參考，最後才由國民黨中常會核定具體方案，作爲國民黨推動憲政改革之藍本。[2]

民國七十九年九月廿六日「憲改小組」舉行第六次全體會議獲得如下共識：(1)現行憲法條文不動。(2)增修條文不用第十五章，而用附加條款方式，附在本文之後。(3)增修條文集中條例，不分散在各章中。(4)名稱冠以「中華民國憲法增修條文」。(5)增修條文之前，要有序文，說明在國家統一前適用。[3]到同年十二月廿六日「憲改小組」第十五次會議在多項憲政改革關鍵性問題上，獲得重大突破性決議：(1)建議國民大會在民國八十年四月舉行臨時大會，訂定「中華民國憲法增修準備期間過渡條文」，並廢止動員戡亂時期臨時條款。(2)建議總統於國民大會完成前項任務後，咨請公布過渡條款及公布臨時條款之廢止時，宣告動員戡亂時期終止。(3)建議政府在民國八十年十二月辦理第二屆國大代表選舉。(4)建議國民大會在第二屆國大代表選出後一個月內舉行臨時會，進行第二階段實質修憲，並在民國八十一年年中完成憲政改革。(5)有關過渡條文之內容，請「工作分組」之資料組研議，送請「法制分組」儘速討論，再提報「憲改小組」審議。國民黨「一機關兩階段」之修憲策略正式確立。[4]

民國八十年一月四月「憲改小組」總召集人李元簇指出「一機關兩階段」修憲方式之理由：(1)應以國家利益至上。(2)應顧及國家安全及人民福祉。(3)應維護憲法基本精神。(4)應考慮環境因素，適應當前環境需要。(5)應考慮時間因素，

---

1 台北，中國時報，民國七十九年七月十二日，版一。
2 台北，聯合報，民國七十九年八月十六日，版六。
3 台北，聯合報，民國七十九年九月廿七日，版一。
4 台北，聯合報，民國七十九年十二月廿七日，版二。

在兩年內完成憲政改革。[5]一月六日，「法制分組」將第一階段修憲案名稱，從「過渡條文」易名爲「中華民國憲法增修條文」，提報審議。[6]一月十四日，「法制分組」針對第一階段修憲之憲法增修條文進行討論，提出九條增修草案，包括：國民大會代表、立法委員、監察委員之法源依據、選舉方法、二屆國代任期、總統緊急命令權、動員戡亂時期法律未及修訂者繼續適用、以及國安會等機關繼續存在法源等。[7]

民國八十年三月廿六日，李登輝總統正式頒布國大臨時會召集令。三月廿五日，國民黨憲改小組通過「中華民國憲法增修條文」草案。[8]第一屆國民大會代表第二次臨時會於三月廿九日起辦理報到，四月八日開幕，出席代表582人。李登輝總統致詞時指出，適時適當的增修憲法，並解決終止戡亂時期所產生的若干問題爲全體國代歷史任務。[9]唯朝野兩黨對國大臨時會修憲案歧見無法溝通，民進黨「憲政危機處理小組」於四月十五日決定放棄議會路線，於十七日舉辦「上中山樓，反對老賊實質修憲」大遊行。[10]李總統於四月十六日表示，民進黨退出國大臨時會及決定發動群眾遊行，認爲非常令人遺憾，憲改不是革命，須依程序辦理。[11]十七日民進黨發動遊行，朝野雙方在午夜協商決定：國安會、國安局及人事行政局等「三機關」在憲法增修條文中訂定「日落條款」，即三機關的組織法規繼續適用到民國八十二年底，且在第二屆國代產生前不得以法律訂之。[12]

民國八十年四月廿二日，第一屆國民大會第二次臨時會依照憲法第廿七條第一項第三款及第一百七十四條第一款之修憲規定，同時亦仿照美國憲法之修憲案（Amendment）方式，完成「中華民國憲法增修條文」第一條至第十條，共計十條的三讀程序　。根據「動員戡亂時期臨時條款」第十一項之規定，通過廢止動員戡亂時期臨時條款。[13]李登輝總統於四月卅日依總統職權發布總統令，明令公告終止動員戡亂時期，廢止動員戡亂時期臨時條款，公布「中華民國憲法增修條文」，三項總統命令自民國八十年五月一日零時起生效。[14]這次國民大會臨時會，對資深的國大代表而言，是一次承先啓後的重要修憲會議，確定了第二屆中央民代的法源依據。到了民國八十年五月一日起終止戡亂時期，正式結束長達四十餘年的動員戡亂時期非常體制，廢止臨時條款，重新回歸憲法，也代表我國民主憲政的發展從此進入新的里程。

（二）第一階段修憲的內容

第一階段修憲內容主要有六：

5　台北，聯合報，民國八十年一月五日，版二。

6　台北，聯合報，民國八十年一月八日，版二。

7　台北，中國時報，民國八十年一月十五日，版六。

8　台北，聯合報，民國八十年三月廿六日，版一。

9　台北，聯合報，民國八十年四月九日，版一。

10　台北，聯合報，民國八十年四月十六日，版一。

11　台北，聯合報，民國八十年四月十七日，版一。

12　台北，聯合報，民國八十年四月十八日，版一。

13　台北，中國時報，民國八十年四月廿三日，版一。

14　總統府公報，第五四〇二號令，民國八十年四月卅曰，頁一。

1.確立中央民意代表法源依據：對於國民大會代表、立法委員及監察委員的選舉規定加以修改，使不受憲法第廿六、一三五、六十四、九十一條之限制，以符合自由地區選舉之實際狀況（增修條文第一、二、三條），對上述中央民意代表之任期予以明確規定（增修條文第五條）。同時在中央民意代表產生的方式上，也首次採取政黨比例方式，選出僑居國外國民及全國不分區名額（增修條文第四條）。

2.規定第二屆國大代表臨時會的召集：決定二屆國代產生後三個月內，由總統召集國代臨時會，進行第二階段修憲的重要任務（增修條文第六條）。

3.修正總統發布緊急命令的程序：總統發布緊急命令得不受憲法第四十三條之限制，但須於發布命令後十日內提交立法院追認，如立法院不同意時，該緊急命令立即失效（增修條文第七條）。

4.賦予依據臨時條款成立之國安會三組織的法源暨落日條款：在動員戡亂時期，依據臨時條款授權所成立的國家安全會議及所屬國家安全局與行政院人事行政局等三組織，於回歸憲法後，仍得依法設立組織。除取得設立的法源外，並允許其原有組織法規得繼續適用至民國八十二年底，以使前三項機關之組織在未完成立法程序前，能維持正常運作，是爲落日條款之規定（增修條文第九條）。

5.規定原戡亂時期法律的適用期限：動員戡亂終止時，原僅適用於動員戡亂時期之法律，其修訂未完成程序者，得繼續適用至民國八十一年七月卅一日止（增修條文第八條）。

6.授權制定兩岸關係的相關法律：對於自由地區與大陸地區間人民權利義務關係及其他事務之處理，得以法律爲特別之規定（增修條文第十條）。使政府今後得制定相關法律，處理兩岸因交流互動所衍生的各種事務。

（三）第一階段修憲的評析

第一階段修憲依增修條文之「前言」宣言，係以「因應國家統一前之需要」爲目的，針對民國卅六年一月一日公布之現行中華民國憲法進行修訂。這次修憲的評析可分修憲過程與修憲內容兩部分：

1.從修憲過程面析論

第一階段修憲從草案研擬初始，不僅執政的國民黨內部主流派、非主流派有「一機關兩階段」與「一機關一階段」之論戰，朝野政黨之間的修憲、制憲歧異更是鉅大。就國民黨內部的爭議言，民國八十年一月三日，國民黨首邀中常委就憲改協調工作進行座談，關於修憲程序問題出現了不同聲音，李煥、沈昌煥主張由現有國代直接進行修憲即可，是爲「一機關一階段論」。國民黨高層內部主流派與非主流派權力傾軋，是否以憲政改革之爭另闢戰場？引起關注。[15]一月十一日，「憲改小組」成員施啓揚、馬英九、鄭心雄針對「一機關兩階段」修憲案與執政黨籍部分增額國代、立委溝通。增額國代多數支持「一機關一階段」方案，另以「集思會」、「新國民黨連線」爲首的增額立委們，由於強烈要求參與修憲，

[15] 台北，聯合報，民國八十年一月四日，版二。

乃紛紛質疑兩階段修憲方式的適當性，並擔心引發統獨大戰，措詞強烈，並指「兩階段」案是「化簡爲繁」、「二流貨」、「禍國殃民」。此一態度頗令施等人感驚愕。[16]一月廿六日李煥在「民主基金會」上，重申「一機關一階段」修憲主張。而國民黨內重量級人物在與「憲改小組」的憲政溝通會上，公開言明主張一階段修憲者，包括林洋港、沈昌煥、蔣緯國、許歷農等人。國民黨內憲政改革頗陷爭議。

朝野政黨的憲政主張差異極大，從起草階段即已各行其是。國民黨中常會決議在黨內設「憲政改革策劃小組」，以取代國是會議主席團所提議之「憲政改革諮詢小組」。民進黨因應「憲改小組」，亦經由其中常會決議成立「制憲運動委員會」。由民進黨主席黃信介出任召集人，黃煌雄爲執行長，成員包括美麗島、新潮流與五個議會黨團召集人，合計 11 人，民進黨以推動「民主大憲章」，進行全民複決爲訴求。[17]

民國七十九年七月廿一日，民進黨「制憲運動委員會」第一次會議，決定去函國民黨要求就國是會議結論展開政黨協商，並要求與執政黨憲改策劃人士公開對話，向全民提出具體時間表，其並指出將邀請學術界、海外人士 、無黨籍等改革派代表，成立「憲政改造監督小組」，對國是會議結論繼續追縱，定期向社會大眾公布評估報告。[18]九月十五日，民進黨「制憲運動委員會」決議：反對國民黨「法制分組」所提之修憲途徑，將擬另籌備「憲政會議」，邀各界人士討論憲政。民進黨並提出其四項基本主張：(1)憲政改革必須由台灣直接選出之代表進行爲基礎。(2)憲法內容必須適合於台灣二千萬人民。(3)憲法內容交由公民投票作最後決定。(4)所有憲政改革工作，須於一九九一年底完成。[19]九月十九日，民進黨第四屆第廿三次中常會，成立「憲政會議」籌備會工作小組，成員爲陳永興、傅正、許信良、姚嘉文、謝長廷、洪奇昌、吳哲朗，黃煌雄爲執行長。[20]

民進黨「制憲運動委員會」，於民國七十九年十一月一日提出其五階段推動「憲政會議」時間表：(1)由黨團舉辦憲政改革全省說明會。(2)一九九〇年十二月廿五日召開憲政改造人民大會。(3)一九九一年一至二月間召開憲政改造研討會。(4)一九九一年三至四月間召開憲政會議籌備會。(5)一九九一年五至六月間召開「憲政會議」。[21]民國八十年一月十七日民進黨「制憲運動委員會」暨「憲政會議籌備會工作小組」第二次會議，定三月三十、卅一日舉辦其「憲改研討會」，由黃信介、黃煌雄、謝長廷、吳哲朗、姚嘉文、張俊宏、吳豐山、莊碩漢、許宗力、吳乃仁、張德銘擔任籌備委員。[22]

民國八十年四月八日第一屆國民大會代表第二次臨時會開幕，國民黨以多數黨籍國代取得修憲主導優勢。四月十三日國大臨時會進行修憲案一讀會，民進黨

---

16 台北，聯合報，民國八十年一月十二日，版五。
17 台北，中國時報，民國七十九年七月十二日，版二。
18 台北，中國時報，民國七十九年七月廿二日，版二。
19 台北，聯合報，民國七十九年九月十六日，版二。
20 台北，中國時報，民國七十九年九月十九日，版二。
21 台北，中國時報，民國七十九年十一月二日，版三。
22 台北，中國時報，民國八十年一月十八日，版二。

國代發言首見「制訂新憲法」，無黨籍國代對增修條文所標示「國家統一目標」提出質疑，國民黨籍資深、增額國代則予以反駁，在討論過程中已隱約可見統、獨爭議。[23]到了四月十五日朝野兩黨對修憲案歧見已深，民進黨捨議會路線改採群眾路線，並宣布退出國大臨時會。四月十七日，約有三萬人參加民進黨舉辦之「上中山樓，反對老賊實質修憲」大遊行。[24]民進黨的退出，使第一階段的修憲成果 — 「中華民國憲法增修條文第一 —十條」成為非朝野兩大黨共識下的產物。唯國民黨修憲與民進黨制憲的統、獨爭議，或將是難以找到民主政治容忍妥協的交集地帶。

2. 從修憲內容面析論

第一階段修憲在「內容」上，憲法增修條文具有如下特點：

(1) 提供中央民代之法源依據，得以完成全面改選

依據憲法增修條文第一 、二、三條之規定，使國大代表、立法委員、監察委員等中央民意代表改選，得到了必要的憲法法源依據，能在國家統一之前，未能在全國各地區進行改選的情況下，合憲地在台、澎、金、馬「自由地區」（相對於「大陸地區」）進行全面改選，以維持民主政體於不墜。[25]

(2) 中央民代選舉兼採「選區制」與「政黨比例代表制」

依據憲法增修條文第四條規定，國代、立委、監委選舉中，僑居國外國民及全國不分區名額，採政黨比例方式選出。亦即國代選舉之僑居國外國民 20 人，全國不分區 80 人（第一條）、立委選舉之僑居國外國民 6 人，全國不分區 30 人（第二條）、監委選舉之僑居國外國民 2 人，全國不分區 5 人（第三條），均由政黨比例方式產生。「全國不分區」的設計具有兩方面的意義；一方面對國家未統一之事實下，又能兼顧省籍代表性，有其政治性價值。另一方面可改善民主政治往往形成富人政治的弊端，透過全國不分區代表可拔擢各個政黨有才無財的優秀菁英參政。然而欲使前述兩項目的得以達到，則「全國不分區」應採「兩票制」為宜，亦即選民同時投兩票，一是投區域選舉，一是投「全國不分區」之政黨，如此有助於各個政黨在提名「全國不分區」時，更審慎重視該黨提名人選。在民國九十四年第七次修憲以前，國內均是採取「一票制」，即選民只投區域選舉，而以各政黨所有區域候選人總票數決定各該黨「全國不分區」之名額。「一票制」雖有減輕選務之優點，但不若「兩票制」更具價值。第七次修憲後，國內立法委員選舉已採取「兩票制」。另選罷法第六十五條第六款的百分之五「門檻限制」，有助防止小黨林立，相對地不利於小黨發展。

(3)「程序修憲」中含有「實質修憲」，擴大總統職權

原本第一階段「程序性」修憲應指不作憲法實質上的變動，僅在對「憲法之修定應以具有民意之機關為之」的共識，作程序上的準備，「實質修憲」則在第

23 台北，聯合報，民國八十年四月十四日，版二。
24 台北，聯合報，民國八十年四月十八日，版一。
25 傅崑成，「修憲之後的中華民國總統權限」，中山大學社會科學季刊（高雄：中山大學研究所，民國八十一年六月），頁七。

二階段修憲爲之。事實上，在第一階段「程序修憲」中，即已作若干的「實質修憲」，且極受爭議之處者，該等「實質修憲」內容，均屬於動員戡亂時期臨時條款之規定，本應隨戡亂時期的終止，臨時條款的廢除，回歸憲法後撤銷，以回復憲法原來面貌。今皆透過憲法增修條文予以「就地合法」，如戡亂時期的總統「緊急命令權」以及國安會、國安局、人事行政局等機構是。

回歸憲法本應還給現行憲法原來體制，李登輝主導之國民黨修憲，卻將戡亂時期之總統「緊急處分權」，結合憲法四十三條「緊急命令權」，並且不受憲法四十三條有關依據「緊急命令法」之程序及法律依據的限制。增修條文第七條：「總統爲避免國家或人民遭遇緊急危難或應付財政經濟上重大變故，得經行政院會議之決議發布緊急命令，爲必要之處置，不受憲法第四十三條之限制。但須於發布命令後十日內提交立法院追認，如立法院不同意時，該緊急命令立即失效。」在中華民國憲法體制總統與行政院長職權劃分極待釐清之際，此「緊急命令權」之賦予總統，實暗示未來制度之修改，有總統制傾向。

而「國家安全會議」亦屬戡亂時期產物，往往被稱爲「太上行政院」，是掌管全國情治及國家安全的最高指導機關。另所屬「國安局」則掌握全國軍、情、特、警系統之最後協調權。增修條文第九條將此兩機關納於總統府之下，等於使總統成爲強勢之行政領導者，並且也規避了立法院之監督，形成有權者（總統）無責，有責者（行政院長）無權。此舉亦暗示將來制度之修改，有朝向總統制之發展趨勢。就增修條文第九條：「總統爲決定國家安全有關大政方針，得設國家安全會議及所屬國安局。」至於「國家安全」、「有關大政方針」均缺乏明確的界定，此舉將使總統等於是全國最高行政首長，行政院或將成執行機構而已。

總之，第一階段修憲所含的實質修憲，將若干動員戡亂時期規定予以保留。其中總統之緊急命令權、國安會、國安局等設置，均擴大憲法中總統的職權，更使憲法中央體制的未來發展帶來許多困擾。

(4) 解決戡亂時期終止，相關法律修訂不及，法源已消失的困境

動員戡亂終止時，原僅適用於動員戡亂時期之法律，隨著法源依據消失，而新法修訂不及下，該等法律本當無效，現可透過增修條文第八條，將原適用於戡亂時期之法律，因修訂不及，未完成程序者，得繼續適用至民國八十一年七月卅一日止。

(5) 使政府得制定相關法律，處理兩岸因交流互動所衍生事務

增修條文第十條授權政府，對於自由地區與大陸地區人民權利義務關係及其他事務之處理，得以法律爲特別之規定。此有助於解決自民國七十六年開放大陸探親以來，日益增多兩岸民間交往互動下的各種問題。

二、第二階段修憲

（一）第二階段修憲的經過

第一屆國民大會在民國八十年五月一日完成第一階段修憲後，國民黨在同年八月十四日再次成立「第二階段憲改策劃小組」，明顯主導第二階段憲改方向。

第二階段修憲策劃小組總召集人由李元簇副總統擔任，下設兩分組，研究分組由施啓揚召集，協調分組由蔣彥士召集。（國民黨第二階段修憲組織運作及成員分析見表六——）。八月廿七日國民黨第二階段修憲策劃小組召開第一次會議，決定分成五大議題研究，各議題的小組召集人、成員及撰稿人亦經定案，並決定最遲十月初將提出利弊分析。五大議題是：(1)研究有關總統選舉與國民大會問題。(2)研究有關總統、行政院及立法院之關係問題。(3)研究有關考試院及監察院問題。(4)研究有關地方制度及中央權限劃分問題。(5)研究其他有關憲法修改問題。[26]九月一日，國民黨第二階段修憲策劃小組的協調分組召開首次會議，會中決定黨內高階層凝聚共識，作業由蔣彥士主導，洪玉欽負責與在野黨、無黨籍人士協商，相關工作將次第展開。[27]九月十四日，國民黨第二階段修憲策劃小組研究分組召開第二次全體會議，會中討論總統選舉與國民大會問題，確認未來採委任代表制選總統，憲法現行規定之國大議決領土變更權不列入修憲範圍，國大仍將擁有修憲及議決領土變更權。[28]

與第二階段修憲有決定性意義者，厥爲民國八十年十二月廿一日的第二屆國大代表之選舉。本次國代選舉的積極意義，在於其結果攸關民國八十一年的第二階段修憲之主導誰屬。選舉結果：國民黨得到 71.7%的政黨得票率，當選 254 席（含區域 179 席，不分區 60 席，僑選 15 席），再加上第一屆增額國代 64 席，總共 318 席。民進黨得到 23.94%的政黨得票率，當選 66 席（含區域 41 席，不分區 20 席，僑選 5 席），再加上第一屆增額國代 9 席，總共 75 席。

第二屆國代選舉，執政的國民黨大勝，總計 318 席，佔總席次 403 席之 78.91%，明顯超過通過憲法修正案所需的四分之三多數，擁有修憲之絕對主導權，確立其在二屆國代修憲之強勢地位。相對於國民黨，在野的民進黨總計 75 席（李宗藩代表於八十一年四月一日病逝，剩下 74 席），所佔總席次 18.61%，總數未達足以否決修憲案所需的全部國代四分之一議席，甚至必須聯合全部在野之力量（無黨籍 5 席、非政黨聯盟 4 席、民社黨 1 席），才勉強達到法定五分之一的提案權。在此情形下，民進黨在二屆國代的第二階段修憲中，僅能扮演配角而無法影響修憲的重大方向。

國民大會第二屆第一次臨時代表大會於民國八十一年三月廿日，在台北市陽明山中山樓揭幕，隨即召開準備會議，會中因推選主席問題，爆發肢體衝突，民進黨國代不斷以程序發言爲由杯葛議事。三月廿一日舉行第一次預備會議，討論主席團選舉辦法。三月廿五日主席團召開第一次會議，會中決議延長議程十天。[29]三月廿六日臨時會第一次大會，民進黨繼續以「張一熙黑槍事件」杯葛主席謝隆盛，並不斷以「權宜問題」干擾議事進行。四月十日國大祕書處截止收受提案，提案數達 155 件，經由大體討論後，隨即於四月十三日交付一讀會。四月十四日召開第一審查委員會第一次會議，開始審查各項修憲提案，參與第一審查會國代

26 台北，聯合報，民國八十年八月廿八日，版二。
27 台北，聯合報，民國八十年九月三日，版二。
28 台北，聯合報，民國八十年九月十五日，版一。
29 台北，中國時報，民國八十一年三月廿六日，版一。

表六 — 一 國民黨第二階段修憲組織運作及成員分析

名稱	成員名單
修憲策劃小組	召集人：李元簇。 成員：郝柏村、蔣彥士、林洋港、李煥、黃尊秋、邱創煥、宋楚瑜、梁肅戎、林金生、蔣緯國、朱士烈、施啓揚、連戰。
研究分組〈29 人〉	政府官員：施啓揚、汪道淵、吳伯雄、董世芳、馬英九、陳水逢。 黨務主管：林棟、陳金讓、祝基瀅、華力進。 國大代表：趙昌平、葉金鳳、汪俊容、孫禮光。 立法委員：洪玉欽、李宗仁、劉興善、丁守中。 監察委員：張文獻。 學者專家：蔡政文、吳庚、蘇俊雄、王友仁、荆知仁郎裕憲、謝瑞智、姚立明、蘇永欽、李念祖
協調分組〈34 人〉	政府官員：蔣彥士、邱進益、邵玉銘、蕭天讚。 黨務主管：鄭心雄、林棟、陳金讓、祝基瀅、王述親簡漢生、黃鏡峰。 地方議長：簡明景、陳田錨、陳健治。 國大代表：脫德榮、謝隆盛、陳川、陳璽安、許石吉林詩輝、李伯元、周勝彥、王應傑、蔡淑媛 立法委員：洪玉欽、王金平、沈世雄、饒穎奇、黃主文、黃正一、陳癸淼、蕭金蘭。 監察委員：林榮三、柯明謀。

資料來源：高永光，修憲手冊〈台北：民主文化基金會，民國八十年十一月〉，頁三八—三九。

[30]三月廿六日臨時會第一次大會，民進黨繼續以「張一熙黑槍事件」杯葛主席謝隆盛，並不斷以「權宜問題」干擾議事進行。四月十日國大祕書處截止收受提案，提案數達 155 件，經由大體討論後，隨即於四月十三日交付一讀會。四月十四日召開第一審查委員會第一次會議，開始審查各項修憲提案，參與第一審查會國代計 401 人。該委員會自四月廿三日至五月四日止，共舉行八次會議，審查修憲提案達 121 件。期間朝、野政黨抗爭激烈，民進黨籍國代數度退席，秩序問題與權宜問題成爲會議之主題。四月十六日更爆發了行憲以來最嚴重的流血暴力事件，民進黨於四月十九日起發動「四一九火車站前街頭運動」，並於五月四日宣布退出國大臨時會，無黨籍國代稍後也宣布退出修憲行列，因有民社黨代表尚留在大會參與討論，否則難免使國民黨蒙上「一黨修憲」之陰影。

第二屆國代的第二階段修憲過程中紛擾衝突不斷，朝、野抗爭中民進黨、無黨籍先後退出修憲，再加上國民黨內部對「總統委選、直選案」、「立委任期延長案」均未達到多數一致的共識，甚且因意見不合互相攻詰，亦見修憲歧見之複雜難解。民進黨退出修憲後，五月六日二屆國大臨時會第二至第八之一般提案審查會完成 124 件一般提案審查。五月十二日截止收受修憲的修正案。五月十三日起進入二讀會，五月廿五日國民黨爲避免國民大會、立法院衝突加大，乃擱置「立委延長四年案」，至此，被稱爲「黨九條」的國民黨修憲條文，正式縮減爲「黨八條」。五月廿六日國大臨時會完成二讀會，五月廿七日完成三讀，通過中華民國憲法增修條文第十一條至十八條。李登輝總統並於五月廿八日公布實施，國大臨時會於五月卅日閉幕，第二階段修憲乃告完成。

（二）第二段修憲的內容

第二階段修憲共計通過憲法增修條文八條，就性質言，可分爲中央政府體制的調整（增修條文第十一條至十六條）、地方制度法制化的貫徹（增修條文第十七條）及基本國策與人民權利的增列（增修條文第十八條）等三部分。

1. 中央政府體制的調整

第二階段修憲所涉及中央政府體制之變動包括國民大會職權之擴增，總統副總統選舉、罷免辦法、任期與職權之改變以及司法院、考試院與監察院三院組織及職權之調整。

(1) 國民大會職權擴張與任期變更

①國民大會人事同意權之行使：依憲法第廿七條規定，國民大會具有選舉及罷免總統、副總統、修改憲法與複決立法院所提憲法修正案。本次修憲，國民大會乃擴增其對司法院、考試院、監察院三院之人事同意權。憲法增修條文第十一條第一項規定：「國民大會之職權，除依憲法第廿七條之規定外，並依增修條文第十三條第一項、第十四條第二項及第十五條第一項之規定，對總統提名之人員行使同意權」，即賦予國民大會對於總統提名之司法院院長、副院長、大法官、考試院院長、副院長、考試委員、監察院院長、副院長、監察委員等人員，行使同意權。至於人事同意權之行使，依增修條文第十一條第二項：「由總統召集國

---

[30] 台北，中國時報，民國八十一年三月廿六日，版一。

民大會臨時會爲之，不受憲法第三十條之限制」。

②國民大會集會規定之改變：依憲法第廿九條之規定，國民大會六年集會一次。另需依憲法第三十條規定事項召集臨時會。第二階段修憲時，依增修條文第十一條第三項規定：「國民大會集會時，得聽取總統國情報告，並檢討國是，提供建言」，而且「如一年內未集會，由總統召集臨時會爲之，不受憲法第三十條之限制」，此即保證國民大會今後至少每年集會一次。

③國民大會代表任期之變更：爲配合總統任期的改變，國民大會代表的任期亦隨之調整。增修條文第十一條第四項規定：「國民大會代表自第三屆國民大會代表起，每四年改選一次，不適用憲法第廿八條第一項之規定」，即國民大會代表自第三屆起，由過去每六年改選一次，改爲每四年改選一次。

(2) 總統、副總統選舉、罷免辦法、任期與職權的改變

①總統、副總統選舉之變更：憲法第廿七條規定，總統、副總統由國民大會代表選舉產生。唯在民國七十九年國是會議中，與會人士曾對總統選舉由民選方式產生達成共識。因之第二階段修憲時，將總統、副總統選舉方式改變，增修條文第十二條第一項規定：「總統、副總統由中華民國自由地區全體人民選舉之，自中華民國八十五年第九任總統、副總統選舉實施」。由於國民黨內部在第二階段修憲時，無法對委任直選、公民直選達成共識，故憲法增修條文第十二條第二項規定：「前項選舉之方式，由總統於中華民國八十四年五月二十日前召集國民大會臨時會，以憲法增修條文定之」，將總統選舉方式延至下次修憲決定。

②總統、副總統任期的變更：憲法第四十七條規定，總統、副總統任期爲六年，連選得連任一次。本次修憲將總統、副總統之任期由六年改爲四年。憲法增修條文第十二條第三項：「總統、副總統之任期，自第九任總統、副總統起爲四年，連選得連任一次，不適用憲法第四十七條之規定。」

③總統、副總統罷免方法的變更：隨著總統、副總統選舉方法的變更，其罷免規定亦改變。我國憲法對於總統、副總統之罷免原無具體規定，而係規定於「總統副總統選舉罷免法」，該法第九條規定，國民大會對總統、副總統之罷免，是由代表總額六分之一之提議，以代表總額過半數之贊成通過。另第一條規定，國民大會在處理監察院提出總統彈劾案時，則以出席國民大會代表三分之二同意行之。第二階段修憲則加以變更，依憲法增修條文第十二條第四項之規定，總統、副總統之罷免有二，一是「由國民大會代表提出之罷免案，經代表總額四分之一罷免之提議，代表總額三分之二同意，即爲通過。」二是「由監察院提出之彈劾案，國民大會爲罷免之決議時，經代表總額三分之二同意，即爲通過。」

④總統、副總統補選規定：我國原憲法中，對於副總統缺位並無任何補選之規定，憲法增修條文第十二條第五項對此有新的規定：「副總統缺位時，由總統於三個月內提名候選人，召集國民大會臨時會補選，繼任至原任期屆滿爲止。」至於總統、副總統均缺位時，憲法增修條文第十二條第六項之規定，與憲法原來第三十條、四十九條之規定相同：「總統、副總統均缺位時，由立法院院長於三個月內通告國民大會臨時會集會補選總統、副總統，繼任至原任期屆滿爲止。」

⑤總統人事提名權的擴增：我國憲法原規定總統在五院中僅有行政院長之提名權。依增修條文第十三條第一項規定：「司法院設院長、副院長各一人，大法官若干人，由總統提名，經國民大會同意任命之，不適用憲法第七十九條之有關規定。」增修條文第十四條第二項規定：「考試院設院長、副院長各一人，考試委員若干人，由總統提名，經國民大會同意任命之，不適用憲法第八十四條之規定。」增修條文第十五條第二項規定：「監察院設監察委員二十九人，並以其中一人為院長，一人為副院長，任期六年，由總統提名，經國民大會同意任命之。憲法第九十一條至九十三條、增修條文第三條及第四條、第五條第三項有關監察院之規定，停止適用。」綜言之，修憲後，司法院院長、副院長、大法官，考試院院長、副院長、考試委員，監察院院長、副院長、監察委員均由總統提名，經國民大會同意任命。

(3) 司法院組織與職權的變更

①司法院人員產生方式的改變：憲法第七十九條原規定，司法院院長、副院長及大法官由總統提名，經監察院同意任命之。修憲後，監察院性質已由準民意機關一變而為準司法機關，司法院人員產生方式亦隨之變更。憲法增修條文第十三條第一項規定，司法院院長、副院長、大法官由總統提名，經國民大會同意任命之。

②憲法法庭的設立：依照憲法第七十八條、七十九條規定，司法院設大法官會議，行使解釋憲法並統一解釋法律命令之權。憲法增修條文第十三條第二項除維持大法官原有釋憲之職權外，並規定由大法官「組成憲法法庭審理政黨違憲之解散事宜」。至於政黨違憲之含義，依增修條文第十三條第三項乃指「政黨之目的或其行為，違害中華民國之存在或自由民主之憲政秩序者為違憲。」

(4) 考試院組織與職權的變更：

①考試院人員產生方式的改變：憲法第八十四條原規定考試院院長、副院長及考試委員由總統提名，經監察院同意任命之。現監察院性質已改變，故依憲法增修條文第十四條第二項規定，考試院院長、副院長及考試委員由總統提名，經國民大會同意任命之。至於前述有關司法院、考試院人員任命之規定，依憲法增修條文第十六條第三項：「自中華民國八十二年二月一日施行。中華民國八十二年一月三十一日前之提名，仍由監察院同意任命。但現任人員任期未滿前，無須重新提名任命。」

②考試院職權的變更：憲法第八十三條規定：「考試院為國家最高考試機關，掌理考試、任期、銓敍、考績、級俸、陞遷、褒獎、撫卹、退休、養老等事項」。即考試院的職掌除考試外，兼行考試與銓敍兩項職權，因之考試院除為國家最高考試機關外，亦為全國最高人事行政機關。唯考試院兼掌人事行政權，勢將影響到行政機關首長對內的指導監督，故憲法增修條文第十四條第一項將考試院職權加以調整：「考試院為國家最高考試機關，管理左列事項，不適用憲法第八十三條之規定：

一、考試。

二、公務人員之銓敍、保障、撫卹、退休等事項。

三、公務人員任免、考績、級俸、陞遷、褒獎之法制事項。」

依上述規定，考試院除繼續掌理考試及公務人員之銓敍、保障、撫卹、退休等事項，至於有關公務人員任免、考績、級俸、陞遷、褒獎，則只負責法制事項，其實際業務則由行政院人事行政局掌理。

③分省定額制度的取消：憲法增修條文第十四條第三項規定：「憲法第八十五條有關按省區分別規定名額，分區舉行考試之規定，停止適用。」取消分省定額制度旨在於避免相關考試法規與憲法相牴觸的情形繼續存在。

(5) 監察院組織與職權的變更：

①監察委員產生方式的改變：依據憲法第九十一條及憲法增修條文第三條、第四條及第五條第三項規定，監察委員由省市議會選舉，等於是經人民間接選舉產生。監委既由人民間接選出，監察院遂具有準民意機關性質。依憲法第九十二條規定：「監察院院長、副院長由監察委員互選產生。」依憲法第九十三條規定「監察委員任期六年，連選得連任之。」唯因監察委員由省市議會間接選舉產生，易生賄選，而監察院職司風憲，更時遭致輿論批評。憲法增修條文第十五條第二項因而規定，監察院院長、副院長及監察委員均改由總統提名，經國民大會同意任命之。

②監察委員性質改變：監察委員產生由省市議會選舉，改爲總統提名，經國民大會同意任命。則原先監察院所具有準民意機關性質，亦改爲準司法機關。憲法增修條文第十五條第六項乃要求：「監察委員須超出黨派以外，依據法律獨立行使職權。」此一規定與憲法第八十條與八十八條法官及考試委員獨立行使職權之意義相同。另監察委員因不具民意代表身份，故憲法第一〇一條及一〇二條有關監察委員身體及言論之保障，亦停止適用。

③人事同意權的取消：憲法增修條文第十五條第一項有關監察院職權修改爲：「監察院爲國家最高監察機關，行使彈劾、糾舉及審計權，不適用憲法第九十條及第九十四條有關同意權之規定」。即監察院對於司法院院長、副院長、大法官及考試院院長、副院長、考試委員之產生，不再行使同意權。

④監察權行使程序的修正：憲法第九十八條、九十九條規定，監察院對於中央、地方公務人員及司法、考試兩院人員之彈劾案，須經監察委員一人以上之提議，九人以上之審查及決定。一般彈劾案僅須監察委員一人即可提議，似略草率，故憲法增修條文第十五條第三項規定：「監察院對於中央、地方公務人員及司法院、考試院人員之彈劾案，須經監察委員二人以上之提議」，以示慎重。

⑤監委彈劾對象的擴大：監察委員既已不具民意代表身份，則亦當成爲彈劾權行使之對象。憲法增修條文第十五條第四項規定：「監察院對於監察院人員失職違法之彈劾，適用憲法第九十五條、第九十七條第二項及前項之規定。」

⑥彈劾總統、副總統程序的修正：憲法第一〇〇條對於總統、副總統彈劾案之處理程序規定：「須有全體監察委員四分之一以上之提議，全體監察委員過半數之審查及決議」。增修條文第十五條第五項則將彈劾總統、副總統之提議人數

及決議人數大幅提高：「監察院對於總統、副總統之彈劾案，須經全體監察委員過半數之提議，全體監察委員三分之二以上之決議，向國民大會提出，不受憲法第一百條之限制。」

2.地方制度法制化的貫徹

行憲未久，政府即來台，「省縣自治通則」受主、客觀政治因素影響，一直未能完成三讀程序。政府來台雖即實施地方自治，但基本上並未依照憲法之規定程序辦理，其所依據者乃行政命令。職是之故，憲法有關地方制度之規定，與政府四十餘年來在實際運作上有著甚大差距。

第二階段修憲乃通過憲法增修條文第十七條，將地方制度法制化問題加以解決。依據憲法增修條文第十七條規定：「省縣地方制度，以法律定之，其內容應包含左列各款，不受憲法第一百零八條第一項第一款、第一百十二條至第一百十五條及第一百二十二條之限制：

一、省設省議會，縣設縣議會，省議會議員、縣議會議員分別由省民、縣民選舉之。

二、屬於省、縣之立法權，由省議會、縣議會分別行之。

三、省設省政府，置省長一人，縣設縣政府，置縣長一人，省長、縣長分別由省民、縣民選舉之。

四、省與縣之關係。

五、省自治之監督機關為行政院，縣自治之監督機關為省政府。」

3. 基本國策與人民權利的增列

政府四十餘年在台、澎、金、馬自由地區的經濟建設與社會快速變遷，使得憲法原先對於基本國策與人民權利的規定，需要適時檢討，適當增訂。依據增修條文第十八條規定，增訂有關民生經濟事項之基本國策與人民權利，具體之內容包括：

一、國家應獎勵科學技術發展及投資，促進產業升級，推動農漁業現代化，重視水資源之開發利用，加強國際經濟合作。

二、經濟及科學技術發展，應與環境及生態保護兼籌並顧。

三、國家應推行全民健康保險，並促進現代和傳統醫藥之研究發展。

四、國家應維護婦女之人格尊嚴，並保障婦女之人身安全，消除性別歧視，促進兩性地位之實質平等。

五、國家對於殘障者之保險與就醫、教育訓練與就業輔導、生活維護與救濟，應予保障，並扶助其自立與發展。

六、國家對於自由地區山胞之地位及政治參與，應予保障；對其教育文化、社會福利及經濟事業，應予扶助並促其發展。對於金門、馬祖地區人民亦同。

七、國家對於僑居國外國民之政治參與，應予保障。

（三）第二階段修憲的評析

1. 從修憲過程面析論

第二階段修憲的過程中，國民黨內部不僅因「總統選舉方式」分成對立的「直選派」、「委選派」，又「立委任期延長四年案」，形成國民大會、立法院兩者之嚴重衝突。而國民黨與民進黨的「修憲」、「制憲」之爭，亦使在二屆國代中居於少數的民進黨捨棄議會路線走上街頭抗爭，最後更退出修憲行列。綜觀第二階段修憲過程可謂波折橫生、爭議不斷，其中影響最鉅者分列如下：

(1) 總統選舉方式之爭 — 國民黨三中全會的妥協

國民黨十三屆三中全會於民國八十一年三月十四日到十六日召開。三中全會本當爲二屆國代第二階段修憲的「任務提示」，結果形成總統選舉方式的大辯論，與會者反無暇深入討論修憲小組所提的其他議題，諸如：國代是否每年集會、國代職權、行政院長副署權、立委任期、監委產生方式等。質言之，三中全會成爲國民黨內部主流派與非主流派、直選派與委選派的拉鋸戰。

基本上，民國八十一年三月以前，國民黨對於民進黨的公民直選總統主張，均是表達強烈反對態度。在八十年底的二屆國代選舉中，國民黨以「革新、安定、繁榮」的文宣口號，主張修憲與委選，獲致大勝。到了八十一年三月四日，李登輝總統約見國民黨省市黨部主委與地方首長後，乃有傳出國民黨高層有改採公民直選的消息，三月五日無黨籍代表吳豐山透露李總統支持公民直選。三月八日，國民黨修憲策劃小組經過四小時激辯，有七位（蔣緯國、李煥、郝柏村、梁肅戎、邱創煥、林金生、朱士烈）贊成委選，六位（連戰、黃尊秋、蔣彥士 、林洋港、宋楚瑜、施啓揚）贊成直選，故而以兩案併陳方式送至臨中常會。三月九日的臨中常會，仍無法對總統選舉方式作單一決定；而採兩案併陳送三中全會。

三中全會開議後，直選、委選兩派分別展開連署。其中委選派批評決策反覆，李煥、邱創煥並先後上台爲委選強力辯護。林洋港則堅持反對強行表決，以免造成國民黨嚴重分裂。林洋港、郝柏村、蔣彥士、李煥、邱創煥、宋楚瑜、施啓揚、馬英九等經過協商密談，認爲應以整體考量爲主，調合兩派爲先。會後並推舉宋楚瑜向李登輝主席報告，李在情勢不夠明朗，且無絕對把握下同意。最後經過三天議程，通過了對二屆國代的任務提示。有關總統選舉方式：「總統、副總統由中華民國自由地區全體選民選舉之，其方式應依民意趨向審慎研定，自中華民國八十五年第九任總統、副總統選舉施行。」

綜觀國民黨三中全會是一場「妥協」的戰爭，兩派在權力對峙下，透過政治藝術化、以集體智慧之妥協方式，將戰場延續至國大臨時會，甚至延續到民國八十三年的第三階段修憲。國民黨政策的急轉彎，除了最高層李登輝總統之外，無人能有此直接、鉅大影響力。或謂它暴露了國民黨由上而下的決策過程，顯得任性且草率，使「黨內民主化」的屬性再次受到衝擊。[31]

(2) 國大擴權修憲案 — 國大立院職權的爭議

二屆國大開議後，四月十四日，李勝峰立委在立院指責國代王應傑爲「垃圾」，王並回罵李「蟑螂」。四月廿七日，國民大會一讀會通過「國大每年定期集

31 李炳南，憲政改革與國民大會（台北：月旦出版社，民國八十三年），頁一九。

會三十天」、「設置正副議長」、「國會設立預算局」、「國大立院互審預算」等多項國大擴權修憲案，引發社會輿論譁然，尤以諸多項目關係到立法院在原有憲政結構的權限，立委紛紛提出異議：國民黨立院黨團決議，由黨鞭王金平向中央表達嚴正反對態度；民進黨陳水扁發起一人一信聲討國大運動；謝長廷建議修改「國大組織法」，限制國大有關自身的修憲權；張俊雄提案在立院成立「修憲特種委員會」；新國民黨連線舉行記者會訴諸輿論，共同聲討國大之提案。[32]

二屆國大的修憲從「垃圾蟑螂事件」，到國大一連串擴權修憲案，終至形成國民大會與立法院間的職權之爭，並直接影響了「黨九條」中的立法委員任期延長爲四年案。五月五日，有 233 位國代主張將立委任期改爲二年，或二年改選一半，符合美國眾議院情形。此時國民黨爲避免國大、立院兩個國會間對立情勢的昇高，乃於五月廿五日，決定擱置立委任期延長四年案，同時打消縮減爲兩年的提案。至此，被稱爲「黨九條」的國民黨修憲條文，正式縮減爲「黨八條」。

國大反對立委任期延長的意見主要有五：1.立院一院獨大的情況已經引起各方反感，如果任期再予延長，更無法駕馭。2.立院議事效率低落，重大民生法案堆積如山，連帶影響行政效率與施政計劃。3.美國總統任期四年，相當於我國立委的眾議員任期只有兩年，如今我國總統任期已從六年降爲四年，立委任期自應減爲兩年才合理。4.當前金權政治越來越明顯，如果任期縮短爲兩年，在投資報酬率大幅降低的情況下，賄選及金權情況或有所改善。5.立委縮短爲兩年，對於一些大鬧議場的不肖立委，民眾也有機會在短期內用選票將之趕出國會。[33]

國民黨原政策是要將立法委員任期改爲四年，用以配合總統、國民大會任期（前述均由六年改爲四年），一則可統一所有中央民代任期，二則立委任期配合總統任期，亦有助於行政院長位置之安定性（亦可固定爲四年），否則立委任期維持三年，總統任期爲四年，則行政院長短則一年，長則三年即面臨去留的困境（因逢總統、立委改選）。此一影響已顯現在民國八十四年十月十三日，大法官會議所做成釋字第三八七號之上，該案正式確定在立委改選後（按：從第三屆立委起），內閣應總辭。修憲本當爲莊嚴慎重之大事，卻因兩院會間情緒性的反應，而無法對修憲內涵、理念等憲政體制予以認真檢討，亦爲憾事。

(3) 朝野兩黨理念之南轅北轍 — 統獨爭議的兩極化

民進黨在二屆國大代表選舉後，已確定其在修憲中的少數地位。唯其「制憲建國」、「總統直選」的主張，從第一階段修憲結束後，民進黨「人民制憲會議」通過「台灣共和國」的「台灣憲法草案」；到二屆國代選舉，民進黨首度公開將「台灣獨立」的政見提出；再到第二階段修憲的「四一六流血事件」、「四一九大遊行」，民進黨的宣揚「台獨」理念、推動「台灣憲法草案」與主張「總統公民直選」是一貫的。雖然期間民進黨遭逢二屆國代選舉的挫敗與「四一九遊行」的無法拉抬聲勢，但其路線未曾變更。亦使其「台獨」、「制憲」的主張與國民黨「中華民國」、「修憲」的主張極難取得交集地帶，此一國家認同問題將爲我國民主憲

[32] 台北，中時晚報，民國八十一年四月廿八日，版二。
[33] 台北，台灣新聞報，民國八十一年五月廿一日，版二。

政蒙上陰影。

第一階段修憲結束後，相對應於國民黨第二階段憲改策劃小組的成立，民進黨政策中心主任黃煌雄於民國八十年七月十一日表示，民進黨將於八月七日以前提出「新憲法草案」初稿，八月廿四日舉行大規模的「人民制憲會議」，欲藉此凝聚在野力量，共同訂定新憲法草案，作爲民進黨參與二屆國代選舉的共同政見及最高指導原則。到了八月十三日，民進黨結合無黨籍及部分學界人士，正式公布擬定的「台灣憲法草案」（共分十一章，一〇八條），以「事實主權」原則，主張「台灣獨立」，建立「台灣共和國」。八月廿五日，民進黨主導的在野人士「人民制憲會議」，通過明確標舉台灣國號爲「台灣共和國」的「台灣憲法草案」。八月廿八日，民進黨中常會決議承認「台灣憲法草案」。國民黨發言人中央文工會主任祝基瀅譴責民進黨「人民制憲會議」通過「台灣憲法草案」。[34]

第二階段修憲的前哨戰 — 二屆國代選舉，民進黨首次公開將「台灣獨立」的政見投入本次選舉，由民眾進行公決。選舉結果，民進黨重挫（得票率 23.9%，在 403 席中僅有 75 席），明顯失去主導能力。唯民進黨國代早已計畫在第二階段修憲中，採取各種政治抗爭手法，於二屆國大開幕式，李總統蒞臨致詞時，彼等身穿「制憲建國」背心，以站立方式在會場拉「總統直選」的白布條抗議。其後國代舉行宣誓，由大法官史錫恩監誓，民進黨要求自行宣誓，國大祕書處未能適時制止，民進黨又把誓詞加添「台灣」及「一九九二」字跡，並高呼「台灣共和國萬歲」。[35]民進黨「台獨」、「制憲」主張表露無遺，亦埋下二屆國代修憲諸多紛擾不安的根源。

朝野兩黨爲順遂第二階段修憲任務，曾進行多次會外協商，希冀能達成彼此共識。以民進黨而言，「總統直選」爲其主要訴求，而總統選舉方式在國民黨三中全會無法達成共識，因此無法與民進黨在總統選制這個重大議題進行協商。民進黨則對國民黨在三中全會時總統選制發生變化，認爲有機可乘，除了在議場訴求外，更積極籌畫「四一九總統直選」大遊行，圖以「裡應外合」迫使國民黨在修憲中決定總統選舉方式。

國民黨國代爲避免替民進黨造勢，在四月十九日前，未使國大進入一讀會，四月十六日，民進黨主席許信良在未經大會許可下，率眾入場爲「四一九大遊行」宣傳。民進黨國代穿著「四一九大遊行」綠色背心繞行議場，抗議國大未能及早進入一讀會，結果引發嚴重肢體衝突，「四一六流血事件」，不僅有國民黨籍國代余松俊、王百祺與民進黨籍國代劉貞祥受傷送醫，導致議事癱瘓；更因媒體廣爲報導，傳播到國內、外，使政府推動憲改決心、形象遭受重大衝擊。

「四一九」遊行，民進黨國代集體退席，發動群眾走上街頭進行集體抗爭，實則在民國八十年底的二屆國大代表選舉，民進黨因以「台獨」爲訴求而遭遇重挫，也反映出台灣民眾企求安定的心聲。唯民進黨人並未仔細體察此一民意的歸向，仍然以同樣訴求並佔據台北交通大動脈的火車站前，造成民眾交通、生活的

34　台北，聯合報，民國八十年八月廿九日，版一。
35　台北，中國時報，民國八十一年三月廿一日，版一。

不便。民進黨原預估三萬人的動員人數，事實上僅達十分之一，人數最多時約四千多人，靜坐時也只維持六百至一千人左右，至四月廿四日，警方看民眾已深感不耐，認為時機成熟，乃以警力進行驅離，民進黨街頭抗爭劃下句點。

民進黨結束街頭抗爭後，並未儘速回到國大會場參與修憲工作，反而以退出國大圖造成一黨修憲為要脅，逼迫國民黨答允其所提「兩大開會條件」：總統民選修憲提案公開討論不得擱置；兩黨修憲提案重大歧異部分，由兩黨國代舉行交叉辯論。前者，國民黨認為直選原則下「選舉方式」之技術問題，涉及整個憲政體制的變革，不能不以更多的時間斟酌損益。後者，「一對一交叉辯論」會剥奪多數代表的發言權等不公平情形，國民黨國大黨團書記長謝隆盛乃予嚴詞拒絕。至此，民進黨在進退維谷下，於五月四日宣布退出國大臨時會，無黨籍國代稍後亦宣布退出修憲行列。

綜論朝野政黨在修憲過程中的整體表現；就國民黨而言，在一讀審查會中，趁民進黨代表不在場時，將民進黨提出的修憲案全盤封殺，有違「多數尊重少數」與「程序正義」原則。就民進黨而言，民主絕非少數暴力，民進黨參與國代選舉，則應在議場當中就其理念與國民黨進行理性辯論，且民進黨雖居於少數，仍宜在修憲過程中，指出國民黨所提方案的缺失，並提出自身合理的理由深入分析，讓民眾瞭解問題所在，或經過時間考驗，深入民心，擴大影響層面，有朝一日，自然水到渠成。動輒走上街頭實有違「少數服從多數」，大開民主倒車，尤其二屆國代全係自由地區民選產生，民進黨仍以過去方式抗爭，殊不合宜。至於其「台獨」、「制憲」等大方向決策，亦應考量全民接受程度和現實環境，尤以所謂的「台灣共和國」已超出民主政治範疇，而牽涉到民族主義的情感問題。在中華民國台灣地區日益走上民主化的同時，民進黨若採理性問政，實有執政機會，是否需要以「台灣獨立」挑起族群分歧意識：造成國內政局及兩岸緊張氣氛，間接破壞了政治安定、經社繁榮，亦值民進黨審慎評估。

2.從修憲內容面析論

第二階段修憲在「內容」上，憲法增修條文具有如下特點：

(1) 增修條文體例與原憲法不同：

第二階段修憲當中，總計有二十六條憲法條文及三條憲法增修條文受到影響，包括憲法第廿七條、第廿八條、卅條、四七條、七八條、七九條、八三條、八四條、八五條、九〇條、九一條、九二條、九三條、九四條、九五條、九七條、九八條、一〇〇條、一〇一條、一〇二條、一〇八條、一一二條、一一三條、一一四條、一一五條、一二二條。另第一階段修憲通過的憲法增修條文第三條、第四條及第五條第三項，於第二階段修憲後亦已停止適用。前述憲法內容所造成的變遷不可謂之不大。為了避免予人以憲法改變過鉅，第二階段修憲僅只增加八條增修條文，但亦因原憲法條文變動幅度甚大，在將修改內容歸併在八條增修條文之中，一條增修條文實包含原憲法一章中的數類事項，使得第二階段修憲條文都是冗長繁複，亦破壞了憲法原有的簡潔體例原則。

(2) 總統選舉方式暫予擱置：

國民黨在十三屆三中全會時，企圖就修憲內容建立共識，但因國民黨內部對於總統產生方式及可能衍生出的中央政府體制變動過鉅等問題，存著兩派極大差異的看法，無法達成妥協。在二屆國大臨時會上仍無法有所突破進展，於是僅確立總統、副總統由中華民國自由地區全體人民選舉之原則，但並未決定總統選舉方式，只規定在民國八十四年五月廿日前再召開國民大會臨時會決定之。這也意謂著「一機關兩階段」並未完成憲改的工作，將會在八十四年五月前再次進行第三次修憲。

(3) **中央政府體制出現微妙的轉變：**

我國現行憲法有關中央體制規定，外表爲五權憲法的架構，但較傾向於內閣制的色彩。行政院、立法院分別爲國家最高行政與立法機關（憲法第五三條、第六二條），行政院須向民選產生的立法院負責（憲法第五十七條）。至於國民大會平時只有選舉及罷免總統、副總統與修憲權（憲法第廿七條）、並且每六年集會一次（憲法第廿九條）。現行憲法有關中央體制的設計與國父五權憲法的實質精神顯有差異，但較接近西方三權代議制度的精神。

第二階段修憲時，國民大會自主意識提高，要求大幅擴權，後個人提案雖被打消，卻爲第三次修憲的發展奠立基礎。第二階段修憲並賦予國民大會對司法院院長、副院長、大法官，考試院院長、副院長、考試委員，監察院院長、副院長、監察委員等的人事同意權。（增修條文第十三條第一項、第十四條第二項及第十五條第二項）國民大會並得至少每年集會一次（增修條文第十一條第三項），國民大會集會時，得聽取總統國情報告，並檢討國是，提供建言。（增修條文第十一條第四項）本次修憲國民大會職權的增加，到了第三次修憲更形擴大。國民大會自主權提高，對國民大會與立法院之間的關係產生影響，而有「雙國會」的走向趨勢。

總統選舉方式的改變，其民意基礎將增加。第二階段修憲並賦予總統有關司法院院長、副院長、大法官，考試院院長、副院長、考試委員，監察院院長、副院長、監察委員等的人事提名權。（增修條文第十三條第一項、第十四條第二項、第十五條第二項）另外提高監察委員彈劾總統的標準，將彈劾「提議權」由四分之一提高爲二分之一，並將「決議權」由二分之一提高爲三分之二，增加彈劾總統的困難度。（增修條文第十五條第五項）此外再加上第一階段修憲所賦予總統緊急命令權（增修條文第七條），以及總統爲決定國家安全有關大政方針，得設國家安全會議及所屬國家安全局（增修條文第九條）。總統職權的大幅增加，其與行政院長在原憲法制度上的關係將有所改變，這一轉變的趨勢距離原憲法體制漸行漸遠，反有朝「雙行政首長制」發展的趨勢。

(4) **憲法法庭審理政黨之違憲解散：**

我國行政院下設政黨審議委員會，專司審核政黨違反人團法事宜，其嚴重者可處以解散處分。當事人如不服處分雖可提起訴願，並聲請停止執行，最後亦可向行政法院提起行政訴訟。但因行政訴訟乃是針對中央或地方機關之違法行政處分，認爲損害其權利而提起（行政訴訟法第一條），與政黨審議委員會處理政黨違法案件之性質完全不同。若最後由行政法院承審決定，不單會使法院之職權混淆，且將使問題更爲複雜。鑒於歐陸各國多有設置憲法法院或憲法委員會，以審查法令違憲或違法的問題，且德國並將政黨有關爭議事項，完全委由聯邦憲法法院審理。因此，第二階段修憲，我國即參考他國之著例，增訂組成憲法法庭審理政黨違憲事項，且對「違憲」亦有詳細解釋，以杜爭議。增修條文第十三條第二項及第三項規定：「司法院大法官，除依憲法第七十八條之規定外，並組成憲法法庭審理政黨違憲之解散事項。政黨之目的或其行爲，危害中華民國之存在或自由民主之憲政秩序者爲違憲。」

(5) 監察院定位爲「準司法機關」：

第二階段修憲，五院之中變動較大者爲監察院。監察委員改由總統提名，國民大會同意任命，自提名第二屆監察委員起實施。原爲「共同相當於西方國會」之監察院，被定位爲「準司法機關」，監察委員不再行使考試院、司法院人員之同意任命權，且不再享有言論免責權，而受「公務員服務法」之約束。對監察委員的行使職權，並增列了「須超出黨派以外，依據法律獨立行使職權」。修憲中並提高「提議」彈劾案之人數，由原憲法規定，發動彈劾案，須監委一人以上之提議，改爲須經監察委員兩人以上之提議。至於審查及決議之人數不變。（增修條文第十五條第三項）對總統、副總統之彈劾人數亦提高，原憲法規定全體監委四分之一以上提議，過半數審查和決議，修憲改爲過半數以上之提議，三分之二的決議，始得向國民大會提出。（增修條文第十五條第五項）

(6)考試院職權的釐清：

憲法原規定考試院職權包括考試與銓敘兩部分，考試院不僅爲家最高考試機關，同時亦爲全國最高人事行政機關。爲避免影響到行政機關首長對內的指揮監督，故增修條文第十四條第一項乃重新釐清考試院職權，將公務人員的考試、銓敘、保障、撫卹、退休等由考試院掌理，其他之任免、考績、級俸、升遷、褒獎等之「執行」，規劃由行政院人事行政局與各用人機關掌理，考試院則專責其「法制事項」。

(7)地方自治法制化：

政府在台實施四十餘年地方自治，均非依照憲法之規定程序，而係依據行政命令辦理。故而第二階段修憲予以明確規定，並賦予地方自治法源，將省、縣、市之監督機關予以釐訂，使地方自治法制化更具明確性。經過本次修憲，台灣省長、台北市長、高雄市長即可依據法律規定產生，開啓中華民國台灣地區地方自治的新里程。

總言之，國民大會第二屆第一次臨時會，在七十天期間，將國民黨所擬九條修憲草案，除對立法委員之任期案予以擱置外，其餘均獲通過。李登輝總統在修憲完成後指出：「這次修憲的成就具有四大特色：一、內容程序民主化。二、貫徹執政黨三大決議。三、維持五權架構。四、涵蓋六大革新。」然而平情論之，修憲期間，朝野兩黨對於修憲的方向，多以達到黨派及個人政治上目的爲主，忽視憲法有其根本性與固定性。憲法爲國家根本大法，不宜輕言變更，尤以中央體制爲然，除非扞格不入，或窒礙難行，才得予以修正，否則難以建立優良「憲政精神」，更難樹立其長治久安的價值及獲得人民的尊重。任意妄爲之行徑，予人以藉修憲之名，行制憲之實，而有「中華民國第二共和」之非議。觀乎民進黨「台灣憲法草案」之總統制，或主導第一、二階段修憲的國民黨，朝向「雙國會」、「雙行政首長」發展，均明顯破壞憲法原有的體制與設計，對於憲政成長勢將造成嚴重斲傷，並使修憲之後呈現治絲益棼，爲國家民主憲政發展增加不確定性。

第七章　第三次修憲

一、第三次修憲的經過

民國八十一年五月第二屆國民大會臨時會的第二階段修憲，雖然通過總統、副總統自民國八十五年第九任起改由自由地區全體人民選舉之，但選舉方式究竟採取公民直選或委任直選，並沒有具體結論。因此，規定由總統於民國八十四年五月廿日前召集國民大會臨時會，以憲法增修條文定之。（增修條文第十二條第二項）到了民國八十二年八月間，國民大會代表陳子欽等 128 人簽署，依據憲法第三十條第一項第四款規定，請求召集國民大會臨時會，修改憲法。另第五屆司法院大法官亦將於民國八十三年九月任期屆滿，新任人員必須經由總統提名，經國民大會同意任命。李登輝總統乃於民國八十三年三月廿九日，發布第二屆國民大會第四次臨時會召集令，定於四月廿九日集會。

國民黨因第二階段修憲未能確定總統選舉方式，且有若干相關問題，有待研議，故而早在民國八十一年六月即成立「憲政研究小組」，由全體黨籍國民大會代表組成，中央委員會祕書長擔任召集人，並設四個研究分組，分區研討憲政問題。民國八十二年十月間，國民黨國大工作會決定，撰寫修憲參考提綱，俾供國大代表研提修憲條文之參考。後由國民黨籍國代中之憲法學者：荆知仁、郎裕憲、董翔飛及謝瑞智等四人分提「總統制修憲案」、「內閣制修憲案」、「雙重行政首長制修憲案」及「現行制度改良案」四種，於八十二年十二月提供國民黨籍國代研討之用。

國民黨於民國八十二年十二月廿二日，中常會第十七次會議決議成立「修憲策劃小組」，以順遂修憲策劃工作，由李元簇副主席擔任召集人，成員包括郝柏村、林洋港、連戰、蔣彥士、邱創煥、劉松藩、施啓揚、許水德、宋楚瑜、陳金讓、饒穎奇及謝隆盛等 13 人。「修憲策劃小組」之下成立「諮詢顧問小組」，成員 29 人，由國大代表、立法委員、學者專家及政府相關部門人員參加，參與修憲研議工作。

國民黨所進行各項修憲研擬規劃，均先經由國民大會「憲政研究小組」及黨內「諮詢顧問小組」研討，待獲至初步結論後，始提報「修憲策劃小組」。「諮詢顧問小組」共舉行 15 次會議，「修憲策劃小組」亦先後共舉行 11 次會議。

國民黨所擬修憲提案在最後送達國民大會之前乃是依循：修憲諮詢顧問小組→修憲策劃小組→中常會→十四全臨中全會的階段進行。經過十四全臨中全會討論，國民黨最後通過「黨八條」修憲案。並確定修憲之原則，爲「維持五權憲政體例，適應國家統一前之需要及當前民意趨向，作必要之增修」；修憲之體例，「不修改憲法本文，而將增修條文除作必要之增修外，並將現行規定作必要之整理及調整其條文順序，使規定更爲明確周延」。[1]

---

[1] 國民大會秘書處編印，第二屆國民大會第四次臨時會修憲提案（台北：國民大會祕書處印，民國八十三年五月），頁二八一。

第二屆國民大會第四次臨時會於民國八十三年五月二日舉行開幕典禮，李登輝總統蒞臨致詞。李總統並於十九日蒞臨國民大會作國情報告後，以六日時間全程參與聽取代表對國事之建言。二屆國大第四次臨時會所進行的第三次修憲，國民黨提出「黨八條」，民進黨則推出「黨六點」作爲對抗籌碼。民進黨除了總統直選、原住民正名兩案外，其餘有關總統制、總統提前直選、單一國會等主張均與國民黨版本無緩衝空間。

第三次修憲的二屆國大第四次臨時會，在民國八十三年五月二十七日，第十四、十五、十六次大會議事日程安排修改憲法提案第一讀會大體討論時，就有關第一讀會開議出席法定人數問題，引發激烈爭議，在野黨代表認爲應依憲法第一百七十四條第一項第一款之三分之二出席，而國民黨代表則認爲應依照國民大會組織法第八條規定，以三分之一人數作爲第一讀會之開議出席人數。雙方互不讓步，民進黨並採強力杯葛策略，導致連續數日發生互毆後散會情事，影響到第一讀會大體討論無法順利進行。其後經過朝野政黨協商，至第十八次大會討論後決議：「有關修憲第一讀會開議出席人數之爭議，送請司法院大法官會議解釋。至於聲請書之內容，授權祕書處依司法院大法官審理案件法之有關規定擬定之。」唯至本次臨時會結束時，大法官會議仍未就本釋憲案做成決議。（按：直到民國八十四年六月九日，大法官會議始以釋字第三八一號解釋，認爲修憲一讀會開議人數，屬於議會自律之事項，可由國大自行訂定。）

國大於六月六日起，開始進行一讀修憲提案審查會，至六月廿三日止共召開13次會議，審查112件修憲提案 — 其中國民黨版1件，民進黨版33件，無黨籍版2件，國民黨國代自行提案66件，新黨10件。該審查會原定於廿四日結束，因民進黨國大黨團於廿三日中午下山聲援原住民的遊行活動，於是國民黨籍國代乃放棄發言的機會，加速審查的進行，而提前於廿三日下午結束，一讀審查結果，共通過13條修憲提案。七月五日進入二讀會後，民進黨因其9項修憲案的修正案被表決撤銷，以及力主「僑民選舉總統」採分段表決，不斷杯葛大會議程，直到七月廿八日，大會才對修憲提案及其修正案展開逐條表決工作。民進黨於是日晚上九時許，宣布退席抗議，國民黨籍國代則因之順利完成二讀會，並趁民進黨國代不在議場，當晚漏夜挑燈夜戰，於廿九日凌晨三點廿分第卅二次大會，三讀通過「中華民國憲法增修條文十條」。李登輝總統並於八月一日將憲法增修條文公布實施，第三次修憲乃告完成。

二、第三次修憲的內容

依據國民黨版第三次修憲之修訂方式爲：1.本次修憲不修改憲法本文，而將憲法增修條文作必要之修訂。2.憲法增修條文除依上列內容要點修訂外，並將現有增修條文，依下列原則作必要之整理修訂：〈1〉已失規範意義之過渡規定及未及實施之規定，均予刪除。〈2〉無須由憲法規定者，酌予刪除。〈3〉條文順序依憲法章次，酌予調整。3.現有增修條文除依前項修訂者外，均予保留。[2]故而第三

[2] 同上。

次修憲案，採重新整理第一、二階段增修條文方式，將原第一、二階段增修條文十八條全部併入第三次修憲案內，而成爲最新之憲法增修條文第一至第十條。第三次修憲完成之憲法增修條文十條，除與原一、二階段修憲相同者外，新修正條文內容如下：

（一）國民大會職權重行規定：

國民大會職權不適用憲法第廿七條第一項第一款之規定，其內容爲：1.依增修條文第二條第六項之規定，補選副總統。2.依增修條文第二條第八項之規定，提出總統、副總統罷免案。3.依增修條文第二條第九項之規定，議決監察院提出之總統、副總統彈劾案。4.依憲法第廿七條第一項第三款及第一七十四條第一款之規定，修改憲法。5.依憲法第廿七條第一項第四款及第一百七十四條第二款之規定，複決立法院所提之憲法修正案。6.依增修條文第四條第一項、第五條第二項、第六條第二項之規定，對總統提名任命之人員，行使同意權。（憲法增修條文第一條第三項）

（二）國民大會開會召集權修正：

國民大會依增修條文第一條第三項行使職權時，第一款及第四款至第六款的規定集會，或有國大代表五分之二以上請求召集時，由總統召集之；依第二款或第三款之規定集會時，由國民大會議長通告集會，國民大會設議長前，由立法院院長通告集會；前述之規定不再適用原憲法第二十九條及第三十條。（憲法增修條文第一條第四項）

（三）二屆國代任期的規定：

爲使國民大會代表之選舉與任期配合總統，修憲中乃爰將國民大會第二屆國民大會代表任期至民國八十五年五月十九日止，第三屆國民大會代表任期自民國八十五年五月廿日開始，不適用憲法第廿八條第二項之規定。（憲法增修條文第一條第七項）

（四）國民大會設議長、副議長：

我國憲法原無國民大會設置議長之規定，依「國民大會組織法」，以主席團主持議事，然以每次集會選舉主席團頗費周章，且常因主席團輪流主持會議而影響議事效率。爰考慮設置議長以提昇議事效能。並於本次修憲中明定，國民大會自第三屆起設議長、副議長各一人，由國民大會代表互選之。議長對外代表國民大會，並於開會時主持會議。（憲法增修條文第一條第八項）

（五）總統、副總統由人民直選：

總統、副總統之選舉，在第二階段修憲時僅明定由自由地區全體人民選舉產生，惟選舉方式尚待確定。至本次修憲時，直接選舉方式，已成社會共識。故而增修條文乃明定總統、副總統由中華民國自由地區全體人民直接選舉之，自民國八十五年第九任總統、副總統選舉起實施。並規定總統、副總統候選人應聯名登記，在選票上同列一組圈選。其當選票數採相對多數，以得票最多之一組爲當選。僑居國外之中華民國自由地區人民選舉權之行使，以法律定之。（增修條文第二條第一項）

（六）副署權縮減：

憲法第卅七條規定之副署制度，其範圍並無限制。本次修憲則規定，總統發布依憲法經國民大會或立法院同意任命人員之任免命令，無須再經行政院長之副署，不適用憲法第卅七條之規定。（增修條文第二條第二項）根據此規定，有關行政院院長、司法院院長、副院長、大法官、考試院院長、副院長、考試委員、監察院院長、副院長、監察委員等由總統提名，經國大、立院同意之任免命令，無須行政院長之副署。

（七）總統、副總統的缺位補選：

依第二階段之憲法增修條文第十二條第五項規定：「總統、副總統均缺位時，由立法院院長於三個月內通告國民大會臨時會集會補選總統、副總統，繼任至原任期屆滿爲止。」因第三次修憲，總統、副總統既已改由人民直接選舉，故而總統、副總統均缺位時，由行政院院長代行其職權，並由人民投票補選總統、副總統，繼任至原任期屆滿爲止，不適用憲法第四十九條之有關規定。（增修條文第二條第七項）

（八）總統、副總統的罷免：

依第二階段之憲法增修條文第十二條第四項第一款規定，總統、副總統之罷免，由國民大會代表提出之罷免案，經代表總額四分之一之提議，代表總額三分之二之同意，即爲通過。到了第三次修憲，總統、副總統改由人民直接選舉後，其罷免亦經修改，規定總統、副總統之罷免案，須經國民大會代表總額四分之一之提議，三分之二之同意後提出，並經中華民國自由地區選舉人總額過半數之投票，有效票過半數同意罷免時，即爲通過。（增修條文第二條第八項）

（九）國代、立委可以單獨自行調整待遇：

中央民代之待遇應以法律加以規定，大法官會議已有解釋。故而第三次修憲特予明定，國代、立委之報酬或待遇，應以法律定之。除年度通案調整者外，單獨增加報酬或待遇，應以法律定之。除年度通案調整者外，單獨增加報酬或待遇之規定，應自次屆起實施。（增修條文第七條）

三、第三次修憲的評析

（一）從修憲過程面析論

第三次修憲過程中，朝、野兩黨不僅在議事出席人數標準無交集，就修憲內容方面，單一國會、僑民選舉權、立委任期、國大設議長、副議長等案亦具爭議，故而爭端的發生，乃勢所難免。其中影響較廣泛者爲：第一讀會開議人數標準之爭、第二讀會九項修正案撤銷之爭、僑選總統引發「條項款」與「分段」表決之爭。

1.一讀會議人數標準的爭議

二屆國大第四次臨時會於民國八十三年五月廿七日第十四次大會，其間進入修憲提案第一讀會大體討論，當時出席國代僅 119 人，大會主席仍以一般大會開議法定人數計算宣告開會，及至進入修憲第一讀會時，主席略謂：「現在已進行到修憲提案的讀會程序，應先確定第一讀會開會人數問題。無論是依憲法第一百七十四條之規定或臨時條款之制定、修訂以及第一、二兩階段修憲之經過，均是按高標準之規定。」經清點人數，在場國代 126 人，主席以不足法定三分之二人數爲由，逕行宣布：「改開談話會。」到了第十五、十六、十七次大會，朝野兩黨時因開議人數問題，引起零星衝突，使得第一讀會大體討論停滯不前。大部分國民黨籍國代認爲應以「國民大會組織法」第八條規定，以三分之一人數出席爲第一讀會之開議出席人數。唯民進黨籍國代則認爲應以憲法相關規定辦理，以憲法第一百七十四條第一項第一款已明定三分之二出席，出席代表四分之三決議爲準。

六月一日第十七次大會時，會議一開始，民進黨一如前數日佔據主席台，並發生若干零星衝突，主席郭柏村宣布休息。十一時之後，主席欲上台繼續開會，並找高光承宣讀議事錄，此時民進黨籍國代以自備之口哨，吹得會場雜音四起，受到其他國代不滿，欲制止彼等吹哨子，於是引發一場混亂的打群架衝突事件，數十位朝野國代分成數個衝突地點，由主席台打到會場中央，持續混亂約達五分鐘。[3]

另當民進黨國代進行議事抗爭時，該黨穿著短窄裙的某女國代爬上主席桌上坐下，其餘十多位民進黨籍國代也跟著坐成一排，全體主席團主席成員則退回到會場的座位上。次日輿論媒體報導在台下的代表有窺視該女國代內褲情事。六月三日因媒體的報導，遂在大會中提出討論，一位女國代發言表示：「事出有因，女性自己要檢點・・・」，當事人憤而上前打其一記耳光，使其眼鏡被打落，淚流滿面，站立發言台不肯下來。[4]後該國民黨籍女國代要求大會請陽明山管區警員來作筆錄，提出告訴。[5]國民黨籍另有一位女國代因情緒太過激動，導致高血壓病發送醫急救。

六月一日上午的衝突，到了下午議事時反倒意外的順利，經朝野政黨協商後，由鄭寶清與邵宗海向大會報告協商結果：1.朝野政黨一致譴責大會所發生肢體衝突之暴力事件。2.開會時僅報告現有出席人數即可，俟簽到人數已達 210 人時，祕書處即報告大會。3.會議進行中，朝野兩黨不得提議清點人數。4.有關一讀會開議人數究爲三分之一或三分之二之爭議，同意由大會決議送請司法院大法官會議解釋。[6]

一讀會開議出席法定人數問題，兩種主張各有所本（如表七－一），朝野雙方都不妥協，以致在野黨採取強力杯葛策略，引發國大衝突不斷，議事停滯，天天上演互毆後散會之情形。最後終於發生打群架、掌摑事件。値得探討的是，過去反對黨杯葛的訴求是資深中央民代所造成的國會結構問題，現今二屆國代均係在自由地區選出，故而顯然並非體制結構一詞所可解釋。質言之，朝野政黨間如何提升議事品質、問政態度？如何建立協商溝通管道、技巧與容忍妥協概念？達到「過程當中，多數尊重少數；表決結果，少數服從多數」的民主精神，應是台

[3] 台北，中國時報，民國八十三年六月二日，版二。
[4] 台北，中央日報，民國八十三年六月四日，版二。
[5] 台北，聯合晚報，民國八十三年六月三日，版三。
[6] 見第二屆國民大會第四次臨時會，第十七次大會議事錄。

灣走向民主化軟體建設首要之途。

2.一讀會九項修正提案撤銷的爭議

國大於七月五日進入二讀會，即因出席標準究竟是三分之一或三分之二，修憲提案審查報告書之議決應以過半數同意或四分之三通過，再度發生爭議，整日陷入混亂癱瘓。六日全天朝野政黨仍圍繞此一話題，相互推擠、叫罵下度過。七日下午國民黨國大工作會主任謝隆盛提出緊急動議，略謂，民進黨的本質就是暴力，甚至在主席團會議中掀翻桌椅，破壞國大形象，建議大會休會三天，以示對民進黨的抗議。此舉再度演成民進黨國代周家齊與國民黨國代劉孟昌的推擠，雙方人馬扭打成一團。其後主席張輝元進行表決謝隆盛所提緊急懲戒動議之提案，在場 196 人，以 109 票通過休會的提案。[7]

國大於七月十六日復會後，即對修憲提案逐案進行討論並提付表決。至七月廿二日林銘德等 40 人提程序動議，修憲提案審查結果修正案第三、八、十二、十三、十四、十五、十六、十八及二十等九案（國民黨一件，民進黨八件）因不符修正案要件，為恪遵議事原理與常規，應不予成立，請大會公決案。民進黨則認為國民黨黨團為使其二讀會如期進行，竟提出程序動議，以民進黨所提修憲案的修正案不合法為由，要求大會予以撤銷，乃表達強烈抗議，並以退席、拉扯麥克風、摔會議資料為激烈抗爭。朝野兩黨在中午延長開議時間大打出手，主席李碧梅宣布重新清點在場人數，計有 237 人，民進黨國代王雪峰等群聚主席台，台上、台下國大代表爆發肢體衝突，主席乃於台前左側，就林銘德所提「程序動議案」，在混亂中表決通過。[8]

當天下午民進黨籍蔡文斌主持下，首先宣布上午的表決為不合法，並有民進黨籍顏明聖等 30 人提「革命程序動議」:「當前政局因體制含混，顯有不妥。身為最高政權機關的國民大會，宜應負起因應或引導社會快速變遷的功能。茲援引林代表銘德的程序動議，本席提出『革命程序動議』，呼籲同仁身先士卒，以革命精神與行動，解散國民大會，是為革命程序動議。」主席蔡文斌以議事規則、會議規範均無「革命程序動議」，本案不予受理。[9]

到了七月廿五日，朝野兩黨對於前一週引發衝突的剔除九項修正案一事，民進黨仍持堅決反對立場，而國民黨則以該九項修正提案不符提案條件，堅持不應討論，主席團會議最後經表決通過將該九案剔除，民進黨經聲明不接受此一結果後退席抗議。當天下午議程焦點，仍集中在民進黨籍國代所提八項修憲提案修正案遭大會封殺一事上，引發朝野國代針鋒相對，最後仍無任何進展，連前一週大會議事錄都未通過。[10]

七月廿六日，國大首先對主席團前一天決議不列入二讀的九項修正案進行討論，在朝、野兩黨多人發言後，主席黃來鎰宣布表決，在場有 248 人，贊成者有 205 人，通過。主席以場面混亂，再次清點人數，結果在場人數 263 人，贊成者

---

[7] 台北，聯合報，民國八十三年七月八日，版四。

[8] 台北，聯合報，民國八十三年七月廿三日，版二。

[9] 同上。

[10] 台北，中國時報，民國八十三年七月廿六日，版二。

表七－一　國民大會修憲第一讀會開議人數主張與理論依據

一讀會人數的主張	主張理由
以三分之一為一讀會開議人數	一、依據憲法上法定人數向有「得議事之法定人數」與「得議決之法定人數」之分，民國三十五年「國民大會組織法」第十二條規定：「國民大會非有代表過半數之出席不得開議，其議決以出席過半數之同意為之，憲法之通過應有代表三分之二以上之出席。」故從制憲之歷史言，憲法第一七四條的「出席人數」應指議決人數。 二、依各國之狀況，鮮有以憲法規定議會之開議人數，而多借諸立法制定或以議會內規加以決定。且一般開議法定人數的決定，其目的亦在於保障議事效率，而不在於使之成為限制少數黨表達意見之高門檻。 三、依「國民大會組織法」第八條規定：「國民大會非有代表三分之一以上人數之出席，不得開議。」即以三分之一為唯一之大會開議法定人數。另依「國民大會議事規則」第四十四條、四十六條分別規定第二讀會、第三讀會修憲案之議決，應以代表總額三分之二之出席，出席代表四分之三之議決行之。而第四十三條第一讀會則未規定出席與議決人數。 四、一讀會並未審查，亦未進入實質討論階段，因無議決情事，故無須規定議決人數，因之一讀會開議人數應依國民大會組織法第八條規定。
以三分之二為一讀會開議人數	一、依憲法第一七四條第一款之文義而言，規定「三分之二出席」及「出席代表四分之三決議」等文字前後排列，已清楚看出前者為出席代表，而非決議表決人數。故修憲第一讀會須以代表總額三分之二為開議人數。 二、依修憲程序設計言，為使憲法的尊嚴和穩定受到保障，各國多以高額標準為之，我國亦不例外。若以讀會進行，自應全程適用以上標準。且一讀會有實質修憲提案審查權，能否進入二讀，完全由其決定。 三、依以往修憲成例言，臨時條款的判定與第一、二階段修憲均於一讀會即已達三分之二的高標準。

資料來源：作者整理

202人，表決通過。

綜論之，國民黨強烈反對這九項修憲修正案，乃因該等修憲修正案是針對這次並無更動的憲法條文所做的修正案。設若允許没有更動條文內容的憲法增修條文也予重新表決，萬一發生人數不足或表決未通過，更將節外生枝。因之，無論開議人數「三分之一、三分之二」問題，乃至民進黨八項修憲修正案撤銷的核心關鍵，在於二屆國大代表議事精神不足。以國民黨二屆國代人數遠超過四分之三多十席，尚且爲三分之一、三分之二與修憲修正案爭議不休，正顯見問政態度和議事品質乃是國大問題之所在。

3. 僑選總統引發「條項款」與「分段」表決的爭論

「僑民選舉總統」是否入憲的爭議，其關鍵在於「僑民」界定的紛歧，引發諸多顧慮和反對聲浪。持反對理由者，認爲三千萬僑胞都回來投票，台灣地區僅有兩千萬，豈非要由華僑來決定誰來當總統？而由台灣地區人民來背書，這些人既不當兵，又不繳稅，賦予其選舉權，有違權利義務關係。另持贊成意見者，多將「僑民」做狹義解釋，國代謝瑞智即認爲「僑民」乃指在台、澎、金、馬擁有戶籍，因經商、求學或旅遊等原因而居住國外者，爲選舉法上所稱之僑民，並非泛指一般之僑民，故而人數不過30萬左右。[11]

「僑民選舉權」的爭議尤表現在修憲方式上，七月廿五日上午，國大主席團會議通過修憲提案二讀進行方式，決依憲法章節對經審查會通過送大會二讀之修憲提案及其修正案分類後，各類別在進行廣泛討論後，進行逐條、逐項、逐款表決。民進黨則主張必要時應於每款中再逐段表決，並以「僑民選舉權」爲例發表意見。主席團將是否分段表決的主張，提交大會決定。[12]當天下午，朝野黨團的協商會議並未達成共識，民進黨國大黨團向謝隆盛提出三點要求：(1)在憲法中明訂保障原住民傳統命名權，並對原來將原住民所區分之平地原住民、山地原住民取消合併。(2)有關總統直選條文和僑民選舉總統應分段表決。(3)憲法前言中「爲因應國家統一前之需要」改成「因應國家發展之需要」等較中性字眼，並在「中華民國自由地區」下加「台澎金馬」等字眼。

前述三條件經國民黨中央議決，不接受該等作法，並決定採取強勢作爲維特會場秩序。認爲就「僑民選舉權」引發之分段表決若獲成功，則等於通過民進黨版直選案及封殺國民黨版，屆時修憲就成爲民進黨滿分，國民黨零分。[13]唯國民黨內部意見本即分歧，僑選國代與國大次級團體「松柏聯誼會」王慈官、趙玲玲等呼籲支持黨版修憲案，不同意採分段表決。[14]另「國大聯誼社」陳瓊讚、王文正等及「同心會」張光輝等則反對僑民投票權入憲，此種現象與第一階段修憲時直選、委選頗有異曲同工之妙。[15]

七月廿七日，國大主席團報告，是否應「分段」表決二讀修憲提案時？引發

11 謝瑞智，修憲春秋，增訂版（台北：文笙書局，民國八十三年十一月），頁一七四。
12 台北，自立早報，民國八十三年七月廿六日，版四。
13 台北，中央日報，民國八十三年七月廿八日，版四。
14 台北，自立早報，民國八十三年七月廿七日，版三。
15 台北，聯合報，民國八十三年七月廿八日，版二。

「僑民選舉總統」是否入憲之爭議？「松柏會」和僑選國代抗議國民黨國大黨團「暗示」部分黨籍國代，可「分段」表決總統直選條文的立場。而民進黨則和支持「分段」表決的國民黨國代「合流」。[16]就民進黨黨團所提出之動議，乃將國民黨版之總統直選與僑民選總統合併條文分成三段表決。另國民黨之國大次級團體「國大聯誼社」等則提出針對同一條文分成兩段表決的動議，兩者雖在分段上有不同，但在排除僑民選舉權上則是一致的。最後大會未能對「條項款」表決或「分段」表決做成任何結論。[17]到了廿八日中午十二點，大會才對修憲提案及其修正案展開逐條表決工作。至晚間九點四十五分，民進黨代表見大勢已去，宣布退席抗議。民進黨退出會場後，國民黨籍國代最後終以「僑居國外之中華民國自由地區人民選舉權之行使，以法律定之」，獲得共識，亦順利完成其他各條文的表決與二讀的程序，至廿九日凌晨三點廿分，終於完成三讀的修憲任務。

綜論修憲過程之中，朝野政黨互動所顯示最大的困境，在於彼此缺少交集，甚至修憲主張上南轅北轍，除了原住民之正名案較具共識，其餘各案雙方落差皆大，以致本質上，未曾開議即已蒙上陰影。再者，朝野政黨間，無法約束黨員建立以「說理代替動手」的民主精神，使得雙方無法平心靜氣面對程序上、憲法草案上的諸多不同意見。一方指責對方挾多數暴力，違反修憲程序；另一方指責對方少數暴力，違反議事精神。凡此導致民進黨不斷杯葛，一幕幕的「全武行」，破壞了國大形象，並在二讀時集體退席。國民黨則因爲二讀會後的下次會議主席團主席輪由民進黨籍代表任主席，故而漏夜完成三讀修憲程序。質言之，第三次修憲的過程中，無法體現憲政主義的民主、漸進、容忍、妥協及共識諸原理，對我國民主發展留下極待省思的一頁。

（二）從修憲內容面析論

第三次修憲在「內容」上，憲法增修條文具有如下特點：

1. 修憲體例特殊，造成嚴重程序瑕疵：

在第一、第二階段修憲時均採美式修憲「增修」方式，維持憲法原有條文不動，將修改條文列於本文之後。然而到了第三次修憲，卻將前兩次修憲所增修的十八條條文，加上本次新增內容，又重新調整爲十條條文，不同於美式「增修」原則。[18]整個修憲過程，並未依法定程序將原有十八項增修條文刪除，形成嚴重的程序瑕疵。[19]三次的修憲體例前後不一，再加上修憲後的體例亦與原憲法條文的簡潔形成對比，皆開世界修憲史之先例，殆無疑義。

2. 總統、副總統相關規定浮現若干憲政問題：

第三次修憲，主要是針對總統選舉方式，總統選舉方式採取公民直選，朝野政黨亦已有共識。憲法增修條文第二條第一項確立總統、副總統由人民直選，然而修憲後的總統、副總統選舉、罷免、彈劾以及職權亦有若干值得商榷之處：

---

16 台北，聯合報，民國八十三年七月廿八日，版二。

17 同上。

18 張治安，中國憲法及政府，增訂三版（台北：五南圖書出版公司，民國八十三年十月），頁一二五。

19 台北，聯合報，民國八十三年七月卅日，版二。

(1)相對多數原則易形成「少數總統」：依憲法增修條文第二條第一款，「總統、副總統候選人應聯名登記，在選票上同列一組圈選，以得票最多之一組爲當選。」此即採行「相對多數」而摒棄「絕對多數」方式。絕對多數者即須過半數，而相對多數者即以得票最高即宣告當選，毋需考量是否過半數。此兩種方式實各有利弊，以言絕對多數，有利於產生更具民意基礎的總統，但不利於社會成本，尤當參選總統、副總統組數過多，在第一輪中恐將難以產生絕對多數總統，或須參考採行類似法國「兩輪多數決」方式，勢將增加社會成本，再者，亦將使選舉激情時間延長，而少數政黨或將成爲關鍵少數的決定性因素。就相對多數言，雖產生方便，避免社會成本過高，免於社會激情持續過久，唯其缺點在於總統得票數較低，其民意基礎不若絕對多數產生者穩固，而形成「少數總統」。

(2)副總統缺位由國民大會補選，有違民選精神：依憲法增修條文第二條第七項規定：「副總統缺位時，由總統於三個月內提名候選人，召集國民大會補選，繼任至原任期屆滿爲止。」另增修條文第一條第三項第一款亦規定，國民大會之職權爲依增修條文第二條第七項之規定，補選副總統。唯從第九任總統、副總統選舉已由公民直選，則副總統缺位時亦將以民選爲宜，規定由國民大會補選，將與民選的精神相牴觸。

(3)總統、副總統罷免案須由國民大會提出，有違民主原理：依憲法增修條文第二條第九款規定：「總統、副總統之罷免案，須經國民大會代表總額四分之一之提議，三分之二之同意後提出，並經中華民國自由地區選舉人總額過半數之投票，有效票過半數同意罷免時，即爲通過。」亦即總統、副總統之罷免，應由國民大會提出通過，始得由全民行使罷免投票決定。若國民大會不予提出罷免案，或提出罷免案未達規定之國代四分之一提議，三分之二同意，則選民無以實施罷免案。依憲法修改後，總統、副總統已由國民大會選舉，改爲直接民選產生，則其罷免案之主控權亦應直接操之於全民，而非由國民大會代勞，此一做法有違民主精神。

(4)總統、副總統彈劾案實施方式，有欠妥當：依憲法增修條文第二條第十項規定：「監察院向國民大會提出之總統、副總統彈劾案，經國民大會代表總額三分之二同意時，被彈劾人應即解職。」另增修條文第六條第五項規定：「監察院對於總統、副總統之彈劾案，須經全體監察委員過半數之提議，全體監察委員三分之二以上之決議，向國民大會提出，不受憲法第一百條之限制。」亦即總統、副總統之彈劾，應由監察院通過後提出，交由國民大會行使同意權。事實上，憲法經三次修改後，監察委員產生方式已改變，彈劾案宜否仍由監察院提出不無疑問。原憲法規定，監察委員是由省、市議會選舉產生，故由監察院提出對總統彈劾，交由國民大會行使同意權尙屬合理。現今憲法增修條文規定監察委員是由總統提名，經國民大會同意任命（增修條文第六條第二項）。對總統之彈劾案卻由經總統提名之監察委員提出，殊値考量。

(5)總統職權擴張，趨向模糊不清的憲政體制：我國憲法有關中央政府體制之規定，原較具有濃厚的內閣制精神（亦非完全的內閣制），行政院與立法院分別爲國家最高行政與立法機關，行政院須向民選產生之立法院負責。行政院長擁有絕大多數行政權。總統所擁有者多爲國家元首權，其所具有之行政實權不多，如憲法卅六條「總統統率全國陸海空軍。」憲法五十五條：「行政院長由總統提名。」憲法四十四條：「總統對於院與院間之爭執，除本憲法有規定者外，得召集有關各院院長會商解決之。」另憲法四十三條之緊急命令權，須經行政院會議之決議行之。因之，依我國現行憲法之規定，總統概爲「統而不治」，行政院長爲「治而不統」。經過三次修憲，總統職權增加，卻未有相對制衡的設計，此一種缺乏權責平衡之憲政體制，更增添未來憲政發展的變數。

憲法增修條文所增加總統職權，嚴重改變原憲法精神者有二：①規定總統得設國家安全會議及所屬國家安全局。這兩個機構本爲動員戡亂時期臨時條款所設非常體制的產物，本當隨戡亂時期終止而予廢除，卻未料隨著回歸憲法與修憲之際，予以「就地合法」，明顯破壞原憲法中總統與行政院長之既存關係。且增修條文中所謂「總統爲決定國家安全有關大政方針，得設國家安全會議及所屬國家安全局，其組織以法律定之。」然則，何謂「國家安全」？又何謂「有關大政方針」？關於總統權力之規定，見諸憲法卅五條至四十四條，均採列舉主義，現卻陡然授予總統如此多超越憲法的權力，甚至形同發交了一張空白的權力支票。另國安會之組織法，無論將國安會定位爲決策機構或諮詢機構，而以總統爲主席，行政院長爲「第二副主席」之設計，不僅破壞憲法上最高行政決策權的規定，且此一「太上行政院」造成有權者（總統）無責（無須對立院負責），有責者（行政院長）無權。②總統在政府五院中擁有四院的人事提名權。原憲法僅規定行政院長由總統提名，經立法院同意任命。憲法增修條文第四條、第五條、第六條，將司法院院長、副院長、大法官、考試院院長、副院長、考試委員、監察院院長、副院長、監察委員，均規定由總統提名，經國民大會同意任命之。此一提名權賦予總統更廣闊的政治影響力。以言監察院職司風憲，且賦有對總統彈劾之權，然而經總統提名之監察委員，與總統關係絕非陌路，欲以之彈劾總統顯非至當。另大法官、考試委員均應一本至公，執行憲法規定執掌，今以總統提名，反有人情之嫌。實則司法院、考試院、監察院相關人員宜由中央民意機關，以所需具備條件加倍提名，並以多數決選舉產生，更能凸顯司法院、考試院、監察院等機關所應具有之公正、無私特性，並獲全民信賴，且可摒除「國王人馬」之譏。

憲法增修條文一方面將總統職權擴張，另一方面建立總統直選機制，使一股銳不可當的民粹政治的空間更形擴張。然而憲法明定行政院長是最高行政首長，向立法院負責，面對民選且職權不斷擴張的總統，中央政府體制的走向將使憲政發展更趨模糊，亦將危及憲法的根本。

3. 國大職權增加與組織常設化，形成「雙國會」走向：

依憲法增修條文第一條第二項規定國民大會的職權，包括：補選副總统，提出總统、副總統罷免案，議決監察院提出之總統、副總統彈劾案，修改憲法，複決立法院所提之憲法修正案，對總統提名任命之人員行使同意權。增修條文第一條第五項規定：「國民大會集會時，得聽取總統國情報告，並檢討國是，提供建言。」同條第九項並規定：「國民大會行使職權之程序，由國民大會定之。」且不受立法院之立法規範。

除了職權擴張，國大亦邁向常設化、制度化。增修條文第一條第八項規定：「國民大會自第三屆國民大會起，設議長、副議長各一人，由國民大會代表互選之，議長對外代表國民大會並於開會時主持會議。」這使國大成爲常設化的「第二國會」，亦使「雙國會」發展趨勢更爲顯著。然而「對立法院負責的行政院長」與「向國民大會做國情報告的總統」僅是開啓憲政體制複雜難解的開端。隨著國民大會行使職權之程序，由國民大會本身定之，不受立法院之立法規範，往後國民大會若自行立法恢復創制、複決兩權，則更將在「立法」權方面形成「不平衡」的兩國會；蓋立法院制定法律，國民大會有複決權，而立法院未制定者，國民大會可運用創制權立法。質言之，第三次修憲確立國大常設化、制度化，以及職權的增加，一方面已形成雙國會走向，另一方面更爲往後憲政體制的複雜性、衝突性發展形成困擾。

4. 行政院職權的減縮：

憲法增修條文第二條第二項：「總統發布依憲法經國民大會或立法院同意任命人員之任免命令，無須行政院長副署，不適用憲法第三十七條之規定；行政院院長之免職命令，須新提名之行政院院長經立法院同意後生效」此一規定，破壞了原憲法第三十七條所寓含之「責任內閣制」精神，混淆了憲政主義所強調的「權責相符理念」，變成權責不清的「總統有權、內閣負責制」。此一限制行政院長副署權非爲憲政的成長，實乃憲政主義權責理念的逆退。

四、第三次修憲小結

綜觀第三次修憲，無論在過程上或內容上，均爲我國民主憲政發展史上留下諸多可議之處。修憲過程中，朝野政黨歧見未能達成共識，不斷的杯葛、武打場面，最後在野黨退出國大臨時會，不肯參與修憲工作，成爲執政黨一黨主導修憲的局面，而執政黨的修憲未能顧及程序正義原則，造成修憲過程充滿瑕疵。就修憲內涵而言，總統與國民大會權力增加，且因總統於第三次修憲已改由人民直接選舉產生，更使今後總統權力的擴增在理論上有所依據。國民大會的常設化與職權增加，亦使未來國民大會功能、地位更明確。「雙行政首長」與「雙國會」的形成，增加總統與行政院長，國民大會與立法院之間職權分際的不明確和困擾，亦將導致我國中央政府體制出現微妙的轉變，此一發展趨勢，對「憲政精神」的精義將產生不利的影響。

第八章　國家發展會議

民國八十五年十二月召開的「國家發展會議」〈以下簡稱「國發會」〉，共有 170 位代表參加，包括各個黨派及專家學者。國發會的結果，直接影響及於民國八十六年五月的第三屆國民大會第二次會議之「第四次修憲」，故而國發會的重要性可見。

一、國發會召開的緣起

國發會的召開，原因包括：1.李登輝總統在其第九任就職演說的政治宣示。2.國民黨企圖配合民選總統，擴大總統的憲法職權。3.為李登輝總統本身造成的憲法爭議，尋求行政、立法之憲政僵局解套。4.「凍省」與「廢宋」的結合

〈一〉李總統的政治宣示

李登輝總統於民國八十五年五月二十日，發表中民國第九任總統就職演說時表示：

> 「民之所欲，常在我心」，登輝對全國同胞的的需求，有充分的領會，也一定會全力以赴，達成付託。然而，影響國家發展深遠的重大政策，不是由一個人或一個政黨就可以決定。因此，登輝將儘快責成政府，針對國家未來發展的重要課題廣邀各界意見領袖與代表，共商大計，建立共識，開創國家新局。

固有謂國發會「不僅是李總統就職諾言的落實，也是李總統廓然大公、廣蒐民意、察納雅言、擴大參與，推動全民民主政治的具體實踐。」[1]然而，觀之國發會有關憲政體制之共識，以及國民黨、民進黨高層之默契，則國發會召開之背景因素，應不止於李總統的就職宣誓與單純原因，以下數點則為國發會之重要動力。

〈二〉配合民選總統，擴大總統的憲法職權

民國八十年以來的歷次修憲，在中央體制的走向，顯然未順應臨時條款的廢止，迅即回歸中華民國原憲法的設計之中。由於總統權力的擴大，破壞了原憲法的體制精神，對於憲政的成長與變遷造成了重大的損傷，也使修憲後反成治絲益棼。主政者如何有計畫地以修憲之步驟，逐步造成原憲法中央體制精神的改變？析而論之，其過程如下：

1.第一步：先在「程序修憲」中暗渡陳倉，將本該隨戡亂時期終止的「動員戡亂機構」— 國家安全會議、國家安全局、行政院人事行政局，予以就地合法。如同發交總統一張空白權力支票，形成不是「回歸憲法」，而是「回歸臨時條款」。原本之「違章建築」，反而以鋼筋水泥鞏固之。

2.第二步：以「主權在民」之堂皇理由，推行總統公民直選。名為「小幅修

[1] 饒穎奇，「召開『國家發展會議』的時代意義」，政策月刊，第二十二期，一九九六年十二月，頁一。

憲」，以安定民心，實則爲下一步之總統擴權預留伏筆。此時，李登輝領導國民黨在宣傳「總統公民直選」當中，刻意忽略兩項重要事實：〈1〉國家元首產生的方式，一定要與該國憲政設計一併考量；亦即我國憲法原較傾向於內閣制的設計，總統爲「統而不治」、行政院長爲「治而不統」。總統的職權大多爲元首權，或必須行政院長副署〈如看似總統實權的「統帥權」、「緊急命令權」等，都必須以「總統命令」方式表達，此時，依憲法規定，總統「依法公佈法律、發布命令，須經行政院長之副署」，始生效力。〉。總統並無太多行政實權下，有無直接選舉之必要殊值檢討。質言之，如果憲法中賦予總統實權多，則自當人民直選毫無疑異；反之，憲法賦予總統實權不多，則間接選舉亦甚恰當，否則正是「天下本無事，庸人自擾之」，多事的紛擾，自此展開。〈2〉誤導「讓老百姓直接投票選舉國家元首，才是『主權在民』，才是『民主』。」英國是老牌民主國家，其國家元首是女王，何嘗民選過？日本的國家元首是天皇，又何來民選？無人否定英國、日本爲民主國家，是主權在民。蓋以英、日元首用於對內象徵國家統一，對外代表國家，實際行政大權掌握在內閣首相之手。我國憲法體制有云：「總統統而不治，行政院長治而不統」。在我國憲法顯非總統制之下，將「總統直選」納入憲法增修條文，而以「民主」、「主權在民」標榜，有其宣傳效果，但就法論法，殊非得宜。

3.第三步：果不其然的在公民直選總統後，李登輝背後隱藏的圖謀終於浮出檯面，他的國民黨宣傳媒體此時大力放送：『民選的總統，如果沒有足夠的權力來實現承諾，等於是詐欺選民。』，『總統權力不足，不符合民選總統客觀具備的實質權力能量。』[2]更有謂：[3]

> 經過上一次憲改後，總統直接民選，不但中華民國的國際地位躍居民主先進國家之列，而且主權在民實施的結果，我們選出的已不可能是一位虛位的元首。在這種情況下，還主張實施內閣制，就不符合國情，也不可能受到國民的認同，而且，直選的總統應該有更多職權，莫須有的攻擊是不對的。

民國八十五年八月九日，國民黨國大黨團法政小組副召集人謝瑞智與黨政關係會副主任蔡重吉領銜提出「總統制」修憲案，明定總統爲國家元首及行政首長，主持國務會議。

實則，選民選的是憲法上的總統，當選人之前也從未以「修憲擴張總統權力」作爲競選訴求，怎能倒過來說，不修憲擴權，便是詐欺選民？更何況李登輝過去以「小幅修憲」安定民心，在「分期付款」式的修憲擴權下逐步進行，則是詐欺選民於無形的策略。正因政治人物爲擴權，不惜蠶食鯨吞憲法，漠視憲政精神，這是國家邁向民主道路的危機。

唯主政者亦了解到，前三次修憲陸續將「國安會」、「國安局」就地合法，並確定總統公民直選，事實上並沒有改變我國憲法中傾向內閣制的設計。就前者而言，「國安會」雖納入總統府組織之下，不僅規定『總統爲決定國家安全有關

---

[2] 台北，中央日報，民國八十六年五月二十三日，版二。
[3] 黃主文，「改良式混合制，最符我國情」，台北，中央日報，民國八十六年六月六日，版一。

大政方針，得設國家安全會議及所屬國家安全局・・・』陡然授與總統如此多超越憲法的權力，甚至形同發交了一張政治空白權力支票。尤有甚者，在國安會組織法中，將行政院長做爲「第二副主席」的設計，破壞了憲法上最高行政決策權的規定，形成有權者〈總統〉無責〈無須對立法院負責〉，有責者〈行政院長〉無權。然而就原憲設計中，行政院長爲最高行政機關之行政首長，今假設總統、行政院長分屬甲、乙兩不同的政黨〈因如果立法院中乙黨佔多數，則甲黨總統勢須提名乙黨行政院長人選才有可能通過立法院同意權之行使。〉這時，乙黨行政院長對甲黨總統主持之國安會，或藉故不出席國安會，或對甲黨總統已決議批准之國安會事項，在行政院會議中批以「再深入審慎研議」之橡皮釘子，將之束於高閣，則總統亦莫可奈何。職是之故，李登輝領導的國民黨，深知欲增加總統實質上的權力，並呼應前述「民選總統，應有更大權力」，則透過國發會以取得下一次之第四次修憲中，總統「應有」之實權的「共識」，乃刻不容緩。

〈三〉爲行政、立法之憲政僵局解套

李登輝於民國八十五年二月二十三日，競選第九屆總統的記者會上，介紹他的競選搭檔副總統提名人連戰〈時任行政院長〉，並明確宣示：『連戰選上副總統後，就不再當行政院長了・・・』，然而李連高票當選第九屆總統大選後，這時新選出來的第三屆立法院政治生態丕變，國民黨勉強過半，但實屬不穩定的多數；益以國民黨中生代〈連戰、宋楚瑜、吳伯雄、林洋港、邱創煥等〉卡位戰情勢嚴重，無論提名何人爲行政院長，恐將無法獲得全部黨籍立委的支持，如此將難以獲得立院之同意過關。李登輝總統乃於民國八十五年六月五日在主持國民黨中常會上，表示由副總統續任閣揆，有助於「政局之穩定」，並可使「重大施政持續辦理」。

李氏對第八任行政院長連戰因「第八任總統與第九任的體制轉換」之際，所提出對第八任總統李登輝的行政院總辭公文，本應於第八任總統任內審閱批示完成。卻留待新當選第九任總統之際，將第八任行政院長連戰「總辭」公文，批復如次：『所請辭去行政院長職務，著毋庸議，至行政院副院長、各部會首長及不管部會之政務委員呈請辭職一節，請衡酌報核。』[4]

李登輝在閣揆任命案上或以黨內人選之困難，或以不敢面對第三屆立法院之民意考驗，乃搬出封建威權時代的「『著』[5]毋庸議」，不僅有時光錯置之感，且徒然成爲憲政史上的可議。李登輝的直接命令了一個行政院長，違反了憲法規定總統只有閣揆同意權，剝奪了立法院立法委員閣揆同意權之行使，遭到立法院強烈杯葛。行政院長連戰，及其閣員，連續兩個會期無法進入立法院群賢樓，出席立法院之院會。一時之間，形成朝野對峙之憲政僵局。

李氏之作爲，明顯有悖憲政體制，且產生兩個憲法爭議：一者，總統行將改選，行政院長提出總辭，後任總統可否逕予「著毋庸議」的「任命」一位行政院

4 「李登輝宣布連戰續兼閣揆」，台北，聯合報，民國八十五年六月六日，版一。
5 「『著』毋庸議」之『著』字，乃封建時代官文書用語，用字非常霸氣，即「命令」之意。古時皇帝批示：「著即押解進京」、「著即就地正法」。

長，而剝奪憲法賦予立委的閣揆同意權？二者，副總統可否兼任行政院長？立法委員就之並提請司法院大法官會議解釋。[6]立法院院會於八十五年六月十二日，以 80：65 的票數通過「咨請總統重新提名行政院長，並咨請立法院行使同意權案。[7]

由李登輝引發的兩個重大憲政爭議，司法院大法官會議在舉行一連串之公聽會，[8]並於八十五年十二月三十一日在萬方企盼下，公布了「釋字第四一九號解釋」。[9]此一解釋包括三大部分：

1. 副總統得否兼任行政院長憲法並無明文規定，副總統與行政院長二者職務性質亦非顯不相容。為此項兼任如遇總統缺位或不能視事時，將影響憲法所規定繼任或代行職務之設計，與憲法設置副總統及行政院長職位分由不同之人擔任之本旨未盡相符。引發本件解釋之事實，應依上開解釋意旨為適當之處理。

2. 行政院長於新任總統就職時提出總辭，係基於尊重國家元首所為之禮貌性辭職，並非其憲法之義務。對於行政院長非憲法上義務之辭職應如何處理，乃總統之裁量權限，為學理上所稱統治行為之一種，非本院應作合憲性審查之事項。

3. 依憲法之規定，向立法院負責者為行政院，立法院除憲法所規定之事項外，並無決議要求總統為一定行為或不為一定行為之權限。故立法院於中華民國八十五年六月十一日所為「咨請總統重新提名行政院長，並咨請立法院同意」之決議，逾越憲法所定立法院之職權，僅屬建議性質，對總統並無憲法上之拘束力。

此一解釋公佈之後，各方都以己之立場，選擇性的取有利於己之部分。民進黨、新黨以解釋文之「與・・・未盡相符」，表示未盡相符就是不相符，不相符就是違憲。只是大法官不好打總統一巴掌，而為含蓄之說辭。總統府高層、國民黨則稱：『沒有說是違憲，就不是違憲，就是合憲。』[10]然依學理、法理之經驗法則，大法官釋憲應只問「合不合憲」，不問「合不合適」。[11]亦即大法官應在解釋文中，明確指出「合憲」抑或「違憲」，再於其後以文字闡釋之。並不宜以「創造性模糊」，造成各說各話。吾人以為，由李登輝總統「著毋庸議」引發之憲政問題，實包涵兩個憲法爭議：一是，總統改選，行政院長需不需要總辭？新任總統可否片面慰留，而不提名行政院長人選，送立法院行使同意權？二是，行

[6] 「總統可否慰留閣揆，六十二位立委連署聲請解釋」，台北，聯合報，民國八十五年五月三十一日，版二。

[7] 台北，中國時報，民國八十五年六月十三日，版一。

[8] 「副總統能否兼任閣揆，司法院下月舉行公聽會」，台北，聯合報，民國八十五年六月二十二日，版二。「副總統可否兼任行政院長釋憲審查會」，台北，聯合報，民國八十五年七月二十三日，版二。「總辭提名，可否著毋庸議，釋憲案昨再論戰」，台北，聯合報，民國八十五年七月三十日，版四。

[9] 司法院公報第三十九卷第一期，民國八十六年一月，頁二九以下。

[10] 「總統府：沒說違憲，就是合憲」，聯合晚報，民國八十五年十二月三十一日，版二。

[11] 台北，聯合報，民國八十五年九月二十二日，版二。

政院長可否由副總統兼任？

1. 總統改選，行政院長需不需要總辭？新任總統可否片面慰留，而不提名行政院長人選，送立法院行使同意權？

依據執政的國民黨看法，其以三月份時，行政院長已經第三屆立法院行使同意權，總統既未提新人，何必重新行使？當然可以「著毋庸議」。益以大法官釋字第三八七號解釋，只要求行政院在立法院改選時總辭以示負責。至於總統或大法官會議，並未規定必須行使閣揆同意權，所以連戰續任閣揆如再經一次同意權的行使，似爲多此一舉。然此一說法與前述「四一九號解釋」之內容，其實都有著疑義，說明如下：

〈1〉基本上，我國原憲法中央體制傾向內閣制，殆無疑義。在此一制度安排下，閣揆的產生程序中，總統的提名權是「虛權」，立法院的同意權才是「實權」。因此，對於連戰內閣既已提出總辭，總統也就不應具有裁決可否的「實權」，更何況總統慰留的連戰是已入府的副總統，在「職位」上已非原先的連戰〈雖然是同一人〉。立法院不僅擁有同意權的「實權」，加上行政院對立法院負責的情形下，李登輝的「著毋庸議」，正是大有可議。

〈2〉進一步必須了解的是，連戰爲何要再提總辭？原因無他，正因連戰是由三月份時第八任總統李登輝所提名，連戰爲彰顯行政院長對未來第九任總統人事「提名權」的尊重而提出總辭。連戰的辭職絕非爲「李登輝」個人而來，而係對於「第八任總統與第九任總統的體制轉換」所做的回應。同樣的，「第九任總統」面對總辭案，並非單方面就有批示「慰留」的權利。道理很清楚，假設第九任總統不是「李登輝」，而是「林洋港」或「彭明敏」，彭、林可否逕予「批示慰留」，而排除憲法的程序，由總統直接慰留「任命」行政院長，而不送立法院行使同意權？

〈3〉如謂「立法院仍是第三屆立委；總統仍是李登輝；行政院長仍是連戰，因之李登輝批以「著毋庸議」並無不妥，這當中則是充滿諷刺意味的政治弔詭。因爲，此其中的李登輝已是「第八任總統」的李登輝，到「第九任總統」的李登輝；連戰已是從「行政院長」，到「副總統兼行政院長」的連戰；相對於「總統」、「行政院長」的換屆改變，則立法院已是由第八屆總統互動的第三屆立法院，到與第九屆總統互動的第三屆立法院。憲法中對於任命閣揆的程序是整套的機制，總統的提名與立法院的同意是爲一體。因之，連戰提出總辭，即是對第八任總統提名表達法理上的辭退，亦是包含對第三屆立法院同意表達法理上的辭退，這絕非僅如「釋字四一九號」之「係基於尊重國家元首所爲之禮貌性辭職」而已。

2.行政院長可否由副總統兼任？

釋字四一九號以憲法並未限制「副總統不可兼任行政院長」的條文，亦即副總統兼任行政院長乃「非屬不相容」。然而，值得注意的是，憲法未禁止，是否副總統就可兼任行政院長？從我國憲法精神來看，顯非如此，且釋字四一九號前後有其矛盾存在。茲論析如下：

〈1〉我國自行憲以來，有兩次副總統兼行政院長的情形，一次是民國四十九年，行政院長陳誠於任內當選爲第三屆副總統，陳誠於第二屆總統任期屆滿前總辭，經第三屆總統批復仍繼續兼任行政院長。另一次是民國五十五年，行政院長嚴家淦於任內當選第四屆副總統，嚴家淦亦於第三屆總統任期屆滿前，循例總辭，經第四屆總統批復仍續任行政院長。我國第三、第四屆總統均是蔣中正。以上陳誠、嚴家淦之「前例」；一則，因當時仍屬威權時期，實不足以援引比附；再則，李登輝常以「民主」是尙，並在國民黨的研究報告指稱：蔣中正時代是「硬性威權」，蔣經國時代是「軟性威權」，李登輝時代是「民主政治」，既以民主自許，行事卻走回頭路，豈其真實心態若此？

〈2〉我國憲法第四十九條規定：「總統缺位時，由副總統繼任，至總統任期屆滿爲止。總統、副總統均缺位時，由行政院長代行其職權・・・總統因故不能視事時，由副總統代行其職權。總統副總統均不能視事時，由行政院長代行其職權。」從憲法條文設計之政府架構，副總統與行政院長是由兩人來擔任不同職位非常明確。今以連戰副總統兼行政院長，已牴觸憲法第四十九條之精神。且釋字四一九號在說明時，亦犯矛盾之嫌；其以「惟此項兼任如遇總統缺位・・・之本旨未盡相符。」既是「未盡相符」，則係違憲至明，如何能有「非顯不相容」云云。

〈3〉依憲法第四十九條，副總統是「備位元首」；另依憲法第五十三條、第五十八條之規定，行政院長是國家最高行政機關首長，掌握國家政治實權。依權力分立制度的精神，副總統與行政院長是兩項不同職位，且兩者性質迥然不同，除非憲法四十九條之缺位「特殊」狀態，在正常狀態副總統與行政院長實不得互兼。

〈4〉我國原憲精神傾向於內閣制的精神。依憲法第三十五條至四十四條條文觀之，總統、副總統本質並無過大之行政實權，且未因總統直選而改變。由虛位的副總統來擔任具有實權的行政院長，實有違憲之議。概以立法院可以監督行政院長，卻監督不到副總統。當副總統與行政院長同一人兼任時，彼此的權力關係也隨之混淆不清：一則，「副總統兼行政院長」時，行政院長已非憲法明定的最高首長，反成爲「總統的執行長」，此時「權責不相符」隨即出現，亦即有權者〈總統〉無責 — 躲在後面操控，不須對立院負責；有責者〈行政院長〉無權。再則，「副總統兼行政院長」時，總統一旦出缺，副總統擔任總統，總統可否兼任行政院長？總統可否出席立法院會接受質詢？〈憲法四十九條之「繼任」或「代理」機制，是憲法「唯一」准許行政院長「代理」總統的特殊狀況，且「代理」以三個月爲限。〉綜合言之，副總統兼任行政院長，雖然憲法沒有明文規定禁止，但從相關憲法法條、法理分析，這應屬「省略規定」，如由副總統兼任行政院長實有違憲之議。

李登輝以「著毋庸議」所引發之憲政問題，涉及我國憲法有關國家組織法的根本問題，其實踐涉及到我國民主政治的理性體認的程度。[12]雖經大法官會議釋

---

[12] 李惠宗，「國家組織法的憲法解釋 — 兼評司法院大法官會議釋字三八七與四一九號解釋」，台大法學論叢，第二十六卷第四期，民國八十六年七月，頁十五。

字第四一九號解釋，然以該解釋之「創造性模糊」，內容充滿矛盾、粗糙，解釋的遮遮掩掩，實難杜天下悠悠之口。李氏「著毋庸議」違憲之虞，又無法以釋憲平息之。面對輿論、學術界的責難與要求，請其依憲法條文：重新提名行政院長人選，送立法院行使同意權。然李登輝堅不認錯，其釜底抽薪之道，索性將立法院「同意權」拿掉，如此天下將無可議論。故而國發會及其後之第四次修憲，李登輝真正的第一用意：必將立院閣揆同意權刪除，行政院長由總統直接任命。證之以民國八十六年六月間第四次修憲，國民黨、民進黨第四次協商破裂之際，國民黨籍的學者代表柯三吉情急之下，乃脫口說出「救救李總統」，輿論亦有此乃「肺腑之言」，突顯出國發會、第四次修憲工作的荒腔走板。[13]

〈四〉凍省與廢宋的結合

自從民國八十三年七月七、八兩日，立法院三讀通過「省縣自治法」、「直轄市自治法」，將台灣省自光復四十餘年來，試行之「半自治」、「畸形跛腳的自治」，得由這兩項立法的完成，在法制與實務層面，擺脫原來「台灣省各縣市實施地方自治綱要」等行政命令形式，從此確立各級地方政府的自治地位。特別是將四十多年來，僅限於縣市以下的試行自治，提升到憲政體系，從中央到地方完整的憲政分際與自治運作。根據上述法規，民國八十三年十二月二日舉行了行憲以來，台灣地區首次的台灣省長，與改制後首次北、高兩市市長選舉。台灣省長選舉，共有五位候選人，國民黨籍宋楚瑜以得票率 56.22%高票當選。這在本書第四章第四節有詳盡論述。

國發會的召開，與其後的第四次修憲，有一個非常重要的背景因素，那就是「第三屆國大代表所顯示的政治生態丕變」：當民國八十五年第三屆國大代表選舉產生，在全部的 334 席中，國民黨僅佔 185 席，亦即二分之一多 10 席，不足修憲所需之三分之二出席，四分之三同意之數額，這在李登輝欲以國民黨一黨之力，獨力「刪除閣揆同意權」，顯然力有未逮，而需結合民進黨之力，始能順利完成修憲。「凍省」即成爲李登輝與民進黨主席許信良談修憲條件之有力籌碼。這對國民黨而言，不僅以「凍省」換得民進黨之合作，「凍省」亦是將李登輝爲其接班人連戰，掃除政治舞台的勁敵 — 台灣省長宋楚瑜，重要的一步棋。

宋楚瑜當選第一屆民選省長之後，一般輿論皆以宋勤政愛民，勇於解決民生疾苦，聲譽日隆，而有省與中央閒隙產生。民進黨亦有所盤算。[14]國發會前之分區座談會，國民黨高層就已經將矛頭指向宋楚瑜，以及宋楚瑜的政治舞台〈台灣省政府〉，各項座談中充斥著「凍省」〈或稱「廢省」、「精簡省府層級」等〉，不一而足。證之以國發會當中國民黨、民進黨高層之共同默契，一拍即合，不難證明「凍省」與「廢宋」實際是藉著國發會之召開，凝聚國民黨、民進黨兩黨之共識，達成其後「第四次修憲」順利進行的保證。

就國民黨而言，凍省與廢宋有其潛在因素；一則，宋楚瑜親民形象，使其展現高度親和力，而其廣結善緣、普遍扎根、廣泛之人脈非連戰所能企及，宋楚瑜

[13] 「修憲盤整待變」，台北，自立晚報，民國八十六年六月二十二日，版三。

[14] 朱諶，憲政分權理論及其制度〈台北：五南圖書公司，民國八十五年一月〉，頁八六四-八六五。

「功高震主」之鋒芒畢露。當時之總統府秘書室主任蘇志誠即直指宋不甘心做老三，想要做老二。而宋對中央結合民進黨的凍省情勢亦莫可奈何，只有在自家省議會質詢時答覆表示，應有運動家精神，「不可以跑的比人慢，就把別人的腿打斷。」二則，中華民國所轄自由地區，扣除北、高兩個直轄市、福建省金門縣、連江縣而外，均屬台灣省政府範圍，台灣省下轄 319 鄉、鎮、市，加上省屬機關、行庫等，力量驚人，動員能量相當可觀。三則，宋省長常爲省政建設之經費問題，提高分貝，甚至砲轟中央，指名財政部長等下台云云，這些都直接、間接影響省與中央之良性互動。

就民進黨而言，「台灣共和國」的理念下，有「台灣國」，就不好有「台灣省」，因而廢省的主張，基本是民進黨的共識。李登輝亦知民進黨廢省之心切，乃擬以刪除立法院之閣揆同意權，交換民進黨所欲達成之廢省。兩黨高層一拍即合。民進黨相當明白，「凍結省級選舉」，可以說是在國發會召開前，兩黨就有的共識。國民黨方面在正式場合中，必須藉著民進黨的力量，來達成彼此之目標。唯國民黨因內部仍有不同的意見，國民黨高層乃以迂迴方式之「精簡省府層級」柔性字眼爲訴求，而由民進黨「廢省喊的辣一點、大聲一點」，兩黨互唱雙簧，攜手合作，藉體制外的「國發會」運作，達成下一步「第四次修憲」的目標。

綜言之，國民黨「茶壺裡的風暴」透過國發會而白熱化，浮出檯面。國發會甫經開始，行政體系重量級人物都跳出來主張凍結「省」之層級，隨即召來省府點名批判。這是行政院長連戰、台灣省長宋楚瑜，兩位最具實力中生代的兩個山頭的爭奪戰，此一政治衝突，結合反對黨之因素，正顯示「凍省」與「廢宋」乃是國發會重要之觸媒與誘因。

二、國發會召開的過程

〈一〉籌備委員會的成立與運作

李登輝總統於民國八十五年五月二十日就職演說中，表示將儘快責成政府，針對國家未來發展的重要課題，廣邀各界意見領袖與代表，共商大計，建立共識，開創國家新局。總統府爰規劃辦理該項會議。並於同年八月十七日成立會議籌備前置工作小組，進行先前規劃作業。八月二十九日經總統簽奉核定會議名稱爲「國家發展會議」。[15]

爲使國發會順利召開，決定成立籌備委員會，主要任務爲確立會議議題、薦審出席人員及其他籌備有關事宜。籌備委員會置召集人 1 名，副召集人 3 名，籌備委員 29 名；幕僚單位編組則以執行長爲首，並置副執行長若干人，秘書處設議事、新聞、秘書、警衛交通、總務、會計 6 組。[16]

國發會籌備委員會名單於十月三日，經李登輝總統與相關人員商議後定案。籌備會召集人由副總統兼行政院長連戰擔任，3 位副召集人是國民黨籍立委蕭萬

[15] 國家發展會議秘書處編，國家發展會議實錄〈台北：國家發展會議秘書處，民國八十六年五月〉，頁七八四。

[16] 同上。

長、民進黨籍立委張俊宏、新黨立委李慶華。29 位籌備委員：[17]

1. 政黨代表〈6 人〉：國民黨籍饒穎奇、黃主文；民進黨籍尤清、邱義仁；新黨籍周陽山、賴士葆。
2. 民意機關代表〈5 人〉：國民大會副議長謝隆盛、立法院副院長王金平、台灣省議會議長劉炳偉、台北市議會議長陳建治、高雄市議會議長陳田錨。
3. 政府機關代表〈5 人〉：總統府秘書長黃昆輝、行政院副院長徐立德、台灣省政府副省長吳容明、台北市政府副市長陳師孟、高雄市政府副市長黃俊英。
4. 相關部會首長〈5 人〉：內政部長林豐正、外交部長章孝嚴、經濟部長王志剛、經濟建設委員會主委江丙坤、大陸委員會主委張京育。
5. 學術界及各界代表〈8 人〉：田弘茂〈國家政策研究中心主任、國策顧問〉、謝瑞智〈台灣師範大學教授、國大代表〉、黃天麟〈第一商銀董事長〉、曹興誠〈聯電董事長、國策顧問〉、辜振甫〈海峽交流基金會董事長、資政〉、翁松燃〈國家統一委員會研究委員、香港中文大學教授〉、王效蘭〈民生報發行人〉、賴浩敏〈中央選舉委員會委員、律師〉。

此外，李總統也核定總統府秘書長黃昆輝為籌備委員會執行長，行政院秘書長趙守博、行政院研考會主委黃大洲、總統府副秘書長陳錫藩、黃正雄等 4 人為副執行長。

國發會籌備會於十月十一日舉行首次會議，研討國發會討論提綱及未來舉行分區座談會和專題討論方式。國發會三大議題為：「憲政體制與政黨政治」、「經濟發展」、「兩岸關係」。並確定國發會於十二月二十三日至二十八日，在台北國際會議中心召開 6 天。[18]

國發會籌備會於十月二十三日舉行第二次會議，決議事項為：[19]

1. 為期擴大參與，決定自八十五年十一月一日起至十一月二十四日止，分別舉行專題討論會與分區座談會。
2. 三大議題及十六項子題之確定。
3. 出席名額由原來的 150 名增加到 170 名。除召集人、副召集人、及籌備委員 33 人為當然成員外，尚有 137 個名額，分配如下：〈1〉政黨代表：30 名[20]。國民黨、民進黨、新黨比例為 4：3：2；〈2〉各級民代：30 名。[21]

---

[17] 見國家發展會議秘書處編，國家發展會議實錄。或台北，聯合報，民國八十五年十月五日，版二。

[18] 見國家發展會議秘書處編，國家發展會議實錄。或台北，中國時報，民國八十五年十月十二日，版二。

[19] 高雄，民眾日報，民國八十五年十月二十四日，版三。

[20] 政黨代表：許文志、曾永權、鄭逢時、林志嘉、黃輝珍、陳博志、莊隆昌、黃昭順、廖風德、黃耀羽、王能章、蔡璧煌、丁守中。〈以上國民黨籍〉周伯倫、范振宗、姚嘉文、謝長廷、吳乃仁、陳文茜、余政憲、陳忠信、蔡同榮。〈以上民進黨籍〉郁慕明、曲兆祥、李炳南、朱高正、林郁方、周荃、賴來焜。〈以上新黨籍〉

[21] 各級民意代表：荊知仁、許再恩、彭錦鵬、張福興、高育仁、洪玉欽、洪昭男、蘇南成、李復興、洪秀柱、朱新民、陳雪芬。〈以上國民黨籍〉王世勛、李文忠、沈富雄、周清玉、卓榮泰、張川田、湯金全、蔡式淵、盧修一。〈以上民進黨籍〉傅崑成、楊泰順、姚立明、李炷烽、

國民黨、民進黨、新黨及無黨籍依 4：3：2：1 推薦產生。〈3〉學者專家與社會賢達共 40 名[22]，由籌委會推薦或社會各界自薦，再交由 5 人小組遴薦後，交籌備會核定。〈4〉行政人員 17 名[23]。〈5〉總統指定 20 名[24]。

十一月十六日國發會籌委會在台北賓館舉行第三次會議，由召集人連戰主持，會中通過 117 位政黨、民意、行政、學者專家、社會賢達、無黨籍代表的出席名單，名單送李總統後，李總統再另行指定 20 位代表，連同籌委會的 33 位人士，組成了國發會 170 人的出席名單。

〈二〉民間國發會的對抗

隨著政府國發會的推動，在野獨派人士也醞釀籌備「台灣國家發展會議」與之打對台。十一月一日，建國會會長彭明敏以個人名義邀請民進黨籍立委：陳永興、葉菊蘭、蘇嘉全、彭百顯、沈富雄、黃爾璇、李應元、張俊雄、李進勇、謝聰敏、陳定南等 11 名，台獨聯盟前後任主席張燦鍙、黃昭堂、中央委員許世楷，以及台教會秘書長曾明哲、陳儀深，榮興企業董事長辜寬敏等聚會，會中對國發會之議題、代表性等提出質疑。十一月三日，建國會執行長黃宗樂即根據前日共識，邀集學者李鴻禧、管碧玲、陳儀深、林向愷、陳春生、陳國雄等商議，初步決定十二月中旬舉辦一場名為：『台灣國家發展會議』的獨派討論會。

由建國會主辦的『台灣國家發展會議』搶先於十二月十四日、十五日於國際會議中心，召開為期兩天的民間國發會，開幕式由彭明敏擔任主持人，並邀請民進黨主席許信良、建國黨主席李鎮源致詞。期間四大議題之討論分別如下：

1.「憲政改革與國家定位」議題：十四日上午舉行，主持人是李鴻禧；子題及報告人分別為：〈1〉制新憲確認台灣「事實國家」〈管碧玲〉。〈2〉以權責分明的總統制建構台灣的中央政府體制〈黃昭元〉。〈3〉單一國會〈陳儀深〉。〈4〉地方自治 — 廢省〈許志雄〉。〈5〉政黨與國家發展〈蔡茂寅〉。特約討論人為：許慶雄、張俊雄。
2.「台、中關係與國家安全」議題：十四日上午舉行，主持人是黃昭堂；子題及報告人分別為：〈1〉中國政策與台灣安全國際化〈陳少廷〉。〈2〉台灣的國家安全〈許世楷〉。〈3〉台灣對中國經貿交流應有的態度〈王塗發〉。
3.「經濟發展與生態環境」議題：十五日上午舉行，主持人是陳定南；子題及報告人分別為：〈1〉為台灣找出贏的策略〈林向愷〉。〈2〉徹底解決

陳一新〈以上新黨籍〉張晉城、陳啓吉、林宏宗〈以上無黨籍〉

22 學者專家與社會賢達：呂亞力、張富美、黃德福、湯紹成、廖義男、蔡仁堅、盧瑞鍾、王又曾、王秉鈞、林忠正、胡立陽、洪奇昌、柯建銘、施振榮、高清愿、許添財、莊國欽、張清溪、張鍾濬、彭百顯、黃河明、黃昭淵、辜濂松、劉進興、魏啓林、王世榕、包宗和、杜正勝、吳安家、林濁水、范光群、高英茂、麥朝成、張麟徵、黃文局、楊力宇、楊開煌、蔡瑋、鄭竹園、賴國洲。

23 各級行政人員代表：蔣仲苓、廖正豪、蔡政文、趙守博、童勝男、陳建年、陳唐山、邱正雄、吳京、蔡兆陽、黃大洲、蔡勳雄、謝深山、韋端、廖泉裕、馬英九、廖了以。

24 總統指定：丁懋時、許水德、劉松藩、錢復、吳金贊、吳敦義、宋楚瑜、陳水扁、吳伯雄、許信良、陳癸淼、王玉珍、成嘉玲、李哲朗、林聖芬、陳正忠、李正宗、金耀基、蔣彥士、簡金卿。

公營事業與黨產問題〈張清溪〉。〈3〉台灣需要永續發展的能源政策〈王塗發〉。〈4〉經濟發展的政府職能〈吳惠林〉。〈5〉環境政策的檢討與改進方案〈施信民〉。特約討論人為：許松根、鄭先祐、柯建銘。

4.「教育改革與文化品質」議題：十五日下午舉行，主持人是李敏勇；子題及報告人分別為：〈1〉因應未來國家發展的教育體制〈周志宏〉。〈2〉中小學教科書與台灣意識〈曾貴海、鄭正煌〉。〈3〉宗教信仰與台灣建國〈董芳苑〉。

「台灣國發會」的舉辦，正是與官方所辦的國發會互別苗頭。其主張基調為台獨，然以台獨在理論上、實務上均有值得商榷之處，依目前各項民調顯示，支持比例不高，在自由地區的民眾，仍以主張維持現狀為最多。故而民間國發會雖在一會兩黨及部份獨派學者參與下，順利進行，然其實質影響層面仍有其限度。

〈三〉國民黨內部的折衝

國發會在民國八十五年十一、十二月間，以「廣徵各界意見、凝聚國人共識」為導向，雖亦規劃多元管道〈包括運用媒體、廣闊民眾建言管道、舉辦分區座談會、專題座談、專題研究等〉，以利各界建言，然以三黨態度不一，見解有異，極難獲致一定程度之共識。在170位成員中，佔90多席的國民黨，其決策方向是影響未來會議發展的重要因素。國民黨在國發會前夕發表之「基本主張」，中央政府採混合制，在黨內頗引起爭議。

國民黨主席先於十二月十八日晚間，邀集黨內高層人士，協商國發會憲政議題之黨內共識。出席者包括：副總統兼行政院長連戰、黨秘書長吳伯雄、國大議長錢復、考試院長許水德、總統府秘書長黃昆輝、省長宋楚瑜、高雄市長吳敦義、行政院秘書長趙守博、國安會秘書長丁懋時、內政部長林豐正、台北市議長陳健治、省議長劉炳偉、政策會執行長饒穎奇、立委黃主文、洪玉欽、學者田弘茂等人。經過四小時的討論，達成四項結論：1.中央體制朝改良式混合制度著手改革。2.對省府與各級政府業務功能做調整，不討論為廢省與省虛級化。3.廢止鄉鎮縣轄市長選舉。4.其他相關議題作細部規劃。[25]

國民黨續於十二月二十日晚，邀集國發會黨籍出席成員在中央政策會舉行座談會，討論黨版具體主張。共計有考試院長許水德、行政院副院長徐立德、立法院副院長王金平、國大副議長謝隆盛、總統府資政蔣彥士、台北市議會議長陳健治、政務委員蔡政文等60餘人與會。會中分別由政務委員蔡政文、陸委會主委張京育、經建會主委江丙坤3人、針對3大主題提出報告。然而諷刺的是：國發會連日來在報紙大登廣告，徵求全民做「國策顧問」。到臨開會的前夕，執政黨的「省虛級化」、「改良式混合制」主張，由上而下的「民主」，一個「砍頭」手勢，發言頓時冷清，雖然國民黨籍出席成員頗多意見，然以擔心發言會有後遺症，僅只有5人發言，呈現「黨內共識」漸有「誰敢反對」之勢。[26]

〈四〉主席團的設置與運作

---

[25] 國民黨內部協商國發會共識經過參見，台北，中央日報，民國八十五年十二月十九日，版一。
[26] 國民黨國發會成員座談會過程參見，台北，聯合報，民國八十五年十二月二十一日，版一。

十一月十六日，國發會籌委會第三次會議時，決定設置主席團。其人選之產生，由3位副召集人、執行長及賴浩敏委員等5人組成小組辦理。該小組所擬定之「國家發展會議主席團產生原則」，要點如下：[27]

1. 爲綜理大會期間會議相關事宜，國發會設主席團。
2. 主席團由大會召集人、副召集人、執行長，另就全體出席人員中遴選20人共同組成。
3. 前項20人之遴選，就政黨屬性、社會賢達、學者專家，按適當比例分配，並考量3個議題分組之均衡性。
4. 主席團任務爲：〈1〉大會召集人：主持開、閉幕、預備會議及總結報告。〈2〉大會副召集人及執行長：承召集人之命，負責大會協調事宜，惟不主持分組及全體會議。〈3〉其他成員負責主持分組及全體會議，並參與主持會議結論與報告之整理事宜。
5. 主席團成員由大會召集人簽請總統核定。

五人小組乃根據上項原則，採國民黨3：民進黨3：新黨2：其他2〈含總統指定人選、學者專家及社會賢達〉之比例，按議題均衡原則，提請總統於十二月七日核定，其名額人選爲：

1. 大會召集人兼主席團主席：連戰。
2. 大會副召集人：田弘茂、李慶華、張俊宏、蕭萬長、賴浩敏。
3. 大會執行長：黃昆輝
4. 其他成員：

〈1〉憲政體制與政黨政治〈7人〉：吳伯雄、劉松藩〈國民黨推薦〉、沈富雄、姚嘉文〈民進黨推薦〉、陳癸淼〈新黨推薦〉、廖義男、錢復〈其他〉。

〈2〉經濟發展〈6人〉：王金平、徐立德〈國民黨推薦〉、吳乃仁、陳文茜〈民進黨推薦〉、賴士葆〈新黨推薦〉、施振榮〈其他〉。

〈3〉兩岸關係〈7人〉：丁懋時、宋楚瑜〈國民黨推薦〉、許信良、陳水扁〈民進黨推薦〉、朱高正、周荃〈新黨推薦〉、辜振甫〈其他〉。

國發會主席團於十二月二十一日在總統府大禮堂召開第一次會議，會中除確定國發會分組會議主持人、全體會議主持人、「分組結論整理及報告小組」成員外，最重要者爲「共同意見」認定原則及協商方式。亦即由每項議題的9人小組協商達成共識後，成爲國發會的「共同意見」。所謂的9人小組乃是由五位副主席和執行長，以及各組全體會議的四位主持人所組成。此九人透過協商後取得一致共識者，即列爲「共同意見」，而未列入共同意見者，即列爲「其他意見」。

〈五〉大會的進行

國發會在籌備委員會及主席團的周詳規劃，並廣徵民意，自十一月一日至十二月二十二日，共計收錄民眾意見2,340則；台閩地區辦理27場分區座談會，另由三項議題承辦部會分別舉辦「專題座談」，「憲政體制與政黨政治」議題共舉

---

[27] 國家發展會議秘書處編，前揭書，頁七七。

行6場；「經濟發展議題」共舉行5場；「兩岸關係議題」共舉行3場。此外，並舉辦三項議題之「專題綜合研討會」；「憲政體制與政黨政治」議題共舉行4場；「經濟發展議題」共舉行4場；「兩岸關係議題」共舉行3場。

十二月二十三日，在人人有意見，各黨有主張的情況下，國發會於台北國際會議中心揭幕。李登輝總統親臨致詞，並表示：[28]

> 深盼大家一本莊嚴的使命與開闊的襟懷，都能不分黨派，不論背景，而且實事求是，大公無私的針對議題，進行通盤深入的探討。登輝必以最大的誠意與決心，克服一切的困難，就會議形成的共識，依循體制程序，化為政策，並在最短時間內促其實現。

國發會於十二月二十三日開幕，至二十八日閉幕，期間討論主題分別爲：

1. 十二月二十三日，召開第一次分組會議。「憲政體制與政黨政治」組討論釐清中央政府體制；「經濟發展議題」組討論提升國家競爭力策略；「兩岸關係議題」組討論兩岸互動的政略與原則及兩岸協商基本問題。
2. 十二月二十四日，召開第二、三次分組會議。「憲政體制與政黨政治」組討論合理劃分中央與地方權限，改進選舉制度淨化選舉；「經濟發展議題」組討論提升國家競爭力策略、推動亞太營運中心的作法、及參與國際經貿組織的戰略；「兩岸關係議題」組討論兩岸互動的政略與原則、兩岸協商基本問題、兩岸經貿關係的建構。
3. 十二月二十六日，召開第四次分組會議。「憲政體制與政黨政治」組討論落實政黨政治、促進政黨良性互動與發展；「經濟發展議題」組針對前三次分組討論有共識部份予以確認；「兩岸關係議題」組討論大陸決策與監督機制、進行總體討論。此外，本日並召開第一次全體會議，進行「經濟發展議題」分組結論報告及綜合討論。
4. 十二月二十七日，本日並召開第二次全體會議，進行「兩岸關係議題」分組結論報告及綜合討論。召開第三次全體會議，進行「憲政體制與政黨政治」分組結論報告及綜合討論。
5. 十二月二十八日，總結報告、閉幕典禮、李登輝總統全程參與、聆聽並致詞。

〈六〉新黨的大失策：退出國發會

國發會期間，三黨一派在各項議題上均有表述，到了十二月二十六日，召開第三天會議時，新黨由於國民黨與民進黨檯面下非正式的接觸與協商傳聞不斷，新黨國發會副召集人李慶華與新黨全委會召集人陳癸淼共同舉行記者會，要求在國發會之會前會所做成的共識必須維持，同時開出5條件，希望國民黨針對「中央政府體制」、「軍政軍令一元化」、「國民黨黨產處理問題」、「選舉制度」與「凍結省長選舉」等五項問題，做出善意回應，否則新黨考慮退出國發會。[29]

---

[28] 「李總統登輝先生在國家發展會議開幕典禮中致詞」參見，台北，中央日報，民國八十五年十二月二十四日，版二。

[29] 「新黨提出五條件考慮退出國發會」參見，台北，中時晚報，民國八十五年十二月二十六日，版二。

次日〈二十七日〉上午，新黨與國民黨談判破裂，新黨抨擊國發會是六年前國是會議的翻版，指責國民黨在國發會中大搞「擴權〈擴大總統權力〉、固權〈鞏固國民黨政權〉、削權〈削弱國會權力〉的三權會議」。新黨國發會代表團於上午 10 點正式宣佈退出國發會。[30]

實則，新黨的退出，過於草率、衝動。本次國發會的遊戲機制是採用「共識民主」的精神：「不動用表決權」。出席大會全體都同意者，列爲「共同意見」，只要有不同意見者，該項議題即列爲「其他意見」。在國發會不採表決，沒有大欺小、多壓少的情況，而以「共同意見」、「其他意見」處理各項議題。如果新黨當時不意氣用事，堅持留在國發會中，相信許多關鍵性的議案都會是「其他意見」。正因新黨不理智的退出，反而使得在場的國民黨、民進黨的意見成爲「共同意見」，這也就有了所謂的「國發會共識」之產生。新黨的退出是意氣，也是大不智。

三、國發會的共識

國發會有關「憲政體制與政黨政治」議題，在新黨退出，國民黨、民進黨兩大黨聯手下，獲致重大結論。於十二月二十八日由無黨籍代表廖義男在總結報告中，提出二十二項「共識」：[31]

〈一〉中央政府體制：

1. 總統、行政院、立法院的關係

〈1〉總統任命行政院長，不須經立法院同意。

〈2〉總統於必要時得解散立法院。而行政院長亦得咨請總統解散立法院。但須有必要之規範與限制。

〈3〉立法院得對行政院長提出不信任案。

〈4〉審計權改隸立法院。

〈5〉對總統、副總統之彈劾權需符合憲法嚴格程序，並改由立法院行使。

〈6〉立法院各委員會建立聽證制度及調閱權之法制化。

2. 國民大會與創制複決權之行使

凍結國民大會之創制複決權。人民得就全國性事務行使創制、複決權。

〈二〉中央與地方權限劃分及行政區域與政府層級之調整：

1. 調整精簡省府功能業務與組織，並成立委員會完成規劃與執行，同時自下屆起凍結省自治選舉。
2. 取消鄉鎮市級之自治選舉，鄉鎮市長改爲依法派任。
3. 縣市增設副縣市長，縣市職權應予強化。
4. 地方稅法通則、財政收支劃分法應儘速完成立法或修正，以健全地方

---

30 「新黨退出國發會」參見，台北，中時晚報，民國八十五年十二月二十七日，版二。

31 「國發會憲政體制組總結報告」參見，台北，中央日報，民國八十五年十二月二十九日，版三。

財政。

〈三〉改進選舉制度、淨化選風

1. 中央民意代表總額與任期

〈1〉主張國民大會代表的總額適度減少，改由政黨比例代表產生，並自下屆起停止選舉。任期維持現制四年。

〈2〉立法委員之總額視國民大會與省議會名額調整情形，於必要時增加至二百至二百五十名爲原則，任期應改爲四年。

2. 中央及地方民意代表選舉制度暨選區劃分

〈1〉中央民意代表選舉制度採單一選區與比例代表制二者混合之二票制，並成立跨黨派的小組研議。

〈2〉選區的劃分則希望成立超然中立的超黨派選區劃分審議委員會。

〈3〉淨化選風，修改選罷法，改善選舉制度。

〈四〉政黨政治與政黨良性互動

1. 有關政黨財務、補助及政治獻金之擬定

〈1〉黨營事業不得從事壟斷性事業之經營，不得承接公共工程，不得參與政府採購之招標，不得赴大陸投資。

〈2〉國家對於政黨之補助應以協助政黨從事政策研究及人才培養爲主。現階段可以在選罷法中，酌予提高補助額度。

2. 政黨不得干預司法，司法人員應退出政黨活動。

3. 公務人員應保持政治〈行政〉中立。

4. 立法院協商機制應予法制化、制度化。

5. 政黨組織及運作應受法律規範。

四、國發會的評析

國發會所達成「憲政體制與政黨政治」之共識，若落實爲憲法條文規定，對原憲法制度是極大幅度的衝擊。李登輝主導下的國民黨，雖然在名義上仍保留了「五權」架構，但因憲章被毫無道理的嚴重修改：1.核心是李登輝必欲完成的「刪除立法院之『閣揆同意權』，行政院長由總統直接任命」〈李氏「著毋庸議」違憲的堅持，爲掩飾、免脫其違反憲法之規定，只有動用修改憲法，來配合李總統乖違之作爲，以達成一致〉。2.爲彌補立法院沒有「閣揆同意權」，就給立法院「對總統、副總統之彈劾權」、「對行政院長提出不信任案權」、「建立聽證制度及文卷調閱權」等。3.爲了民進黨在未來第四次修憲的配合，推出「凍省」、「鄉鎮市長改官派」。因爲主政者不守憲，而必須陪上憲法的尊嚴，且將憲法層層相扣的法理依據，弄得支離破碎。

正因國發會所面臨的爭議不斷，它又是一年後之「第四次修憲」的前哨戰，其在憲政方面影響層面深遠，對地方政治生態改變亦大，故而在憲政發展的意義上，一如「國是會議」，而需深入了解與體會，才能真確的掌握政客毀憲誤國之卑劣作爲。本文擬以 7 個面向析論國發會的全貌：

〈一〉國發會性質之辨

國發會性質定位的釐清上，有兩個問題存在：〈1〉國發會是體制內或體制外的會議？〈2〉國發會是全民參與共商國是或政黨協商？就前者而言，李登輝總統表示：『國發會是由總統邀集，是體制內的會議。』[32]然而在野黨派則質疑，其非經常性建制的諮詢機構，而只能視爲體制外的偶發性聚合。徵之事實，國發會本爲尋求改革體制，及從體制外尋求共識，再帶進體制內〈第四次修憲〉而開，以求打破實際政治困局，爲主政者尋求解套。綜言之，國發會是李登輝以元首身份，動用國家行政系統作爲幕僚單位，以國家經費召開、運作，但屬於體制外的會議，殆無疑義。

就第二個問題而言，國發會是否爲政黨協商？總統府一再強調此乃全民參與共商國是發展的會議，而並非定位在只是單純的政黨協商會議。但從出席人員產生原則、討論過程觀之，則國發會要擺脫政黨協商的影子實不容易。就會議人選的五大類：一是政黨代表、二是各級民意代表、三是學者專家與社會賢達、四是行政人員、五是總統指定。30 名政黨代表顧名思義是由各個政黨所推薦之人選；30 名各級民意代表也是由政黨依 4：3：2：1 的比例來推薦；行政人員 17 名，籌備委員會委員的 33 名，也是各有所屬政黨。在 170 位出席人員中，明確具有政黨屬性代表就有 110 位，接近三分之二。40 位學者專家、社會賢達雖然是授權由總統府 5 人小組來遴選，但 5 人小組遴選之標準乃是以政黨爲主，只不過學者大都不願表明自己是代表哪一個政黨。至於總統所指定的 20 位人選，仍是不脫政黨的範圍。

不僅成員有明顯的政黨色彩，會議在籌備會期間，每一次籌備會的記者會均安排三黨代表坐在一起；會議的主題與子題亦由三黨的「會前會」協商議定，在五天的正式會議中，從檯面上的發言，到檯面下的溝通，政黨協商的斧鑿痕跡，斑斑可考。正式會議所採「共同意見」，乃由「三黨一派」政黨協商具共識後敲定，不同意見則以陳述方式並列，並不動用任何表決，會議召集人與主席團主席們亦由三黨分任與輪派。至此，政黨協商已甚明矣。惟因新黨中途退出，因之，國發會實質上乃是朝野兩大政黨的協商會議。但以新黨代表亦已在「經濟發展」議題上之「共識」聲明中簽字，因而也可說是「經濟面的三黨協商會議」。綜合而言，國發會充滿政黨角力痕跡而獨缺民間中道、正義、清新之聲音。

〈二〉朝野政黨見解互異

國民黨、民進黨及新黨之憲政議題互有接近、互有衝突，彼此間存著很大的差異。國民黨與民進黨高層傾向中央體制採雙首長制，「省」地位的變革，但具體內涵仍有歧異。民進黨與新黨在立法院和政黨政治、選舉制度、選區劃分等議題上較接近。新黨和國民黨則都主張保留國民大會。

在中央政府體制方面；國民黨主張改良式混合制，即總統任命行政院長不經立法院同意，總統主持國務會議，行政院長咨請總統解散立法院，立法院也可以對行政院長行使不信任投票權。民進黨主席許信良爲主的民進黨人士則主張採行

32 李登輝總統發言之內容，參見，台北，聯合報，民國八十六年二月二十一日，版七。

法國雙首長制，總統的權力要受國會的監督，民進黨內部份總統制的主張，頗受壓制。新黨則主張完全的責任內閣制，行政院長由國會選舉產生，國安會、國安局隸屬於行政院指揮。

國民大會存廢議題上，國、新兩黨傾向保留國大，但國民黨主張凍結國大創制、複決權，改由人民行使；新黨主張創制、複決權行使，區分為省、縣不同層級。民進黨則以廢國大為主要堅持之一。

立法院的職務調整上，國民黨主張取消立法院的閣揆同意權，但增加立院的不信任投票權和審計權。民進黨主張增加立院的調查權、審計權和彈劾權。新黨反對取消立法院之閣揆同意權，另增加調查權、審計權，同時正副院長要退出政黨。

台灣省的存廢上，國民黨經過內部折衝後，使用爭議較小的「精簡省府組織與功能」，並凍結省長、省議員選舉。民進黨主張直接廢省，凍結憲法有關的條文，下屆省長、省議員選舉停止。新黨主張「一省多市」之原則，增加台中市為院轄市，增加台北市、高雄市轄區範圍，並簡化省政府組織與職掌。

有關選舉制度上，三黨雖均主張國會議員採單一選區、兩票制。但在名額上面，國民黨主張比例代表名額占 20%，單一選區之區域代表佔 80%，立法委員人數增至 200 名。民進黨、新黨則主張，區域代表與政黨比例代表各佔 50%，新黨甚至主張地方議會議員亦由區域選舉、政黨比例代表選舉產生。

選區劃分方面；國民黨主張應由中央成立超然中立之委員會進行。民進黨主張選區劃分由國會訂定。新黨主張選區重劃應經立院、省、市議會同意。

政黨政治方面；朝野的焦點集中在政黨法和黨營事業上。國民黨主張不制定政黨法，允許政黨財務可得經營投資事業。國民黨也主張可以繼續擁有黨產。民進黨和新黨都主張制定政黨法，且政黨不得經營投資事業。在國民黨黨產處理上，民進黨主張民營化，新黨則主張限期出售。此外，新黨堅持政黨不得經營電子媒體。

〈三〉過程缺乏民主的協商精神

國發會結束後，李登輝總統表示這是『有史以來最成功的一次會議』。[33]並在國民黨中常會內強調，這次國發會最成功的地方，就是「溝通與協商」，朝野政黨能坐下來為國家長遠發展提出建議。[34]然而事實上，國民黨、民進黨兩大朝野政黨高層的結合，係透過國發會此一體制外的臨時性機制，達成若干「共識」，以圖體制內的改革。在兩大政黨內部所引發相當程度的反彈，肇因於「由上而下的『民主』」；新黨更以「毀憲、制憲」而不是修憲，中途退出國發會。社會各界亦對國發會的強渡關山，多有質疑。雖則國發會前一個多月，強力宣傳「人人可以做國策顧問」，並辦理各項的座談、專題討論，然而民意之表達與受尊重程度並非如此。以下分別論述之：

1. 國民黨內之反彈

---

[33]李登輝總統發言之內容，參見，台北，中國時報，民國八十五年十二月二十九日，版二。
[34]李登輝總統發言之內容，參見，台北，中國時報，民國八十六年一月九日，版二。

國民黨於國發會前三天，提出學者蔡政文、謝瑞智、彭錦鵬等所擬之「改良式的混合制」黨版具體主張，引發社會大眾以及國民黨籍出席國發會成員之普遍譁然，但在國民黨召集黨籍出席代表的共識會議上，代表們擔心會有後遺症，只有立委丁守中、高育仁、洪昭男及代表省方的副省長吳容明、省議員張福興等五人冷清發言，所謂「黨內民主、協商機制」可見一斑。[35]在國發會中，對國民大會、監察院、立法院、台灣省政府做成了相當程度改變的決議內容，卻未見事前與該些機關有任何協商，也未見事前與該些機關舉行座談會，聽取各機關內部人士之意見；突然從天而降的「改良式的混合制」國民黨黨版具體主張，各方撻伐之聲不絕於耳：

〈1〉**國民大會方面**

國發會後，國民黨籍國代在民國八十六年一月初，由國大工作會召開之國代「憲政小組召集人暨幹部會議」，以及一月中在北、中、南三場凝聚黨內共識會議中，除了莊隆昌、彭錦鵬、謝瑞智、陳子欽支持國發會共識，其餘都是「砲聲隆隆」[36]

a.朱曉俊：『出席國發會的國代，事前根本沒有和其他國代溝通，不具有代表性，所以李總統所說「國發會的共識就是全民共識，這真是莫名奇妙」。』

b.曾憲棨：『體制外的臨時編組之非民意機關，居然把體制內的機關給廢了，這是什麼東西？』

c.溫錫金：『政策是需要時間來形成共識，國發會只有五天就有共識，這種充滿利益交換，不會獲得國代同意。』

d.吳茂雄：『國發會一百七十位委員的背後選票有幾張？怎可讓體制外的機制來決定體制內的改革。』

e.陳建銘：『李總統要國民大會拿大刀砍人〈凍結省級選舉〉，同時又要拿槍自殺〈凍結國大選舉〉，可能嗎？』

f.張榮顯：『這次國發會的結論根本是要廢憲，不是修憲，「坐五權憲法的輪船，在玩三權分立的遊戲」。如要廢省，當初爲何要選省長？』

g.徐宗志：『國發會結論是國民黨中央隨民進黨起舞。』

h.林淵源：『國發會已做成共識，地方說了也沒用。鄉鎮市長不選的結論，將使政權都保不住，更不必談改革。』

i.荊知仁：『國發會的議題沒有一項經由國民大會討論過，爲何會有「結論」？而且讓一個體制外的會議決定國民大會可以處理的事，合理性非常有問題，即「國發會共識產生過程可議，其合理性有爭議」。』

j.呂學樟：『國發會的共同意見不代表國代的共識，其結論也不應該成爲國大的「緊箍咒」。』

k.林鴻池：『修憲工作茲事體大，如果想在五月二十日完成修憲，企圖把這

35　國民黨共識會議之過程內容，參見，台北，聯合報，民國八十五年十二月二十一日，版二。

36　國民黨籍國代對國發會的共識之意見，參見，民國八十六年一月八日、十三日、十七日、二十一日等國內各報紙內容。

種「修憲成果」當成總統就職周年的「賀禮」，「這就是馬屁精的行爲」。』

l.龍應達：『決定國家體制是國民大會的職權，不可事事讓國發會「交辦」。』

國發會憲改共識才提出，國民黨國代近乎群起譁然，不滿情緒溢於言表，一片反彈聲浪。其根結所在，即是以體制外的國發會決定體制內的國代修憲主張，國發會代表沒有民意基礎，而參與國發會的國代均爲不分區代表，其代表性不足，無法反映民意，更不尊重體制內的民意機關。李登輝總統的所謂最成功之「溝通與協商」正是一個最大的諷刺。

〈2〉監察院方面

國發會對監察院之職權改變頗大，將原本歸屬監察院的審計權，以及總統彈劾權改隸於立法院，但卻沒有邀請監察院代表參與，亦未徵詢監察院意見，毫無「溝通與協商」，監察院則是一片批判之聲：[37]

a.王作榮：監察院長王作榮在民國八十五年十二月二十四日監察院會中，以罕見激動的言詞譴責國發會，以表示強烈的抗議與憤慨。同時不排除就國發會召開的合法性及經費動用情況進行調查。監院也將以院長王作榮之名義，上書李總統及負責修憲工作的全體國代，強調審計權、調查權不宜歸立院的理由。王作榮院長指出：『少數人亂搞一氣會誤國』、『當初制憲那批人不是白痴』、『除非革命，否則憲法是慢慢成長的。現在有部分人士，中國書沒唸通，外國書也沒唸通，既不懂實務，也不懂理論。』

b.翟宗泉：『國發會竟然草率的在短短五天內宰殺省政府、閹割監察院、戲弄國民大會。』

c.李伸一：『國、民兩黨不顧制度的完整性，將制度視爲政黨分贓工具，全然是開民主的倒車。』

d.趙昌平：『制度設計應該從長遠角度考量，如果透過體制外的政黨協商交換所得，將對不起國人。』

e.黃越欽：『一個國家不可以依賴體制外的國發會或是國是會議，攪亂整個憲政發展的程序。』

監察院在十二月二十四日的會議，監察委員李伸一特地提案要求開放新聞媒體採訪，讓外界了解監察院之立場，獲得無異議通過。而全國「最高」監察機關，在沒有任何監察委員受邀參加國發會的情形下，任由「憲政體制與政黨政治」小組之決議來宰割監察院監察權，亦爲民主「憲政」國家之奇蹟。

〈3〉立法院方面

國發會的召開與共識，在立法院受到強烈的質疑，就國民黨籍立委所持看法列述如下：[38]

a.王天競：『國民黨此舉視修憲爲兒戲，將憲法淪爲政治運用工具，一切泛政治化，以政治操縱法律，完全違背民主原則。』

---

[37] 監察院院長與監察委員對國發會共識之意見，參見，民國八十五年十二月二十五日至二十八日等國內各報紙內容。

[38] 國民黨籍立委對國發會共識之意見，參見，民國八十五年十二月二十日至二十三日等國內各報紙內容。

b.陳宏昌：『國發會的功能是聽取基層民眾心聲，但不應該做決策。』

c.施台生：『根本就是體制外會議。』

d.丁守中：『法國實施雙首長制有其條件，因其總統任期長，而且有公民複決的設計，加上法國有中間黨派的力量，及中產階級的社會結構，所以可以形成安定的力量；但我國的幾個政黨壁壘分明，甚至有意識型態的對立，加上中央政府對地方政府沒有強有力的約束力量，所以沒有實施的條件。』

e.高育仁：『這種改良式混合制並不均衡，行政院長成爲總統的幕僚長，國會監督不到總統，這種設計有問題。』

f.李文郎：『這次的國家發展會議忽視了民眾熱烈要求社會改造的訴求。』

g.洪秀柱：『如果採行改良式混合制，反而是引起立法院茶壺中的風暴，最後連行政部門都將癱瘓，衝擊更大。』

〈4〉台灣省政府方面

國發會中有關「憲政體制與政黨政治」的子議題超過20項，但從初始全省各分區座談會中，幾乎所有參加的人士都將發言的焦點鎖定在「廢省」上，贊成與反對聲浪呈現拉鋸。實則廢省的議題在民進黨的大力炒作下，必然會是國發會中討論的重點之一。基於此，台灣省政府有必要在會中闡明省府立場。省府乃推薦了四位人選參加國發會：民政廳長陳進興、新聞處長黃義交、國民黨籍省議員周錫瑋及一位大學教授。然而四人全部出局，未列入國發會成員中。行政官員解釋陳、黃二人，省府並非以行政人員名義提名，而是以專家學者名義報名，所以與行政院的提報行政人員作業無關，而是籌備會的權責。唯以籌備會5人小組之政黨色彩，國民黨高層實有責任，既然國發會要談「凍省案」，何以中央高層連一個省府推薦之人都不能接受？

或有謂即使讓省府多二、三人，在面對170人也是不成比例，而認爲可有可無，並無大礙。然而就「程序正義」中，最強調的就是「表達機會的均等」。英國下議院之「議長中立」制度，使得議長成爲各黨各派都信服、尊重的人物，而爲民主國家「民主精神」之典範。故而，二、三人要發揮影響力可能有限，但本於民主精神在於「要讓聲音出來」。再則，省長宋楚瑜是總統提名的指定代表，雖得以參加國發會，但以其位階及動見觀瞻的影響，即使在會議中遇到廢省的議題，也不太適合直接與他人你來我往針鋒相對，在此情況下，自然須有「代言人」表達理念。在省府安排推薦的辯護人都遭到封殺出局，只剩下宋省長與副省長吳容明二人。此一發展態勢，產生政治效應。省府認爲中央既有「省虛級化」的立場，已失去參加國發會實質意義，宋、吳兩人先後以參加省政總質詢爲由，不參加國發會。也就在國發會完成凍省之決議後，宋省長於民國八十五年的最後一天，請辭台灣省省長及國民黨中常委，是爲宋省長對國發會結論的直接表態。

凍省案在省議會亦是討論的焦點。陳明文〈黨團工作會主任〉：『台灣省不是三民主義的「模範省」嗎？曾幾何時，成了國發會中的「過街老鼠」。』省議員周錫瑋：『國發會爲了達到凍結省級選舉的共識，不惜將行政效率低落、擔心葉爾辛效應等莫須有罪名加諸省府身上。』[39]

總之，凍省之得失是大問題，也是國家政策的重大議題，必須透過清楚、透明、深入的正反論證，始能得出較充分、理想之結果。但在國民黨李登輝高層等之企圖隻手遮天，以「私意取代黨意，以黨意取代民意」。這是一場粗糙、預設立場，爲達成特定目的之政治鬧劇；「凍省」：不與省談；刪除監察院職權，不與監察院談；刪除立法院的「生命線 — 閣揆同意權」，只點派少數青一色的不分區立委出席。卻大言不慚的稱國發會是『有史以來最成功的一次會議』；標榜國發會最成功的地方，就是「溝通與協商」，口號與實際正是兩極。

2. 民進黨內之質疑

民進黨中央之許信良主席在與國民黨搭配、合作下，對國發會達成多項重大共識，引起民進黨內部極大之反彈，質疑黨主席許信良、秘書長邱義仁及國大黨團幹事長李文忠等之「國民黨化」領導風格，甚至對李文忠主張提前召開修憲會議落實國發會共識，根本是「比國民黨還國民黨」。

針對國發會前後走向，有謂：「民進黨似乎已不像個反對黨」，或謂：「民進黨替國民黨背書」。民進黨主席許信良所持看法：『其實這次國發會的結論，很多都是反對黨想做，而非國民黨想做的。』『民進黨選擇合作遭遇兩項困難：一是，一般人都將反對黨的角色定位爲制衡，改革不是反對黨的責任；第二是，黨內有一些基本教義派認爲，與國民黨合作的結果，是對理想的讓步，但我認爲堅持理想而不切實際，有時反而是支持現制，讓現狀維持。』『民進黨是站在整體國家利益的角度來看這個問題，希望建立良好可運作的體制，這套體制不一定對民進黨最有利。』[40]『我所考慮的不是背書而是台灣需不需要共識？台灣需要共識，不只是執政黨的責任，同時也是在野黨的責任。』[41]

誠然如許氏所言，國發會共識並非全然背書，而是互有所取。故有謂：『國民黨今天所做的事，都是許信良所主張的。』但深層思之，民進黨高層在國發會中堅持兩項標的：〈1〉意識形態的爭取：例如廢省案，民進黨側重台灣國家主權之意義，故而被李登輝看穿其弱點與突破口，李登輝以「廢省」交換民進黨在修憲中配合國民黨高層所欲之「刪除立院閣揆同意權」。乃有宋楚瑜之嘲諷：『當初積極推動省長直選，喻爲四百年來第一戰的那批人，怎麼才四０二年就不戰了呢？』〈2〉未來執政的爭取：例如總統直選案，民進黨當初是基於突顯台灣的主權，以及有利於取得執政權而一夜變天，但其後發覺總統直選後，反而距離執政更遠，於是雙首長制又成爲民進黨的主流意見。同樣的，鄉鎮市長改爲官派，亦是許信良深謀遠慮的考量，在國發會當中，作爲最大反對黨主席，許信良知道國民黨的主要目的爲何，選取最有利於民進黨者，而換得國民黨的部分讓步與支持。故而兩黨各有盤算下，兩黨都有所得，許信良雖然是反對黨的主席，但其「宏觀」角度，各有所取，對民進黨未來的爭天下是有長遠眼光的。

---

[39]國民黨籍省議員對國發會共識之意見，參見，民國八十五年十二月二十八日至三十日等國內各報紙內容。

[40] 台北，聯合報，民國八十五年十二月二十九日，版三。

[41] 台北，中時晚報，民國八十五年十二月十七日，版二。

民進黨中央在國發會結束後，面對黨內反彈一波一波而來，民進黨立法院黨團、國大黨團部分成員相繼召開記者會，批判黨中央「政黨分贓」。尤其是以福利國連線、正義連線反對最爲激烈。就福利國連線而言，分別於十二月二十日、三十日召開記者會抨擊國發會之共識，出席者包括：蘇貞昌、張俊雄、蘇嘉全、蕭裕珍、柯建銘、廖大林、李俊毅、尤宏、顏錦福等人。就正義連線而言，其精神領袖時任台北市長之陳水扁、以及立委沈富雄、彭百顯、國代陳婉貞紛紛以「大分貝」之音量，猛批民進黨中央。茲就民進黨內人士對國發會評論之論述，列之如下：

〈1〉陳水扁〈台北市長〉：針對國發會後，國民黨、民進黨太過親密的關係，社會傳出「『國、民』黨」的說法，感到擔憂：『即使是爲了國家整體利益，要做成一些共識，但在野黨仍需突顯其與執政者的差異，而不是變成兩者越來越像。』『國發會的共識，只是「各盡所能、各取所需」的共識，只能「頭痛醫頭、腳痛醫腳」，使中華民國憲政變成「混亂制」。國發會的共識是「四不像」的憲改制度。』

〈2〉沈富雄〈立委、民進黨立院黨團幹事長〉：沈表示考試院長許水德私下告訴他，取消同意權以解決憲政僵局，是國民黨最需要的。因此，民進黨千萬不能上當。『立院以閣揆同意權來交換四項「中看不中用」的權力，「是拿一件西裝換來四件破內褲」。』

〈3〉顏錦福〈立法委員、福利國連線召集人〉：『希望黨中央參與國發會人士應該多聽聽不同的聲音，不要固執己見，福利國連線對部分共識的質疑，不是「爲反對而反對」，是爲大家的福祉著想。』

〈4〉張俊雄〈立法委員〉：『混合式中央政府體制無限擴張總統職權，卻無須負擔任何責任，將立法院削權至無能的地步，將使實際憲政運作恐怖失衡，儼然是一部帝王制的再現，成爲國家政治亂源。』

〈5〉蘇貞昌〈立法委員〉：『混合制是「七混八混都打混」，現今制度的設計，似乎是爲李登輝一人量身製衣，且缺乏完整性，我們也可以看到，近年來的憲政體制老是修修改改，而且是越改越亂。』

〈6〉蘇嘉全〈立法委員〉：『混合制主張是「烏魯木齊」制，是憲政怪獸，建議黨中央對國發會批判之餘，應在適當時機退出國發會，民進黨沒有必要爲國民黨背書。』

〈7〉蕭裕珍〈立法委員〉：『國發會事實上是一場「憲政綁標」，國民黨爲了綁標的目的，更不惜以「利誘」爲目的，誘使其他政黨介入「圍標」，製造「合法程序」得假象。』

〈8〉鄭朝明〈立法委員〉：『國發會通過的修憲共識，讓李登輝有夠大，他真的是爬上佛桌，變成皇帝了。』

〈9〉林濁水〈立法委員〉：『國民黨高層計畫在此次國發會中，將中央政府體制變成改良式雙首長制，將使現行權責不分的憲政體制更加混亂。』

〈10〉王雪峰〈立法委員〉：『李總統學雙首長制是爲了鞏固政權，而且會造成憲政大災難。』

國發會期間，民進黨內部也不斷有主張退出國發會的聲音，雖然民進黨中央借著社會主流消除雜音，尤其認為國發會中所做成的決議，諸如：「廢省」、「鄉鎮市長改官派」、「廢國大」、「禁止黨營事業」等，每一樣都是民進黨長期以來的主張，即使是和國民黨合作達成，仍是民進黨「最大勝利」。除對立委安撫，將反對國發會決議者貶成「反對改革」、「守舊派」、「不是社會主流意見」，並先對黨籍國代表示，反對改革者，將祭出黨紀議處，以落實國發會共識。但民進黨內部陳水扁、沈富雄、張俊雄、蘇貞昌、蘇嘉全、蕭裕珍、鄭朝明、林濁水、王雪峰等人，言之有物、一語中的、入木三分的聲音、訴求，其中所寓含的意義甚值玩味再三。

3. 新黨之杯葛

國發會議程到第三天，即十二月二十六日，新黨由小道消息傳出國民黨、民進黨高層私下接觸、協商之動作頻頻。李慶華表示新黨是客人，被邀來參加國發會吃「大鍋飯」，國、民兩黨却「開小灶」，太不禮貌了。經過上午一個多小時的緊急會議後，做成一致的決議，向國民黨提出其繼續參加國發會的「五條件」— 中央政府體制、軍政軍令一元化、國民黨黨產處理問題、選舉制度、凍結省長選舉等。要求國民黨在下午六點以前做出善意回應。二十七日上午，新黨與國民黨談判破裂，新黨全委會召集人陳癸淼於會場召開退出國發會之記者會。

陳癸淼表示，國發會是六年前國是會議的翻版，國民黨的目標是「三權會議」：擴權〈擴大總統權力〉、固權〈鞏固國民黨權力〉、削權〈削弱國會權力〉，因此新黨決定尊嚴的退出，改到立法院進行體制內監督。亦即新黨對國發會的議題與討論不滿，衡其實力，又沒有著力點，難有發揮的空間，乃以退出國發會以為杯葛。平情論之，新黨對「權責不相符」的憲政體制表達反對的態度，可以理解，可以採取杯葛動作，但新黨諸公又非為吃飯而來，何計較「大鍋飯」抑或「開小灶」？而新黨若忍辱負重，堅持到底，則以國發會之遊戲規則，新黨堅持不同意憲政組之決定，並堅持「不簽署協議」，則可使國發會「共識」無法產生，此為上上策，詎料，新黨卻採取退出手段之「下下策」：

〈1〉 國發會以政黨協商為主軸。為求彼此最有利之共識，各政黨在會前、會中、會後，自難免有大小不同規模之各式協商，此屬正常現象。縱使國發會中，國民黨與民進黨高層有互動亦屬正常。何況並無實證，僅止於傳聞而已，故「大鍋飯」或「開小灶」之說，並無強大說服力，此新黨失策之一。

〈2〉 國發會在籌備會中，已建立程序上良好模式，亦即不動用表決的形式進行，當朝野各黨具無異議者，始列為「共同意見」，否則僅以「其他意見、各自表述」。此方式，應最能保障少數人之權益，故本各黨之利益，各黨之所當為，何來為執政黨背書之虞？亦即新黨如體認此點，不但不退出，對嚴重破壞憲政體制者，加以杯葛，「拒不簽字」認同，則其後國民黨政府一再強調的「國發會共識」，也就煙消雲散了。惜乎，新黨未認清此點，率爾退出國發會，反而使得國民黨、民進黨兩黨出席者達成「共識」。此新黨失策之二。

〈3〉 民主精神貴在「多數尊重少數、少數服從多數、去異求同、相互包容」，少數派應在程序問題上爭取平等之地位，但程序正義的體現，故然不容許「眾暴寡」，但政治實力與多數原則亦不可偏廢。新黨是小黨，以人數少的主張，強求大會多數人接受其五項主張，否則就退出國發會，以民主精神而言，此新黨失策之三。

綜論之，新黨以政治實力而言，屬於小黨，力量不殆，在議題討論上居於弱勢，本屬常態。其對憲政議題振聾發聵而擲地有聲，其對國發會內容之不滿，而有「杯葛」亦可想像，惜採退出一途，過於莽撞、亦甚不智。

〈四〉中央體制權責不相符設計

國發會在憲政議題之共識上，其中央體制值得討論之處甚多，舉其大者：弱化立法院、矮化行政院、超級總統、混亂國民大會、削減監察院職權，論述之如下：

1.弱化立法院

李登輝總統因「著毋庸議」的「任命」了第九任總統之行政院長，而非「提名」權的行使，剝奪了立法院的憲法權限，其後造成副總統兼行政院長的連戰，連續兩個立法院會期進不了群賢樓，形成行政與立法間的憲政僵局。嗣後之大法官會議四一九號解釋，依違兩可之間，成為贊成與反對之兩造各說各話。唯以「與憲法本旨未盡相符」與「應為適當之處理」兩句話，已足令李總統難以承受。李總統面對此憲法窘境，未思依憲而為「適當之處理」，重新提名行政院長人選，送立法院以行使同意權，反而採釜底抽薪之策，索性企圖將問題之根源「立法院閣揆同意權」刪除，以達湮滅其造成之憲政困境，此即李總統召開國發會重要目的之一。此舉譬之「某立委闖紅燈違法，索性在立法院運作，將該法規刪除闖紅燈違規之法條與罰則。」然而縱使李氏用盡心機，期杜天下人悠悠之口，然而李氏自民國八十五年六月任命連戰，至民國八十六年七月十八日，國民大會第四次修憲三讀通過之間，李氏之未遵憲法是具體而存在的。而其因不守憲法規範，欲以修改憲法配合其弊端的劣跡，亦將永留中華民國憲政史書中。

國發會共識將立法院之閣揆同意權刪除，不僅弱化了立法院，也破壞了憲法學理的「權利義務關係」。需知：「立法院的同意權，是立法院之生命線，拋棄同意權，實為拋棄行政監督權」。中華民國憲法就設計制度而言，是層層相扣的。我國憲法第 55 條規定行政院長經總統提名後，尚須經立法院同意。一方面在於消極的限制總統提名權，另一方面是積極的讓行政院長人選，在經過總統之提名後，必須爭取立法委員之支持。這互動過程中，確定了行政院長與立法院立委之間的「權利義務關係」 — 負責任的人由誰產生，便對誰負責。職是之故，由立法院同意後就職的行政院長，就有義務接受立委之監督，出席立法院之總質詢，行政院各部會首長也有赴各委員會備詢之義務。明乎此，則可知立法院之閣揆同意權所代表者，乃是行政、立法兩院權責關係之所繫。一旦「揮劍自宮」，將同意權刪除，則這些權利義務關係都將動搖。

因之，本於憲法第 57 條行政院對立法院負責之規定，則憲法第 55 條之立法院閣揆同意權不可刪除；若將憲法第 55 條之立法院閣揆同意權刪除，則憲法第 57 條行政院對立法院負責之規定，將爲之不存 — 「行政院長不經立法院行使同意權，行政院長何需對立法院負責？」質言之，李登輝之大刀砍了憲法第 55 條，使憲法第 57 條亦失去依據，這一修憲鬧劇，不僅弱化了立法院，也破壞整個中華民國憲法基本憲政的學理，實爲憲政之大逆退。

或謂立法院雖少了閣揆同意權，但增加了四項權利：「彈劾總統權、不信任投票權、文卷調閱權、審計權」，故而立院算是擴權。然此說只是浮面之見解，深層而究，則非如此。先就「倒閣權」而言，經國發會共識，行政院長由總統直接任命，而成總統之幕僚長，縱使立法院可對行政院長行使「不信任投票權」；一則，行政院長可以報請總統解散立法院，屆時立法委員又得重回選區辛苦改選，而總統高枕無憂、毫髮無傷。二則，縱使不信任案通過達到「倒閣」之目的，就總統而言，不過換個行政院長而已。行政院長只是總統的「分身」、「影子」，真正有決策權的是總統，而對立法院負責的却是行政院長。代表人民的政權機關 — 立法院，永遠監督不到真正掌握統治權的「影武者」 — 總統。「倒閣權」只是有如「打龍袍」般，毫無實質意義。

次就「彈劾總統、副總統權」而言，要執行此權，有其困難度與盲點；就困難度而言，彈劾總統有極高的門檻。依其後第四次修憲之彈劾標準：須經全體立委二分之一以上之提議，全體立委三分之二以上決議，向國民大會提出，國代須有三分之二以上同意爲之。這種「特別多數」的規範使彈劾權極難通過。而使「彈劾總統權」變得無太大意義的，還不在通過與否的困難度，而是在實施的「盲點」— 依據憲法總統擁有「刑事豁免權」，故只能追究總統、副總統的「內亂罪」與「外患罪」。刑法 100 條「內亂罪」，在民國八十一年五月十六日，刪除「預備、陰謀」等「非暴力」內亂罪，其條文明定：『意圖破壞國體、竊據國土或以非法之方法變更國憲、顛覆政府，而以強暴或脅迫著手實行者，處七年以上有期徒刑，首謀者，處無期徒刑。』而總統者，中央政府之首，總統如要以『強暴或脅迫著手實行』顛覆「政府」，豈非「大水沖倒龍王廟」，如何說的通？「外患罪」道理亦同。

三就「審計權」而言，此亦非一般立法委員所可行使。依據審計權原屬監察院之審計法相關規定，監察院之審計權，係由其所屬機關「審計部」行使，而非由監察委員或委員會行使。審計部雖隸屬於監察院，但具有相當的獨立性。審計法第 10 條規定：『審計人員獨立行使其審計權，不受干涉。』；審計法施行細則第 19 條：『各機關對於審計機關前條所爲之駁覆，仍堅持異議者，原駁覆之審計機關，應附具意見，檢同關係文件，呈送上級審計機關覆核。原駁覆之審計機關爲審計部時，不予覆核。』可知審計部對於審計權之行使有最後決定權，不受其他機關或個人之干涉。監察院長或監察委員亦不能參加意見。依傅啓學教授之研究，以審計權行使之主體及審計部與監察院之關係而言，監察院之擁有審計權，乃有名無實。[42]「審計權」以其獨立行使之精神，由監察院移歸立法院，狀況亦同，非立法院、立法委員、委員會所能置喙。唯若審計法未來修改法規，使立院擁有相當之決算權，則立法院之財物監督權或將較完整。

四就「文件調閱權」而言，該權自大法官會議釋字第三二五號解釋後，已為立法院行使之職權。此次不過是將之就憲法中明文規定而已。故而上述立法院之四項權力，正如沈富雄立委之名言，一套西裝〈閣揆同意權〉，換四條內褲〈彈劾總統權、不信任投票權、文卷調閱權、審計權〉，堪稱絕妙傳神之諭。

2.矮化行政院

依據國發會之共識，有關行政院者，最重要的是總統任命行政院長，不須經立法院同意。若再加上國民黨版之總統主持國務會議或國家安全會議，則行政院長之憲法地位將發生明顯變化。此時，行政院長由總統直接任命，且若由總統主持國務會議，則憲法第53條：行政院為國家「最高」行政機關，此一地位已不存在。行政院長成為總統之幕僚長，行政院長已非「最高」行政首長，此時之「行政倫理與行政秩序」將發生混亂。民國八十七年，行政院長蕭萬長「指揮」不動閣員，幾件空難事件，蕭院長竟「無力」要求交通部長蔡兆陽下台〈華航發生大園空難事件〉，只能怯怯的說『政務官要自己負責』；接著，法務部長廖正豪求去事件，則由總統、副總統出面解決之。蕭院長雖然沉痛的要求部長要有「行政倫理」，然則部會首長當然有行政倫理，只是大老板是「總統」，而非「行政院長」。國發會的結果，矮化了行政院長，當初為國發會首席推手的蕭院長，後嚐其苦果，亦是天意？

即使總統不直接主持國務會議，單以行政院長由總統直接任命，雖然憲法第57條明確規定，行政院長對立法院負責，但行政院長更須對總統負責，則此時的行政院長將不若當年行政院長郝柏村，郝氏不同意對李登輝總統擬就總統府參軍長蔣仲苓晉升一級上將案。國發會後，行政院長由總統直接任命，行政院長敢在總統重大決定說「no」，其結果當可預知。

行政院長由總統直接任命另一層憲政的問題，就是「權責問題」，當行政院長已被明顯矮化為總統的幕僚長，此時「權責問題」就將發生，總統有權無責〈不須對立法院負責〉，行政院長有責無權〈須對立法院負責〉。立法院代表人民監督政府、監督政策，但卻無法真正監督到決策之所出 — 總統。立法院監督行政院與行政院長，行政院長執行總統決策，不過是總統的「分身」、「影子」，縱使立院不信任案通過，總統不過換個行政院長，而總統的「行政院長候選名簿」厚厚一疊，立院能奈總統何？「權責不相符」的憲政制度產生。

3.超級總統制

「弱化的立法院」、「矮化的行政院」加上「權責不相符的劣質政制」造就出了一個「超級總統制」。依國發會共識的藍圖，中華民國總統將是宰制五院，大權在握，且「萬方有罪，不及己身」的「超級總統」。就宰制五院而言：

〈1〉 行政院長由總統直接任命，配合總統之決策，成為總統的幕僚長。

---

[42] 傅啓學，中華民國監察院之研究〈台北：自發行，民國五十六年〉，頁八五三。

〈2〉　立法院可在總統於「必要時」解散，或經總統幕僚長 — 行政院長咨請總統予以解散。

〈3〉　司法院院長、副院長、大法官由總統「提名」，送交國民大會行使同意權。總統所提名人選，縱使與總統爲不同政黨，與之必爲熟稔，或不可能素昧平生。從大法官四一九號解釋之囁嚅其詞，依違兩可、創造性的模糊，可見絲毫「憲法守護神」的威儀？

〈4〉　監察院院長、副院長、監察委員由總統「提名」，送交國民大會行使同意權。監察院與司法院狀況相同，職司風憲的柏台大人，遇到高層之態度讓人聯想，民國八十七年間，當時之副總統連戰與前屏東縣長伍澤元間 3,628 萬元的「借貸」，對眾柏台處理之尷尬可見之。

〈5〉　考試院院長、副院長、考試委員由總統「提名」，送交國民大會行使同意權。其情形與上兩院同。

國發會之「混合制」，因權責不相符，行政院長有責，卻是無權的「小媳婦」。[43]立法委員卻整天與相當於總統制下的國務卿或白宮幕僚長之流周旋，根本無法監督到政策所出的總統，倒閣成功，不過再換一個行政院長，立法院則面臨被解散危機。彈劾總統僅限內亂罪、外患罪，幾無可能者。

參與國民黨版「改良式混合制」設計之行政院政務委員蔡政文，指稱：「總統制」讓總統大權在握，才是「帝王制」。[44]實則，美國是典型的總統制，總統固然大權在握，但美式的總統制下，總統在許多方面是受立法部門、司法部門之制約。就立法部門的制約，包括：總統人事同意權〈聯邦官員、駐外大使等須參議院同意任命。〉、條約批准權〈總統對外國簽訂之所有條約，或行政協定有牽涉到「錢」的方面，須經參議院同意。第一次世界大戰後，美國總統威爾遜 Woodrow Wilson 積極參與籌設「國際聯盟」〈The League of Nations〉因未經參議院同意，美國自始非爲國聯之會員國乃爲著例。〉就司法部門的制約，總統涉案，不僅限於內亂罪、外患罪，其他司法案件，都將面臨司法訴訟。如克林頓總統的「白水案」、「陸文斯基的誹聞案」等；再如尼克森總統的「水門案」，經華盛頓郵報漸漸如滾雪球般的開展之際，美國啓動「獨立檢察官」機制，調查「水門案」，美國國會並將發起對尼克森總統的彈劾案，尼克森總統面對司法壓力下，先行宣布下台，接任的副總統福特一上任，第一件事是將前總統尼克森「特赦」〈水門案牽涉到相關刑責〉。再者，美國總統提名聯邦最高法院大法官〈共有 9 名〉，經由參議院同意後任命。此後大法官爲終身職，美國大法官任職後，不必考慮總統、國會之看法如何，其德高望重，一言九鼎，嚴格守護法律的公正性、普遍性。對照中、美的總統職權與相對制約，我國之超級總統制明矣。

4.混亂國民大會

依中山先生原意，國民大會是政權機關，五院爲治權機關。經過政治協商會議及其後制憲會議，爲顧及國民黨強調的中山先生五權憲法，並調和、遷就其他

[43] 台北，自立早報，民國八十五年十二月十九日，版二。

[44] 台北，自立晚報，民國八十五年十二月二十一日，版二。

各黨〈共產黨、青年黨、民社黨等〉之三權內閣制偏好，民國三十五年十二月二十五日所制定的中華民國憲法，乃是外表有五權憲法的架構，國民大會、總統、五院俱全，然而基本精神傾向於內閣制。

政府來台後之大法官會議釋字第七十六號解釋，以國民大會、立法院、監察院「共同相當於」一般民主國家之國會，這背後實有著政治現實之無奈。第二階段修憲後，監察院已成為「準司法機關」。到國發會共識，國民大會之走向變的模糊、混亂。國發會共識中，有關國民大會者有二：一是國民大會代表的總額適度減少，改由政黨比例代表制產生，並自下屆起停止選舉。二是凍結國民大會的創制複決權，人民得就全國性事務行使創制、複決權。

造成上述結果之背景，在於國民黨為顧及五權憲法之完整，民進黨、新黨則強調「單一國會」主張，兩者經折衷後產生了凍結國代選舉，由政黨比例代表制為之，如此則國大已不具其民意基礎，而成政黨意志與政治現實的角力場。或有謂國發會之共識，已形成「國大形式上存在，實質上廢除之國民大會『虛級化』走向。」實則，此時之國民大會還有諸多憲法所賦與的「實權」：〈1〉提出總統、副總統罷免案；〈2〉補選副總統；〈3〉議決總統、副總統彈劾案；〈4〉修改憲法；〈5〉複決立法院所提憲法修正案；〈6〉司法、考試、監察等院院長、副院長、大法官、考試委員、監察委員之同意權。

國發會共識，使國民大會之走向變的模糊、混亂，此因國民大會依政黨比例代表制產生之爭議有二：〈1〉國民大會依憲法實施的為代表人民權之政權機關，既為政權機關，自當由人民選出，不宜由政黨比例代表制方式產生，這不僅剝奪非政黨的廣大人民之參政權，縱使有黨員身分者，亦須聽從黨的人選決定，同樣剝奪各黨黨員的參政權利。尤有甚者，依照政黨比例產生則是赤裸裸的遂行政黨分贓，政黨意志的角力場。〈2〉國民大會諸多職權均為政權機關所行使，使之成為不具民意基礎之機構，一個「非民意機構」的國民大會，又如何行使那些「民意機關」之職能？徒增憲政之矛盾性。

5.削減監察權

依據中華民國憲法第九章「監察」與相關大法官會議釋憲條文規定，監察院所擁有職權：〈1〉人事同意權〈2〉彈劾權〈3〉調查權〈4〉審計權〈5〉糾舉權〈6〉糾正權〈7〉提案權。其中人事同意權在第二階段修憲已交由國民大會行使。本次之國發會在監察院均無代表出席，亦無事前諮詢情形下，將監察院之審計權、正副總統彈劾權、部分調查權〈文卷調閱權〉劃歸立法院。如此一來，監察院所擁有者乃是提案權、部分調查權、糾彈權。從職權削減而言，對監察院是有影響：

〈1〉　審計權改隸立法院之得失：依原「審計法」之規定，審計權乃由審計部獨立行使，但應向立法院提出決算報告。今由監院改隸立院，原精神如不改變，則原監察院委員、委員會所不能參加意見之情形，移至立法院，以其獨立精神，亦非立法委員、委員會所能介入、干預者。故而就審計權本身獨立精神，在監院、在立院無大差別。然就職掌、人事、編制而言，監院是被削弱無疑。

唯若審計權移至立法院，原審計法規能有所修正，則審計權向立院負責，立法院各委員會除原有對預算進行審查外，尚需監控預算執行之過程，至於預算委員會則主掌預算執行之結果，對預算執行結果作更深入之監督，以決定下年度是否再次撥款給相關部門。質言之，審計權若給立法委員、各委員會更大的決算權利，則結合立院原有之預算案審核決定權、立院之行政質詢權、法案審查權，一直到最後決算審核權，形成一氣喝成之完整國會財務監督權。其優點在於避免過去立院預算通過審查後，就如同「斷線的風箏」之缺失，造成預算使用過程和結果都無法監督。審計權歸立院後，以立院原有預算權杜絕預算浮濫編列之功能，加上審計權以遏止政府部門消耗預算等弊端，強化國會看緊人民荷包之職責，有助立院功能完整一貫。

〈2〉 調閱權改隸立院之得失：一般民主國家之調閱權在行使上，約可分行政、立法、司法三種調閱權。其中行政調閱權屬上對下之調查，立法調閱權是因政策、立法之所需的相關調查，監察調查權則是對所有行政機關的監督。本次在國發會共識之立法院調閱權法制化，其所根據者，乃是司法院大法官會議釋字第 325 號解釋：『立法院為行使憲法所賦予的職權，必要時得經院會之決議，調閱文件的原本，而受要求的機關非依法律規定或其他正當理由，不得拒絕。』

立院行使調閱權法制化，實為將立法院已行使中的職權，在憲法中予以明文規定，實並未侵犯監察院監察委員為監督政府各部門是否違法失職而行使之調查權〈包括調閱權〉。故立院將原監院之部分調查權〈文件調閱權〉移出，就監院之精神而言，無損其調查權之行使。

〈3〉 彈劾總統、副總統改隸立法院之得失：經過前三次修憲後，監察院之監察委員產生方式已經改變，乃是由總統提名，經國民大會行使同意權；而非原憲法中，監察委員由省、市議會議員互選產生。故而若仍由監察院之監察委員對總統之彈劾顯有不當。此因，監委是由總統提名，經國大同意任命，而對總統之彈劾權卻是經由總統提名之監委提出，是有制度上的缺失。國發會共識將原監察院之總統、副總統彈劾權，移至立院，就學理而言，應屬允當。唯憲法總統之有刑事豁免權，故而國發會共識，將彈劾總統限定之於內亂罪、外患罪，功能尚有幾何？不無疑問。

綜觀國發會共識削減監察院職權，其「有形」減少非常清楚，唯細究內情：〈a〉彈劾總統、副總統權之移出應為允當。〈b〉部分調查權〈文卷調閱權〉移至立院，並無損監察院本身調查權之行使。〈c〉審計權由監院移至立院，在人事，職掌是一削弱，但移至立院後之功能如何，仍得視審計法之修改幅度、方向而定。

〈五〉地方制度開民主倒車

國發會共識有關地方制度者：1. 調整精簡省府功能業務與組織，並成立委員會完成規劃與執行，同時自下屆起凍結省自治選舉。2. 取消鄉鎮市級之自治選舉，鄉鎮市長改爲依法派任。3. 縣市增設副縣市長，縣市職權應予強化。4. 地方稅法通則、財政收支劃分法應儘速完成立法或修正，以健全地方財政。
以上四點共識中，最引起廣泛爭議討論和普遍重視者，則爲第一、二兩項，論述如下：

1.省 — 「凍省」與「反凍省」

原本應是討論國家發展的國發會，由未開議前之各地分區討論，到大會期間的憲政分組會議當中，單純「省定位」的探討，迅即被炒熱，其中複雜的情緒，不單純僅只是學術論辯而已，尚包括執政黨中生代卡位之「茶壺裡的風暴」，政黨間的統獨情結等。無論其原始動機爲何？但以包裝完美之學術外衣對外展示，却是一致的。

「凍省」與「廢宋」、「削藩」是國民黨中生代「政治鬥爭」的直接標的。中央行政體系的重量級人物紛紛發言，形成行政院〈連戰爲首〉與省府〈宋楚瑜爲首〉槓上的戰局。包括副總統兼行政院長連戰、黨秘書長吳伯雄、考試院長許水德、立委蕭萬長、行政院副院長徐立德、秘書長趙守博、高雄市長吳敦義等人，砲口一致直接指向台灣省政府，並明言主張「虛省」。台灣省長宋楚瑜及其「省府團隊」配合省政總質詢，亦不斷予以強烈反擊，指出「提升行政效率無關廢省，國家體制應有前瞻性」，並提出「反對廢省十大理由」[45]以爲因應，氣勢亦未示弱。無論國民黨內部風暴，抑或政黨之間統獨爭議，均是以學術理論方式提出，故而國發會所做成之「精省」〈或有人從「凍省」、「廢省」角度去解釋〉「凍結省長、省議員」兩大主軸，亦宜有層次的予以探討：首先了解三黨高層的態度、其次爲「凍省」之理由論述，在次爲反對「凍省」之理由論述，最後提出國發會結論之問題，及其解決之道。

〈1〉「省」定位之各黨態度

國民黨：主張「簡化省府層級」、「省虛級化」，其步驟爲「凍結省長選舉」、「凍結省議員選舉」。

民進黨：主張「廢省」。至於廢省後，行政區劃之構想持較開放態度，亦即「三都十五縣」、「大幅改革的六省制〈或稱五省一都〉」、或維持當時地方區劃〈兩直轄市、21 縣市〉均可再討論。

新黨：反對「凍省」或「廢省」，亦反對凍結省長、省議員之選舉。主張明定「省縣權責」、「精簡省府組織」、行政區劃採「一省三市」〈擴大北、中、南三都會區，台北市可將台北縣、基隆市納入；台中市可將台中縣納入；高雄市可將高雄縣納入〉。

〈2〉主張「凍省」之理由：

依據國發會期間各種論述，主張「凍省」之理由包括：

a. 避免疊床架屋：中華民國中央政府主權所轄之區域與台灣省太過重疊〈中

---

45 「反對廢省十大理由說帖」，詳見，台南，中華日報，民國八十五年十二月十五日，版二。

央政府=台灣省＋台北市＋高雄市＋福建省金門縣、連江縣〉。若以民國三十八年以前，一個中央〈行政院〉下有35省、13院轄市、2地方，尚稱妥當。現今一個中央〈行政院〉下僅有一省兩市及福建省之兩縣，大而不當。

b. 提升競爭力：現代商業契機瞬息萬變，四級政府下，拖延時間，耗時費事，公文呈上轉下，不合節約快速原則，凍省則可簡化層級，增加行政效率，提升競爭力。

c. 避免「葉爾辛效應」：又有兩種說法；甲說以省長、總統皆由民選產生，省長若在得票數上超過總統，難免在氣勢上產生「逼宮」效應。乙說以總統、省長皆民選產生，若在意識形態上有差異，中央對省將難掌握，形成「一國兩區」之現象。

d. 避免浪費：政府要再造，必須行政精簡，以「減肥」方式減少支出，而台灣省之預算達3,600億元，對政府財政亦是一大負擔。

e. 符合國父遺教：國父中山先生的地方自治概念，是以「縣」為地方自治的單位。

〈3〉反對「凍省」之理由：

依據國發會期間各種論述，反對「凍省」之理由包括：

a. 歷史情感：台灣建省，源自於清光緒年間，有其時代精神和價值，故不宜遽言凍省或廢省。

b. 避免統獨爭議：當前自由地區民眾隨刑法100條「內亂罪」之修改，只要不訴諸於暴力脅迫，「台灣獨立」之各種主張均屬「思想自由」或「言論自由」範疇，但強調廢省，易於引發民眾台獨之疑慮，亦將直接、間接引發統獨論戰，對內部團結、兩岸關係均是未蒙其利，先受其害。

c. 無所謂「葉爾辛效應」：依憲法之精神，總統、省長分別為代表中央與地方，彼此之憲法地位明確。舉凡事權屬之中央者，如國防、外交、軍事，均非地方政府所能觸碰；而就財政、內政則有分別牽涉到中央與地方之共同執行、協調。此皆非「葉爾辛效應」，如省長出國，僅是締結「姐妹省」，而非總統外交之締結邦交、簽訂條約之屬。同樣者，省長本於其關心地方之省政建設，對中央要求財政補助、警政警力支援，亦只是表達方式之「分貝較高」，以提醒中央之重視，何來「逼宮」？又如何「逼宮」？「葉爾辛效應」乃言過其實，與事實不符。同時在依憲、依法各司其職下，亦無「一國兩區」之事實，認為此說沒有民主概念、以情緒言詞字眼表達，獲得一部份民眾的直覺認同，但無事實存在。

d. 依據憲法、省縣自治法，台灣省為一自治體，為公法人身份。凍省、凍結省長、省議員之選舉、違反民主基本原則 — 地方自治的發展。故凍省無異開民主倒車。

e. 民眾反對之比例高，無人可剝奪省民對「台灣省」之保留，及停止省長、省議員之選舉。根據國發會期間民調顯示，「廢省」未獲共鳴，反廢省者四成二，贊成廢省者二成七，省長宋楚瑜個人聲望亦居高不下，滿意民眾達七成七。[46]國發會後之國民黨中央委員選舉，宋省長人在國外，仍以最高票當選。可見「省」、「省長」之評價，未被國人所棄，故不宜「凍省」。

f.「凍省」、「省虛級化」、「省非公法人」將造成中央集權、集錢，違反憲法均權原則，故而不宜「凍省」或「虛省」。

g. 增加行政效率之最佳途徑，是「簡併各級政府中之組織」與「汰除冗員」，而非「凍省」、「凍結省級選舉」。

h.「縣」爲地方自治單位，並未足以否定「省」就不是地方自治單位。

i.「四級政府」變成當局施政挫敗，競爭力減退之代罪羔羊；觀之以同樣的「四級政府」在過去有爲有守的政府下，照樣的創造了「台灣經驗」、「台灣奇蹟」。此因往昔主政者勤政愛民、自奉簡約、力行革新社會勤儉、節約風氣，而有「梅花餐」、「十大革新」；且用人得當，如尹仲容、李國鼎、孫運璿等睿意於台灣經濟發展。反觀，當下主政者之「三頭鮑」、「五百元便當」、「世紀大婚禮」競相奢豪，施政成績不彰不可以「四級政府」爲推諉藉口。

j. 廢省而可減少國家支出者有限：中央以不實的論述強調；「台灣省之預算達 3,600 億元，若「凍省」，對政府財政可減少大負擔。」其實是非常錯誤的誤導民眾說法，此因省府年度預算 3,600 億元預算中，三分之二強是補助縣市款項及公共建設，另有 460 餘億元負債利息支應，與省屬學校之人事與行政經費 800 餘億元，這些無關是否「凍省」均需支付者。真正省府開支只有 32 億元，但省府員工經費無論未來是併入中央部會，抑或縣市單位，其職級薪給也一文不能減少。故最後廢省後，真正能減少者實有限。

〈4〉「凍省」之問題與解決之道：

國民黨高層之「廢宋削藩」與民進黨高層之「廢省」，乃是殊途同歸，其焦點一致，故一拍即合，聯手進行「凍省」之工程。國發會期間，「凍省」與「反凍省」之主張，發言盈庭，概如前述，學術理論上或有其「仁智之見」，然而國發會「凍省」、「凍結省級選舉」之共識，背後之真正企圖，乃是政治角力之痕跡。平情而論，「凍省」是先有結論，再找決策，典型之「爲達目的不擇手段」，「爲凍省而凍省」。

一個有趣觀察的指標：國發會「凍省」喊得滿天價響，唯從國民黨高層到行政院業管之內政部〈民政司〉，無人知道「凍省」怎麼做？如何做？沒有決策，沒有計畫，沒有方案，只有口號〈「凍省」兩字〉，反正「先凍第一，其他以後再說」，決策之粗糙，堪稱民主國家一大奇蹟。國發會從民國八十五年十二月二十八日閉幕，台灣省政府員工不知前途爲何？人心惶惶下，到了八十七年七月一日，組成「自救會」，然而中央的凍省後續全套計畫爲何？從八十五年國發會結束，到八十六年第四次修憲，到修憲滿一年的八十七年，中央部會的落實「凍省」

---

46 台北，中國時報，民國八十五年十二月十五日，版四。

全盤計畫完全不見蹤影。這暴露出整個凍省過程的粗糙、違反民主精神；亦即這樣一個憲政體制上的大案子，是沒有經過事前完整評估、詳細規劃，就先執行。正是意識形態掛帥、政治角力惡鬥下的產物。

細究地方制度發展，如欲提高行政效率，防止疊床架屋之組織架構，則凍省、凍結省級選舉並非最佳方案，較佳之作爲如次：

a. 簡併省府廳、處層級，落實分層負責、逐級授權，免除公文旅行、以提升行政效能。

b. 提倡中央、地方各級公務人員簡樸生活，避免政商掛鉤、奢侈風氣。

c. 考量行政區劃之落實，或可採「一省三市」，擴大台北市、台中市、高雄市三大都會區之範圍，一則平衡區域發展，再則有效縮減台灣省之範圍〈大台北市含台北市、台北縣、基隆市，近 700 萬人口；大台中市含台中市、台中縣近 200 萬人口；大高雄市含高雄市、高雄縣 200 萬人口，則台灣省僅有 1,000 餘萬人口，形成犄角爲四，較鼎足而三更穩固矣。〉如此則無與中央太過重疊之慮。

d. 明確省縣權責，修正「省縣自治法」、「財政收支劃分法」。政府缺乏效率之一，在於中央過度之集權、集錢，有待調整使地方權限明確化，上下層級轉化成分工並進，則效率自能彰顯，而地方自治亦得以落實。

2.鄉鎮市 — 「官派」與「民選」

國發會做成「取消鄉鎮市級之自治選舉，鄉鎮市長改爲依法派任」共識，這將使台灣地方自治嚴重開倒車，又回到光復之初〈民國三十五年二月至十月〉，台灣省行政長官公署〈省政府前身〉時代之由縣市政府委任鄉鎮市長。此一國發會共識亦引發社會各界及學術界正反意見紛陳。依媒體當時訪問國發會全體委員意見調查，贊成鄉鎮市長改官派者顯然居多數，高達 74.59%，維持鄉鎮市長選舉者 6.56%，其他或無意見者 18.85%。[47]另於國發會期間，同時間所召開的「全國鄉鎮市長地方自治研討會」〈由台灣全省 309 鄉鎮市及福建省金門縣、連江縣，總共台、閩 319 個鄉鎮市長組成〉會長蔡郁男〈台北縣五股鄉長〉發表聲明，贊成鄉鎮市長改官派。綜合各方意見，贊成國發會「鄉鎮市長改官派」者，其理由如次：

〈1〉 目前全省 309 鄉鎮市長，3,851 名鄉鎮市民代表，單是人事費每年就要支出達 47 億，而代表會本身每年預算數合計高達 76 億元，鄉鎮市入不敷出是四級政府最嚴重者。

〈2〉 中央及省政府對鄉鎮市這級自治政府的財源與權限綁的死死的，有自治之名，無自治之實。自主財源分配平均只有 35%，沒有建設經費，又處處受到代表會牽制。各鄉鎮市長都像「穿西裝的乞丐」，環保及路燈經費幾佔各鄉鎮市公所支出一半以上，遑論重大建設。

〈3〉 減少「黑道治鄉」、「民代圍標」之黑金政治危害。代表會取消可以減少黑道人士介入政治的起步。而鄉鎮市長派出化亦可減除派系之對

---

[47] 台北，自由時報，民國八十五年十二月二十日，版四。

立。

〈4〉 台灣目前「選災」為患，選舉幾乎年年無休止，且不止一項，每一次選舉都被朝野政黨視之為「政權保衛戰」，地方派系影響力快速膨脹，加速腐蝕地方政經資源。如採派出化，則可節省社會資源，也可還給民眾一個安寧空間，不致每到選舉便造成社會的動盪不安。

前述各項原因為支持鄉鎮市長改官派之主因，要而言之，經費財源、黑金政治、派系政治、選舉風氣成為取消鄉鎮市地方自治主要考量因素。然而一個逆向思考：「鄉鎮市長民選」造成這些弊端，「鄉鎮市長改官派」是否就可以改善經費財源、黑金政治、派系政治、選舉風氣？恐怕答案還是否定的。

「經費財源」之問題在「財政收支劃分法」分配之不合理。與鄉鎮市長民選、官派無關，非因官派即可立即解決。

「黑金政治」之問題在於如何有效規範「選罷法」中訂立相關規範事項與罰則、選民素養之提升、強化政黨提名上。台灣現有的各項選舉〈村里長、縣市長、縣市議員、立法委員、總統選舉等〉，早已有黑金政治之存在，卻將弊端歸之於鄉鎮市長選舉，難道鄉鎮市長改官派就沒有黑金政治之問題？

「派系政治」之狀況與黑金政治相同，只要有各級選舉，即有派系存在。鄉鎮市長改由各縣市長派出，縣市長本身即為派系，鄉鎮市長難保不成為縣市長選舉酬庸，而此時政治最可怕的「全縣一派」、「一派獨大」 — 道地的「縣市長派」儼然形成。

「選舉風氣」之問題在於規範「選罷法」與提升選民素質上。若謂選舉次數太多，解決方式應為併辦相關選舉，減少次數。民主之可貴，在於「地方自治」之落實，豈有為省錢而棄鄉鎮市地方基層選舉如敝屣？

上述在說明「鄉鎮市長官派」之各項理由，看似有理而皆不合其理。台灣幾十年來選舉，包括鄉鎮市長選舉在內，必須正視之問題所在：

〈1〉 徹底檢討「財政收支劃分法」，去除各級政府〈尤其中央政府〉之本位主義，以期合理化使鄉鎮市之自有財源充裕，落實地方自治。

〈2〉 重新檢討地方基層之鄉鎮市公所職官分位，提高基層地方公務員職等，吸收優秀人才回鄉服務，並留住好的人才，避免「劣幣逐良幣」之缺失。

〈3〉 修改「選罷法」以防杜黑道參政。有關避免黑道參政，在選罷法上可增加兩個條文〈或稱「反黑條款」、「黑道終結條款」〉，防止黑道利用競選公職漂白。即選罷法第 34 條，增訂：「犯以強暴、脅迫為要件之罪；或因槍砲刀械、毒品而犯罪，經判處三年以上有期徒刑確定，尚未執行，或執行完畢後未逾十年者，不得登記為候選人。」另增：「受流氓管訓處分之裁定確定，尚未執行或未執行完畢，或執行完畢後未逾十年者，均不得登記為候選人，受管訓處分達兩次以上者，終身不得登記為候選人。」[48]

---

[48] 台北，聯合報，民國八十四年一月二十二日，版二。

〈4〉 修改「選罷法」以防金權政治、選風敗壞。以下方向應爲可行者：a.將違反競選經費上限者之罰則加重。或規範「當選無效，其已就職者，撤除其當選資格。」觀之以英國、日本等之國會議員就職時，必須宣誓其所報競選經費屬實，如查獲所報經費不實，則予以撤銷其國會議員資格。b.強化「政治獻金」之罰則，一則達到公款法用，再則可將競選者之財物狀況透明化，鼓勵落實小額捐獻，防杜財團、金牛之賄選情事。c.除了法規條文而外，吾人深知「徒法不足以自行」，尤須提振選民之自覺意識，認清買票候選人之人格污點，和其對政治的腐蝕、金權的橫行之缺失，拒絕投票給彼等，以期改善選風。

綜言之，國發會之共識，停止鄉鎭市長選舉，改爲官派，所持之理由均値商榷。有如庸醫，未能針對病灶提出正確之良方，反而誤治造成貽害。國發會未能深究黑金、派系、選風之根源所在，將之強加於「鄉鎭市長選舉」之上，不僅毀了地方自治之基礎，也是開民主之倒車。

五、國發會的小結

有關國發會全本鬧劇描寫最爲傳神者，莫過於黃年先生之分析：[49]

> 一、宣告當局沒有「底線」；二、廣徵各界意見，舉辦巡迴座談，號召全民皆作「國策顧問」；三、然而國民黨中常會未見討論，大多數重量級人士皆未預聞；四、國發會前夕，突然公開宣達「基本立場」，宛如「從天上掉下來」一般；五、國民黨內有人質疑決策過程的民主性，遂在會議前夕挑燈夜戰，舉行黨內座談；六、此時眾人驚覺，原來「基本立場」既非出自黨內民主決策過程，更非巡迴座談、專題討論的結果，而是由兩三名「御用智囊」的閉門造車之作；七、接著，立刻有人放話：「誰敢反對！」一片肅殺氣氛；八、當局欽點的「國王人馬」，在會中為這一套「基本立場」全力護盤；九、以政治餌料餵飼最大在野黨，進行政治分贓，以便用體制外力量挾持體制內的運作；十、最後，向全國報告，已經實現「主權在民」的又一勝利。

以上寥寥數語，將國發會的來龍去脈、全部的過程、特色，傳神的點出。國發會共識的整個未來修憲方向：「改良式混合制」，另國內憲法學界的學者一片錯愕之聲，其中充滿學理矛盾，張冠李戴等現象，不一而足。國發會的「共識」，來自兩黨高層的權謀分贓；而彼等對外強調「國發會的共識不得改變」，更屬千古奇譚。國家的母法 — 憲法，都可以透過體制內的修憲機制依法定程序修改，豈有一個體制外會議的「共識」，一點不得更動？

從國發會的經過、國發會的共識當中，展現過多的政治角力，往往理不勝其辭。一般憲法學理有其專業性，社會大眾或不易了解其中精義，主政者掌握諸多公器，對外強力放送，挾所謂「社會主流」之力，將外界義正辭嚴的評論，指爲「反對改革」、「既得利益者」、「守舊保守派」，以貼標籤、戴帽子，妄圖遮

---

[49] 黃年，李登輝的憲法變奏曲〈台北：聯經出版社，一九九八年一月〉，頁二八二 — 二八三。

掩幕後的卑劣行徑。明爲瓦解地方自治，開民主倒車，其解釋已解決行政效力低落、黑金政治、地方派系等問題。主政者不惜以修憲爲其不守憲解套，在國民黨中常會誇言：「這是有史以來最成功的一次會議」，如此荒腔走板、自得意滿之語，會中豈有一、二諤諤之中常委？千百年間，「指鹿爲馬」恍如再世，卻爲憲政史留下幾許無奈與反諷。

第九章　第四次修憲

一、第四次修憲召開的緣起

民國八十六年五月五日起召開之第三屆國民大會第二次會議，至七月十八日完成了第四次修憲。

第四次修憲就朝、野兩大政黨高層而言，在於將國發會的共識加以落實。唯國發會之共識，在憲政體制上破壞程度極大，致使本次修憲前後，引發社會各界極大關切與不滿，各種討論爭議紛至沓來。此期間，不僅憲政議題嘈雜喧騰，社會上的重大公共安全事件亦是層出不窮 — 劉邦友血案、彭婉如命案、白曉燕命案，引發「五0四爲台灣而走」、「五一八大遊行」，以「總統認錯、撤換內閣」爲訴求之民間吶喊聲音響徹雲霄。

此時，乃有部份之輿論聲浪要求當此之際，推遲修憲之議。然國民黨高層李登輝修憲意志堅決，不爲社會反對訴求所影響，結合民進黨高層許信良主席，強渡關山，不因各該黨內反彈之意見、社會振聾發聵之聲響而卻步。歷經兩個多月的陽明山中山樓國代混戰，終於完成了 11 條增修條文。

第四次修憲，不僅過程火爆，枝節橫生，國民黨、民進黨內部爭議不休，社會各界抨擊不斷，修憲內容之可議處更多。以下分就第四次修憲過程、內容、評析等，逐項討論本次修憲對國家憲政之破毀與影響。

二、第四次修憲的過程

〈一〉朝野政黨修憲初稿研擬

國發會於民國八十五年十二月二十八日閉幕，國民黨主席李登輝隨即指示於三十日在國際會議中心，邀宴國民黨副主席、中常委、考監兩院正副院長、黨籍立委、國代、省議員、行政院各部會首長、省府一級主管、黨部中央工作會主任等 400 餘人，宣達交付落實國發會共識，共同推動國家「第二階段憲政改革」。李登輝並表示：『會議的結束，正是行動的開始，我們應將國發會的共識轉化成政策，加以落實，希望從政同志能顧全大局，因應調適，全力以赴，把握國家發展與國民黨再造的契機。』[1]。是顧全大局？抑或顧全私意？至明矣。

國民黨第十四屆中常會第一六五次會議，於民國八十五年十二月三十日，迅即通過李登輝主席交議之「修憲策劃小組」成員：連戰〈擔任召集人〉、俞國華、邱創煥、蔣彥士、劉松藩、宋楚瑜、辜振甫、吳伯雄、許水德、黃昆輝、錢復、徐立德、吳敦義、陳田錨、劉炳偉、陳健治、蕭萬長、王金平、陳金讓、謝隆盛、饒穎奇、丁懋時等 22 名，並由中央政策會負責幕僚業務。

國民黨修憲策劃小組成立後，於民國八十六年二月十三日召開首次會議，通過於策劃小組下成立「諮詢顧問小組」，成員 61 人，由國代、立委、學者專家及黨政相關部門主管組成，由立委蕭萬長先生擔任召集人，共同參與修憲研議工

[1] 台北，中央日報，民國八十五年十二月三十一日，版一。

作。[2]諮詢顧問小組之下，再依議題之性質設三個研究分組，分別研擬修憲建議方案。

距料，二月十三日，國民黨修憲策劃小組的首次會議，中央政策會執行長饒穎奇即表示，修憲條文已經擬好，每個擬出的修憲條文都有三種版本，供策劃小組討論決定。外界頗有饒之說法，代表國民黨版內容已經敲定。[3]至四月二日，台灣省參與修憲諮詢顧問小組官員〈副省長吳榮明、民政廳長陳進興、法規會主委邱聰智〉以經歷一個多月的開會過程，發現中央對會議「早有定見」，省府參與討論僅具被告知、背書之功能，台灣省政府乃決議全面退出國民黨內之修憲會議。[4]

修憲策劃小組，由二月十三日至四月十五日，兩個月期間共舉行 11 次會議，另諮詢顧問小組舉行 12 次會議，各研究分組舉行 13 次會議，經擬具之國民黨版修憲草案，其內容包括：修改憲法體例、國民大會制度改革、總統與五院關係、地方自治等 4 大課題。國民黨對修憲的構想是，將不修改憲法本文，僅就目前憲法增修條文規定，配合國發會共識修正，名稱仍沿用「中華民國憲法增修條文」。

國民黨修憲策劃小組所提之研究結論，經於八十六年四月十六日，提報第十四屆中常會第一七六次會議，以及四月二十八日，第十四屆中央委員會第二次臨中全會決議通過，作爲國民黨對第三屆國大第二次會議修憲之重大決策。李登輝主席並於四月二十五日，對黨籍國代表示：『這是最後一次修憲，再努力一下吧。』『可能不會再有修憲了。』『國發會並沒有考慮到個人，總統要擴權幹什麼？總統在直選後，事實上應該給總統實際的力量，而不是擴權，大家都是過去的習慣講的太多了。』李氏並指本次修憲有兩個目的：『第一是政局安定。政局不安定，國家怎麼能發展？第二是國家競爭力的提高。』[5]國民黨版修憲案於焉告成。

最大在野黨民進黨的修憲版本，由民進黨之國大黨團進行作業。民進黨並以落實國發會結論，將從修憲和修法同時進行。有關修憲版本經民進黨主席許信良及國大黨團幹部，派系代表等，在四月二十四日確定以「雙首長制」、「總統制」兩個版本，均以增修條文方式修憲。其中，「雙首長制」是按照國發會共同意見提出；「總統制」則是以美國總統制爲藍本。兩個版本經送全黨代表的國大黨團討論通過，再送到民進黨中央決議後，確定民進黨黨版修憲草案。

---

[2] 第四次修憲國民黨「諮詢顧問小組」成員：

1. 從政主管：馬英九、葉金鳳、蔡政文、趙守博、林豐正、廖正豪、黃大洲、姜豪、吳榮明、陳進興、邱聰治、林鉅銀。
2. 黨務主管：洪玉欽、許文志、蔡璧煌、劉泰英、鍾榮吉、簡漢生、丁守中、黃昭順。
3. 學者專家：田弘茂、黃德福、彭錦鵬、陳新民、鄭又平、周育仁、劉孔中、柯三吉、許慶復、蘇永欽、朱新民。
4. 國大代表：莊隆昌、謝瑞智、荊知仁、陳健銘、沈銀和、蔡志弘、廖榮清、黃澎孝、張光輝、劉德成、吳國重、劉憲同、徐守志、陳子欽、呂學樟。
5. 立法委員：蕭萬長、洪昭男、鄭逢時、黃主文、高育仁、洪性榮、曾永權、劉光華、潘維剛、莊金生、陳瓊讚、林志嘉、廖福本。

[3] 台北，聯合報，民國八十六年二月十四日，版二。

[4] 台北，聯合報，民國八十六年四月三日，版二。

[5] 台北，聯合報，民國八十六年四月二十六日，版六。

民進黨國大黨團總召集人張川田對提出兩個版本，認為「這是擺平黨內很多派系的結果。」此因民進黨最早提出的「台灣憲法草案」就是主張「總統制」，且民進黨內對國發會共識之「雙首長制」有不小的反彈力量，故而提出兩個版本，較能通過黨內 21 人修憲顧問小組。依民進黨內的憲法策略是：先提出「總統制」憲改版本與國民黨協商；萬一國民黨方面不接受「總統制」之憲改版本，民進黨再提出國發會共識之「雙首長制」版本。民進黨提出兩個修憲版本，正顯示其內部路線派系之分歧，該黨正義連線會長，也是立法委員的沈富雄即認為這種作法只是延緩派系之間的戰火而已。沈富雄並批評：『民進黨提兩個版本是很不恰當的作法，因為民進黨中央〈憲改主導者黨主席許信良、國大黨團召集人張川田、幹事長李文忠、立委張俊雄、林濁水等〉其實要的是雙首長制，而總統制則是應付黨內一些人，所以制定時顯得很粗糙。』沈委員並表示，至少有 40 位民進黨國代非常堅持總統制。[6]正因民進黨內部無法整合出一部修憲版本，也突顯本次修憲不僅黨際競爭，黨內也有激烈抗爭是不可避免。

〈二〉第三屆國代政治生態分析與政黨合作時代

民國八十六年五月五日，第三屆國民大會第二次會議正式集會，進行第四次修憲工程。而攸關本次修憲的國民大會各黨實力之政治生態，已與第二屆國民大會政治生態有顯著差異。第二屆國代之國民黨掌握四分之三以上席次，而可取得一黨修憲之優勢；第三屆國代情勢已改變，在總數 334 席的總席次中，國民黨佔 185 席，民進黨 100 席，新黨 46 席，綠黨 1 席，無黨籍 2 席。本次選舉結果三黨消長，國大生態丕變：國民黨席次率由第二屆的四分之三多 10 席〈八成〉，跌至二分之一多 16 席〈五成五〉；民進黨由原先二成席次，提高為三成，繼續確保最大反對黨地位，新黨席次則由 3 席增加為 46 席，佔總額一成四。

三屆國代選舉的結果，顯示一黨修憲已成過去，政黨合作修憲的時代已經來臨。國民黨在第三屆國代中，僅保持過半之優勢，但在憲法規定「三分之二以上代表出席，四分之三以上決議」的特別多數決嚴格修憲門檻，沒有任何一個政黨有完全掌控修憲主導權之能力，政黨間的合縱連橫將是主要變數。就通過修憲所需的票數，則國民黨與民進黨結盟為最有可能；國代修憲成案須總數四分之三，亦即 251 席，但以國民黨聯合新黨只有 231 席，民進黨聯合新黨更只有 146 席，唯有國民黨聯合民進黨合計 285 席，才有可通過修憲門檻。質言之，第三屆國代之政治生態，沒有任一政黨可單獨修憲，只有國民黨與民進黨的聯合，或國、民、新三黨的聯合始有可能修憲，而民進黨若與新黨聯合杯葛，則國民黨之修憲案無可能通過。

本次修憲主軸在於國民黨與民進黨，另新黨亦以在修憲不缺席的態度，積極尋求與其他兩黨之對話。因而乃有國民黨與民進黨、民進黨與新黨、國民黨與新黨之間的對話協商模式，分述如下：

1. 國民黨與民進黨之間的協商：從五月一日起至七月中旬止，兩黨國大黨團與黨團的協商共計 16 次〈五月一日、三日、十二日、十九日、二十一日、二

[6] 台北，聯合晚報，民國八十六年四月二十七日，版二。

十二日、二十六日、二十八日、三十日，六月十四日、十六日、十八日、二十日、二十五日，七月八日、十四日。〉兩黨黨中央與黨中央的協商共計 4 次〈六月一日、四日、八日、十日〉。

2. 國民黨與新黨之間的協商：兩黨國大黨團與黨團的協商共計 5 次〈五月九日、十六日、二十一日、二十三日，六月十五日〉兩黨黨中央與黨中央的協商共計 1 次〈六月十日〉。

3. 民進黨與新黨之間的協商：兩黨國大黨團與黨團的協商共計 3 次〈四月十七日、二十四日，五月二日〉。

〈三〉大會開幕到一讀會完成〈五月五日至五月二十日〉

本次國民大會於五月五日起集會，收受之修憲提案共計有 128 案。五月十二日原本排定由李登輝總統提出國情報告，並聽取國代國是建言，卻因在野黨柔性抗爭，提前散會，致未如期進行，創下前所未有之先例。

五月十四日，第五次大會起，進行第一讀會提案人說明及大體討論。此時朝野兩大黨內部對各自政黨所提修憲案均有不滿意者，而有風雨欲來之勢；國民黨祥和會於五月十六日決定自提會版修憲案 — 「反凍省」。民進黨部分立委、國代在施明德主導下，於五月十九日，發起連署推動「總統制」；另民間之台教會、澄社、社會團體於五月十八日成立「民間監督憲改聯盟」，主張總統制，持續批判憲改。

國大甫經開議，衝突紛擾不斷，議長錢復雖盡全力維持會場秩序，卻左支右絀，未被尊重，在無力感下有意請辭，經朝野黨團慰留乃打消辭意，留下「國大打架即辭職」之但書，言猶在耳，五月二十日，大會正在切蛋糕慶賀就職一週年，不旋踵間，即因民進黨國代陳婉真發言指控該黨黨團幹事長李文忠收受副議長謝隆盛所借貸 500 萬的「修憲費」，雙方約定只要修憲通過就不必還錢，接著新黨國代李慶元發言附和之，引發在野黨國代打群架，爆發嚴重肢體衝突。這是本次會議第一次大型打群架事件。本日第九次大會完成第一讀會所有程序後，128 個修憲案即交付審查委員會之審查。

〈四〉付委審查之經過〈五月二十一日至六月七日〉

審查委員會對於本次會議之修憲案提案審查工作，分為三個階段進行：1.修憲審查委員會進行修憲案大體討論。2.審查小組進行修憲案審查。3.修憲審查委員會進行修憲案綜合審查。

五月二十一日修憲審查委員會開始審查，迄六月七日結束，歷時 14 天，共舉行修憲審查委員會議 9 次，各審查小組會議次數則不一。國民黨、民進黨中央為順遂修憲之進程，分別於六月一日、四日，舉行第一、二次協商。所有大會交付審查委員會審查之修憲提案 128 案，全部審查竣事。總計通過 47 案，86 項修憲條文，包括朝野三黨黨版修憲案均付二讀。而在付委審查期間，兩黨內部、學界反彈聲浪四起。

就民進黨而言，黨的內部意見兩極，爭執不下，五月二十二日民進黨中常會決議以「兩案併陳，一次投票。」然而除 A 版總統制、B 版雙首長制併陳外，又出現「C版」、「協商整合版」，脫軌現象嚴重。許信良主席於五月二十九日，公佈民進黨「修憲萬言書」，指出「不要成爲反改革的歷史罪人」，引發民進黨內部、學界之強烈反彈。五月二十九日由政大江炳倫教授發起的400名學者連署並刊登廣告，反對雙首長制，連署最後擴大到2,000人以上。

就國民黨而言，省議員串聯國代，於五月二十七日連署「反凍省」，次日中常會後，李登輝主席約見省長宋楚瑜、省議長劉炳偉，要求彼等支持憲改工作。李登輝面對要求停止修憲聲浪，與黨內反彈，採取強烈整合內部之作爲，指示文工會加強宣傳黨版修憲案，並全面動員國民黨籍縣市長、21縣市黨部主委出馬，期逐一化解反凍省勢力。這一發展態勢，可得知進入二讀會後之強烈衝擊必然嚴重。

〈五〉付委通過到二讀會前〈六月八日至六月十九日〉

六月七日付委通過後，到六月二十日始將進入二讀會。於是在這兩週之間，各黨的縱橫協商不斷。首先是六月八日，國民黨與民進黨中央第三次協商，爲配合國大於六月十日下午截止收受修憲提案的日程規定，期提出雙方共識之修憲案版本，展開從八日下午四點一直持續到翌日上午七點，長達十五小時之「馬拉松談判」〈輿論有稱「瞌睡中修憲」〉，然以民進黨堅持停止五項選舉，否則有關中央政府體制之同意權、解散權、倒閣權將予保留。最後雙方仍無法達成預期之共識。

國、民兩黨中央於六月十日進行第四次協商，民進黨仍堅持必須停止五項選舉，以面對內部推動總統制人士，而國民黨亦感受到五項選舉的讓步，引起國代、地方基層人士的強烈反彈，頗有「割地賠款」的指責壓力，故在政策雖然仍傾向停止五項選舉，但認爲仍須根據政治現實反應，進一步研究後再議。[7]於是兩黨協商宣告破裂，由於面對各自黨內強烈異見紛爭之下，在當時對於未來修憲的發展，其實都已失去信心，而有了最壞打算之可能。[8]

此外，國民黨與新黨之黨對黨協商，於六月十日晚間舉行，國民黨期藉此次避免新黨在議事會場的可能抗爭與杯葛，以促使修憲順利進行。然而新黨在協商中，提出建立權責相符的8項基本主張之憲政體制〈1.行政院爲最高行政機關，行政院長爲最高行政首長。2.立法院對行政院長之同意權不可取消。3.軍政軍令一元化，國安局歸行政院指揮，國安會不入憲。4.維持憲法100條規定，監察院有對總統、副總統行使彈劾權。5.司法、考試、監察三院預算獨立。6.精簡中央、省府組織。7.立即停止修憲。8.政黨、學者、社會人士共組「修憲策劃小組」〉。另一方面，國民黨秘書長吳伯雄則闡述該黨修憲基本主張，並表示願將新黨意見向李登輝主席報告。會談結果，未達任何具體結論。此時亦因國、民兩黨中央第四次協商破裂，雙方都須全力應付各自黨內之歧見，六月十日以後，三黨彼此間雖然都聲稱願意重開「黨對黨」談判，但除了恢復國大黨團協商外，之後一直到

[7] 台北，中國時報，民國八十六年六月十一日，版二。

[8] 陳滄海，「憲政改革與政黨協商—民國八十六年修憲政黨協商紀實」，近代中國雙月刊，第一二二期，民國八十六年十二月二十五日，頁一三四。

修憲完成前，任何一方都未再與他方繼續高層之協商。

六月十三日，國民黨舉行修憲策劃小組會議，確定十四日起恢復的國、民兩黨國大黨團協商〈六月十四日、十六日、十八日、二十日、二十五日之密集協商〉。六月十三日，國大程序委員會決定將所收到之 177 件國代提出的修憲提案修正案進行討論。並確定將 32 件不符合形式要件的修正案退回，不予處理。六月十六日，國民大會針對修憲審查委員會提報大會欲進入二讀會之 47 件提案，86 條條文，進行確認，連同朝野國代所提出通過的 152 條修憲提案修正案，一併進入二讀會議議程。

在此二讀會開議之前，一方面，國、民兩黨在協商，另一方面，兩黨內部、學界持續擴大反彈。民進黨「總統制聯盟」於六月十日召開記者會，發表「打瞌睡達成的共識」抗議聲明，強烈抨擊國、民兩黨的協商紀錄，砲轟許信良主席打壓總統制，警告民進黨中央不要跟國民黨私相授受，否則將採「慘烈」的抗爭方式。聯盟發言人陳儀深表示：『民進黨又不是列寧式政黨，為何朝野協商代表都由黨主席一人指定？』[9]六月十八日，推動「總統制聯盟」要角立委沈富雄和總統制聯盟的國大代表聯繫，全力支持凍省修憲條文通過，至於中央政府體制則暫時留待第二階段修憲再談。此乃為呼應五月二十二日陳水扁提出的「兩階段修憲論」。

至於國民黨內部之反彈，六月十八日宋省長在省政總質詢對國大進行「心戰喊話」，以集結反凍省勢力，要國代拿出「最大的智慧」來修憲，避免修出「頭痛醫腳」的憲法，產生更大的後遺症。同一時間，積極反對凍省的國大次級團體「祥和會」成員，研商修憲進入二讀會以後之因應對策，決定暫時不推動國大休會，支持黨版行政院長不經立法院同意條文，但仍堅持「反凍省」。祥和會法政小組召集人呂學樟表示，仍堅持省長官派、維持省議員選舉，保留省自治法人地位。[10]

學術界之反彈持續進行，由政大教授江炳倫發起的「學術反憲改聯盟」連署，到六月十五日已突破 1,000 人，彼等希望修憲行動能夠暫緩一、二年，等憲政得到充分討論之後再修改。並於台北市大安森林公園露天音樂台舉行「發揮學術良知、反對修憲擴權」靜坐演講。六月十八日，江炳倫等 8 位學者，前往陽明山國大會場向議長錢復等人遞交學界千人連署書，並提出學界的修憲建言。此時，民進黨國代鍾佳濱質問江到國大的身分及「對台灣民主的貢獻」，江炳倫一度動怒，並回以「為修憲我寫了三百多篇談改革的文章，你在哪裡？我為台灣民主奮鬥的時候，你還沒出生呢！」隨即拂袖而去。[11]

〈六〉二讀會到三讀修憲完成〈六月二十日至七月十八日〉

六月二十日，國大修憲正式進入二讀會，朝野政黨均發出「甲級動員令」。國民黨李登輝主席於六月二十日晚宣布修憲任務分工，二十一日中央組工會即連

---

[9] 民進黨「總統制聯盟」召開記者會之內容，參見台南，中華日報，民國八十六年六月十一日，版二。

[10] 台北：自由時報，民國八十六年六月十九日，版二。

[11] 台北：中國時報，民國八十六年六月十九日，版二。

夜趕製出詳細之動員分工表，依組織動員部門每天彙整國代意見，分由黨務、行政、黨團及其他等四大部門分工表，依需要一一化解。黨務系統由中央黨部秘書長吳伯雄統一指揮，率全部 21 縣市黨部主委上山；行政系統由行政院秘書長趙守博統一指揮；國大議場現場由國大工作會主任莊隆昌、黨團書記長陳子欽進行議場調度；其他系統由總統府秘書長黃昆輝專責指揮。黨中央並於陽明山設前進指揮所，由吳、趙、黃輪值，以因應各種狀況處置。

就民進黨而言，黨主席許信良也以要求黨團發出甲級動員令，準備隨時配合將兩黨共識部份通過。就新黨部分，亦已強力動員，並多次強調，如果國、民兩黨強行表決，新黨不排除採取較激烈的模式杯葛議事，以突顯對兩黨輕忽民意，草率修憲的不滿。[12]

六月三十日起，國大二讀會由全體討論進入逐案討論、表決階段。又因六月二十五日，國、民兩黨黨團協商，達成 14 點共識，獲得突破性發展：1.總統選舉方式：以絕對多數產生之。2.行政院長之任命，取消立法院同意權。3.解散權。4.倒閣權 5.覆議權：經立法委員二分之一以上決議維持原案，行政院長應即接受該決議。6.立法委員任期及總額。7.彈劾權。8.國家機關彈性條款。9.聽證、調閱權。10.審計權。11.司法預算獨立。12.婦女參政權保障條款。13. 中小企業保障條款。14.調整精簡省府之功能業務與組織。

因之，國、民兩黨有意將進一步達成共識的修憲提案重新交付審查，拖延二讀會表決之時間，並爭取朝野協商時間。七月二日召開審查會時，國、民兩黨國代聯手，將修憲再付審查提案，新黨國代退席，企圖造成表決人數不足，但以現場仍有 238 人，議長錢復付諸表決，以 212 票強行通過「再付審查案」，新黨國代隨即擁上主席台，搶走議事槌阻擋主席敲槌，此時國、民兩黨國代上台譴責，雙方一言不合，新黨國代被打之下，雙方拳腳相向、血濺議場，爆發本次修憲會議以來最嚴重的打群架衝突事件，也是首次流血事件。[13]

七月三、四兩天，國大在暴力衝突與新黨集體缺席〈座位上插起「抗議中」、「就醫中」等抗議牌〉下，大會成功的將 14 點修憲共識，通過「再付審查案」，並再回到二讀會。七月七日起，二讀會進入實質審查，此時最影響修憲者，取決於兩大因素：國民黨內「反凍省」勢力，以及民進黨內陳水扁之「相對多數決」、「公投入憲」主張。

前者，國民黨內「反凍省」力量在以宋省長居首，結合省議員、國大祥和會成員的力量，隱然已成修憲成否之重大關鍵。國民黨欲取得民進黨以凍省交換中央體制同意權等策略之達成，勢須排除內部「阻力」，其所採取的是「皮鞭與胡蘿蔔」交替運用。七月五日，李登輝主席揭示「賞罰分明」，政壇立刻傳出順者賞以高官名位之說法，逆者則動用黨紀。李主席早先在六月十九日，中常會後約見反凍省國代大老林淵源，指凍省爲防「一國兩區」。七月七日反凍省主力大將祥和會發言人呂學樟被施以「黨紀處分 — 停權兩年」，反凍省士氣大受影響。

12 台南：中華日報，民國八十六年六月二十二日，版二。
13 台北，聯合報，民國八十六年七月三日，版一。

國民黨對內逐漸緊縮，肅殺氣氛瀰漫，軟硬方法紛紛出籠，各方強力動員，謠言四起，利益交換、白色恐怖、電話監聽等等說法不一，甚至有國代之家人電話告急，以死相逼，催促反凍省國代放棄堅持，竟有國代淚灑現場，悲悽離席下山而去者。

後者，原本國、民兩黨六月二十五日的協商，達成 14 點共識，獲得突破性發展，看似乍現生機的修憲，卻因身兼民進黨中常委的台北市長陳水扁在六月二十七日跳出來，在中執委暨國大黨團聯席會中，率同正義連線成員推翻許信良與國民黨 14 點協商共識中，採用國民黨版之「絕對多數制」主張，於是總統選舉方式、公投入憲兩者，成爲兩黨僵持不下的新困局。七月九日，李總統在官邸接見民進黨前主席黃信介進行談話。黃信介之後表示，李總統同意二階段修憲，對總統選制不堅持。李登輝透過黃信介斡旋陳水扁，陳水扁同意總統選制、公投入憲第二階段再談，兩黨爭議化解。

七月十五日起一連三天，展開修憲二讀會表決，國、民兩黨當局爲達成「強力過關」，都由最高層親自召集黨籍國代，下達總動員令，全力整合內部。七月十四日晚間，國民黨李登輝親自掌舵，召集全體黨籍國代及黨務、行政系統主管進行誓師大會，呼籲大家發揮「臨門一腳最大努力」，落實朝野協商的十四項修憲共識。這次動員出席黨籍國代有 158 名，仍有近 30 位未到會，包括反凍省大將林淵源、陳治男等都缺席，反凍省態度軟化的祥和會副會長張榮顯雖出席，但強調其是在家庭壓力下，不得不改變立場。[14]

民進黨中央修憲 9 人小組，亦於七月十四日晚宴請黨籍國代，希望國代能依中執委及國大黨團聯席會議決議，服從被授權對修憲結論負最後責任的 9 人小組的決議，順利完成修憲。具名邀請的 9 人小組中，陳水扁未到，姚嘉文出國不克出席，受邀的 100 位民進黨籍國代出席並不踴躍，約只 40 名左右到場，民進黨內推動「總統制聯盟」的正義連線國代多未出席。

新黨修憲決策小組於七月十四日晚會商後決定，將支持「公投」以及總統選制採取「絕對多數」等兩案同時入憲。對於國、民兩黨將聯手變更議程，抽出總統選制案延至最後一項，與公投入憲一併處理，新黨則表強烈反對，將發動議事杯葛，必要時不惜「焦土抗爭」。至於新黨在進入關鍵二讀會表決階段，將一向反對最力的公投入憲案重新考慮，乃基於「公投爲解決政治紛爭最佳途徑，且爲社會潮流」前提之下，態度有重大轉變。同樣的，新黨原先都主張內閣制，然爲遷就現實，亦不反對權責相符之總統制可行性。由此看出新黨這一小黨在弱勢中的困局。

七月十五日，爲二讀會表決之首日，國民黨反凍省國代陳進丁、張榮顯上午提案要求修憲案改採秘密投票，雖然新黨 46 名國代全數支持，加上國民黨國代只有林淵源等 17 位不顧黨鞭勸阻，舉手支持，該案經過兩次表決，仍以懸殊比數失敗。此時，國民黨內部之反凍省力道漸衰，多日來盛傳國民黨以監聽、查帳、稽稅、掀案底、透過家人親戚勸說等多管齊下，企圖迫使反凍省國代放棄主張。

[14] 台北，中國時報，民國八十六年七月十五日，版二。

[15]國民黨在國大議場內，採取方塊作戰方式緊迫盯人，每三至五位黨籍國代就安排一人當表決「班長」，以凝聚票源，並防止跑票。

二讀會表決之首日的民進黨內部情勢也出現微妙的轉變，台北市長陳水扁〈正義連線〉、中評會主委謝長廷〈福利國連線〉連袂上陽明山，爲該黨 9 人小組的決議背書，秘書長邱義仁〈新潮流系〉則向總統制派之國代承諾，民進黨將與國民黨在修憲三讀前簽字確認公投入憲在下次修憲完成，否則他將下臺以示負責。[16]至此，民進黨內部已大致整合完成。

七月十六日，爲二讀會表決之第二天，通過之修憲條文包括：「障礙者保障」、「原住民發展權」、「取消教科文預算下限」、「刪除立院之閣揆同意權」、「刪除立法院要求行政院變更重大政策機制；降低覆議門檻爲二分之一」、「立法院對行政院長不信任案」、「機關員額彈性化」、「凍省」、「停止省級選舉」、「省功能法律定之」、「國代選舉婦女參政保障」等項。最受關注者：「凍省」與「刪除立法院之閣揆同意權」議題，均獲過關。該兩案在新黨強力杯葛議事，以及國民黨不斷努力疏通反凍省國代，故直到晚上挑燈夜戰，才開始表決。「凍省」修憲案，在場國代 321 人中，共有 261 人贊成〈超過修憲所需四分之三的 251 票〉，國民黨國代有林淵源、吳國重、馬長風、林嫦茹及被停權的呂學樟等五人，與新黨國代反對凍省。國、民兩黨最後內部整合成功，聯手大獲全勝，省方原先對外宣稱的 40 餘人反凍省陣營全面崩盤瓦解。

七月十七日，爲二讀會表決之最後一天，共通過 9 項修憲條文：「國代任期」、「國大設議長」、「行政院人事副署權」、「總統解散立院之限制及立委重新產生方式」、「總統任期」、「立法院對總統彈劾權之行使」、「國大複決立院對總統彈劾權」、「國大人事同意權」、「國大集會規定」、「立法委員員額」等項。本日之第三十二次大會，第二讀會議程全部結束，有關「總統選制」、「公投入憲」均擱置。國大、立院長久以來間隙，引發國代爭議不休，立委延長 4 年、或縮短爲 2 年提案表決均未過關，使立委任期維持 3 年。

七月十八日，進入三讀會。上午十點半湊足法定開會人數，國代不斷登記上台發言，直到下午一點始確定昨天之議事錄。爲避免重演前一個晚上表決失控場面，導致無法順利完成三讀程序，國、民兩黨高層均在陽明山中山樓坐鎮，吳伯雄與許信良兩人並舉行協商，期使修憲圓滿完成。

三讀會於十八日下午五點半正式開始，新黨首先由黨團召集人李炳南上台發表新黨退出三讀，表示拒絕爲亡國惡憲背書的聲明。李炳南表達該黨反對爲「台獨」鋪路的凍省條款，以及權責不符、總統擴權的「帝王條款」。李炳南在發表聲明完畢後，新黨國代退出場外，至國父銅像前默哀三分鐘。

下午五點五十分，國大議事組開始宣讀三讀條文，程序委員會主席蘇南成就條文內容排列方式進行發言，然後由國代就文字修正部份進行討論，大會最後於晚上七點依規定，就十一條增修條文進行三讀表決，在新黨退席，國、民兩黨

---

[15] 台北，新生報，民國八十六年七月十六日，版三。
[16] 台北，自由時報，民國八十六年七月十六日，版二。

269 位，贊成者 261 位，僅只 8 位國代未舉手，已超過出席代表四分之三法定人數，通過中華民國憲法增修條文第一條至第十一條全文。兩黨國代同聲歡呼。第四次修憲在經歷一波多折，爭執衝突不斷的情形下，終告完成。

三讀會結束後，國民黨國大黨團隨即提出變更議程案，要求將原訂於七月二十一日至二十四日的總統國情報告及國是建言，改到七月二十一日至二十三日。中華民國憲法增修條文共十一條，李登輝總統於七月二十一日公佈施行。本次修憲大會於民國八十六年七月二十三日閉會。

三、第四次修憲的內容

第四次修憲增修條文十一條，除與原第三次修憲相同者外，新改內容就性質言，可包括：中央政府體制的改變、地方制度、基本國策的增刪等三部份。

〈一〉中央政府體制的改變

中央政府體制之變動包括總統、行政、立法關係的改變以及司法院、監察院組織及職權之調整。

1.國民大會方面：

〈1〉增訂「國大代表婦女參政保障名額，以政黨比例方式選出者，各政黨當選之名額每滿四人，應有婦女當選名額一人。」〈憲法增修條文第一條第二項〉

〈2〉修訂「議決立法院提出之總統、副總統彈劾案」。〈彈劾權由監察院改移至立法院行使〉〈憲法增修條文第一條第三項第三款〉

〈3〉刪除「國民大會設議長前，由立法院通告集會。」〈國民大會已設議長，故刪除〉〈憲法增修條文第一條第四項〉

〈4〉刪除增修條文第一條第六項、第八項自第三屆國民大會代表起之條文〈第三屆國民大會代表已選出，故無須再特為規定。〉

2.總統方面：

〈1〉總統任命行政院長，不須經立法院同意。〈憲法增修條文第三條第一項〉

〈2〉總統於立法院通過對行政院長之不信任案後十日內，經諮詢立法院院長後，得宣告解散立法院。但總統於戒嚴或緊急命令生效期間，不得解散立法院。立法院解散後，應於六十日內舉行立法委員選舉，並於選舉結果確認後十日內自行集會，其任期重新起算。〈憲法增修條文第二條第五項〉

〈3〉增訂「總統發布行政院長・・・之任免命令及解散立法院之命令，無須行政院長之副署。」〈憲法增修條文第二條第二項〉

3.行政院方面：

〈1〉行政院院長由總統任命之。行政院長辭職或出缺時，在總統未任命行政院長前，由行政院副院長暫行代理。憲法第五十五條之規定，停止適用。〈憲法增修條文第三條第一項〉

〈2〉行政院對立法院負以下之責：〈憲法增修條文第三條第二項〉

a.行政院有向立法院提出施政方針及施政報告之責。立法委員在開會時，有向行政院長及行政院各部會首長質詢之權。

b.行政院對於立法院決議之法律案、預算案、條約案，如認爲有窒礙難行時，得經總統之核可，於該決議案送達行政院十日內，移請立法院覆議。如爲休會期間，立法院應於七日內自行集會，並於開議十五日內做成決議。覆議案逾期未議決者，原決議失效。覆議時，如經全體立法委員二分之一以上決議維持原案，行政院長應即接受決議。

c.立法院得經全體立法委員三分之一以上連署，對行政院長提出不信任案。不信任案提出七十二小時後，應於四十八小時內以記名投票表決之。如經全體立法委員二分之一以上贊成，行政院長應於十日內提出辭職，並得同時呈請總統解散立法院；不信任投票如未獲通過，一年內不得對同一行政院長再提不信任案。

〈3〉國家機關之職權、設立程序及總員額，得以法律爲準則性之規定。各機關之組織、編制及員額，應依前項法律，基於政策或業務需要決定之。〈憲法增修條文第三條第三項、第四項〉

4.立法院方面：

〈1〉立法委員自第四屆起二二五人。依下列規定選出之：a.自由地區直轄市、縣市一六八人。每縣市至少一人。b.自由地區平地、山地原住民各四人。c.僑居國外國民八人。d.全國不分區四十一人。上述第三、四款名額，採政黨比例方式選出之。另第一、三、四款名額，在五人以上十人以下者，應有婦女當選名額一人，超過十人者，每滿十人應增婦女當選名額一人。〈憲法增修條文第四條第一項、第二項〉

〈2〉立法院經總統解散後，在新選出來之立法委員就職前，視同休會。〈憲法增修條文第四條第三項〉

〈3〉總統於立法院解散後發布緊急命令，立法院應於三日內自行集會，並於開議日七日內追認之。但於新任立法委員選舉投票日後發布者，應由新任立法委員於就職後追認之。如立法院不同意時，該緊急命令立即失效。〈憲法增修條文第四條第四項〉

〈4〉立法院對於總統、副總統犯內亂罪或外患罪之彈劾案，須經全體立法委員二分之一以上之提議，全體立法委員三分之二以上之決議，向國民大會提出。〈憲法增修條文第四條第五項〉

〈5〉立法委員除現行犯外，在會期中，非經立法院許可，不得逮捕或拘禁。〈憲法增修條文第四條第六項〉

5.司法院方面：

〈1〉司法院設大法官十五人，並以其中一人爲院長、一人爲副院長，由總統提名，經國民大會同意任命之，自民國九十二年起實施。〈憲法增修條文第五條第一項〉

〈2〉司法院大法官任期八年，不分屆次，各別計算，並不得連任。但並爲院長、副院長之大法官不受任期之保障。〈憲法增修條文第五條第二項〉

〈3〉民國九十二年總統提名之大法官，其中八位大法官，含院長、副院長，任期四年，其餘大法官任期爲八年，不適用前項任期之規定。〈憲法增修條文第五條第三項〉

〈4〉司法院所提出之年度司法概算，行政院不得刪減，但得加註意見，編入中央政府總預算案，送立法院審議。〈憲法增修條文第五條第六項〉

6.監察院方面：

刪除監察院對總統、副總統之彈劾權。〈憲法增修條文第六條第五項〉

〈二〉地方制度的改變

1.省設省政府，置委員九人，其中一人爲主席。省設省諮議會，置省諮議委員若干人。以上人員均由行政院長提請總統任命之。〈憲法增修條文第九條第一項第一款、第二款〉

2.省承行政院之命，監督縣自治事項。〈憲法增修條文第九條第一項第七款〉

3.停止省長及省議員之選舉。〈憲法增修條文第九條第二項〉

4.台灣省政府之功能、業務與組織之調整，得以法律爲特別之規定。〈憲法增修條文第九條第三項〉

〈三〉基本國策的增刪

1.國家對人民興辦之中小型經濟事業，應扶持並保護其生存與發展。〈憲法增修條文第十條第三項〉

2.國家應對無障礙環境之建構加以保障。〈憲法增修條文第十條第七項〉

3.取消教科文下限之限制。〈憲法增修條文第十條第八項〉

4.增訂對原住民地位及政治參與之保障應依其意願。有關原住民之保障除原有之項目外，應增列保障原住民之交通水利、衛生醫療。對於金門、馬祖地區人民亦等同的予以保障。〈憲法增修條文第十條第十項〉

四、第四次修憲的評析

第四次修憲是爲落實國發會共識。第四次修憲就國、民兩黨高層的「基本面」都達到了。國民黨李登輝最在意的「刪除立法院閣揆同意權」，以及民進黨許信良所最在意的「凍省」。就憲法學界最關切修憲原則 — 原憲章條文是否「窒礙難行」、「扞格不入」的角度觀之？顯不成立。然則第四次修憲爲何修憲？修的是否有急迫性？修的是否合於學理？就「刪除立法院閣揆同意權」部分，除爲化解李登輝個人「著毋庸議」的憲政窘境，非但不合學理，且賠上整部憲法中央體制的一貫性，造成憲法體制的大崩解；就「凍省」部分，除了達成部分人士意識型態的滿足，或清除了宋省長的政治舞台，毫無解決派系、黑金、缺乏行政效率之成效。

第四次修憲就學理而言，固然修的有爭議，唯更暴露出我國憲政發展的一大隱憂：當主政者無視社會輿論壓力，不顧學術、各界民眾反對聲浪，蠻幹到底。野心的政客們靠著掌握住黨的機器、國家的機器，以其政治力軟硬兼施、隻手遮天地遂行其毀憲禍國之行徑。除了留下歷史的紀錄而外，世人在面對此種民主危機的有效手段爲何？更値深思。本文以下就第四次修憲的過程、修憲的內容，評析這次修憲得失。

〈一〉從修憲過程面析論

第四次修憲法理、法的條件均薄弱，故而不可避免引起極大爭議。僅是以國、民兩黨高層之共識，推動修憲前進。面對兩黨內部、新黨，以及社會各界反彈四起，兩黨的協商屢屢觸礁，然而李登輝之『修憲不成，就不准閉會』、『修憲今年一定要完成，沒有明年、沒有後年！』[17]許信良發表「修憲萬年書」，指責「反修憲」、「反改革」等。兩黨高層之意志力，終使得第四次修憲「一波多折」、「峰迴路轉」，在「凍省、反凍省」，「雙首長制、總統制」，「絕對多數選制、相對多數選制」，「反修憲、反修惡憲」，「反改革、反毀憲分贓」諸多不同吶喊雜音中，完成了修憲。綜論第四次修憲的過程中，有三個特色：1.各政黨協商頻仍與兩黨高層默契。2.引發流血衝突之「再付審查」程序合法性探究。3.三黨內部暨社會各界反對修惡憲訴求。

1. 各政黨協商頻仍與兩黨高層默契

本次修憲因民國八十五年第三屆國民大會改選後，議會政治生態丕變，國民黨雖佔過半席次，但距四分之三修憲門檻差距甚遠，李登輝要想強渡關山，只有一條路可走，就是與其他政黨合作。質言之，國民黨無可選擇的必需與民進黨合作，才可完成修憲之目的。本次修憲當中，一方面各政黨間協商不斷，另一方面則是國、民兩黨高層的極佳默契與共識。這也就是政黨間之黨與黨協商、黨團與黨團協商，雖不斷召開，又不斷破裂，幾次瀕臨無以爲繼，提前休會窘境〈社會輿論或稱「歹戲拖棚」〉，最後發揮臨門一腳，終能達成若干共識〈尤其六月二十五日之國、民兩黨黨團協商〉，兩黨高層之相當默契，則居首功。以下分論政黨協商之經過與內容、政黨協商挫敗之因、兩黨高層默契之運作。

〈1〉政黨協商經過及其內容

本次修憲之政黨協商組合有三種：國、民兩黨；國、新兩黨；民、新兩黨。

a. **國、民兩黨間之協商**：共計有黨團間協商 16 次，黨中央間協商 4 次。

國、民兩黨黨團間之 16 次協商：

第一次：八十六年五月一日，北市希爾頓飯店。主要討論：〈a〉國代與立委總額。〈b〉婦女保障名額及原住民名額。〈c〉總統選舉方式及其職權。協商結果：〈a〉國代、立委之婦女保障名額，同意「每滿四人應有婦女當選名額一人」。〈b〉總統對行政院長有主動任免權。〈c〉國家機關設置應有彈性，國家行政總員額應予適度限制。

第二次：八十六年五月三日，北市聯勤信義俱樂部。主要討論：〈a〉大法

[17] 台北，聯合報，民國八十六年五月二十七日，版二。

官任期及司法院預算獨立。〈b〉精簡省政府、省議會。〈c〉公民創制、複決權。協商結果：〈a〉考慮限制大法官不得連任。〈b〉考慮司法預算獨立。〈c〉精簡省政府、省議會。

第三次：八十六年五月十二日，北市聯勤信義俱樂部。主要討論：〈a〉國代、立委總額及其產生方式。〈b〉司法預算獨立。〈c〉總統職權。〈d〉地方制度。協商結果：〈a〉現有國代總額應予適度減少。〈b〉立委人數則予以適度增加。

第四次：八十六年五月十九日，北市陽明山中山樓 302 室。主要討論：〈a〉針對前三次協商議題重表述。〈b〉民進黨提出一份對修憲談判的基本主張，送請國民黨參考。本次未有任何共識。

第五次：八十六年五月二十一日，北市聯勤信義俱樂部。主要討論：〈a〉中央政府體制。〈b〉總統制修憲議題。協商結果：〈a〉國民黨請民進黨將其「總統制」、「雙首長制」整合為一個民進黨版，以明確民進黨之修憲主張。〈b〉憲政改革方式，採取問題取向，合理健全體制，不做體制名稱之爭辯。

第六次：八十六年五月二十二日，北市陽明山中山樓 302 室。主要討論：〈a〉中央政府體制。〈b〉司法改革。協商結果：〈a〉民進黨請國民黨支持其兩個版本都進入二讀，國民黨表示將研究考慮。〈b〉考慮司法院大法官每屆任期八年，不得連任，每四年改選一半。

第七次：八十六年五月二十六日，北市西華飯店。主要討論：〈a〉司法預算獨立。〈b〉立委職權。協商結果：〈a〉司法預算獨立之問題，兩黨相互了解立場。〈b〉同意立院享有調閱權與聽證權，條文待研商。〈c〉國代應比照立委享有相同之「身體自由保障條款」。

第八次：八十六年五月二十八日，北市聯勤信義俱樂部。主要討論：雙方就國民黨版修憲案進行逐條逐項討論，各自表達具體意見，並就每條以「同意」、「不同意」、「修正保留」及「研究處理」來處理。協商結果：〈a〉民進黨同意精簡省級原則。〈b〉大致同意國大部分。〈c〉不同意創制複決權，而主張公民投票制度。〈d〉主張行政院長被任命後，總統不得主動免除其職務〈e〉主張立委選舉產生方式依德國單一選區兩票制與政黨比例代表混合制。

第九次：八十六年五月三十日，北市希爾頓飯店。主要討論：雙方就各項議題均有廣泛討論。協商結果：國民黨對於民進黨兩個黨版，應「擇一」或「全部」進入二讀會，將提出於黨中央協商研究。

第十次：八十六年六月十四日，北市聯勤信義俱樂部。主要討論：〈a〉有關修憲程序議題。〈b〉廣泛就修憲優先議題進行討論。協商結果：〈a〉達成有關審查報告書處理方式、及二讀會修憲案之修正案處理方式的共識。〈b〉同意修憲優先順序之議題：立委任期四年、司法院年度預算獨立條款、國家機關彈性條款、政黨比例產生之婦女保障條款、人民行使創制、複決條款、警政預算統一編列、其他中小企業保障條款。

第十一次：八十六年六月十六日，北市聯勤信義俱樂部。主要討論：在於確認第十次協商的 7 項共識。協商結果：〈a〉因兩黨內部各有歧見，並未就 7 項議題達成最後共識。〈b〉兩黨共同宣示，三屆國大第二次會議仍應繼續，堅定完成修憲工作的決心。

第十二次：八十六年六月十八日，北市陽明山中國飯店。主要討論：再次就第十次協商之 7 項共識進行確認。協商結果：〈a〉雙方對優先順序及議題內容仍有歧見，未達成共識。〈b〉民進黨表示凍省條款不得作爲協商時交換條件，國民黨同意儘力疏通反凍省代表。

第十三次：八十六年六月二十日，北市希爾頓飯店。雙方繼續就修憲優先順序及議題討論，唯因雙方仍各有堅持，未達成具體結論。

第十四次：八十六年六月二十五日，北市國賓飯店。兩黨就各項修憲議題之內容及優先順序，進行逐條討論。經過八小時熱烈討論，獲致突破性之 14 點共識。

第十五次：八十六年七月八日，北市陽明山中山樓。主要討論：〈a〉就 14 點共識部份研擬具體修憲條文。〈b〉討論如何將新的修憲版本提出於已進入二讀會的程序中。協商結果：〈a〉完成有關 14 點共識之具體條文。〈b〉修憲程序上，決定依照「國大議事規則」，將相關修憲內容提案「再付審查」動議，交修憲審查委員會再行審查後，再依規定於審查結果結束後提出修正案，將 14 點共識納入修正案中，提出於大會進行二讀。〈有關「再付審查」之程序爭議，下文中單獨提出討論。〉

第十六次：八十六年七月十四日，北市陽明山中山樓。主要討論：有關修憲之二讀程序問題，期能讓有共識部份先行通過。協商結果：〈a〉兩黨同意共同支持將「再付審查」結果修正案等 29 項條文通過二讀。〈b〉將修憲提案中有關總統選舉方式等 12 項修憲案及其修正案延後表決。

國、民兩黨中央間之 4 次協商：

第一次：八十六年六月一日，北市圓山飯店麒麟廳。主要討論：〈a〉修憲審查會進行程序。〈b〉在修憲內容上，國民黨主張維持國發會共識。民進黨具體提出凍省、凍結五項選舉、總統對國會只有被動解散權、德國制單一選舉、另立法懈怠暫不入憲。協商結果：〈a〉國民黨表示在尊重國大議事規則原則下，才同意民進黨的意見在修憲審查委員會以「逐條」方式表決，協助將民進黨「總統制」版進入二讀。〈b〉達成 6 項決定：甲、兩黨共同宣示如期完成修憲之決心。乙、爲建立共識，兩黨協商應密集進行至修憲完成爲止。丙、協商過程中兩黨均同意部分，應交由兩黨國大黨團依程序處理。

丁、有爭議部分應繼續協商。戊、希望新黨共同參與修憲。己、兩黨於六月四日晚上八時再進行協商，由民進黨安排。

第二次：八十六年六月四日，北市新光人壽大樓敦南館。主要討論：〈a〉確認雙方國大黨團協商之結果。〈b〉討論雙方修憲版本相同提案部分。〈c〉討論有關修改憲法程序之提案。〈d〉就雙方立場不同部分進行對話。協商結果：〈a〉次日〈六月五日〉國大審查會散會前，由民進黨提出第107號案第10、11、15條之復議案，國民黨願予支持進入二讀程序。〈b〉雙方就「司法預算獨立案」與「中央政府內各機關之職權、設立程序及總員額之彈性調整案」達成共識，交由兩黨國大黨團依修憲程序處理。〈c〉雙方重申信守國發會共識，完成修憲之誠意與決心。〈d〉民進黨堅持停止五項選舉，精簡省府組織需落實。中央體制方面，請國民黨研究民進黨總統制版之可行性。〈e〉國民黨認爲國發會共識之落實需整體處理，有關民進黨前述事項，涉及配套設計，雙方應通盤考慮後，再確定個別議題。

第三次：八十六年六月八日，北市國賓飯店。本次協商乃爲配合國民大會於六月十日下午截止收受修憲提案的日程規定，期提出雙方共識之修憲案版本。結果在經歷15小時馬拉松式談判，終未簽署共同結論。僅達成一份「憲政協商紀錄」，分別從：〈a〉有關中央體制以外之修憲提案，非關國發會共識部份。〈b〉有關中央體制以外之修憲提案，有關國發會共識部份。〈c〉有關中央體制之修憲案提案，關於國發會共識等三大部分；就有共識及不同意見予以記錄說明。

第四次：八十六年六月十日，北市來來飯店。主要討論五項選舉。民進黨堅持停止五項選舉，國民黨則表示現階段不宜停止，終至協商破裂。兩黨發表共同聲明，雙方希望對方把意見帶回再做研究。唯此後兩黨之中央對中央協商至修憲完成止，都未再有任何進展行動。

b. 國、新兩黨間之協商：共計有黨團間協商5次，黨中央間協商1次。

國、新兩黨黨團間之5次協商：

第一次：八十六年五月九日，北市希爾頓飯店。主要討論：〈a〉國民大會代表總額及產生方式。〈b〉總統選舉方式。協商結果：〈a〉國代總額均主張250名。〈b〉國代產生方式，兩黨均主張「政黨比例制」，唯國民黨主張一票制，依附總統、副總統選票計算政黨得票率。新黨主張兩票制。〈c〉總統選舉均主張採用「絕對多數當選制」。

第二次：八十六年五月十六日，北市希爾頓飯店。雙方廣泛就修憲議題交換意見。兩黨較具共識者〈a〉台灣省政府之功能、業務與組織，做合理的精簡與調整。〈b〉審計權之歸屬，維持現狀。

第三次：八十六年五月二十一日，北市陽明山中國飯店。雙方廣泛就修憲議題交換意見。達成兩點共識：〈a〉憲法本文不動，增修條文前言不動。〈b〉人民得享有創制、複決兩權，但不得與憲法牴觸。

第四次：八十六年五月二十三日，北市陽明山中國飯店。本次協商以國民黨修憲版本作爲協商藍本。協商結果：〈a〉有關國大部分，新黨主張國代產生採政黨比例或維持現狀，國大由議長召集。其餘同意國民黨條文。〈b〉有關總統部份，新黨對總統解散立院，及由國安會決定國防、外交、兩岸關係及重大方針等規定，持保留態度。〈c〉有關行政院部分，新黨對新增之行政、立法間倒閣與解散權關係，以及立法院懈怠之行政暫行條例，表示反對立場。

第五次：八十六年六月十五日，北市聯勤信義俱樂部。本次綜合討論相關之修憲議題，未獲具體共識。

國、新兩黨中央間之協商有1次：八十六年六月十日，新黨提出8項基本主張，雙方就各自黨版修憲案提出說明，會談結果，未達成任何具體結論。僅有三點共識：〈a〉基於政黨政治相互尊重原則，兩黨協商繼續進行。〈b〉兩黨各自表述修憲基本主張，其間有甚多相同之處。〈c〉新黨認爲修憲茲事體大，應從長計議。

c. **民、新兩黨間之協商**：共計有黨團間協商3次。

國、新兩黨黨團間之3次協商：

第一次：八十六年四月十七日，雙方達成4點共識：〈a〉國會權的強化非常有必要。基本上同意民進黨版強化國會的權限。唯新黨希望民進黨再考量審計權及彈劾權歸屬立院之必要性。〈b〉憲法明定司法院的預算須具有獨立性，行政院不得任意刪減，僅能加註意見。〈c〉將保障弱勢族群的規定入憲。〈d〉選舉制度採兩票制，同時以德國模式爲準，不贊成日本模式，否則反對到底。

第二次：八十六年四月二十四日。本次在於討論國大組織、中央政府體制、省的議題等。協商結果：〈a〉國代由政黨比例方式產生，名額減少，人數則再討論。〈b〉有關省的議題，雙方差距過大，唯一共識是「反對國民黨版有關省的主張」。〈c〉中央體制方面：贊同「行政院移請立法院的覆議案，只要經過總額二分之一立委維持原案，行政院長應即接受該決議或辭職。」「立法院彈劾總統、副總統案，經立委總額二分之一決議即可。」「總統擁有被動解散國會權」。

第三次：八十六年五月二日。本次在於討論立法院、司法院相關議題。協商結果：〈a〉有關立法懈怠問題，未提升立法效率，立法院應優先並限期審議急迫性法案。至於是否有件數規定未做決定。〈b〉司法院設大法官若干人，不得連任，任期則雙方有歧見。

〈2〉政黨協商挫敗檢討

總計第四次修憲期間，三黨之間的各種協商〈包含黨中央間之協商、黨團與黨團協商〉總計達 29 次之多，除國、民兩黨在第 14 次協商，六月二十五日獲致突破性發展，確立 14 點共識〈本次之突破，乃是兩黨黨主席高層接觸後取得的結果，後文詳述。〉其餘多數協商均歸於無具體結論而破裂。其中原因有三：一是國、民兩黨內部的反彈過大。二是新黨對修憲內容的抗議。三是國代自主性高與國大黨團翻案。

a. 國、民兩黨內部的反彈過大

就國民黨方面，阻礙高層意志遂行之最大力量，來自反凍省的人士。基層、國代之「割地賠款」、「敗家子」、「敗國、敗民、敗黨」、「和平轉移政權」、「李氏是國民黨的戈巴契夫」等嚴峻批評、指責壓力、使得國民黨高層政策雖仍然傾向停止五項選舉，也不得不一改作風，明白表示現階段停止五項選舉，國代及地方人士根本無法接受，認為在實施步驟與確切時程，仍須根據現實之反應，進一步研究後再議。此尤為六月八日、六月十日國、民兩黨中央間關鍵性重要協商宣告破裂主因。

就民進黨而言，該黨中常會於四月三十日，甫通過成立 11 人「憲政工作及協商小組」名單，黨內反彈聲音便四起。「福利國連線」、「正義連線」主張「總統制」者，認為該名單皆是支持「雙首長制」為主的成員，是為國發會結論護航。[18]民進黨以許信良主席為首之與國民黨協商時，「推動總統制聯盟」成員是該黨對外發展的最大壓力。此其所以特別堅持以停止五項選舉，作為是否支持國民黨中央政治改革的先決條件。蓋以推動總統制聯盟人士，對於民進黨中央同意國民黨的雙首長制，向持反對態度。民進黨面對本身內部意見不能整合時，堅持停止五項選舉成為民進黨主流人士的最大籌碼，亦是別無選擇，不能後退之單行道。唯以兩黨內部皆有難以妥協之困境，因之五項選舉成為兩黨均處於無迴旋空間之餘地，多次協商仍歸於破裂。甚至兩黨主談人士在此期間，對於未來修憲的發展，都漸失信心，而有做最壞打算之念頭出現。六月十日兩黨協商破裂，民進黨文宣部主任陳文茜即表示，民進黨中央早在五月中常會中，黨主席許信良已告訴她，要有修憲不成的心理準備。[19]

b. 新黨對修憲內容的異議

新黨在本次修憲中，有其特定之堅持。其與國民黨只在「憲法本文不動，增修條文前言不動」、「國代、立委名額」、「人民得享有創制、複決兩權，但不得與憲法牴觸」等少數幾項具體原則有共識，其他修憲議題，都是兩黨各自表述，認知差距甚大。新黨在與民進黨的協商方面，亦僅在「國會權之強化」、「司法院預算之獨立性」、「選舉制度採兩票制，以德國模式為準」等幾項有共識，餘亦差距甚大。

正因新黨反對國發會以來「修惡憲」的立場，新黨對於國、民兩黨合作修憲，始終存有「總統擴權」、「毀憲分贓」的疑慮和悲情。因而，在中央政府體制方面，基本上是以「內閣制」作為反制訴求，唯若考慮現實環境，亦不排除支持「權

18 陳滄海，前揭文，頁一三一。

19 台北，自立早報，民國八十六年六月二十七日，版二。

責相符的總統制」，結合民進黨內推動總統制聯盟人士，抵制雙首長制，或藉此使修憲觸礁。在地方制度方面，新黨對於國、民兩黨「凍省」、「鄉鎮市長官派」之主張，認爲有走向台獨的傾向，至於停止基層選舉，更視爲開民主倒車，故而積極結合國民黨內之「反凍省」力量。總此觀之，新黨與國、民兩黨在中央體制、地方制度方面均有極大之差異，彼此協商成爲各自表述、各說各話乃是必然。

c. **國代自主性高與國大黨團翻案**

國代修憲期間之政黨協商，發生觸礁現象，亦與國代自主性高與國大黨團翻案有關。前者國代本身或有其特定理念，而又結合成相當力量，如反凍省、推動總統制聯盟等，彼等堅持見解時，就會使該黨之黨團運作無力，修憲情勢陷入僵局。正如六月一日、四日所作之協商，亦達成部分共識，雙方表示應交由兩黨國大黨團依程序處理。唯共識到了國大黨團又被擱置、翻案。故而面對修憲議題之具爭議性，國代自主性高之情形下，協商更形困難。

〈3〉**兩黨高層默契之運作**

第四次修憲的發動，是國、民兩黨高層；第四次修憲的完成，亦以國、民兩黨高層居首功。

本次修憲之最大特色是，國人皆曰不可，修憲呈現一片混亂、混戰之際，而兩黨層峰以其意志力堅持到底，最後運用黨機器之功能，化解諸多阻力，引導兩黨多數之國代，完成修憲。面對國內各界 — 學術界、藝文界、輿論界、退役將領等等，紛紛質疑這次「修惡憲」之舉措。從初始之「五０四爲台灣而走」、「五一八大遊行」，社會基層頻頻發出「推遲修憲」之議。到五月底，又因民進黨「A版」、「B版」、「C版」、「協商整合版」；國民黨內「反凍省」國代串聯，面臨政黨協商一再觸礁。再到六月八日、十日，國、民兩黨第三、四次黨中央協商破裂，尤其八日長達 15 小時談判終歸失敗，整個修憲看似已無生機。但在兩黨高層強烈意志主導下，修憲不僅一次次「敗部復活」，最後更以「臨門一腳」畢其功。

就國民黨主席李登輝而言，以「總指揮官」身分，加大動作並親自操盤，六月十九日，中常會後約見反凍省大老林淵源。六月二十日，親自宣布修憲任務分工。六月二十五日，促成修憲關鍵性之突破，達成國、民兩黨 14 點共識之成果。民進黨幹事長李文忠表示：『高層都已經達成共識了。』[20]另依國民大會秘書處資料組科長陳滄海博士之「憲政改革與政黨協商」一文中，指出『本次協商終於有所突破，乃係兩黨黨主席高層接觸後取得妥協的結果。』[21]七月五日，李登輝明確表示「賞罰分明」；七月七日，反凍省大將呂學樟被黨紀處分 — 停權兩年，將原本氣勢高漲的「反凍省」陣營聲勢重重一擊。七月九日，李登輝採迂迴戰術的會見民進黨大老黃信介，由黃信介出面斡旋陳水扁，使陳水扁暫時不提「總統選制」、「公投入憲」，再次化解修憲可能停擺之危機。七月十四日晚，李登輝親自主持二讀逐條表決前之誓師大會。其後果能於七月十六日使反凍省陣營徹底

[20] 台北，自立早報，民國八十六年六月二十七日，版二。
[21] 陳滄海，前揭文，頁一三一。

崩潰，同時順利刪除立法院之閣揆同意權。七月十八日修憲三讀大功告成。從五月五日開議至七月十八日，計 75 日，波折橫生之修憲，終在李登輝強韌毅力下完成。

就民進黨主席許信良而言，其沉穩堅持之表現亦不遑多讓。民進黨內本即派系林立，無法如國民黨「由上而下」直接交付任務。許信良之贊同國民黨提出的雙首長制，以換取凍省、停止五項選舉。在其黨內亦面臨砲聲隆隆之反彈聲浪。前主席施明德發起連署推動總統制，其後造成「A 版」、「B 版」、「C 版」・・・黨內一片混亂。許信良於五月二十九日公布民進黨「修憲萬言書」，以「反改革」、「反修憲」圖壓制反對聲浪。但黨內反對之聲絲毫未減，推動「總統制聯盟」發言人，警告民進黨中央不要跟國民黨私相授受，否則將抗爭到底，並指責朝野協商之民進黨代表都由黨主席一人指定。林義雄並倡言發起罷免黨主席許信良。唯此皆無法動搖許信良之決心，民進黨內也普遍接受「只有許信良、陳文茜知道最後協商的底線」之說法。以民進黨內複雜政治生態，許信良能帶領民進黨大軍團作戰，並貫徹其政治信念，使國、民兩黨修憲完成，許信良角色至爲重要。

李登輝、許信良發動國發會、完成國發會，進而帶動第四次修憲，並完成第四次修憲。第四次修憲爭議至大，李、許亦要爲歷史負最大責任。

2.「再付審查」程序合法性探究

「再付審查」是七月二日本次修憲會議之中，爆發最嚴重大群架衝突與流血事件之導火線，而「再付審查」的議事爭議和惡質影響亦將爲未來的修憲，埋下不確定的引爆點。

〈1〉「再付審查」的緣起

本次修憲五月初開議，經五月底各黨內部的紛擾不斷，再到六月初〈六月一、四、八、十日之四次國、民兩黨中央協商〉的談判破裂，修憲僵局形成，亦即雖經一讀會後付委審查通過了 47 案，86 項修憲條文，包括朝野三黨黨版修憲案均已交付二讀。唯國、民兩黨深知六月二十日起的修憲二讀會，仍將面臨缺乏共識而觸礁的可能。經過兩黨層峰李、許私下會商，挽回可能提前休會的情勢，亦使六月二十五日國、民兩黨的黨團協商，達成 14 點共識，獲得突破性發展。雙方有意將此一達成共識的內容，以修憲提案方式提出。然而修憲提案的修正案，依「國大議事規則」第 17 條規定，必須在修憲審查委員會結束後八天內提出。〈本次修憲審查會於六月七日結束，亦即應在六月十五日以前提出修憲提案的修正案。〉國、民兩黨 14 點共識，已過了提案時間，且共識中部分內容，在二讀會中沒有顯示在任何修憲案中。

國、民兩黨乃擬引用「國大議事規則」第 47 條第 3 款之規定：『二讀會進行中，如有代表對審查意見有疑義時，由二十人以上連署或附議，經出席代表過半數同意，得再付審查，但以一次爲限。』兩黨期以重回審查會以後，再將共識以修正案提出。故在七月二日，國、民兩黨以多數表決通過變更議程，強行將已進入二讀的部份修憲條文抽出，並加入部分根本非二讀會內〈即沒有經過一讀後之付委審查〉之修憲條文，再回到一讀會後之付委審查階段〈唯此時已是二讀會議程中〉，俾便完成兩黨共識的提案來。此舉「停格」加上「倒帶」正是嚴重的程序問題。國大議長錢復即向朝野政黨表示無法接受此一明顯違規的議程，甚至爲是否敲槌定案？在主席台上遲疑半晌。此時新黨國代一擁而上主席台，搶走議事槌，以阻擋主席敲槌，而國、民兩黨國代見狀亦衝上台，拳腳交加，雙方肢體衝突的結果，三黨國代均有人掛彩，2 名新黨國代被打破了頭，血流不止，緊急送醫急救。

新黨阻擋國、民兩黨之「再付審查」案，乃以程序問題出發，彼等強調修憲案發動後就沒有回頭的餘地，再付審查就表示該案「有問題」，應該被否決。審查會提出的結論也應如此，尤不應再提新案，否則修憲惡例一開，修憲可「倒帶」，其正當性就不存在。此一重大衝突，就是國、民兩黨不顧新黨的嚴正質疑，強行表決通過，繼而引發不幸事件。然而反諷的是，民進黨往昔對國民黨力爭「程序正義」，以抗「多數暴力」，此時的民進黨「爲達目的、不擇手段」的變成過去其所習於指責的「多數暴力」之一方，而有今非昔比之嘆！

〈2〉「再付審查」的法理爭議

國、民兩黨欲將進入二讀會後的 14 點共識予以再付審查，因無前例可循在先，又有程序爭議於後，其影響之大，必須正視之。國大議事組坦承過去沒有任何先例，程序委員會召集人蘇南成則以提出兩項建議方式，欲徵詢程序委員的同意，然後要求「大家一起擔程序爭議〈責任〉」。蘇氏之兩套方案：一是重回審查會，依法必須有八天的時間提修正案，如此國大必須延會至七月底；另一是二讀會和審查會同時進行，可節省一些時間。上述兩案，最後大會是採第二案進行。然此兩案均有爭議。就第一案言之，六月二十日已進入二讀會，時至七月初，怎可時光倒流？退回一讀會後之付委審查階段，明顯不符程序，是爲違法無效。就第二案爭議更多：

a. 其所依據之「國大議事規則」第 47 條：『在二讀會進行時，如有代表對於審查意見有疑義時，即可經由二十人以上的連署或附議，經出席代表過半數的同意，得再付審查。』唯本條規範非常模糊，究竟何時可以提出？再付審查的條文應包括哪些？會議如何進行？上皆闕如。然可確定者：

〈a〉再付審查之內容，必定是〈一讀會後〉付委由審查委員會審查通過，進入二讀會之修憲條文。

〈b〉再付審查之內容，也可是審查委員會後八天內所提出之「修憲提案之修正案」〈國大議事規則 17 條〉。

除上開兩者外，其他者根本進不了二讀會。正因，任何民主國家修憲、修法之法定程序，再付審查不可能在二讀會中有憑空而降之「新論點」提出。本次修憲之以「再付審查」強行加入二讀會的是，原先並未付委審查之 14 點共識，內容尚有「全新論點」者，此爲不符合所引用 47 條之原義。故實有違程序正義。

b.「國大議事規則」第 47 條條文中之「疑義」兩字，亦是重要關鍵。從條文精神來看，「再付審查」是爲了避免修憲過程之不盡周詳，預留一個「回頭」補救重大錯誤的機會。正如審查委員會審查後一定時間內，也可提修正案補救不完整者。國大此次交付的審查意見只有四種：通過、未通過、擱置、不予處理。而送入二讀會的修憲條文，均是「通過」的意見，且國、民兩黨亦說不出有何「疑義」的情況下，欲再付審查，顯與條文精神不符。明顯以程序爲名，行偷渡之實。此係無法無天、爲所欲爲 — 「停格」加上「倒帶」，不僅開了惡例，也完全賠上修憲程序正義。

3.三黨暨社會各界反修惡憲訴求

本次修憲有三大特點：一是兩黨高層默契十足，主導修憲 — 踐踏憲政精神；二是兩黨分贓，爲達目的、不擇手段 — 無視程序正義；三是各方反彈四起，激憤抗議 — 展現公民社會原貌。本次修憲各方看法，要而言之，包括國、民兩黨之內部反彈，新黨之抗爭，社會各界之爭議。

〈1〉國民黨內部的反彈

國民黨在高層主導之定見下，修憲期間內部反彈並未稍減，其方向以「反凍省」爲主，間有對鄉鎮市長官派主張之異聲者。至於中央體制之變動，如刪除閣揆同意權等，在國民黨內部雖亦引起廣泛重視與討論，但以其偏重學理得失，不似民、新兩黨內部對特定價值之「震撼性」反應來得激烈，故國民黨內或有對中央體制持異議者，多表現之於社會中的學術界、藝文界等等，以及黨員、國代個人意見，未在國大修憲中蘊釀形成爭議點。而凍省、鄉鎮市長官派則直接影響地方政治生態發展，故國發會以來，國民黨內部反凍省聲勢一直居高不下。反凍省力量最明顯者有二：國大、省方。就國大而言，反凍省原因雖不一，但不宜凍省之理念則相同。國民黨籍國代反凍省主力，有以下各方面：

a.祥和會：其爲國民黨國代次級團體。祥和會在修憲立場上，對刪除立法院之閣揆同意權並未有特別態度，唯堅持反凍省之主張，認爲國民黨對地方制度的讓步是「割地賠款」、「敗家子」。祥和會的底線是省長官派，維持省議員選舉，保留省自治法人地位〈即呂學樟版之「半凍省」案〉。祥和會反凍省成員包括會長陳治男，以及呂學樟、林正國、龔興生、楊榮明、林嵩山等人，立場頗爲堅定。修憲期間成爲國民大會內「反凍省」動員集結之大本營。副會長張榮顯則是到了七月修憲最後時刻，以家庭壓力被迫使改變原立場。

b.省府地緣：台灣省政府所在地的南投縣選出之國代，也是反凍省的重要成員。國民黨籍國代吳國重、馬長風、李宏裕、許信義等在反凍省理念上相當堅持。

c.黃復興黨部：屬於國民黨退輔會系統。包括台北市張玲、高雄市叢樹貴等人。因背景特殊，深怕凍省有台獨之疑慮，加以對台灣省的情感，乃反對凍省。當國民黨高層透過組織力量，經由退輔會系統強力遊說，企圖迫使彼等遵從黨中央指令時，彼等在相關修憲案表決時，或往往以消極逃避方式出場休息。

d.其他：不分區國代中，同時擔任省府委員的高雄縣籍大老林淵源〈高雄縣前縣長、白派大老〉，其反對凍省、反對鄉鎮市長官派之理念堅定，雖兩度經李登輝總統約見，但其態度未變，並不斷在國大議場內向國代拉票、拜託。國民黨黨部以林淵源之身分、風骨，亦未再強求；另就原住民國代方面，由於國民黨初始均未同意將原住民相關條文入憲，使得原住民國代將此不滿情緒反應到凍省條文上。除了楊仁煌擔任原住民委員會要職不敢貿然反凍省外，以祥和會李繼生爲首的國代，包括廖國棟、張政治、林益陸、馮寶成等，均是國民黨黨部疏通的對象。國民黨在最後二讀表決前夕，將「保障原住民權益」案採開放大會自由表決，終使最後凍省案表決時，原住民國代仍支持黨版決議。

就台灣省政府而言，「凍省案」造成省府、省議會的終結，成爲修憲中的「祭品」，自不能坐視不顧。省長宋楚瑜於國發會前後，與國民黨中央漸行漸遠。至修憲期間，宋則加大「分貝」於省議會總質詢中，力陳凍省之不當。宋省長更成爲反凍省之首，結合省議會、國大的相關力量。於修憲期間，省方動作不若國大之明顯，而是採「鴨子划水」之勢。此因國民黨高層已由李、連出面逐一化解反凍省勢力，故而省議會動作勢須化明爲暗，否則省議員馬上可能承受來自高層的關切、壓力。省議員串連國代杯葛凍省案之作法上，是由省議員各自劃分責任區，展開固樁工作。六月十八日國大二讀會前二天，40 多位反凍省之省議員前往陽明山中山樓拜會國民大會，尋求朝野國代支持。國大副議長謝隆盛及三黨黨團推派代表接見。而主動參與的國民黨國代達 30 餘人，加上新黨國代，現場瀰漫著反凍省氣氛。省議會並發表一份「地方制度與中央體制應等量齊觀」的緊急聲明，表示在通盤、合理的地方制度規劃設計完成前，不應零星修憲，尤其不能以消除黑金、派系之名，就停止五項公職人員選舉。省議員更不接受延長任期的「施捨」。

綜觀修憲期間，國民黨內部反凍省力量的運作，確實對國民黨修憲工作造成「遲滯」，甚至瀕臨停擺的命運。五月十六日，祥和會決定自提會版修憲案，反對凍省。省議員則串連國代，於五月二十七日連署「反凍省」。六月初，祥和會研商修憲進入二讀會後之因應對策。六月一日、四日、八日、十日，國、民兩黨間之黨中央協商，受反凍省影響，國民黨協商代表之遲疑、停頓，使談判卡在五項選舉上，而告破裂。六月二十五日兩黨突破瓶頸，七月二日再付審查中，反凍省的呂學樟等主力，均跑出會場，張榮顯則在表決、衝突後，上台發言「聲援」新黨，譴責民進黨的行爲。

到七月十四日晚，修憲二讀表決前夕，反凍省陣營全力動員反撲，省府廳處首長「恰巧」都北上，實則進行漏夜固票，省議員也就「對口」之國代做最後確認，以穩固票源。七月十五日，修憲二讀表決首日，反凍省國代張榮顯、陳進丁領銜提出 210 人連署之「臨時動議」，要求修改議事規則，把表決方式改爲秘密投票，反凍省支持者林淵源等 17 人不顧大、小黨鞭勸阻，舉手支持，該案兩次表決，均以懸殊比數失敗。整個反凍省氣勢自呂學樟被黨紀處分，黨內複式動員固票等等各種方式運作下，已呈頹勢。七月十六日的凍省修憲案表決，終於使得反凍省陣營潰不成軍，而劃上句點。綜觀全局，反凍省雖未竟其功，但在「台灣省」之法人地位存廢保衛戰中，留下歷史紀錄之一頁。

國民黨對反凍省力量之處置，修憲後仍具有爭議者二：一者，呂學樟停權兩年之黨紀處分案，不符「正義」原則，此因該處分是在投票前，而反凍省之「意見」，本屬「言論思想自由」範圍，且非呂學樟一人獨舉此說。它違反「罪刑法定主義」，若論處分，應是表決後確定沒有遵照黨之規定投票者，且所有違反黨紀者一視同仁。事前就開鍘，除了「殺雞儆猴」，李登輝領導之國民黨似幫會組織之行徑，國人側目，實開惡例。二者，白色恐怖之震撼，自立早報首先刊載：『國安會舉行祕密集會，下令以竊聽為手段，全面監控反凍省勢力。』國安局局長殷宗文上將立即召開記者會鄭重否認，並要求該報三日內澄清道歉。引起國人關注，其兩造真實性或永遠無法判明，然對社會之疑慮、不安則將無法抹平。

〈2〉民進黨內部的反彈

民進黨對本次修憲，以許信良主席為首之主流派在中央體制上，支持國民黨版之雙首長制，以換取凍省、凍結五項選舉。此一走向引起該黨內部正義連線、福利國連線主張「總統制」派的不滿，強力杯葛。此為理念之爭、制度之爭。

早在四月民進黨擬訂修憲版本時，就因路線爭議困擾，為求通過黨內 21 人修憲顧問小組，而以「雙首長制」、「總統制」兩個版本提出於國大。許信良構想是先以「總統制」憲改版本與國民黨協商，如不成再提出國發會共識之「雙首長制」。唯「總統制」支持者認為黨中央其實要的是「雙首長制」，而以「總統制」應付黨內一些人，故「總統制」版本很粗糙。正義連線沈富雄即表示，修憲協商應「兩案併陳，見機行事，交叉運用，避免上當。」反對「總統制」優先協商，然後被犧牲掉。

民進黨內支持「總統制」之呼聲，具體而又有力量的形成對抗黨中央之局，是在五月十九日起，立委沈富雄、前主席施明德所催生的「跨黨派總統制推動聯盟」，先由立法院發起，連線到國民大會。立法院內民進黨 48 位立委中，有 29 位簽署支持沈富雄提出之「美式總統制」，連同建國陣線的陳永興、許添財、彭百顯 3 人，人數達 32 人。依派系屬性，主力來自正義連線、福利國連線，另包括部分美麗島系、新潮流系。

五月二十日，施明德、沈富雄、張俊雄、黃爾璇、葉菊蘭、黃天福、林哲夫等 7 人，連袂上陽明山，聲援民進黨國大黨團成立「推動總統制聯盟」。二十一日國大「推動總統制聯盟」成立，在全部民進黨國大黨團 100 位成員中，有 41 位正義連線、福利國連線之國代共同發起，並推舉吳俊明、邱國昌擔任召集人，由陳儀深擔任發言人，林育生為執行長。「推動總統制聯盟」的理念在於強調：民選總統既要擁有實權，就必須面對國會監督制衡，亦即監督總統的立法院也要相對擁有完整的職權。其策略運用上，在黨內壓迫許信良主席修正方向，同時不惜結合跨黨派代表杯葛，直到國民黨重視權責相符的「總統制」為止。

雙首長制、總統制理念路線之爭，更突顯民進黨內部整合無力，雙方呈現勢均力敵態勢，乃有「兩案併陳」之結果。並謂雙首長制、總統制都是民進黨的主張。這種情形亦無法避免民進黨內同志間壁壘分明，加深彼此對立。或有謂這是許信良之最佳、唯一的選擇與策略。當困擾之議題一時無法突破，則以時間換取空間，拉長戰線，避免當下黨內分裂、修憲破局，到最後時機再爭取「推動總統制聯盟」的妥協，相忍爲黨，完成「雙首長制」的最後目標。

許信良於國大「推動總統制聯盟」成立一週後的五月二十九日，發表民進黨之「修憲萬言書」，全文分爲 4 大部分：「前言」、「憲政改革的歷史意義」、「美式總統制是我們最好的選擇嗎？」、「雙首長制兼顧國家整合與民主鞏固」。分別由張俊宏、姚嘉文、林濁水、郭正亮聯合執筆，許信良校稿、修訂。許信良並對「推動總統制聯盟」人士提出喊話，其目的有三：一是在反駁總統制，認爲此制在台灣絕無成功之可能；二是在鞏固雙首長制，認爲此制有利國家整合、民主鞏固；三是在警告總統制人士之制肘，一旦修憲失敗，「反改革」的保守勢力將是最大贏家，飽受「壓抑」長達半世紀的台灣人民將是最大輸家。

許氏「修憲萬言書」一出，引爆「推動總統制聯盟」成員的更大反彈，總統制派人士認爲：a.將不同改革意見者扣上「歷史罪人」的惡名，令人心驚。b.主事者強行推銷個人意志，才是陣腳不穩的主因。c.口號雖響亮，卻與憲改無關。d.增加李登輝的法定權力，只會使黑金政治加劇。e.慎勿被誤爲「李登輝之前鋒」。f.謹言慎行以維泱泱大黨之風。[22]

「推動總統制聯盟」於六月四日在台大校友會館發表緊急聲明，與會成員包括：前主席施明德、中評會主委謝長廷、正義連線會長沈富雄、福利國連線總召集人顏錦福、張俊雄、葉菊蘭、民進黨中常委蔡同榮、國代邱國昌、林育生、陳儀深、蘇治芬、黃永煌、王銘源、傅淑真及新國家陣線陳永興等人。該緊急聲明中表示：民進黨內憲改有兩個版本，所以支持總統制不算違反黨紀。要求黨中央，一定要與國民黨協商，將總統制憲改版本推進修憲二讀會；同時要求黨中央應向學界推動總統制的學者道歉，因多年來，支持總統制的學者態度一直沒變，反倒是民進黨在改變，甚至將這些學者打成反動派、反改革、反修憲者。「推動總統制聯盟」人士之激憤，溢於言表；施明德謂：『真小人比僞君子好』，葉菊蘭甚至認爲『大家可以另立黨中央。』[23]

六月四日「推動總統制聯盟」的一份 25 名國代切結書曝光〈當時仍在連署中〉，切結書提出兩黨中央若違背四項原則，將杯葛雙首長制修憲到底。此四項原則爲：a.國民黨封殺總統制版本進入二讀。b.國民黨棄守承諾未貫徹凍結五項選舉。c.修憲過度膨脹行政權，致使立法權缺乏監督制衡。d.國、民兩黨高層不顧人民利益，進行分贓與利益交換。[24]此一內容使得民進黨中央倍感壓力，並在六月四日之第二次黨對黨協商中，許信良以重話向國民黨表達：『總統制版本未進入二讀，修憲從此結束。』國民黨中央亦感事態嚴重，下令務必讓民進黨總統制版通過審查委員會，進入二讀。

六月八日，國、民兩黨中央第三次協商，爲提出審查會結束後，雙方都有共識的修正案版本，展開長達 15 小時的馬拉松談判，最後卡在五項選舉，國民黨

---

22 「謹言慎行以維泱泱大黨之風」台中，台灣日報，民國八十六年六月三日，版七。
23 民進黨發表對萬言書緊急聲明之內容參見：台北，中國時報，民國八十六年六月五日，版三。
24 總統制聯盟之切結書內容參見：台北，自由時報，民國八十六年六月六日，版二。

以其內部壓力，必須再行研究，協商破裂。民進黨「推動總統制聯盟」成員：謝長廷、沈富雄、顏錦福、蔡同榮、陳儀深、邱國昌、吳俊明、張國慶、藍世聰、林育生等人於六月十日召開記者會，發表「打瞌睡中達成的共識」抗議聲明，表達對兩黨「協商紀錄」的強烈不滿，砲轟許信良打壓總統制，敬告黨中央不要耍詐，不要跟國民黨私相授受，否則彼等將採強烈抗議。至於總統制最後如遭到封殺，「推動總統制聯盟」成員已有兩種不同的聲音：一是謝長廷、沈富雄主張，黨的紀律一定要遵守。如果最重要的凍省、凍結五項選舉可以達成，交換完成修憲還是值得的。二是不少人士仍堅持依先前 30 多位成員簽署的切結書，抗爭到底，最後不惜玉石俱焚。

到了六月二十五日，國、民兩黨達成 14 點共識，看似已無生機的修憲，又再次有絕處逢生之感。然而不到 48 小時，即被陳水扁在六月二十七日之中執委暨國大聯席會議中，率同總統制成員推翻許信良與國民黨所採用之「絕對多數制」的主張。「總統選制」、「公投入憲」再次形成兩黨修憲僵局。而民進黨國代支持「相對多數決」人數超過 40 人，[25]聲勢相當浩大。直到七月九日，李登輝約見黃信介，由黃扮中間橋樑，溝通陳水扁，使陳最後同意將總統選制、公投入憲延後再談，又一次的避開破局之危機。

修憲到了最後二讀會表決之關頭，七月十四日晚，民進黨中央 9 人小組具名之晚宴，出席者並不踴躍，100 位民進黨籍國代僅只約 40 人到場。「推動總統制聯盟」以拒絕出席邀宴表達不滿情緒。聯盟發言人陳儀深指出，總統制在國、民兩黨協商中已被封殺〈即優先處理刪除閣揆同意權、凍省之共識，總統選制、公投入憲最後處理。〉彼等不願強求在此時通過總統制條文，只要求與雙首長制平等移至下階段處理，唯仍得不到黨中央的善意回應。不僅公投入憲、總統選制、凍結五項選舉將遭綁架，而且凍省、刪除立院之閣揆同意權都是國民黨的底線，民進黨究竟得到了什麼？「推動總統制聯盟」並進一步會商因應之道 — 支持黨中央或退席。[26]

七月十五日起二讀會表決階段，民進黨中央對「推動總統制聯盟」的不配合態度，使出最後一著棋 — 請出兩大派系的領袖「長、扁」上山規勸。除黨主席許信良、秘書長邱義仁外，台北市長陳水扁、中評會主委謝長廷分別上山疏通黨團內部成員。陳水扁在黨團會議上表示，9 人小組的決議對所有黨團成員應有一定的約束力。且公投入憲應在本會期作出處理，如果未能通過表決，公投就和總統選制一同留到下階段再做處理。謝長廷則與福利國連線國代面對面溝通，秘書長邱義仁則向「推動總統制聯盟」國代承諾，民進黨會與國民黨在修憲三讀前簽字，確認公投入憲在下一次修憲完成，否則下台負責。這些努力發揮極大之功效，

---

[25] 民進黨國代支持「相對多數決」者有：陳儀深、蘇治芬、邱國昌、吳俊明、藍世聰、張國慶、彭百崇、蔡啓芳、蘇明南、黃文和、陳耀昌、周民進、王明玉、江昭儀、康泰山、林逸民、胡維剛、李金億、陳玉惠、黃永煌、林育生、謝明璋、林懋榮、楊金海、陳朝龍、陳進發、謝清文、陳秀惠、林勝利、粘永生、傅淑真、陳宗仁、陳淑暖、劉一德、簡淑慧、張禎祥、戴榮聖、莊勝榮、林重謨、王銘源、陳碧峰、鄭麗文。

[26] 高雄，民眾日報，民國八十六年七月十五日，版二。

「推動總統制聯盟」成員最後關頭鬆口放棄杯葛同意權，終使國、民兩黨合力完成第四次修憲。

修憲完成了兩黨高層私人的願望，民進黨「推動總統制聯盟」最後的節制，雖未使修憲破滅，但綜觀全局，總統制成員對第四次修憲各個階段都構成嚴重威脅，最後修憲雖成，黨內派系、爭議仍在。民進黨內有崇高地位的張忠棟教授選擇此刻，退出民進黨，亦是對修憲表達一定的態度。

〈3〉新黨的抗爭

第四次修憲，新黨以46席的小黨處境，又逢國、民兩黨高層挾持國發會共識之優勢，其面臨苦戰是不可避免。新黨對國、民兩黨的黨版修憲案均持反對態度，在其「第四階段修憲總批判」之前文，即指出：[27]

> 國發會以來，執政黨與最大的在野黨 — 民進黨已取得共識，欲進行大幅度的修憲。全世界，沒有國家像台灣一樣，七年之間四度大修憲法，而且有些上回剛剛修完，這次又反悔重來〈例如省長民選〉。不要說人民，就連憲法學者恐怕都說不出來，這次為什麼又要修憲？不過，如果修憲的目標是更民主，權責更相符，更具前瞻性或至少能解決當前憲政問題，則國人不分黨派，自當予以支持。然而，令人遺憾的是，綜觀國、民兩黨所提的修憲版本，不但與其所標榜的「建構穩定、權責相符，且具有制衡機制的政治體制，奠定國家永續發展的基礎」南轅北轍，而且條文內容七拼八湊，前後矛盾，如果照此修憲條文通過，將使憲法尊嚴喪失殆盡。

新黨反對國、民兩黨高層所提出之「雙首長制」版本，列舉10項缺失：a.國發會結論成爲太上憲法。b.總統權力任意擴大。c.權責完全不相符。d.東拼西湊、體制混亂。e.臨時條款的復辟。f.隨意主張，違背法理。g.兩黨利益共同下犧牲理想。h.掛一漏萬，頗不周延的修憲。i.充滿政治考量的修憲。j.修憲目標付之闕如。[28]綜言之，新黨以本次修憲，並無其必要性，國、民兩黨的修憲版本不符憲政原理，從而反對修憲。

新黨本身的憲政主張，在中央體制上，是要求權責相符的責任政府制，且是以「責任內閣制」爲首要選擇，反對國發會的共識，並否定本次修憲的「雙首長混合制」。在地方制度上，雖反對廢省或凍省，但主張應對省府組織與功能，做大幅的調整，使中央、省這兩級政府均符合憲政體制「均權制」的原則。

新黨對這次修憲之不合法理，本即不贊同，加以認爲現行憲法〈含增修條文〉即使一字不修，也並無絕對窒礙難行之處。新黨深知以小搏大之不易，且修憲一經發動，極難阻之。故其上策：暫緩修憲；其中策：結合國、民兩黨反彈力量，遏阻修憲。就前者而言，「暫緩修憲」，在本屆國大臨時會報到之初，社會治安的亂局，提供了一個訴求機會：「桃園縣長劉邦友公館血案」、「彭婉如命案」、「白曉燕被撕票案」一連串重大刑案未破，民眾乃漸有轉移到對新政府的不滿。

[27] 新黨全國競選暨發展委員會編，「爲誰而戰、爲誰修憲？第四階段修憲總批判」〈台北：新黨全國競選暨發展委員會，民國八十六年五月〉，頁一。

[28] 新黨全國競選暨發展委員會編，前揭文，頁二 — 十二。

「五0四」、「五一八」大規模遊行示威民眾，憤怒堅持要求「總統認錯、撤換內閣」，主辦單位以雷射投影將「認錯」兩個大字打上總統府的尖閣上；兩小時後，又傳出外交部宣佈我與巴哈馬斷交的消息，正是當時台灣內、外情勢的縮影。此時民意亦有「先修內政，再修憲」的呼聲，以延緩修憲為主張者。新黨圖結合社會之輿情，於本屆國大報到時，高舉白布條「先修治安再修憲」，惟此舉並無法阻擋修憲大輪的啟動。

新黨另一可行之途，則為針對個案，尋求結合兩黨之內部反彈人士，達到四分之一表決數，以阻止修憲條文通過。修憲之法定人數為全體三分之二國代之出席，出席國代四分之三之決議為之。本屆國代總數 334 人，如全數到齊，則四分之三為 251 人。反之，如有 84 人〈四分之一〉反對，則修憲案即無法在二讀、三讀中通過。新黨本身有 46 席，如能結合 38 席，即可策略運作成功。新黨思考者，「凍省」議題上，可連結國民黨反凍省國代。「中央體制」議題上，可聯絡民進黨「推動總統制聯盟」。〈新黨基本上是主張責任內閣制，若情勢不利的狀況下，亦不排除支持權責相符之總統制。〉唯以國、民兩黨最後階段整合成功，新黨獨木難撐的潰敗不可避免。

整體而言，本次修憲過程中，新黨力持反對之立場，最大反對黨之民進黨許信良反與執政黨相唱和，結合一致行動。新黨雖與國民黨、民進黨各有數場協商，然以理念差距過大，沒有結果亦屬預料中事。新黨面對國、民兩黨強力動員，一再強調不排除較激烈方式之杯葛議事，癱瘓議程，以突顯兩黨輕忽學理、草率修憲的不滿。六月三十日，新黨以國、民兩黨將 14 點共識用「再付審查」方式進行，表示強烈反彈，認係違反程序正義原則，身著「我是歷史罪人，反對草率修憲」的 T 恤全力杯葛。延至七月二日表決後，新黨國代佔據主席台，並圖搶走主席錢復之議事槌，引發國、民兩黨國代亦衝上台指責，雙方扭打混戰之中，三黨均有人受傷，新黨 2 名國代頭破血流，傷勢較重，經送醫急救。其後兩日，新黨集體缺席以示抗議。

七月十六日，二讀會表決「凍省」、「刪除立法院閣揆同意權」，新黨全力反對，直到晚上八點十八分開始進行凍省案討論，議長錢復於八點五十二分處理停止討論提案，引發新黨抗議，群聚在發言台前，手拉「凍省=台獨」、「歷史罪人」等布條，議場陷於一片大亂。大會議事在新黨抗爭過程中，繼續進行，並通過凍省案相關三項條文。新黨串聯國民黨反凍省力量沒有成功，但為台灣省的定位奮戰到底，亦善盡一個反對黨的角色與知識份子的良知。

〈4〉社會各界的爭議

修憲期間，朝野兩大黨利益分贓，以人數優勢掌握修憲發展，但台灣社會的深層價值，一個「公民社會」的民間力量在這次修憲中展現出來。社會聲音以學術界最為宏亮，藝文界、退役將領亦都加入。學術界本於知識份子的良知，強烈表達意見。正是有謂一場修憲大戲，修到自由、保守兩派學者都曰不可的地步，更是千古難尋。學界之諸多學者從學理角度觀察、評析，所在意者非「得失」，而在「是非」。政治人物之主流者，在意的是修憲的「得失」，而不計較「是非」。

政治人物動輒對學界人士加諸「反修憲」、「反改革」、「既得利益者」之大帽子，實則不然；學術界所關注者，不在修憲本身，而在修憲的內容，故無「反修憲」，若有，「反修惡憲」可也；學術界所重視者，不在改革本身，而在改革之內容，故無「反改革」，若有，「反開民主倒車」者有之。「既得利益者」是社會中、下層，抑或主政之高層？學術界之表達意見，有以團體連署形式，亦有各型研討會中個人闡述者。就團體連署之大者觀之如下：

a.政大江炳倫教授發起「學術界反對雙首長制」的憲改連署。於五月三十日首次召開記者會，公佈400名立場各異學者之連署書，最後增至2000餘名學者加入。包括有中研院院士、各大學教授。政治學者：胡佛、李鴻禧、呂亞力、張治安、荊知仁、雷飛龍、朱堅章、高旭輝、謝復生、薄慶玖、魏鏞、陳德禹等。歷史學者：黃彰健、張朋園、呂士朋、孫同勛、閻沁恆、胡春惠、蔣永敬、黃大受等。傳播學者：徐佳士、李瞻、彭懷恩、彭芸、汪琪、鄭瑞城等。其他知名學者：于宗先、王業鍵、明驥、施建生、呂俊甫、陳義揚、林恩顯、柴松林、尉天聰、黎建球等。

江炳倫等教授期望朝野政黨不要醉心一己之私，而修出一部貽笑大方，遺臭萬年的惡憲。聲明中並以民國初年的袁世凱「籌安會」、「洪憲帝制」比喻此次憲改，就憲改內容偏離憲政原理，提出三點：〈a〉國代依附總統選舉產生，不僅名實不副，且將淪爲總統制憲、改憲、毀憲的御用工具。〈b〉總統任命行政院長，不必經立法院同意，透過國安會得決定國家大政方針。立法院一年內未完成審查程序之所謂重要「民生法案」，得以臨時條例宣布實施。如此總統實際上已成爲集行政、立法大權於一身的巨無霸總統，行政院長只是他的幫辦罷了，美其名曰「雙首長制」，乃爲故意混淆視聽以規避責任的幌子。〈c〉總統可輕易解散立法院，而立法院彈劾總統條件極爲嚴苛，比修改憲法更難，且諸如貪污、選舉舞弊等新興民主國家首長最容易犯的重大過失，均可排除受彈劾之列，行政、立法制衡的機能可說全部喪失了。[29]

b.學界「停止修憲」連署：繼「學術界反對雙首長制憲改」大規模連署後，學者胡佛、呂亞力、雷飛龍、江炳倫、蔣永敬、邵宗海及立委李慶華發起「我們主張停止修憲」連署，於六月三日召開記者會，公佈一份包括學者荊知仁、薄慶玖、前總統府資政林洋港、郝柏村、梁肅戎等國民黨大老共180餘人之連署書。指出「民主憲政的基本原理是權力分立，相互制衡；但國民黨或民進黨提出的制度，都大幅變更了我國憲政體制，也不符合基本的憲政原理，這樣大幅度的變更，根本是毀憲、制憲，而不是修憲。」「國民大會應立刻停止修憲，執政當局應把心力放到與民生有關的政務。」立委王天競指出：「兩黨談判只是上層的黨意，和中層、下層的黨意不同，各黨應在黨內先溝通，再對外協調；去年總統選舉時，人民並沒有賦予總

[29] 江炳倫教授之「學術界反對雙首長制」詳見，台北，聯合報，民國八十六年五月三十一日，版二。

統這麼大的權限，目前兩黨的設計已超出選舉時的契約。」[30]

c.台大法律系憲法學教授發起「全國大專教授憲改共同聲明」：台大教授李鴻禧、賀德芬、黃昭元、林子儀、顏厥安等人，於五月二十四日發表共同聲明「要求建立權責相符的中央政府體制，如果要給民選總統相當實權，就應該參考國外的先例，建立三權分立、相互制衡的總統制。」[31]這項連署亦超過 200 名學者加入連署，網路上則有超過 2000 名網友參與連署。胡佛教授並率領台大教授組成的「台大關心憲改聯盟」，於六月二十四日國大修憲二讀會進入表決前夕，前往陽明山中山樓拜訪三黨國大黨團代表，並向國大祕書長陳川呈送一份由 2000 人連署之「台大校內連署名錄」。[32]

d.成功大學百位教授「反雙首長制」連署：台灣南部的學術界憂心國政，不下於北部。南台灣以府城台南市為核心的成功大學水利及海洋工程學系教授高家俊發起「反對雙首長制憲改」連署，呼應北部江炳倫、李鴻禧等教授之反對雙首長制憲改連署，初始即有成大百位教授參與連署活動，其後並及於台南師範學院、崑山技術學院。這項連署在於表達南部學界對國大修憲亂無章法，引起社會普遍不安的憂慮，並表示堅決反雙首長制立場。[33]

e.「民間監督憲改聯盟」：以澄社〈社長張清溪〉、台教會〈會長沈長庚〉等本土學術團體組成之「民間監督憲改聯盟」，於五月十九日宣佈成立。發表聲明，提出「一個反對」、「五個主張」。「一個反對」：反對任何形式的雙首長制。「五個主張」：〈a〉實施權責相符的總統制。〈b〉強化國會功能。〈c〉重建地方自治。〈d〉強化司法保障。〈e〉制定社會大憲章。「民間監督憲改聯盟」於六月三日召開記者會，抨擊國、民兩黨所主導的憲改，未來將造成「威權鞏固、民主反退」的憲政體制，而民進黨一味的當國民黨推動「雙首長制」的馬前卒。學者並建議國大，在修憲後，加封李登輝「路易・李登輝皇帝」，開啓「登輝元年」的統治。[34]

社會各界反對修憲聲中，除學術、藝文、宗教界外，最具特色者，乃是所謂「將軍之怒」的 103 位退役將領於六月十四日，聯名發表之「反對毀憲禍國」聲明。這份由前總統府參軍長，時任總統府戰略顧問陳廷寵上將領銜，包括：前警備總司令周仲南上將、前華視董事長武士嵩、前國防管理學院院長董瑞林中將、前聯勤副總司令雷穎中將、前十軍團副司令高國安中將等 103 位退役將領連署之聲明指出：「總統制也好、雙首長制也好，都不能違反『權責相符、相互制衡』的民主原則。」這份連署中，郝柏村、許歷農等婉拒連署，使「反李、新黨」成分淡化。這份聲明以相當強烈字眼抨擊本次修憲是「一人獨斷、兩黨分贓」，讓退役將領無不義憤填膺，痛心疾首。因而彼等響應學術界、文化界、宗教界，堅

[30] 學界「停止修憲」連署詳見，台北，聯合報，民國八十六年六月四日，版四。
[31] 台大法律系教授發起之共同聲明，台北，民國八十六年五月二十五日，版二。
[32] 台大教授之「台大關心憲改聯盟」，台北，聯合晚報，民國八十六年六月二十四日，版二。
[33] 成功大學百位教授連署，高雄，民眾日報，民國八十六年六月十五日，版二。
[34] 民間監督憲改聯盟成立與聲明，台北，自立早報，民國八十六年六月四日，版三。

決反對假修憲之名，行毀憲之實的政治權謀。[35]這次退役將領連署由作風保守的陳廷寵與立場鮮明反國民黨當權派的周仲南帶頭連署，並不尋常。而連署者有一大部分被視為無流派色彩，更使反對權責不符的訴求引人注目。

〈二〉從修憲內容面析論

一場兩黨高層結合，挾持國家機器、黨的機器，強行推動各自政黨運作的修憲工程；其修憲動機不純，修憲內容又是權責不相符，毀憲分贓，難掩全天下人之耳目。不僅兩黨內部反彈四起，亦使各黨、各界群起而攻之。值得玩味者，因李登輝違反憲法第 55 條之規定，一人不守憲，就欲以修憲「刪除立院閣揆同意權」，並以「凍省」拉攏許信良配合這場破壞憲政學理的修憲，國民黨提出所謂「雙首長制」— 一個由總統直接任命的行政院長，除了執行總統之政策，等同於幕僚長，何來「雙首長」？正因國民黨版之「雙首長制」太偏離學理，違背經驗法則。形成不論統、獨色彩之政黨，不論自由派、保守派的學者，不論主張總統制、內閣制、五權體制的學者，通通跳出來反對的場景。正因，各界反對聲音、力道甚強，國民黨版修憲案幸並未全部通過列入增修條文，雖如此，修憲通過的部份已經重創中華民國憲法之精神、憲法之學理，成為我國憲政發展史的「大災難」，對憲法造成「重傷害」。吾人可從三部分論之：1.中央體制部份；2.地方制度部分；3.基本國策部份。

1.中央體制部份：

中央體制在修憲後，其需檢討者有：〈1〉憲政體制精神已變。〈2〉總統部份。〈3〉立法院部分。〈4〉行政院部分。〈5〉司法院部份。〈6〉監察院部分。

〈1〉憲政體制精神已變

修憲後，我國憲政體制已由原較傾向「內閣制」轉為傾向權責不符之「總統制」〈絕非所謂之「雙首長制」〉。

我國原憲法精神較傾向「內閣制」之因：行政院為國家最高行政機關〈憲法第 53 條〉，掌有各部會〈憲法第 54 條〉。立法院是國家最高立法機關〈憲法第 62 條〉，行政院對立法院負責〈憲法第 57 條〉。另行政院長副署權的設計〈憲法第 37 條〉，均表現出「內閣制」特徵；但必須注意的是，僅是較「傾向」於內閣制，此因我國原憲法設計中，並無立院「不信任投票」，行政院亦無「解散國會權」，同時規定立法委員不得兼任官吏〈憲法第 75 條〉— 內閣制中之內閣首相、閣員均為國會議員〈所謂「輪中有輪」〉。綜言之，我國憲法類屬五權憲法架構下傾向於內閣制精神之混合制。

或有謂我國原憲法精神較傾向於「總統制」或「雙首長制」，這是極大錯誤。我國原憲法中，總統職權其實不大。依憲法列舉總統之職權在 35 條至 44 條間，絕大多數屬於「國家元首權」〈如「總統為國家元首，對外代表中民國。」、「總統依規定行使締結條約及宣戰媾合之權。」、「總統依法行使大赦、特赦、減刑及復權之權。」、「總統依法任免文武官員」、「總統依法授予榮典。」〉或屬於「建築在行政院會議決議與行政院長副署權之上」〈如憲法 43 條之緊急命令

[35] 退役將領發表「反對毀憲禍國」聲明，台北，中時晚報，民國八十六年六月十四日，版二。

權、憲法第 57 條之覆議核可權、憲法第 36 條之統帥權[36]。〉以上者，或不算是總統之實權，或不是由總統能獨立行使的。遍觀我國原憲法中，有關總統「實權」者，僅有憲法第 44 條之「院際調和權」一條而已，然以其並無任何拘束力，成效如何可知。反觀「總統制」下，美國之總統行政大權在握，不需國務卿、白宮幕僚長之副署；「雙首長制」下，法國之總統完全掌握國防〈含「核武按鈕權」〉、外交、海外殖民地，並親自主持國務會議。我國憲法表現於：「總統統而不治，行政院長治而不統。」，總統位高崇隆，是國家之象徵；行政院長掌握行政大權，這距離美式「總統制」、法式「雙首長制」甚遠。

唯前述我國傾向「內閣制」之體制，到本次修憲已被嚴重破毀，依增修條文第二條第一項「行政院長由總統任命之」，亦即不再需經立法院之同意。這一舉破壞了原憲章中環環相扣的「信任制度」、「負責制度」。

「信任制度」 — 憲法第 55 條：「行政院長由總統提名，經立法院同意任命之。」今刪除立法院之閣揆同意權，已破壞行政、立法兩院之「信任關係」臍帶。行政院長由總統直接任命，實質已成總統幕僚長，而非憲法中「最高行政機關」之首長。第四次修憲後之最高行政機關為「總統府」，其最高行政機關之首長已是「總統」。 — 總統已是實際權力所從出者，行政院長為其幕僚長，只是在於遂行總統之治國理念及政策，有如美國總統制中的國務卿〈The Secretary of State〉；且行政院長更比不上法國第五共和「雙首長制」之總理，第五共和之總理在國防、外交、海外殖民地以外，其他所有國家大政：經濟、財政、交通、文化、教育、環保等等，統歸總理完全領導，我們的行政院長實際上有此完全之大權？

「負責制度」 —憲法第 57 條之：「行政院對立法院負責」，行政院之所以要對立法院負責，在於憲法 55 條之行政院長須經立法院行使同意權。因立法院有同意任命權，故行政院須對立法院負責，此理至明。本於憲法 57 條行政院須對立法院負責，則憲法 55 條之立院同意權絕不可刪除。本次修憲之最大破毀在於為了李登輝「著毋庸議」違反憲法 55 條之規定，乃修憲將立法院同意權拿掉，如此一來，則憲法第 57 條立法院有何資格要求行政院對其負責？憲法設計是有完整配套，環環相扣，更動其一，條條皆亂。同意權刪除，則行政院對立法院負責失去法理依據，正是本次修憲李登輝一己之私，對憲法作成重大傷害。

本次修憲，我國憲法已嚴重扭曲，法理配套全亂，權責不符的體制出現。由原本傾向內閣制，走向權責不相符的總統制。一方面立法院在名不正、言不順的情形下，「監督」行政院〈行政院已非立法院同意任命〉；另一方面，總統則堂而皇之的實際掌有決策大權，不須負任何責任〈民主國家強調「權責相符」之配套，有其權者負其責，總統已是決策所從出者，卻躲在行政院長後面，由行政院長對立法院負責，立法院永遠監督不到躲在後面的「影武者」、「藏鏡人」，一

[36] 總統雖有三軍統帥權，將官晉升、部隊調動，均需要以「命令」方式為之。憲法 37 條之規定「總統依法公佈法律、發布明令，須經行政院長副署」。如民國八十年代，李登輝總統欲以參軍長蔣仲苓晉升「一級上將」〈四顆星〉，行政院長郝柏村以不符人事法規，不表同意，李登輝連命令都未提出即作罷。

個「有權者無責 — 總統；一個「有責者無權」 — 行政院長。」〉這是修憲後的實況。

〈2〉**總統部份 — 超級總統產生**

歷經四次修憲後，總統大權在握，宰制五院：

a.行政院：增修條文第二條第一項：「行政院長由總統任命之。」增修條文第二條第二項：「總統發布行政院長或依憲法經國民大會同意任命人員之任免命令及解散立法院之命令，無須行政院院長之副署，不適用憲法第三十七條之規定。」依照「總統 — 行政院長」之互動分析：〈a〉行政院長成爲總統幕僚長。〈b〉「副署制度」形同虛設。原憲法第 37 條：「總統依法公布法律，發布命令，需經行政院長之副署・・・」在總統直接任命行政院長後已遭破壞。此因原憲法規定行政院長須經立法院同意任命，故而有可能形成兩種狀況：一是「甲黨總統、甲黨行政院長」〈甲黨在立法院佔多數時〉，此時透過黨政運作，總統權力較大；二是「甲黨總統、乙黨行政院長」〈乙黨在立法院佔多數時〉，此時乙黨行政院長必然大權獨攬，無須理會總統，更可用「副署權」使總統無所作爲。現今立法院之閣揆同意權已刪除，行政院長成爲總統幕僚長〈總統可隨時更換之〉，行政院長更不可能違逆總統意旨〈或拒絕在法律、命令上副署〉，故憲法第 37 條已名存實亡。另增修條文第二條第二項之免除行政院長對總統各項人事任免命令之副署，則在避免「郝柏村效應」之發生〈當初李登輝欲以連戰取代郝柏村任行政院長，而免郝之人令要行政院長郝柏村自行副署，情何以堪？且若行政院長拒副署，則形成憲政僵局。〉綜言之，修憲後總統對行政院長是完全掌握，行政院長對總統只有完全效忠，以達成總統交付使命爲其職責。

b.立法院：增修條文第二條第五項：「總統於立法院通過對行政院長之不信任案後十日內，經諮詢立法院院長後，得宣告解散立法院。但總統於戒嚴或緊急命令生效期間，不得解散立法院。」這項條文乃總統「被動解散立法院之權」。當不信任投票通過，立法委員監督不到政策所出之總統，只能讓總統「分身」、「影子」的行政院長下台，此時，總統還可解散立法院，立法委員得回原選區繼續辛苦選舉。這與內閣制國家之首相「解散國會」不可同日而語；當英國、日本等內閣制國家之國會「不信任投票」通過〈這是國會在監督執政黨與權力所在的首相〉，首相要宣佈「解散國會」，是很慎重的，一則解散國會，所有國會議員〈包含內閣之首相、所有閣員都是執政黨的國會議員〉都須回原選區選舉；二則，選舉之後，首相所屬政黨有可能從執政黨變成在野黨。反觀我國憲法，立委本即監督不到總統，不信任投票通過，總統可以反過來就解散立法院，總統照做他的總統，沒人可監督到總統。這就是李登輝修憲後東拼西湊、不符憲政學理的憲法！

c.司法院：增修條文第五條第一項：「司法院設大法官十五人，並以其中一人爲院長、一人爲副院長，由總統提名，經國民大會同意任命之，自民國九十二年起實施。」總統掌握大法官提名權則不論人選爲何政黨，與總統必定不是陌路者，總統之提名權使得總統在司法院之無形影響力是不言可喻者。

d.考試院：增修條文第六條第二項：「考試院設院長、副院長各一人，考試委員若干人，由總統提名，經國民大會同意任命之，不適用憲法第八十四條之規定。」考試院院長、副院長、考試委員之需經總統提名，則人選一如上述，且如爲求再被提名，與總統之互動必然良好，「總統 — 考試院」之關係，總統之地位不可忽視。

e.監察院：增修條文第七條第二項：「監察院設監察委員二十九人，並以其中一人爲院長，一人爲副院長，任期六年，由總統提名，經國民大會同意任命。」監察院院長、副院長、監察委員之提名權掌握在總統之手上，「總統 — 監察院」之互動，在憲法條文設計下，總統對監察院是有一定程度影響力。

綜論總統與五院關係，總統或擁有直接任免權、或擁有被動之解散權、或擁有提名權；相對的，不信任案不及於總統，對總統彈劾案之設計機制形同具文。進一步言之，「信任制度」、「負責制度」、「副署制度」已被摧毀殆盡，中華民國憲法下的「總統」有如政壇中的「利維坦」〈Leviathan〉。

〈3〉立法院部分 — 弱勢國會形成

本次增修條文中，就立法院方面，有六大缺失，形成一個弱勢的國會：

a.立委人數增加，易於影響議事效率：增修條文第四條第一項：「立法院立法委員二百二十五人・・・」因應凍結省議員選舉，讓省議員可轉換跑道的結果，立法委員增加 60 餘席名額。人數增加使議事過程更爲不易，發言、討論、表決時間均加長，各黨黨鞭掌握運作更爲困難，素遭詬病的立法品質與效率，更爲增加。

b.立院失去閣揆同意權，失去監督行政院之法理基礎：憲法第 55 條與 57 條，是互爲彰顯「權責關係」關鍵設計。有立院同意權，才有立院對行政院監督之權。今立法院失去同意權，面臨 3 個憲政問題：一是行政院向立法院負責，卻將立院同意權刪除，違反「權責相互關係」。二是行政院長由總統直接任免，行政院長已成總統之幕僚長，由幕僚長向立院負責，而非向總統負責，亦是違反「權責相互關係」。三是立院監督之行政院長已成總統幕僚長、幫辦，立法院有如唐吉軻德力戰風車，費盡全力，實則不過「打龍袍」，監督不到權力所出的總統。質言之，立院同意權支撐我國憲法中央體制的三大支柱：「信任制度」、「負責制度」、「副署制度」。立院失去同意權，三大支柱俱倒。若未來修憲朝「行政院長對總統負責」，立法院的國會監督角色將俱失。

c.倒閣權是與代理人的戰爭，缺乏監督行政的真正功能：增修條文第三條第二項第三款：「立法院得經全體立法委員三分之一以上連署，對行政院長提出不信任案。不信任案提出七十二小時後，應於四十八小時內以記名投票表決之。如經全體立法委員二分之一以上贊成，行政院長應於十日內提出辭職，並得同時呈請總統解散立法院；不信任投票如未獲通過，一年內不得對同一行政院長再提不信任案。」另第二條第五項：「總統於立法院通過對行政院長之不信任案後十日內，經諮詢立法院院長後，得宣告解散立法院。但總統於戒嚴或緊急命令生效期間，不得解散立法院。立法院解散後，應於六十日內舉行立法委員選舉，並於選舉結果確認後十日內自行集會，其任期重新起算。」

李登輝修憲看似加入內閣制之「不信任投票」與「解散國會」兩大機制。實則不倫不類。因修憲後，很明確的，我國行政權力中心在總統，不在行政院長。內閣制國家行政大權是掌握在內閣首相〈Premier ；Prime Minister 〉手中，國會行使之倒閣權是直接監督國家政策的手段。我國立法院倒閣非針對總統，而是行政院長，行政院長下台，總統可再派任新的行政院長，由這個行政院長站第一線、擋子彈，國會卻監督不到總統。

d.立法院彈劾總統、副總統，形同具文：增修條文第四條第五項：「立法院對於總統、副總統犯內亂罪或外患罪之彈劾案，須經全體立法委員二分之一以上之提議，全體立法委員三分之二以上之決議，向國民大會提出。」總統、副總統之彈劾權由監察院移至立法院，唯彈劾權受限於憲法保障總統之「刑事豁免權」，僅限內亂罪、外犯罪。刑法 100 條「內亂罪」規範如下：「意圖破壞國體、竊據國土或以非法之方法變更國憲、顛覆政府，而以強暴或脅迫著手實行者。」總統者，「中央政府」之首，國家之首。豈有總統用到「強暴、脅迫」之手段，去危害自己者？再則，總統如要變更國憲，更可運用國家機器、黨的機器，「合法的」去修憲，如同本次修憲的李登輝。外患罪之理亦然，總統豈有勾結國外勢力對付「自己」之理？除內亂、外患罪而外，民主國家防弊最主要之貪污、瀆職、選舉舞弊、洩漏機密、財產來源不明等，在彈劾權都付之闕如。故彈劾總統如同具文。

e.立法院覆議權之維持難度增加。增修條文第三條第二項：「行政院對於立法院決議之法律案、預算案、條約案，如認爲有窒礙難行時，得經總統之核可，於該決議案送達行政院十日內，移請立法院覆議。如爲休會期間，立法院應於七日內自行集會，並於開議十五日內做成決議。覆議案逾期未議決者，原決議失效。覆議時，如經全體立法委員二分之一以上決議維持原案，行政院長應即接受決議。」

有謂覆議案之通過由出席立委三分之二維持其原決議，改爲全體立委二分之一維持原決議，是覆議門檻之降低，是此次增修條文中，立法院真正增加的權力。[37]實則這是錯誤計算所導致的看法。依照未來立委 225 席，如全體立法委員二分之一以上同意才能通過覆議案，則需要 113 位以上的立委同意；然依照憲法原規定，要出席立委三分之二維持原決議，才能通過

[37] 黃昭元，「雙首長制，衝擊中央政府體制」，台北，中國時報，民國八十六年七月二十一日，版十一。

覆議案，則依「立法院組織法」第 5 條規定，立委三分之一出席就可開會，而在三分之二同意情形下，只要 50 位立委以上就可以維持原決議。因之，增修條文之修正，朱諶教授便指出這是增加維持原議案之難度。[38]

f.立法委員民代保護範圍縮小。增修條文第四條第六項：「立法委員，除現行犯外，在會期中，非經立法院許可，不可逮捕或拘禁，憲法第七十四條之規定，停止適用。」條文中增列了「在會期中」四字，將使立法委員在休會期中，喪失不受逮捕或拘禁的保護條款。

〈4〉行政院部分 — 矮化之總統幕僚長

本次增修條文有關行政院者，乃新增第三條為行政院專條，這是過去三次增修條文所無者。其要點有三：

a.行政院長任命權改變。增修條文第三條第一項：「行政院長由總統任命之。」行政院長改由總統直接任命，不再經由立法院行使同意權。

b.倒閣權意義不大：本次修憲雖給立法院以倒閣權，但以李登輝本次強力修憲後之制度走向與西方責任內閣制大相逕庭，此權用之於我國憲法中，恰似「畫虎類犬」，既無內閣制所欲彰顯之權責關係，反突顯我國權責不符之失 — 總統權大無責；行政院長有責無權。倒閣權不過是行政院長代總統承受「政治子彈」。

c.增修條文第三條第三、四項之規定了無意義。第三條第三項規定：「國家機關之職權、設立程序及總員額，得以法律為準則性之規定。」第四項規定：「各機關之組織、編制及員額，應依前項法律，基於政策或業務需要決定之。」此兩項之規定乃是常識原則。我國憲法第 61 條原本規定：「行政院之組織，以法律定之。」簡潔明瞭，所謂之「基於政策、業務需要」，本即是基本原則，何須強調？為多此一舉之累贅。

〈5〉司法院部分 — 規範具有特色

增修條文有關司法院方面之變動有二：

a.司法院組織、任期有調整修正。增修條文第五條第一項：「司法院設大法官十五人，並以其中一人為院長、一人為副院長，由總統提名，經國民大會同意任命之，自民國九十二年起實施。」第二項：「司法院大法官任期八年，不分屆次，各別計算，並不得連任。但並為院長、副院長之大法官不受任期之保障。」第三項：「民國九十二年總統提名之大法官，其中八位大法官，含院長、副院長，任期四年，其餘大法官任期為八年，不適用前項任期之規定。」

前述增修條文規範大法官人數由原來 17 人，減為 15 人〈並以其中一人為院長、一人為副院長。〉任期也由原來九年減為八年。其規定九十二年起實施之大法官有 8 位任期四年，7 位任期八年之目的，在於從九十六年起，大法官任期均為八年，每隔四年改選其半〈一次之四年為選 8 位，一次之四年為選 7 位〉，使大法官形成新舊重疊，避免一次改選全部皆新手上任，

---

[38] 朱諶，憲政分權理論及其制度〈台北：五南圖書公司，民國八十六年十月〉，頁四七二。

可使大法官工作之延續性更理想。

本次大法官規定不得連任，甚爲可取，可避免戀棧職位，逢迎高層，有失大法官之風範。本此精神，職司風憲之監察委員、職司考試之考試委員，未來修憲亦宜採行不得連任爲佳。

b.司法預算獨立。增修條文第五條第六項：「司法院所提出之年度司法概算，行政院不得刪減，但得加註意見，編入中央政府總預算案，送立法院審議。」此爲改變原司法院編製年度預算受制於行政院之舊規，使預算得以獨立作業。綜言之，本次修憲有關中央體制增修部分，僅只司法院方面較不具爭議，且頗具特點。

〈6〉監察院部分 — 彈劾權分裂行使

本次修憲增修條文監察院失去原有向國民大會提出總統、副總統彈劾案之權，改由立法院行使。其餘彈劾權仍由監察院行使。其相關條文分散見於：

a.增修條文第七條第一項：「監察院爲國家最高監察機關，行使彈劾、糾舉、及審計權，不適用憲法第九十條及第九十四條有關同意權之規定。」

b.增修條文第二條第十項：「立法院向國民大會提出之總統、副總統彈劾案，經國民大會代表總額三分之二同意時，被彈劾人應即解職。」

c.增修條文第四條第五項：「立法院對於總統、副總統犯內亂罪或外患罪之彈劾案，須經全體立法委員二分之一以上之提議，全體立法委員三分之二以上之決議，向國民大會提出。」

有關總統、副總統彈劾權有兩部分值得關注：一是總統、副總統之彈劾由監察院轉至立法院，其理安在？由哪個機關彈劾總統、副總統較合宜？二是由立法院行使總統、副總統之彈劾案，僅限於內亂罪、外患罪，在副總統連戰與前屏東縣長伍澤元之間「借貸」疑案，引發之「非」內亂、外患罪可否彈劾？由誰彈劾？如何彈劾等問題？

前者，李登輝主導修憲，以立法院失去閣揆同意權，而將總統、副總統之彈劾權，由監察院移至立法院以爲補償。總統、副總統之彈劾權究竟歸監察院掌理妥當？抑或由立法院執行妥當？比較四次修憲後之情勢發展，立法院行使總統、副總統之彈劾權應較監察院爲妥當。此因四次修憲後，監察院性質、監察委員產生方式均已經改變。監察院已成準司法機關，而非相當於民意機關。監察委員亦由原來省、市議會議員互選產生，改爲由總統提名，經國民大會同意後任命。如若總統之彈劾仍由監委提出，由總統提名之監委，來執行彈劾總統之權，顯有不當。今改由立法院彈劾總統、副總統允宜妥當。

後者，源於民國八十七年時任副總統之連戰與伍澤元借貸案引起之彈劾風波，牽引出兩個憲法問題。其一，增修條文第四條第五項：「立法院對於總統、副總統犯內亂罪或外患罪之彈劾案・・・」有謂是否意指除內亂、外患罪外之對總統、副總統彈劾，仍屬監察院？此說應不正確，因在增修條文第二條第十項已明白指出：「立法院向國民大會提出之總統、副總統彈劾案・・・」可知總統、副總統之彈劾案已完整交至立法院。其二，彈劾案對於總統囿於憲法中，總統享有「刑事豁免權」，故而僅及於內亂罪、外患罪兩項，其實質意義不大，彈劾案對總統形同具文，前已述及；唯以副總統並無刑事豁免權之保障條款，故而增修條文對副總統之彈劾，不應與總統等同一致，而應及於貪污、瀆職・・・等等之刑事事件，其當爲立法院彈劾副總統之部分，此應爲修憲之嚴重疏漏。

2.地方制度部分

本次修憲在地方制度上，以「凍省條款」對台灣省、省政府、省議會造成震盪、破壞與爭議。其變動之部分：

〈1〉**省組織、職權虛級化**。增修條文第九條第一項第一款：「省設省政府，置委員九人，其中一人爲主席。均由行政院長提請總統任命之。」增修條文第九條第一項第二款：「省設省諮議會，置省諮議委員若干人。由行政院長提請總統任命之。」增修條文第九條第一項第七款：「省承行政院之命，監督縣自治事項。」憲法增修條文第九條第三項：「台灣省政府之功能、業務與組織之調整，得以法律爲特別之規定。」

〈2〉**凍結省級自治選舉**。憲法增修條文第九條第二項：「第十屆台灣省議會議員及第一屆台灣省長之任期至中華民國八十七年十二月二十日止，台灣省議會議員及台灣省長之選舉，自第十屆台灣省議會議員及第一屆台灣省省長任期之屆滿日起停止辦理。」

「凍省條款」引起爭議極大，凍省的原因、凍省的作法均在學術界、社會廣泛議論，正反意見具存，各申其理，上述國發會部份，已有完整論述。此處針對凍省法理、實務之探討，並就政府來台後，「省」地位發展來龍去脈之淵源究其實。

從地方自治法理而言，「省」級自治本屬地方自治中重要一層，政府初來台，因環境、政治因素，遲遲未推展實施。直到民國八十三年第三次修憲增修條文第八條，始明文規定：「省設省政府，置省長一人，由省民選舉之。」並由立法院據此完成「省縣自治法」、「直轄市自治法」。然而八十三年底選舉之首任省長，就職僅兩年，即經國發會、本次修憲，決定停止辦理選舉，倒退回省主席時代，甚至省議員選舉都予廢止。對地方自治、民主發展都不可等閒視之。省自治、省長民選的曇花一現，對民主傷害自然很大。首先比較政府來台時、以及本次修憲凍省決議，兩個不同時代環境中，何以都做成凍結省自治發展的結果？

政府來台後辦理地方各項選舉，然獨未辦理台灣省長之民選，依蔣中正總統之說明：[39]

台灣為中國的一省，在目前大陸未復，億萬同胞正處於匪偽虐政之下的當口，台灣省的地方自治，只是為建設三民主義模範省的試行階段，而不是已經到了完全實行的時期。台灣省今日得以選舉各級地方議會與長官，以及選舉縣市鄉鎮自治人員，都是中央政府臨時試行自治的一種措施。總理說：『真正的地方自治，必待中國全體獨立之後，始能有成。』同時又說：『一

[39] 蔣中正，「黨的基本工作和發展方向」，見中國國民黨中央委員會編，先總統 蔣公政黨政治講詞集，卷二〈台北：中國國民黨中央委員會，民國八十年十月〉，頁四六一。

> 省之內，所有經濟問題、政治問題、社會問題，惟有於全國規模中始能解決，則各省真正自治之實現，必在全國國民革命勝利之後。』這一則遺教，在今日是尤其值得大家深長思之的，何況目前奸匪正在對我們復興基地，朝夕窺伺，如果大家無視於共匪所叫囂的「和平解放台灣」，與「血洗台灣」的陰謀威脅，貿然實施民選省長，那就只有徒滋紛擾，動搖反共基地，無異多給共匪製造挑撥分化的機會，面對台灣省同胞是「不惟無益，而又害之」的，政府決不能做這樣不智的事。所有明白事的反共愛國的台灣同胞，此時也決不肯有這樣的主張，來為共匪奴役我們台省同胞鋪路，而願自受其大陸同胞所遭受的空前浩劫。

根據官方的說法，應包括如下要點：〈1〉當時國家處於非常時期，同時台灣的地方自治仍在試行階段。〈2〉真正的自治必待大陸光復全國統一之後方能有成。〈3〉中共叫囂「和平解放台灣」、「血洗台灣」的陰謀詭計，如貿然實施民選省長，將會多給中共製造挑撥分化的機會。

然而前述的說明，若擔心中共的挑撥分化，則各項選舉亦已實施，如省議員、縣市長、縣市議員・・・；若言地方自治正在試行階段，則多一項省長試行，亦或可增加民主程度；若言真正的自治必待全國統一始有成，則此與省長民選關聯因素又非直接。考斯時省長不採民選，「省」地位層級的特別情境，應是主要原因，當中央政府來台，中華民國有效統治之主權範圍，與台灣省治理區域幾近重疊，無論民國38年政府初來台，或蔣中正發表上述講詞之民國四十九年九月，當時尚無直轄市〈台北市爲民國五十六年七月一日升格直轄市，高雄市爲民國六十八年七月一日始升格爲直轄市〉，中華民國之有效管轄區域除去金門、馬祖外島，則爲台灣省，以言範圍、人口、資源均近重疊，民選省長之威望必然崇隆，加以民意基礎爲後盾，社會資源爲實力，必將衝擊到間接選舉〈國民大會選總統〉產生的「總統」一職。這將在政治上有微妙之情境，這在當時動員戡亂時期，首重鞏固領導中心而言，應是主要考量。

隨著解嚴、動員戡亂時期終止、兩岸關係趨緩，以及台澎金馬自由地區政治民主化、經濟自由化、社會多元化等政、經、社條件益趨充實健全，省自治的開展乃成必然之趨勢。在這些背景下，終於確立民國八十三年起之省長民選、省自治的運作。然而僅只有兩年光景，情勢丕變，在國、民兩黨高層圖謀之下，做成「精簡省府功能業務與組織」、「凍結省自治選舉」共識，進而落實於本次修憲之中。

國、民兩黨高層之凍省理由，依李登輝總統各種場合所指出有：「避免『一國兩區』」、「減少預算浪費 — 台灣省一年預算達3,600億元」、「增加競爭力、避免行政效率降低」等；許信良主席則強調行政效率、競爭力，並以停止五項選舉免除派系、黑金政治等。

然則，上述理由多爲似是而非，且與「民主實踐」、「地方自治」的價值相較是相悖逆的。以言「一國兩區」純爲主觀的「想像」，中華民國之民主政治發展穩健，總統、省長均依照憲法職權而行，其「中央」、「地方」角色明確，國防、外交、司法屬之中央，此非宋楚瑜省長所能置喙者，省長出國，僅是締結「姐妹省」，而非國與國之條約。另外之財政、內政業務項目在「中央與地方均權原則」下，本即牽涉到中央與地方之協調、尊重。如中央行政院教育部對省管高中、高職之校長派任，自需尊重省與地方縣、市長意見；再如中央行政院警政署對縣、市警察局長派任，也需尊重縣、市長之意見。

政府來台數十年，一個嚴重扭曲地方自治發展的問題在於：「中央集權、集錢」。「財政收支劃分法」不利於地方財源，更使地方因而發展窘困。宋楚瑜或因地方鄉、鎮、市需錢建設燃眉之急，或因個性強烈，憂心省政建設無法大力推動，造福地方，故而往往「大分貝」對中央喊話，希望經費等問題能得到中央之幫助。輿論乃有以「砲轟中央」、「葉爾辛效應」稱之。實則，政府正宜採取合理分際，將相關之「財政收支劃分法」等予以修正，以利中央、地方之運作順暢，而非倒果為因，以「欲加之罪」等手段，「反民主」的將民主基礎之「省」粗糙、粗暴的予以砍斷。

以言凍省可節省「每年台灣省3,600億元預算」，這是李登輝「強行凍省」最不負責任、最劣質之訴求。因為政府來台，「財政收支劃分法」之不合理，國家主要之稅收集中於中央、省。而縣市、鄉鎮市自有財源少的可憐，各項經費、建設大多靠中央、省補助。台灣省每年的年度預算3,600億中，有三分之二強是補助地方縣市款項及公共建設，另有460億元負債利息支應、800餘億元之省屬學校的人事與行政經費。上述經費縱使沒有「台灣省」，這些錢還是得撥至基層的。而台灣省政府本身預算32億元，無論未來省府員工歸併中央任何單位，其經費、薪給亦是不可能免除的。

以言行政效率，「四級政府」是否就是李登輝時代，行政效率低落的「代罪羔羊」？而必須以「凍省」祭旗？兩蔣時代之「台灣經驗」、「台灣奇蹟」也是在同樣的「四級政府」下達到舉世欽羨的經濟成果。兩蔣時代行政革新、吃梅花餐、提倡公務人員「犧牲享受、享受犧牲」下之，帶動勤勞樸實風氣，政府重用胸懷大志的行政技術官僚：尹仲容、李國鼎、孫運璿、徐伯園、卜達海、趙耀東等有為有守之士。蔣經國去世，李登輝掌權後，社會風氣日下，「國民黨十五全至尊紅酒」、「三頭鮑魚大餐」、「五百元便當」、「世紀大婚禮」、「小白球盛行」等等，風氣日下，競爭力日降，檢討原因竟然是因為「台灣省」的存在？實然，行政效率、競爭力確實是政府再造必須檢討者，唯增進行政效率、提升競爭力，應從社會風氣改革、任用高瞻遠矚之政務官員、簡併中央、地方各級政府之廳、處層級，落實分層負責、逐級授權、免除公文旅行、提升地方政府公務員之職等，以留住優秀之地方子弟在鄉服務等等，而非以「凍省」粗暴手段將民主自治發展中，非常重要一環的「省」功能給毀棄掉。

前面各項理由都無法自圓其說下，「凍省」、「停止省級自治選舉」的真正原因何在？學術界普遍的見解乃是國民黨「茶壺裡的風暴」 — 中生代卡位戰下，以「廢宋削藩」，瓦解宋楚瑜省長的政治舞台 — 「台灣省政府」；結合民進黨的意識形態下「廢省」，雙方焦點、目標一致，遂聯手達成「凍省」之共識，並透過修憲將地方自治擊毀，並開民主之倒車。

3.基本國策部分

本次修憲之增修條文在基本國策方面，重大修改、增加者包括：取消教科文預算下限、增加對無障礙環境之建構加以保障、國家應扶助並保護人民興辦之中小型經濟事業生存與發展、增加對原住民地位及政治參與之保障，並包括交通水力、衛生醫療。對於金、馬地區人民亦等同的予以保障。

其中最引起爭議者，乃是教科文經費下限之刪除。憲法第 164 條規定：「教育、科學、文化之經費，在中央不得少於其預算總額百分之十五。在省不得少於其預算總額百分之二十五，在市縣不得少於其預算總額百分之三十五。其依法設置之教育、文化基金及產業，應予保障。」本次增修條文第十條第七項：「教育、科學、文化之經費優先編列，不受憲法第一六四條規定之限制。」我國當初制定憲法者，對教科文之經費訂定下限，規定各級政府不得少於預算總額百分比，爲一進步、有遠見的特色，在當前國家競爭力欲更求提升之際：人文素養、基礎科技生根發展都需固本培源。以國家整體之經濟實力，來穩固並發展國家的文化、教育之「軟實力」，以及科技文明之「硬本領」。中共科技、航太事業發展直追美國，李登輝主導的第四次修憲不僅嚴重破壞憲政體制、開民主導車，更在猛砍教育、科學、文化大力發展的根，正是匪夷所思者。

五、第四次修憲的小結

美國憲法制定、簽署、通過實施，至今二百餘年，其行憲中表現若干基本精神：一者，其修憲案是在補充、發揚原憲章精神，絕對沒有改變它的立憲精神、中央體制；二者，修憲是法的層次，而非政治運作，更非爲一黨利益或一人政治前途所提出；三者，修憲案的通過非常困難，因需參、眾兩院各以三分之二多數通過，再經四分之三的州通過〈各州之州憲法會議或州議會需有四分之三贊成，爲該州之通過〉。修憲乃極其慎重、莊嚴之大事，主政掌權者需重視福國利民，更戒以修憲之名，行大肆破壞憲法精神、制度之實。

後動員戡亂時期，到民國八十六年、八十七年間進行四次的修憲，憲法越修越令人困惑。尤其是第四次修憲，不講學理、不談章法，修的中央體制混亂，行政、立法間之定位更不清，越修越矛盾。只見總統權力不斷擴張，行政院長成爲總統幫辦，竟有夸夸其談「雙首長制」者？總統擁有立法院以外四院院長人事權，又可解散立法院，沒有任何監督的機制，權力遠遠超過總統制的總統。原本憲法中有其憲政法理依據者，被修的支離破碎、憲法權威淪喪。

憲法應是由憲法專家，衡量國家、人民利益，字斟句酌，考慮周詳，之後公布於世。此一經反覆討論、形成公意，而後才是可行之案。正因憲法典是環環相扣，動一字就變其精神，改一句則前後矛盾，其可不慎？第四次修憲兩黨高層攜手，修憲目的何在？既非憲法條文之「窒礙難行」、「扞格不入」，更非順應最新時代進步衍生出如環保等要求。只爲「刪除閣揆同意權」〈李登輝「著毋庸議」解套〉、「總統權力」〈擴權〉、「凍省」〈民進黨的意識形態，國民黨的去除宋省長政治舞台〉。這樣的修憲無怪乎引發社會各界、學術界、各黨派之反對、質疑。然主政者透過黨機器、政治力、一意地蠻幹到底，無視輿論之苦勸、怒柬，一往無前的進行破毀憲法體制與精神，終於造成整部憲法：中央體制 — 「信任制度」、「負責制度」、「副署制度」崩盤；地方制度 — 開民主倒車；基本國策 — 破壞國家教育、文化、科技發展的利基。

第十章　第五次修憲

一、第五次修憲召開的緣起

民國八十六年第四次修憲，將憲法之法理支解破碎，學界、輿情反應強烈。才經過 2 年，就在民國八十八年，第三屆國大代表在憲法本身並無修訂之急迫性，卻在國民大會議長蘇南成強勢主導下，國、民兩黨國代聯手完成被稱爲「延任自肥」的第五次修憲，再一次的震驚國人。

第五次修憲雖是以終極廢除國民大會之「國會改革」爲口號與包裝，其作爲卻是國大代表延任自肥、國大代表選舉改採政黨比例代表制產生。第五次修憲一舉破壞民主憲政體制下之定期改選「契約原則」、「利益迴避原則」、「政權機關非民選產生」之諸多弊端。第五次修憲讓國人再次看到國內國、民兩大政黨沆瀣一氣、墮落腐敗的真面目，政治人物私心自用，引發輿論強烈抨擊。以下分就第五次修憲之經過、內容與評析，來檢視我國憲政發展遭遇的問題與關鍵。

二、第五次修憲的過程

〈一〉修憲的肇始到暫時休會

民國八十七年七月二十七日，李登輝在國民大會提出國情報告，希望在他任內能徹底解決國會制度的問題。並於同年十二月第三屆國民大會第三次會議中表示：『希望能在民國八十八年年中，完成中央民意機構的改革，整合國民大會與立法院組織功能，建立權責相符的國會制度，實現真正的民主化。』[1]

民國八十八年四月二十九日，國民大會議長蘇南成邀集各政黨代表，協商連署請求總統頒布國大召集令。依憲法增修條文第一條第四項：『國民大會代表五分之二以上請求召開會議時，由總統召集之。』四月三十日，由國民黨、民進黨、新黨、第四黨團將已完成連署之連署書送達國民大會。國民大會遂於五月七日咨請總統發布召集令。李登輝總統發布第三屆國民大會第四次會議於民國八十八年六月八日集會。

依大會通過之日程規定：六月十七日截止收受修憲提案，以及連署人撤銷簽署、增加簽署；六月二十一日截止收受代表修憲案之補正。大會共收到 49 件修憲提案。其中第二十號修憲提案爲國民黨版、第三十四號至四十號提案爲新黨黨版、第四十一號、四十二號是民進黨版。然本次修憲最受矚目，也是最受爭議性者，並非國、民、新三黨所提修憲案，而是無黨籍國大代表江文如等 89 位國代所提出之第四十七號修憲案，內容爲：「國民大會第三屆國民大會代表、第九任總統、副總統及立法院第四屆立法委員之任期均延至中華民國九十二年六月三十日，第四屆國大代表、第十任總統、副總統及第五屆立法委員均應於中華民國九十二年五月三十一日前同時選出，其任期均自中華民國九十二年七月一日起算。」

第五次修憲開議以來，三黨一派因爲各有盤算、堅持，故而協商過程中極不

[1] 李登輝國大講話內容詳見，台北，中國時報，民國八十七年十二月十二日，版一。

順利：

就國民黨言之，其「國會改革工作小組」於五月三十一日草擬完成黨版修憲條文，並於六月九日國民黨中常會中，「一字未改」的通過修憲策劃小組所提的黨版修憲案。黨主席李登輝下達動員令，要求全體黨籍國代貫徹執行。

就民進黨言之，其為因應國民黨版本，召開憲改協調決策小組會議，於五月二十九日作成決議，對國民黨提出三項主張，國民黨至少應對其中一項提出具體回應。亦即：「一廢〈廢國大〉、二反〈反對黨營事業、反對中央集權〉、三要〈要公投入憲、社會權入憲、婦女四分之一參政保障條款入憲〉之憲改方案。[2]

國、民兩黨祕書長層級直到六月二十八日，第四次協商時，彼此主張南轅北轍，無法就「國代全額採取政黨比例」、「創制複決權」、「黨營事業規範」等達成協議，乃希望在修憲一讀會結束前，暫停會議一個月。國代鄭麗文、陳宗仁等 57 位代表提案：「第三屆國民大會第四次會議，自八十八年六月三十日起休會，至八十八年七月二十九日恢復舉行大會，並請程序委員會於自八十八年七月二十八日舉行會議，排定相關議事日程，於復會時送請大會議決。」

新黨亦主張休會，秦繼華、李炳南等 30 位代表提案：「國、民兩黨毀憲分贓，協議不成，延宕議程，無視人民權利與民生修憲議題，將國民大會變為國民小會，黨意超越民意，新黨不齒兩黨無恥自肥，擴權修憲，故提議自六月三十日起休會，俟三黨一派有共識後，再行復會，以順乎民意。」

國民大會第三屆第四次會議第十一次大會於六月二十九日分別對上述兩案進行表決。新黨提案表決，在場人數 204 人，贊成者 52 人，未獲通過。國、民兩黨提案表決，經過二度表決，獲得過半數國代同意通過。修憲大會確定停會一個月，至七月二十九日復會。[3]

〈二〉休會後至一讀會

休會案通過後，主席復說明：1.休會期間為廣徵民意，賦與政黨凝聚全民對修憲共識之機制，擬請大會同意凡經政黨協商達成共識者得提出修憲提案，由程序委員會提報七月二十九日第十二次大會，與現有四十九件修憲案繼續進行第一讀會提案人說明及大體討論。2.代表一般提案原定於七月一日截止收受，徵詢大會同意延至八月二日。

準此，休會期間，三黨國大黨團繼續協商，並決定由三個黨團及第四黨團，推出代表 27 人，推薦學者專家、社會賢達人士 33 人，共計 60 人。名單如下：

江惠貞、朱新民、吳綺美、郎裕憲、柯三吉、陳明仁、陳鏡仁、莊隆昌、彭錦鵬、楊肅元、蔡正元、謝瑞智、顏耀星、包宗和、田弘茂、朱武獻、吳煙村、林文程、李震山、徐小波、許志雄、黃昭元、楊日青、揚志恆、趙健民、蔡政文、蘇永欽〈以上國民黨〉王東暉、林勝利、周威佑、邱議瑩、陳金德、陳淑暖、鄭麗文、蔡啟芳、劉一德、吳乃仁、林佳龍、洪貴參、高瑞錚、張俊宏、張俊雄、陳隆志、游盈隆、管碧玲、蔡茂寅〈以上民進黨〉、

[2] 民進黨提出之要求詳見，台北，中國時報，民國八十八年五月三十日，版一。
[3] 國大表決休會詳見，台北，聯合報，民國八十八年六月三十日，版一。

曲兆祥、秦繼華、高寶華、楊敏華、李炳南、呂亞力、張麟徵、楊泰順、彭懷恩、傅崑成〈以上新黨〉江文如、陳良築、翟宗泉、顧慕晴〈以上第四黨團及社會賢達〉

休會期間三黨一派暨社會賢達代表在台北世貿中心聯誼社主辦「憲政改革擴大諮詢會議」，從七月十四日至二十三日，討論：1.中央政府體制〈國會改革議題、總統選舉及監督方式。〉2.人民權利義務及其他〈公民投票或創制複決議題、政黨規範議題、檢警留置犯罪嫌疑人時限應否延長問題、兵役及其替代役入憲問題。〉

七月二十九日，復會後之第三屆國民大會第四次會議第十二次大會召開，會中通過新的議事日程，並繼續進行修憲提案第一讀會大體討論。三十日第十三次大會完成所有第一讀會程序，並交修憲審查委員會審查。

修憲審查委員會於八月二日開始審查，至八月十三日結束，歷時 10 天，共進行審查委員會議 8 次，各審查小組會議 3 次。經決議通過之修憲提案及其修正動議共有 15 案。[4]

十四日，國民黨籍學者柯三吉、彭錦鵬、謝瑞智等人，提出國民大會代表延任案，十六日，國民黨秘書長章孝嚴表示不支持三學者所提之延任案。二十九日，章孝嚴與蘇南成、陳金讓等人餐敘，再度強調反對延任案。

八月三十日，第十四次大會，會中程序委員會報告：至八月二十日止，總計收到國代對修憲審查結果之修正案 10 件，尤以劉一德等 64 位民進黨國代所提出之第九、第十號修正案「國民大會代表延任案」最受矚目。三十一日，第十五次大會，會中確認可進行第二讀會的條文共計有 12 案 16 項條文及代表所提修正案條文 8 件。

〈三〉第二讀會到修憲完成

九月一日起，國大進入第二讀會逐條討論。二日晚國民黨秘書長章孝嚴宴請黨籍國代，會中下達「封殺國民大會代表延任案」指令。國民黨黨部一方面要求國民黨籍所有之不分區國代，不能做出違反黨中央決策之舉動，否則一定黨紀處分；另一方面，堅決反對無記名投票，如此才能動用黨紀。民進黨高層，總統提名人陳水扁亦表示，國民大會代表與人民的契約是一任四年，沒有理由延任。

然而，兩黨高層之反對延任表態，對照於兩黨國代的躍躍欲試，若非兩黨無能，就是黑白臉唱雙簧。事實的發展與應證，顯然後者是正確的。九月二日晚七點，陳金德、江文如、劉一德三人前往中山樓與國大議長蘇南成商討次日二讀會之議程事宜。

九月三日，國民大會修憲進入第二讀會逐條表決。無黨籍國代江文如提議，建請主席裁決修憲案進入二、三讀會表決時，採無記名投票。此時，國民黨國大黨團書記長陳明仁上台表明反對立場，並出具一份三分之一國代連署提案，要求採用記名投票。然議長蘇南成違反「國民大會議事規則」第三十八條之規定：「表

---

[4] 國民大會秘書處編，《第三屆國民大會第四次會議修憲審查委員會第七次會議速紀錄》〈台北：國民大會秘書處，一九九九年〉頁十一 — 六四。

決方法得由主席酌定以舉手、起立、表決器或投票行之。主席裁定無記名投票時，如有出席代表三分之一以上提議，則應採用記名投票。」蘇南成議長此時刻意違反、規避「應採用記名投票」之議事規則明文規定。將記名、無記名兩案分付表決，結果出席之國代 242 人，有 150 人支持江文如案，只有 87 人支持陳明仁案，江文如案通過。現場一片歡聲雷動，而新黨國代則大罵「議長違法」、「表決無效」。

三日下午一點，民進黨黨團提出劉一德案第一、二、三項包裹表決。新黨全部 39 位國代與部份國民黨國代以退席方式，使出席人數未達三分之二門檻，杯葛投票進行。現場兩次清點人數分別爲 202 人及 200 人，未達法定三分之二出席之 211 人。此時陳明仁、陳鏡仁提議建請大會提早閉會。極具謀略之主席蘇南成宣布表決「閉會案」，誘使離開大會會場採杯葛態度之國代再行入場，並在清點出席人數達 261 人，表決「閉會案」未通過。蘇南成議長此時以迅雷不及掩耳的速度，不再清點人數，而直接以「閉會案」之人數進行「延任案」表決，新黨與部分國民黨國代一片錯愕譁然，要求主席清查人數，蘇南成置之不理。表決結果出席 272 人中，有 198 票贊成，47 票反對，27 票棄權，未達出席人數四分之三，本案未通過。民進黨國代陳宗仁則要求主席重付表決，蘇南成議長竟下達再次表決，在 270 位出席國代，204 票贊成，44 票反對，22 票棄權。劉一德版修憲案獲得通過。此一修憲史上第二次國、民兩黨分贓修憲，達成之「國代延任案」在多次不符合議事規則之下，蘇南成大力護航得以通過。此時，新黨國代發表譴責主席蘇南成讓憲政改革蒙羞之後，退出議程以示抗議。

四日凌晨 2 點 30 分，國民大會完成二讀程序，並經議決進行三讀。主席蘇南成宣佈仍以無記名投票進行全案條文表決；凌晨 4 點 20 分，表決結果爲出席代表 214 人，有 211 票贊成、2 票反對、1 票棄權，達出席國代四分之三法定人數而通過。旋即陳金德等 67 位代表提議立即閉會，經大會舉手表決通過，第三屆國民大會第四次會議正式閉會。

三、第五次修憲的內容

第五次修憲主要修改增修條文第一、四、九、十等四條，茲就憲法條文變動部分，列之於下：

〈一〉國民大會代表採取全額政黨比例代表制產生

「國民大會代表以政黨比例方式產生，其名額第四屆代表三百人，依立法委員選舉各政黨所推薦及獨立參選人之候選人得票數之比例分配名額，直轄市及各縣市共一百九十四人，原住民、僑民十人，及全國不分區八十二人之名額分配；第五屆起代表爲一百五十人，依直轄市及各縣市一百人、原住民四人、僑民六人及全國不分區四十人之名額分配。」〈憲法增修條文第一條第一項第二款〉

〈二〉國民大會代表與立法委員任期延長

1.「國民大會代表之任期爲 4 年，但於任期中遇立法委員改選時同時改選，連選得連任。第三屆國民大會代表任期至第四屆立法委員任期屆滿之日止，不適用憲法第二十八條第一項之規定。」〈憲法增修條文第一條第三項〉

2.「四屆立法委員任期至中華民國九十一年六月三十日止。第五屆立法委員任期自中華民國九十一年七月一日起爲四年，連選得連任，其選舉應於每屆任滿前或解散後六十日內完成之。不適用憲法第六十五條之規定。」〈憲法增修條文第四條第三項〉

以上憲法增修條文之要義有三：一者，立法委員任期由三年增加爲四年。二者，第四屆立法委員任期延長四個月。三者，第三屆國民大會代表任期由八十九年五月十日延長至九十一年六月三十日，總計「延任自肥」2 年 1 個月又 20 天。

〈三〉基本國策之規範

1.軍人權益之保障：國家應尊重軍人對社會之貢獻，並對其退役後之就學、就業、就醫、就養予以保障。〈憲法增修條文第十條第九項〉

2.社會福利與救助：國家應重視社會救助、福利服務、國民就業、社會保險及醫療保健等社會福利工作；對於社會救助和國民就業等救濟性支出，應優先編列。〈憲法增修條文第十條第八項〉

3.增訂澎湖特殊地區人民之保障，使其與原住民、金門、馬祖等地區享有政治地位等特別保障。

四、第五次修憲的評析

第五次修憲可分修憲過程、修憲內容兩部份，探討其修憲程序正義之嚴重偏失、修憲實質內容之悖離憲法學理，其顯示民主精神之破毀、兩黨私利分贓之醜陋面貌。

〈一〉修憲過程面析論

第五次修憲無論是程序、實體均充滿爭議。在我國之憲政發展過程中，持續前次之第四次修憲的荒腔走板，表現諸多法理瑕疵、兩黨分贓、反民主精神。在整個修憲過程中，兩黨高層表面上信誓旦旦的反對「延任自肥」，私底下放任黨籍國代自行其是，吃像難看！議長蘇南成違反「議長中立」之原則，主導全案藉國代改採「政黨比例代表制」之「國會改革」，實則向「延任自肥」方向進行。第五次修憲過程之缺失，以下列兩者爲鉅：

1.兩黨高層分贓、兩面手法遮掩

蕭公權先生對於「公益」與「分贓」兩者，有發人深省的名言，可以作爲輿論界何以視第四次修憲和本次修憲爲「兩黨分贓」的一個註腳：[5]

> 妥協不一定是卑鄙的行為，為了公益群體的目的是高尚，為了自私自利的目的是卑鄙。妥協不一定是退縮，為了改善公義是前進，為了偷安私利是退縮。妥協不一定是分贓；為了公益，尊法守紀是互讓；為了利益，毀法亂紀是分贓。

第五次修憲，國民黨高層雖不斷表達反對延任之說，但兩面手法至爲明確。國民黨在民國八十八年四月六日之黨務、國大、立院高層會議，確定基於政治誠信，包括總統、國代、立委，全部都不延長任期。八月十六日，國民黨秘書長章

[5] 蕭公權，憲政與民主，重印本〈台北：聯經出版公司，民國七十一年〉，頁一一三。

孝嚴表示，非黨版修憲條文決不通過，將於二讀封殺延任案。八月二十九日晚間，章孝嚴明確告知國大議長蘇南成，國代延任案茲事體大，國民大會萬萬不能通過此一修憲案。九月二日，章孝嚴宴請黨籍國代，並下達「封殺國代延任案」指示。延任自肥修憲案通過後，面對國內民意反彈聲浪之大，國民黨亦察覺事態超乎想像之嚴重。國民黨修憲策劃小組召集人連戰表示：『國代未真正了解民意。』、『延任案是「憲法破毀」』。九月九日，章孝嚴、陳鏡仁表示：『李登輝總統對延任案很不高興。』國代延任案通過，引發社會強烈不滿與憤慨，「自肥案」對民主政治是極大汙辱，對憲政發展是極大破壞。國民黨只是輕描淡寫的表達『國代未真正了解民意。』、『李登輝總統對延任案很不高興。』？

延任自肥案修憲前後，國民黨高層看似反對國代延任，但結果大相逕庭，這可從兩方面看出國民黨表面上是反對，但實際上卻是相當程度的縱容黨籍國代：

〈1〉相較於八十六年第四次修憲「刪除立院閣揆同意權」、「凍省」，國民黨當局李登輝所擺出的大陣仗，所讓社會空氣中感受之一股肅殺氣氛，對於反凍省之國代們〈祥和會、黃復興黨部國代、南投縣籍國代〉，所採取之黨紀處分威脅 — 對呂學樟「停權兩年」、複式佈置、動用親情、友情軟硬兼施、情治監控傳聞不斷・・・本次修憲僅止於口頭宣示，完全不見具體、嚴格黨紀以要求黨籍國代之作為。兩相對照、其冷熱作為、黨籍國代豈不會揣摩上意？內情如何昭然若明。

〈2〉秘書長章孝嚴不斷表達反對延任之態度，甚至如同前數次修憲一般，秘書長親自上陽明山中山樓坐鎮。然而章孝嚴乃「坐而不『鎮』」、「視而不『見』」，虛應一應故事，重要關頭甚至「擅離職守」，九月三日中午，二讀會最重要表決關鍵前，秘書長章孝嚴「竟然」自行下山，放任國民黨籍國代進行「公然反抗黨中央決定」之胡亂作為。質言之，秘書長章孝嚴之消極作為，根本未善盡貫徹黨意志之責，究竟國民黨是「紙老虎」？抑或國民黨「另有隱情」？國民黨中央是決心反對延任自肥？或是兩手策略？實霧裡看花、耐人尋味。

2.議長主持修憲，有違「議長中立」之精神

蘇南成議長在主持修憲案二讀會過程中，其有違反「國民大會議事規則」之爭議者，略論如下：

〈1〉違反「國民大會議事規則」第38條第2項之爭議

九月三日，第十八次大會，討論修憲案第二讀會之討論與逐條議決。江文如代表提出：「建請大會修憲各議案進行第二讀會以及三讀會時，均以無記名投票進行，以免國大同仁遭受外界無謂之干擾案」之動議。此時，另有陳明仁代表提出一份超過出席代表三分之一連署之要求記名投票提議。要求主席蘇南成議長依「國民大會議事規則」第38條第2項之規定：「・・・主席裁定無記名投票時，如有出席三分之一以上之提議，則應採記名投票。」主席無視該條文之規定，反將陳明仁代表之提案交付表決，並以表決未獲通過，裁示：『第二讀會、第三讀會均採無記名投票方式議決。』。此違反「國民大會議事規則」第38條第2項之規定甚明。

〈2〉違反「國民大會議事規則」第 11 條之爭議

二讀會表決到「延任案」時，新黨國代與部分國民黨籍國代，即退出大會議場外，使未能達到修憲所需三分之二國代出席人數。主席此時表示將表決由陳明仁、陳鏡仁提議建請大會提早「閉會案」。以此案之表決將上述屢屢退出場外之新黨、部分國民黨籍國代召回大會會場進行表決「閉會案」。當「閉會案」表決人數未通過之際，主席未重新清查人數，即以「閉會案」人數為「延任案」表決人數，同時也完全不理會新黨國代與部份國民黨國代清點人數之要求。此違反「國民大會議事規則」第 11 條：「出席代表對於在場人數提出疑問，經清點不足法定人數時，不得進行表決。」之規定。

〈3〉違反「國民大會議事規則」第 40 條第 2 項之爭議

二讀會主席在「閉會案」表決完成當下，未清查「延任案」人數，逕行「延任案」之表決，贊成者 198 票，反對 47 票，棄權 27 票，距離出席代表四分之三法定人數 204 票，尚不足 6 票，修憲案未過關。此時民進黨籍國代陳宗仁代表提出「重新表決動議」，主席僅徵求附議後，未確認是否達到 30 人以上之同意，即裁示重新投票。此違反「國民大會議事規則」第 40 條第 2 項：「出席代表對表決結果認為有疑問時，經三十人以上之同意得請求主席重行表決，但以一次為限。』雖然有國民黨籍陳明仁代表質疑重新投票在議事規則上的疑義，主席未再做處理。

〈二〉修憲內容析論

本次修憲，主要是修改增修條文第一、四、九、十等四條。其主要內容在於變更國民大會代表產生方式，並以之夾帶延長第三屆國大代表、第四屆立法委員任期。其缺失如下：

1.國民大會代表以政黨比例代表制產生，不僅非為國會改革，反是憲政原則之大逆退

根據第五次修憲之增修條文第一條第一項之規定：「國民大會代表以政黨比例方式產生，其名額第四屆代表三百人，依立法委員選舉各政黨所推薦及獨立參選人之候選人得票數之比例分配名額・・・」。質言之，國大代表將取消區域國代選舉方式，完全以立委選舉各政黨得票比例，分配國代席次。

本次修憲，國、民兩黨政黨協商時，因民進黨一再強調國發會共識，並說服國民黨國大工作會展開國代依附式比例代表選舉的研議。國民黨籍國大工作會主任陳鏡仁組成謝瑞智、柯三吉、彭錦鵬等人之專案小組，經該小組評估依附式比例代表制有三項優點、三項缺點。三項優點分別是：〈1〉一票兩用符合法律、經濟原則。〈2〉有利於政黨政治之建立。〈3〉可選出具代表性之人才。三項缺點分別是：〈1〉選民難以具體選擇國代候選人。〈2〉依附立委選舉之政黨比例國代基礎會受到質疑。〈3〉立委與國代任期不同，無法同時選舉，可能造成依附立委之國代選舉本身無法反映當下民意或政治生態的變化。[6]然則，依附式比

[6] 李炳南編著，二 000 台灣憲改〈台北：海峽學術出版社，二 00 三年十二月三十一日〉，頁九九 — 一 00。

例代表制，乃嚴重違背民主原則、並造成憲政之大破毀：

〈1〉政權機關基礎之破壞

國民大會爲「政權機關」，其職權在歷次修憲中雖有刪減剝奪，然就其憲法中之職權包含有：「修改憲法權」、「人事同意權」〈司法院院長、副院長、大法官；考試院院長、副院長、考試委員；監察院院長、副院長、監察委員均由總統提名，經國民大會同意任命〉等。此均爲「人民權」，今改爲政黨比例方式產生，已非民選之「政權機關」，如何得以行使「政權」〈人民權〉？

〈2〉剝奪廣大無黨無派人民之參政權

國民大會爲政權機關，自應由人民直接選舉，而後產生具有民意基礎之國大代表。今由政黨依立法委員選舉得票比例，分配各黨名額，直接剝奪廣大無黨無派之公民個人參選國民大會代表候選人之資格與機會。復次，增修條文中之「立法委員選舉•••獨立參選之候選人得票數之比例分配當選名額」，更屬荒謬者：蓋何以「立委選舉獨立參選人之候選人，必須與國代選舉產生任何關係？」、「有意參選國代候選人之無黨無派人士，又如何納入政黨比例代表制中？」、「已有政黨背景又未獲得該政黨推薦之某些人士，如執意參選，其方法爲何？」、「一國之內，參與政黨人數者爲多？抑或未參加任何政黨之一般公民多？」國代選舉完全依附立委選舉之政黨比例代表制，是完全忽略國家中佔廣大的無黨無派公民之參政權。

〈3〉國民大會將淪爲政黨分贓下的產物

國民大會爲政權機關殆無疑義，理應由人民選出。現由政黨比例方式產生，正坐實將國家政權〈人民權〉交政黨派系分贓，國民大會淪爲政黨掌控之工具，徹底毀壞了民主國家「主權在民」基石的價值和精神。

2.國大代表「延任自肥」，一舉破壞民主法治基礎之「契約原則」、「利益迴避原則」、「正義原則」

國代延任自肥，延長2年1個月，不僅牴觸憲法相關條文，亦嚴重違背民主憲政之多項原則。憲法增修條文第8條明文規定：「國民大會代表及立法委員之報酬或待遇，應以法律定之。除年度通案調整者外，單獨增加報酬或待遇之規定，應自次屆起實施。」

在民主先進國家中，「利益迴避原則」相當重要，就國代延任案中，牽涉到國大代表任期的延長、薪資的給與，這些皆在「利益迴避原則」規範之列。

再者，國代「延任自肥」更是侵犯人民主權之「契約原則」。西方民主發展之始，洛克、孟德斯鳩、盧梭等「社會契約論」成爲今日民主之濫觴。「社會契約論」兩大主軸：「人權保障」、「權力分立」。並透過憲法典達到保障人權、規範並約制政府權力，防止「統治者必將統治權力擴張到極致的經驗法則」。民主國家以憲法明文規範政府各級機關之產生方式、任期、職權。即在於以「權力分立」之精神，防杜政府、政客之濫權。第五次修憲，國、民兩黨企圖以「國大代表政黨比例代表制」→「國會改革」→「延長國代任期」的法理邏輯是不正確、不合理、不合法。

「國大代表政黨比例代表制」不合憲政學理，更非「國會改革」，已如前述。即使第三屆國大代表有多麼崇高偉大的「政治理想」或「政治抱負」，亦應在其任期內施展。如果覺得任期內尚無法完成，則應本於「主權在民」、「定期改選」、「契約原則」，訴諸選民，經由人民之授權〈選舉第四屆國代〉，如獲當選，再於次屆推動之。

第三屆國大代表在第五次修憲中，表現出民主法治國家中，最卑劣、惡質的一面，以憲法賦予彼等之修憲權，圖謀己私。我們看到許多民主不成熟的國家，統治者假藉修憲方式，將任期延長，爲世人所不齒，中亞哈薩克總統納札爾巴耶夫、烏茲別克總統卡里莫夫、土庫曼前總統尼亞佐夫之流者，正是如此。[7]設若掌權者透過憲法大權，將原規定任期延長，並「用於己身」，不論其理由是多麼冠冕堂皇、神聖偉大，都是民主之大敵。此等政客行徑使得「契約原則」、「利益迴避原則」、「正義原則」應聲而倒，民主機制形同具文，民主精神破毀殆盡。

五、第五次修憲的小結

第三屆國大代表繼第四次修憲，又完成了震驚全民的第五次修憲。整個修憲表現出來者：程序不正義、法理不正確、民意不支持，然而就在兩黨高層互唱雙簧，陽爲反對，私下縱容，國、民兩黨國代強渡關山，爲我民主憲政寫下破毀的一頁。

第五次修憲重大缺失：1.「程序正義」破壞：議長主持修憲，無視「議長中立」之精神，違反「程序正義」之原則。2.「政黨政治」顛覆：兩黨高層未能確切引導黨籍國代在修憲中，導向正面，反而形成朝野兩大黨對其所屬政黨之集體叛變。[8]3.違背「政權機關」非民選之民主通則：國民大會是政權機關，所執掌者亦是政權範圍，以政黨比例產生，不僅破壞「政權機關」之屬性，更剝奪廣大非政黨公民之參政權。4. 違背「契約原則」、「利益迴避原則」、「正義原則」，踐踏民主常規與精神。

民主政治即立憲政治。「憲政精神」所強調者：在於行憲、守憲之落實。第三屆國大代表修憲荒腔走板、違背學理、破毀憲法、諸多卑劣行徑，正使國人認清民主之路並非坦途，或不可能無風無浪。然第四次修憲，第五次修憲正顯示政治人物「神魔二性」之下，所可能造成的重大危害，而其制衡機制如何產生？如何發揮力量？更值國人思之。

---

[7] 齊光裕，中亞五國政治發展〈台北：文笙書局，2009 年〉，頁八三 — 一00。

[8] 謝政道，中華民國修憲史〈台北：揚智文化公司，二 00 一年六月〉，頁三九七。

第十一章　第六次修憲

一、第六次修憲召開之緣起

〈一〉大法官會議釋字第 499 號解釋，認定國大第五次修憲「失其效力」，必須依規定進行第四屆國大代表之選舉

1. 大法官釋字第 499 號解釋之由來

民國八十八年九月，第三屆國民大會第五次修憲之「延任自肥」修憲案通過後，社會各界譁然，對憲法破毀多表痛心，而有尋求憲法之救濟者。新黨籍立委郝龍斌邀請律師李念祖撰寫聲請大法官釋憲案，並於十月二十八日提出 113 人連署之「國代延任修憲條文無效釋憲案」。此外，國民黨立委洪昭南、民進黨立委鄭寶清亦都有提出聲請大法官釋憲案。民國八十九年三月十八日，中華民國第十屆總統大選，民進黨籍總統候選人陳水扁以 39%支持當選成為少數總統。泛藍因分裂成宋楚瑜〈得票 36%〉、連戰〈得票 25%〉相爭，而出現第一次政黨輪替。民進黨正大肆慶祝、泛藍正悲痛不已之際，大法官會議釋字第 499 號解釋，在總統大選後 6 天的三月二十四日公佈，認定國代第五次修憲「失其效力」，第三屆國代無法「延任自肥」，此時依規定必須進行第四屆國大代表之選舉。

2. 釋字第 499 號解釋之內容要義

大法官會議釋字第 499 號解釋，宣告：『第五次修憲增修條文中之第一條、第四條、第九條、第十條應自解釋公佈之日起，「失其效力」，八十六年七月二十一日修正公佈之原增修條文繼續適用。』釋字第 499 號解釋之要義，包括以下五方面：

〈1〉第五次修憲行為採用「無記名投票」，不符合「公開透明原則」，為「明顯重大瑕疵」，違反「修憲條文發生效力之基本規範」

『憲法為國家根本大法，其修改關係憲政秩序之安定及全國國民之福祉至鉅，應由修憲機關循正當修憲程序為之。又修改憲法乃最直接體現國民主權之行為，應公開透明為之，以滿足理性溝通之條件，方能賦予憲政國家之正當性基礎。國民大會依憲法第二十五條、第二十七條第一項第三款及中華民國八十六年七月二十一日，修正公佈之憲法增修條文第一條第三項第四款規定，係代表全國國民行使修改憲法權限之唯一機關。其依修改憲法程序制定或修正憲法增修條文須符合公開透明原則，並應遵守憲法第一百七十四條及國民大會議事規則之規定，俾副全國國民之合理期待與信賴。是國民大會依八十三年八月一日修正公布憲法增修條文第一條第九項規定訂定之國民大會議事規則，其第三十八條第二項關於無記名投票之規定，於通過憲法修改案之讀會時，適用應受限制。而修改憲法亦係憲法上行為之一種，如有重大明顯瑕疵，即不生其應有之效力。所謂明顯，係指事實不待調查即可認定；所謂重大，就議事程序而言則指瑕疵之存在已喪失其程序之正當性，而違反修憲條文成立之基本規範。國民大會於八十八年九月四日三讀通過修正憲法

增修條文，其修正程序牴觸上開公開透明原則，且衡諸當時有效之國民大會議事規則第三十八條第二項規定，亦屬有違。依其議事錄及速紀錄之記載，有不待調查即可發現之明顯瑕疵，國民因而不能知悉國民大會代表如何行使修憲職權，國民大會代表依憲法第一百三十三條規定或本院釋字第三三一號解釋對選區選民或所屬政黨所負政治責任之憲法旨意，亦無從貫徹。此項修憲行為有明顯重大瑕疵，已違反修憲條文發生效力之基本規範。』

〈2〉有規範秩序存立基礎之憲法條文乃屬於「本質重要者」，若變更之將形同憲法「破毀」，則此修改之條文失其正當性

『國民大會為憲法所設置之機關，其具有之職權亦為憲法所賦予，基於修憲職權所制定之憲法增修條文與未經修改之憲法條文雖處於同等位階，惟憲法中具有本質之重要性而為規範秩序存立之基礎者，如聽任修改條文予以變更，則憲法整體規範之秩序將形同破毀，該修改之條文即失其應有之正當性。憲法條文中，諸如：第一條所樹立之民主共和國原則、第二條國民主權原則、第二章保障人民權利、以及有關權力分立與制衡之原則，具有本質之重要性。亦為憲法整體基本原則之所在。基於前述規定所形成之自由民主憲政秩序，乃現行憲法賴以存立之基礎，凡憲法設置之機關均有遵守之義務。』

〈3〉國大代表改為「依政黨比例代表方式」選出，與憲法規定國民大會代表全國國民行使政權之意旨，兩不相容，構成規範衝突，與自由民主之憲政秩序是屬相違

『第三屆國民大會八十八年九月四日通過之憲法增修條文第一條，國民大會代表第四屆起依比例代表方式選出，並以立法委員選舉各政黨所推薦及獨立參選之候選人得票之比例分配當選名額，係以性質不同、執掌互異之立法委員選舉計票結果，分配國民大會代表之議席，以此種方式產生之國民大會代表，本身既未經選舉程序，僅屬各黨派按其在立法院席次比例指派之代表，與憲法第二十五條國民大會代表全國國民行使政權之意旨，兩不相容，明顯構成規範衝突。若此等代表仍得行使憲法增修條文第一條以具有民選代表身分為前提之各項職務，將牴觸民主憲政之基本原則，是增修條文有關修改國民大會代表產生方式之規定，與自由民主之憲政秩序自屬相違。

〈4〉將國代與立委任期延長，並無憲政上不能依法改選之理由，違反「國民主權原則」，而國代之自行延長任期，更屬有違「利益迴避原則」，俱與「自由民主憲政秩序」不合

『增修條文第一條第三項後段規定：「第三屆國民大會代表任期至第四屆立法委員任期屆滿之日止」，復於第四條第三項前段規定：「第四屆立法委員任期至中華民國九十一年六月三十日止」，計分別延長第三屆國民大會代表任期二年又四十二天及第四屆立法委員任期五個月。按國民主權原則，民意代表之權限，應直接源自國民之授權，是以代議民主之正當性，在於民意代表行使選民賦予之職權須遵守與選民約定，任期屆滿，除有不能改選之正當理由外應即改選，乃約定之首要者，否則將失其代表性。本院釋字第二

六一號解釋：「民意代表之定期改選，為反映民意，貫徹民主憲政之途徑」亦係基於此一意旨。所謂不能改選之正當理由，須與本院釋字第三十一號解釋所指：「國家發生重大變故，事實上不能辦理次屆選舉」之情形相當。本件關於國民大會代表及立法委員任期之調整，並無憲政上不能依法改選之正當理由，逕以修改上開增修條文方式延長其任期，與首開原則不符。而國民大會代表自行延長任期部份，於利益迴避原則亦屬有違，俱與自由民主憲政秩序不合。』

〈5〉宣告第五次修憲增修條文中之第一條、第四條、第九條、第十條應自解釋公佈之日起，「失其效力」，八十六年七月二十一日修正公佈之原增修條文繼續適用

『第三屆國民大會於八十八年九月四日，第四次會議第十八次大會以無記名投票方式表決通過憲法增修條文中之第一條、第四條、第九條暨第十條之修正，其程序違背公開透明原則及當時適用國民大會議事規則第三十八條第二項規定，其瑕疵已達明顯重大之程度，違反修憲條文發生效力之基本規範；其中第一條第一項至第三項、第四條第三項內容並與憲法中具有本質重要性而為規範秩序賴以存立之基礎，產生規範衝突，為自由民主憲政秩序所不許。上開修正之第一條、第四條、第九條暨第十條應自本解釋公布之日起失其效力。八十六年七月二十一日修正公佈之原增修條文繼續適用。』

3. 釋字第 499 號解釋之評析

〈1〉「釋憲否定修憲？」之疑議

大法官會議釋字第 499 號解釋，認定國大第五次修憲「失其效力」，雖沒使用「違憲」兩字，但其效力等同。上述解釋一出，全民額手稱慶，對於大法官在 499 號解釋上，確實成功的扮演「憲法守護者」之表現，認係大快人心，也護衛住憲法免於破毀。然而就憲法學之角度，憲法制定完成後，本於「法與時轉則治、治與事宜則有功」，憲法不可能萬年不變動，如何使憲法成長？以適應環境之變遷與需要，乃至爲重要。依民主先進國家之憲政實際發展，憲政生命之成長有三：「修改憲法」、「解釋憲法」、「憲政慣例」。尤以前兩者都有專責機關負責修憲、釋憲。無論修憲、釋憲其職掌都與憲法條文有關。

「修憲」乃在透過修改憲法之法定程序，以匡補闕疑憲法條文之不足，其使憲法條文免於「扞格不入」或「窒礙難行」之狀況，甚且與時俱進，以增修條文使民主、法治、公平社會之理想得以達成。「釋憲」乃在於「解釋憲法」與「統一解釋法律命令」，正因憲法具有法的位階之「根本性、最高性」，爲防止法律、命令侵犯憲法保障人權之精神，對人民構成傷害，「釋憲者」的角色扮演甚爲重要，而有「憲法守護者」之美譽。「釋憲者」的任務是維護「憲法」尊嚴，憲法條文是一切之根本，本次大法官會議釋字第 499 號解釋卻將修憲機關完成之「憲法條文」，直接宣布「失其效力」。此乃產生「以釋憲否定修憲」之疑惑、爭議。亦即縱使「修憲修的非常糟之條文，但還是憲法典之一部份」，美國對修憲後產

生之爭議，還是以透過下次修憲解決之方式，吾人以爲應屬較佳模式。[1]大法官職責在於全力以維護「全本憲法」，而不宜擊毀或否決「部份憲法」。大法官釋憲的依據是「憲法」，憲法條文是其所本，豈宜判定憲法本身條文「失其效力」。「釋憲否定修憲乎？」大法官會議釋字第499號解釋後，必然引發法學論戰。

〈2〉**「憲法違憲乎？」之疑議**

本次大法官會議釋字第499號解釋對第五次修憲條文之宣布「失其效力」。有兩個要點：

a.大法官同時從「修憲之程序」與「修憲之內容」來審視第五次修憲條文。前者大法官認定「第三屆國大代表修憲時採用「無記名投票」，這在修正程序牴觸公開透明原則，且衡諸當時有效之國民大會議事規則第三十八條第二項規定，亦屬有違。」；後者大法官認定「國大代表改爲依政黨比例代表方式選出，與憲法規定國民大會代表全國國民行使政權之意旨，兩不相容，構成規範衝突，與自由民主之憲政秩序是屬相違」，再者，「將國代與立委任期延長，並無憲政上不能依法改選之理由，違反『國民主權原則』，而國代之自行延長任期，更屬有違『利益迴避原則』，俱與『自由民主憲政秩序』不合。」

一般而論，大法官所尊奉者是憲法，所有法定程序完成之憲法條文皆是「標準」。大法官之職責在根據憲法之精神「解釋」憲法，並據以「否決」違反憲法精神之法律、命令；但不宜「否決」憲法。「經三讀程序完成修憲之內容」屬於憲法條文一部分，本於尊重憲法條文之崇隆性，無論吾人主觀、客觀標準對修憲完成後之憲法條文任何意見，但它就是「憲法條文」，除非採用修憲改正回來，如美國憲法增修案之「禁酒令」。質言之，修憲之問題由修憲方式解決爲宜；透過釋憲方式否決憲法條文宜應審愼[2]，此將爲未來釋憲者「以憲法條文否定憲法條文」大開方便之門；甚且，大法官將成未來修憲後「最後仲裁者」地位。大法官會議釋字第499號解釋如僅從「修憲程序」角度來認定第五次修憲之失其效力，則尙可獲得學理支持，若直接從「憲法條文否決憲法條文」則是有法哲學疑義，且就憲法本身亦非尊重。

b.「修憲是否有界限？」這是過去以來憲法學界就論戰不休者。本次大法官會議釋字第499號對第五次修憲條文解釋中持「修憲有其界限」說。同時

---

[1] 1917年美國第65屆國會通過憲法第18條修正案：「禁止在合眾國及其管轄下的一切領土內釀造、出售和運送致醉酒類，並且不準此種酒類輸入或輸出合眾國及其管轄下之一切領土。」此一憲法禁酒令於1920年1月2日生效。唯「禁酒運動」〈the prohibition movement〉全美贊成者、反對者皆有，爭議甚大。到了1933年美國國會通過第21條修憲案：「美利堅合眾國憲法修正案第18條現予廢除」。

[2] 釋字第499號解釋有大法官提出「不同意見書」。大法官曾華松認爲，大法官只能審查修憲機關有無制定或修正憲法的權限，至於制定或修正「是否高明」，大法官並無審究的餘地，而釋憲機關的自我抑制，乃釋憲機關的唯一防線。大法官賴英照則認爲依司法院釋字第342號、第381號、第419號等解釋所確立之議會自律原則，本件國民大會之議事瑕疵應未達明顯重大之程序。大法官蘇俊雄表示，大法官應本於司法自制原則，將此一問題留給國民與憲法機關合理解釋之空間。

本次釋憲案，大法官直接將憲法條區分兩種，值得關注。大法官認定憲法條文中有「本質重要性」者，為最基礎：「憲法中具有本質之重要性而為規範秩序存立之基礎者，如聽任修改條文予以變更，則憲法整體規範秩序將形同破毀，該修改之條文即失其應有之正當性。憲法條文中，諸如：第一條所樹立之民主共和國原則、第二條國民主權原則、第二章保障人民權利、以及有關權力分立與制衡之原則，具有本質之重要性。亦為憲法整體基本原則之所在。基於前述規定所形成之自由民主憲政秩序，乃現行憲法賴以存立之基礎，凡憲法設置之機關均有遵守之義務。」

於是乎，大法官表達了這樣的態度：憲法中有一些是「具有本質之重要性而為規範秩序存立之基礎者」，憲法條文固然「處於同等位階」，但若「聽任修改條文予以變更，則憲法整體規範秩序將形同破毀，該修改之條文即失其應有之正當性。」是則，大法官實質並未將所有憲法條文等同，而是將憲法條文有所區別，一是「具有本質之重要性而為規範秩序存立之基礎者」，另一是修憲後之條文若有牴觸該些基本憲法條文精神，那麼這類修憲條文失其效力。然判定憲法性質，屬前者抑或後者？顯由大法官定之。

〈二〉三黨無心國代選舉，採修憲變更國大為「任務型國大」，停止第四屆國大選舉，阻止宋楚瑜親民黨搶攻國大；並修憲報復大法官

民國八十九年三月二十四日，大法官釋字第499號公布，第三屆國大代表延任案失效，必須依規定進行第四屆國大代表之選舉。中央選舉委員會在3天後的三月二十七日，緊急召開委員會議，會中決議：

1.三月三十日，發布第四屆國民大會代表選舉公告。

2.四月六日，公告候選人登記日期及必備事項。

3.四月九日至四月十三日，受理候選人登記。

4.四月十九日前，審定國民大會代表候選人名單並通知抽籤。

5.四月二十五日，公告國民大會代表候選人名單，競選活動時間之起、止日期，每日競選活動之起、止時間。

6.四月二十六日至五月五日，辦理政見發表會。

7.五月三日，公告選舉人數。

8.五月六日，投票。應選名額共339名。

9.五月十二日，公告當選人數。

就在三月二十四日，大法官會議釋字第499號公布，第三屆國大代表延任案失效，必須依規定進行第四屆國大代表選舉之際，國內政壇波濤洶湧。同日，民進黨對499號發表措辭強烈之聲明，抨擊大法官以司法凌駕人民意志之上，創下「釋憲權否定制憲權」之負面例示。民進黨主席林義雄呼籲各政黨協商底限，擬出符合人民期待的版本，再召開國大臨時會修憲。朝野國代串聯要求召開第三屆國大第五次修憲會議的動作白熱化，國民黨完成約80位黨籍國代的連署，民進黨國大黨團亦完成87人之連署書，兩黨連署人數已超過門檻所需之126人。

三月二十七日晚，國、民兩黨國大黨團進行朝野協商，雙方初步達成廢除國大的原則共識，唯其實施與配套措施，則在兩天內由兩黨秘書長層級進一步取得共識，決定兩黨是否連署召開國大第五次修憲會議？三月二十八日，國民黨代主席連戰指定中常委、國代胡志強發表當前情勢看法：『廢國大已是多數民意的取向，國民黨中央雖沒有做成最後決策，但尊重國大黨團、尊重民意，基於國家利益做出抉擇，是國民黨的一貫立場・・・國民黨與民進黨達成廢國大的共識，是爲了尊重民意的趨勢，而不是爲了封殺親民黨，外界不必想的太複雜。』宋楚瑜則發表談話表示：『兩黨不要怕選輸他，就不顧法理，以無法無理的態度，輕言廢除國大，就像當初國、民兩黨怕總統選舉失利，爲廢掉宋楚瑜而先廢掉台灣省。』新黨全委會召集人郝龍斌認爲：『本屆國代「不良素行」的前科累累，極可能在國大臨時會中夾帶利益交換來廢除國民大會，因此在沒有完整配套下，新黨不會贊成讓本屆國代於臨時會中廢除國民大會。』[3]

三月三十日上午，國、民兩黨於國賓飯店進行修憲協商。會後兩黨共計達成七項共識：[4]

1.第三屆國民大會代表任期至民國八十九年五月十九日屆滿，不再延任。

2.八十九年五月二十日起，國民大會機關名稱維持不變，走向虛級化、非常設化，國大代表依議題需要，於立法院提出總統、副總統彈劾案或憲法修正案時，三個月內採取政黨比例代表制產生，任務型國代每次集會爲期一個月，集會結束即解除職務。

3.基於穩定政局，符合民意考量，自八十九年五月二十日起，國民大會職權合理調整如下：

〈1〉移至立法院的職權：補選副總統；罷免總統、副總統提案權；總統提名任命之司法院、考試院、監察院人員行使同意權；變更領土決議：聽取總統國情報告。

〈2〉停止行使的職權：憲法修改權；聽取總統國情報告；檢討國是、提供建言。

〈3〉國大代表行使的職權：議決立法院提出總統、副總統彈劾案；複決立法院所提出之憲法修正案。

4.國大代表行使職權應依所屬政黨主張執行，其程序由立法院定之。

5.兩黨共同連署，咨請總統於四月十一日前召集國民大會代表集會。

6.本次國民大會集會，僅就兩黨協商共識進行議決。

7.兩黨一致呼籲全體國民及其他黨派全力支持，共同推動國會改革。

就在國、民兩黨達成國大虛級化共識之 7 點聲明，兩黨國大黨團同日向國民大會秘書處送出 184 位國代之連署書，請求李總統頒布國大第五次會議召集令。同時，民進黨主席林義雄拜會新黨全委會，雙方密談 20 分鐘，會後新黨全委會召集人郝龍斌表示：『政黨不能合流，但也不能排除合作機會，新黨將在反黑、

[3] 陳新民主撰，1990-2000 年台灣修憲紀實〈台北：學林文化公司，2002 年 2 月〉頁二四二 – 二四四。

[4] 國、民兩黨七點共識詳見，台北：聯合報，民國八十九年三月三十一日，版一。

反金的議題上和民進黨密切合作。』[5]

整體而言，第六次修憲是在兩黨高層極短的時間蘊釀、主導下，達成 7 點聲明，推動「國民大會虛級化」修憲的走向。國、民兩黨之黨籍國代初始積極推動連署欲召開臨時會修憲，是針對大法官釋字 499 號解釋之不滿，但當兩黨高層將修憲定調爲：「國民大會虛級化」，直接衝擊國代未來之政治發展，故開始幾天兩黨國大仍有相當程度的反彈與雜音[6]，唯很快被兩黨內部化解。新黨亦表達積極參與第六次修憲之決心。

一般輿論有以兩黨黨中央與國代在「延任不成，連任困難，阻宋擴張」之情勢下，展現驚人之修憲效率與速度：從 4 月 8 日國大開議，4 月 24 日完成三讀，4 月 25 日休會，總計 17 天完成修憲。國、民、新三黨腳步一致、快速的修憲，達成了國大虛級化，將國民大會成爲「任務型國代」，第四屆國代停止選舉。這第六次修憲的針對性非常明顯 — 阻擋宋楚瑜親民黨搶攻第四屆國代[7]〈修憲採取整套「任務型國代」：職權設定、移轉與相關配套〉；報復司法院大法官〈排除大法官優遇條款〉。

二、第六次修憲的過程

〈一〉國代要求開會連署至一讀會完成

兩黨國代在民國八十九年三月三十日，向國民大會秘書處送出 184 位國代連署書，咨請李登輝總統頒布第三屆國大第五次會議召集令。秘書處收到國代要求開會之連署書，依法公告兩天後，於四月一日派專人送到總統府，請李總統依憲法增修條文規定頒布國代召集令。李登輝總統以最速件完成所有程序，於同日上午 11 點 30 分將召集令送抵國大秘書處。國大秘書處發文通知所有國大代表於 4 月 7 日出席開會，創下國大聲請開會最快的紀錄。

四月八日上午九時，第三屆國民大會第五次會議於陽明山中山樓開議。預備會議於中山樓中華文化堂舉行，出席代表 240 人。討論三件事項：1. 第三屆國民大會第五次會議第一次大會議事日程草案。〈決議：照案通過〉2.陳鏡仁、蔡正元等 94 位代表提案：「請行政院轉請中央選舉委員會在第三屆國民大會第五次會議期間，延緩舉辦第四屆國民大會代表選舉事宜，以維憲政運作。」〈決議：照案通過〉。3.莊勝榮等 31 位國代臨時動議：「本會此次修憲期間，應邀請所有大法官列席「指導」，以免再度發生修憲而違憲之憲政危機，是否有當，敬請

[5] 台北，中國時報，民國八十九年三月三十一日，版三。

[6] 針對國、民兩黨協商共識，兩黨國大黨團內部反彈，認爲黨中央未顧及黨籍國代意願，剝奪參選空間，讓國代失去舞台。國民黨籍國代林明昌等人表示，兩黨高層說虛級化就虛級化，沒有傾聽國代的心聲・・・很多國代對修憲前景持保留態度，認爲還是準備選舉比較實在。內容參見陳新民主撰，前揭書，頁二四七 - 二四九。

[7] 親民黨國大黨團及立院黨團於第六次修憲二讀會的前兩天 4 月 22 日召開記者會表示，由於國、民兩黨主導的修憲有違憲之虞，該黨宣稱將退出國大修憲審查會，拒絕爲此次修憲背書。親民黨國大黨團發言人高寶華表示，此次國大修憲・違反憲法規定的修憲程序，不符程序正義原則，更淪爲政黨分贓，兩黨爲打壓親民黨在國大選舉的成長空間，不惜在短時間內修憲廢國大，卻造成更大的憲政問題。台北，聯合報，民國八十九年四月二十三日，版四。

公決。」〈決議：交由程序委員會排入大會議程再做處理。〉

四月七日，國大開議前一天，國民黨將其黨版修憲草案公佈：國民大會定位爲「任務型國代」，依政黨比例代表制產生。原國民大會職權全面凍結實行，職權均移轉給立法院，立法院形同單一國會。民進黨主席林義雄表示，這次修憲非常單純，除了凍結國大外，其他議題盡量不觸及。

四月八日，國大開議首日，國民黨國大黨團法案小組開會決議：先訂出任務型國代 300 名，任務型國代會議時間由一個月延長爲兩個月。新黨國大黨團堅持領土變更決議案應視同修憲案部分，國、民兩黨原則上同意。國、民、新三黨國大黨團原則同意共同提案，主要修憲任務在於將國代虛級化，會議預計在四月二十五日完成修憲三讀程序，使中選會正在籌辦的第四屆國大選舉活動自動失效。

四月十日，國民黨修憲版本定稿，國、民、新三黨中央進一步協商。四月十一日下午，國民大會第五次會議程序委員會召開第一次會議，對修憲會議日程做了大幅變更之決定：爲了讓修憲案趕在四月二十六日，下屆國民大會代表選舉活動開始日前，完成國民大會虛級化修憲三讀。決議大幅「縮短修憲案補正天數，由三天改爲一天」，「收受對修憲審查結果修正案天數，由五天改爲三天」。這是明顯與「國民大會議事規則」不符，是有程序瑕疵。第一次會議原則確定本次會以修憲爲主，修憲日程規劃：

1.四月十四日，進行修憲一讀會大體討論。

2.四月十五日、十六日兩日，進行修憲審查會。

3.四月十九日，截止收受對修憲審結果修正案。

4.四月二十一日，進行處理修憲審查報告書。

5.四月二十四日，進行修憲二讀會。

6.四月二十五日，進行修憲三讀會，之後閉會。

四月十一日，國、民、新等三黨中央敲定前述以國民黨版修憲案之內容。四月十二日，國、民、新等三黨一派之國大黨團，共同向國大秘書處遞送由 229 位國代連署之「國大虛級化」修憲案，此爲修憲第三號案。三黨一派共同提出連署修憲案〈第三號案〉之內容如下：

1.『國民大會代表三百人，於立法院提出憲法修正案、領土變更案，經公告半年；或提出總統、副總統彈劾案時，應於三個月內採比例代表制選出之，比例代表制之選舉方式以法律定之。』〈第一條、第一項〉

『國民大會職權爲複決立法院提出之憲法修正案、領土變更案及議決立法院提出之總統、副總統彈劾案。』〈第一條、第三項〉

2.『總統、副總統之罷免案，經立法委員四分之一之提議，三分之二之同意後提出，並經中華民國自由地區選舉人數總額過半數之投票，有效票過半數同意罷免時，即爲通過。』〈第二條、第九項〉

3.『立法院於每年集會時，聽取總統國情報告。』〈第四條、第三項〉

『中華民國領土，依其固有之疆域，非經全體立法委員四分之一之提議、四分之三之出席，以及出席委員四分之三之決議，並提經國民大會代表三

分之二之出席，出席代表四分之三之同意複決，不得變更之。』〈第四條、第五項〉

『立法院對於總統、副總統的彈劾案，須經全體立法委員二分之一之提議，全體立法委員三分之二以上之決議，不得變更之。』〈第四條、第七項〉

4.『司法院大法官十五人，以其中一人爲院長、一人爲副院長，由總統提名，經立法院同意任命之。』〈第五條、第一項〉

5.『考試院設院長、副院長各一人，考試委員若干人，由總統提名，經立法院同意任命之。』〈第六條、第二項〉

6.『監察院設監察委員二十九人，以其中一人爲院長、一人爲副院長，任期六年，由總統提名，經立法院同意任命之。』〈第七條、第二項〉

四月十四日，上午 10 時，進入修憲案一讀會。舉行第三次會議，出席代表 278 位，主席陳金讓宣佈開會。秘書處首先報告：第三屆國民大會第五次會議修憲審查委員會總召集人是：朱新民、劉權漳、陳明仁〈以上中國國民黨〉；張倉顯、湯美娥〈以上民主進步黨〉；李炳南〈新黨〉；江文如〈第四黨團〉。接著開始進行討論事項，經秘書處朗讀所有第一號至第七號修憲案案由後，主席即宣布進行提案人說明提案要旨。下午會議進行大體討論。會議決議：修憲提案第一號至第七號交付修憲審查委員會審查。

四月十四日，在完成修憲案一讀會提案人說明，及大體討論後，大會並決定週六、週日加班召開修憲審查會。朝野各黨都在凝聚內部共識，希望在二十四日順利完成國代虛級化修憲。同時，三黨國代黨團爲防止國代「跑票」，有蔡正元、李炳南、劉一德、江文如等 85 位代表，以臨時動議方式共同提案，修改「國民大會議事規則」第三十八條第二項定：『前項之表決方法，得由大會議決或主席酌定以舉手、起立、表決器、無記名投票或記名投票行之。記名投票時，應於票上刊印代表姓名，由代表圈選贊成、反對或棄權。』大會主席陳金讓徵求意見時，獲得無異議通過，親民黨未反對。這也說明，國民大會虛級化在二、三讀會表決時，將採記名方式爲之，透過投票方式壓縮反對修憲案串連跑票的機會。

四月十五日，修憲審查委員會第一次會議。主席宣布：『本審查委員會依修憲審查委員會組織規程之規定，將以兩天的時間對大會交付之七件修憲提案進行審查。有關審查程序及方式，依本審查會總召集人第一次會議之決議：本次修憲審查委員會不設分組。審查委員會審查修憲提案之程序時，照秘書處擬具之分類表，依提案性質類別分別進行審查。』本日，國大代表提案廢大法官：釋憲權改隸最高法院。最高法院除原執掌之民、刑事訴訟外，並吸納現有行政法院掌理的行政訴訟案件；同時國大也提不廢大法官的備案：將限縮大法官釋憲職權，限制大法官「對於憲法條文不得就程序上及實體上爲與文義相反之解釋」。此分別排入第一號及第七號修憲提案。

四月十六日，修憲審查委員會第二次會議。出席委員 290 位，下午 3 時 45

分審查會開始針對修憲提案第一號案至第七號案，進行逐案表決：[8]

1.第一案：「廢除大法官」提案。儘管國民黨中央要求國大黨團，約束黨籍國代反對廢除大法官的修憲案，但效果不佳。此外，民進黨、親民黨採取開放的態度。新黨以時機不宜，容易讓外界認爲國民大會挾怨報復的觀感而反對。最後表決結果，在 248 位出席國代中，有 138 票支持，通過本案。在場國代多群起歡呼。

2.第二案：「增加 25 位立法委員」提案。以及明定立法委員名額增加「自第五屆起」的修正動議。以 155 票通過。

3.第三案：「國大虛級化之共同版修憲案」。國、民兩黨國代展開反制大法官的動作，以修憲提案修正案的方式，在三黨共同提案版中，增列「大法官非終身職」條款，不適用憲法第八十一條「法官爲終身職」之規定。本案獲得出席國代八成以上之支持，高票通過。

4.第四案：「新黨版修憲案」〈重點爲：總統、副總統選舉改爲絕對多數制；立法院恢復閣揆同意權；監察委員改爲民選等〉。經過三黨協商後，該案八個條文通過審查。

5.第五案：「澎湖離島定位、社會福利條款、軍人保障條款」。獲得四黨一致支持，高票通過。

6.第六案：「國大虛級化後，保障國大職工權益的配套措施。要求國大職權調整後，秘書處原有之組織、人事應予保障」。國民黨表明，此種問題不宜入憲，將由各黨組成代表擇期拜訪立法院，請立法院另行修改立法院組織法，吸納原有國民大會人士。故而本案表決未通過，也是七項修憲案中唯一未通過者。

7.第七案：「限制大法官釋憲職權」。限制大法官「對於憲法條文不得就程序上及實體上爲與文義相反之解釋」。本案亦獲通過。

四月十八日，朝野國民大會代表進行修憲協商，在任務單純化下，一切以三黨達成共識之修憲版本爲主，決定阻止廢大法官的修憲案進入二讀會。然而國、民兩黨對取消大法官終身優遇、立法委員總額增加二十五席則有高度共識。[9]

四月十九日下午，第三屆國民大會第五次會議，程序委員會第三次會議。會中審議收到修憲提案審查結果修正案 10 件。決議：所有修正案 10 件依「國民大會議事規則」第 16 條第 2 項之規定！交秘書處印送全體代表。另對大會處理第三屆國民大會第五次會議修憲審查委員會「修憲審查報告書」進行程序，決議：「大會處理審查報告書之進行程序，依照政黨協商結論進行，惟對審查通過者，仍須逐案表決。」

四月二十一日，國民大會表決「修憲審查報告書」。朝野黨團都發出甲級動員令。從下午 3 時起，逐案、逐條進行表決。國民黨秘書長林豐正、民進黨主席

---

[8] 國大修憲審查委員會第二次會議之七項提案表決參見，台北，聯合報，民國八十九年四月十七日，版一、三。

[9] 台北，聯合報，民國八十九年四月十九日，版四。

林義雄，都親臨督陣。大會針對日前修憲審查會之表決結果，再度進行表決確認，通過的修憲提案才能進入二讀會繼續審查。表決後，順利通過者：三黨國大虛級化的協商版本；立委總額由 225 名，增加為 250 名；台澎金馬地區、軍人保障條款；以及新黨所主張的總統採絕對多數等案，均將送四月二十四日起之二讀會討論。至於廢除大法官會議與限制大法官釋憲權範圍兩案，則遭到封殺。

四月二十一日，第三屆國民大會第五次會議第四次大會，並通過廖榮清、陳子欽等 248 位代表所提臨時動議：1.大會通過進行二讀會之修憲案，依國民大會議事規則第 38 條第 2 項規定，於二讀會時，逐條採用記名投票表決。2.未經大會審查之修憲提案之修正案，於進行二讀會時，依國民大會議事規則第 38 條第 2 項規定，於二讀會時逐條採用舉手表決。3.修憲二讀會議決後，依國民大會議事規則第 49 條規定，接續進行三讀會。並依國民大會議事規則第 38 條第 2 項規定，於三讀會時，就全案記名投票表決之。

〈二〉二讀會、三讀會修憲

四月二十四日，國民大會進入二讀會議程。國民黨秘書長林豐正、民進黨游錫堃、新黨全委會召集人郝龍斌都前往陽明山督陣。三黨均祭出黨紀：黨籍國代若違反黨的決策，一律開除黨籍。而親民黨則在四月二十二日，由親民黨國大黨團、立院黨團共同召開記者會，表示：『由於國、民兩黨主導之修憲有違憲之虞，宣稱將退出國大修憲審查會，拒絕為此次修憲背書。』親民黨國大黨團發言人高寶華表示，這次國大修憲，違反憲法規定的修憲程序，不符程序正義原則，更淪為政黨分贓，兩黨為打壓親民黨在國民大會選舉的成長空間，不惜在短時間內修憲廢國大，卻製造了更大的憲政問題。[10]

第三屆國民大會第五次會議第五次大會進行二讀會，由代議長陳金讓主持，出席代表 312 人。會議就第三屆國民大會第五次會議修憲審查委員會審查通過經大會議決進入二讀之條文及其修正案。經主席宣布進行程序：首先依修正案案號順序，分別由提案人說明要旨，提案說明時間 10 分鐘。[11]之後，經主席宣布結束修正案提案人說明。繼續進行二讀會廣泛討論，發言代表共有尤松雄、蔡亮亮等 17 位代表。下午 1 時 30 分繼續開會，進入逐條討論與逐條議決修憲案。經清點在場人數 280 人，已達代表總額三分之二之出席，遂進行二讀會逐條議決，議決方式依照四月二十一日第四次大會通過代表廖榮清等 248 人臨時動議為之。有關第三屆國民大會第五次會議第五次大會進行二讀會各項提案議決如下：

1.修正案第十號：「第三屆國民大會代表任期至八十九年五月十九日止，國民大會組織法應於兩年內配合修正。」表決結果：經清查在場代表人數 297 人，贊成本案代表人數 292 人。通過。

2.修正憲法增修條文第一條條文：「依政黨比例代表制選出三百名任務型國大代表。」表決結果：經清查在場代表人數 299 人，贊成本案代表人數 291

[10] 親民黨聲明參見，台北，聯合報，民國八十九年四月二十三日，版四。

[11] 修正案第一號、第二號經主席徵詢提案人未做說明。修正案第三號提案人蔡志弘代表說明。修正案第四號提案人江昭儀代表說明。修正案第六號、第七號經主席徵詢提案人未做說明。修正案第八號提案人林勝利代表說明。修正案第十號經主席徵詢提案人未做說明。

人。通過。

3. 修正憲法增修條文第二條條文：「總統、副總統之罷免案，須經四分之一立法委員提議，三分之二之同意後提出，並經全國人民，過半數同意罷免時，即爲通過。」表決結果：經清查在場代表人數 295 人，贊成本案代表人數 284 人。通過。
4. 修正憲法增修條文第四條條文：「領土變更須經立法院同意，國民大會複決。」「對總統、副總統彈劾案，須經三分之二立法委員決議後，向國民大會提出。」表決結果：經清查在場代表人數 293 人，贊成本案代表人數 286 人。通過。
5. 修正案第六號第一項：「司法院大法官除原法官轉任者外，不適用法官終身職待遇之規定。」表決結果：經清查在場代表人數 285 人，贊成本案代表人數 249 人。通過。
6. 修正憲法增修條文第五條條文：「司法院大法官由總統提名，經立法院同意任命。」表決結果：經清查在場代表人數 296 人，贊成本案代表人數 279 人。通過。
7. 修正憲法增修條文第六條條文：「考試院正、副院長、考試委員由總統提名，經立法院同意任命。」表決結果：經清查在場代表人數 283 人，贊成本案代表人數 277 人。通過。
8. 修正憲法增修條文第七條第一項條文：「監察委員二十九人，由總統提名，經立法院同意任命。」表決結果：經清查在場代表人數 284 人，贊成本案代表人數 280 人。通過。
9. 修正憲法增修條文第八條條文：「國民大會代表集會期間之費用以法律定之。」表決結果：經清查在場代表人數 284 人，贊成本案代表人數 279 人。通過。
10. 修正憲法增修條文第九條條文：「台灣省政府之功能、業務與組織之調整，得以法律爲特別之規定。」表決結果：經清查在場代表人數 284 人，贊成本案代表人數 279 人。通過。
11. 修正憲法增修條文第十條條文：「增訂社會福利、軍人保障條款。」表決結果：經清查在場代表人數 290 人，贊成本案代表人數 290 人。通過。

修憲二讀會逐條表決完畢，主席請「二讀會修正議決之條項文句整理小組」代表朱新民報告二讀會通過條文就中華民國憲法增修條文第一條、第二條、第四條至第十條修正條文之整理情形。主席徵詢大會就上述整理之中華民國憲法增修條文部分條文修正草案通過，並請秘書處宣讀中華民國憲法增修條文部分條文修憲草案。

主席代議長陳金讓隨即在二讀會程序完成後，宣布進行第三讀會。並依照四月二十一日，第四次大會通過代表廖榮清等 248 人臨時動議之以記名投票進行全案條文表決。共計有代表 287 人領票，285 人贊成，2 人棄權，通過修憲三讀程序。四月二十四日晚間 11 點 20 分主席陳金讓敲下議事槌後，第六次修憲完成。

三、第六次修憲之內容

第六次修憲，有關中華民國憲法增修條文之變動部分，列述如下：

1.增修條文第一條第一項〈第一項修正〉：『國民大會代表三百人，於立法院提出憲法修正案、領土變更案，經公告半年，或提出總統、副總統彈劾案時，應於三個月內採比例代表制選出之，不受憲法第二十六條、第二十八條及第一三五條之限制。比例代表制之選舉方式以法律定之。』

2.增修條文第一條第二項〈第二項修正〉：『國民大會之職權如左，不適用憲法第四條、第二十七條第一項第一款至第三款及第二項、第一七四條第一款之規定：一、依憲法第二十七條第一項第四款及第一七四條第二款之規定，複決立法院所提之憲法修正案。二、依增修條文第四條第五項之規定，複決立法院所提之領土變更案。三、依增修條文第二條第十項之規定，議決立法院提出之總統、副總統彈劾案。』

3.增修條文第一條第三項〈第三項修正〉：『國民大會代表於選舉結果確認後十日內自行集會，國民大會集會以一個月為限，不適用憲法第二十九條及第三十條之規定。』

4.增修條文第一條第四項〈第四項修正〉：『國民大會代表任期與集會期間相同，憲法第二十八條之規定停止適用。』『第三屆國民大會代表任期至中華民國八十九年五月十九日。國民大會職權調整後，國民大會組織法應於二年內配合修正。』

5.增修條文第二條第二項〈第二項修正〉：『總統發布行政院長與依憲法經立法院同意任命人員之任免命令及解散立法院之命令，無須行政院長之副署，不適用憲法第三十七條之規定。』

6.增修條文第二條第七項〈第七項修正〉：『副總統缺位時，總統應於三個月內提名候選人，由立法院補選，繼任至原任期屆滿為止。』

7.增修條文第二條第九項〈第九項修正〉：『總統、副總統之罷免案，須經全體立法委員四分之一提議，全體立法委員三分之二之同意後提出，並經中華民國自由地區選舉人總額過半數之投票，有效票過半數同意罷免時，即為通過。』

8.增修條文第四條第三項〈第三項修正〉：『立法院於每年集會時，得聽取總統國情報告。』

9.增修條文第四條第四項〈原第三項未修正，改列為第四項〉：『立法院經總統解散後，在新選出之立法委員就職前，視同休會。

10.增修條文第四條第五項〈第五項修正〉：『中華民國領土，依其固有之疆域，非經全體立法委員四分之一之提議、全體立法委員四分之三之出席，及出席委員四分之三之決議，並提經國民大會代表總額三分之二之出席，出席代表四分之三之複決同意，不得變更之。』

11.增修條文第四條第六項〈原第四項未修正，改列為第六項〉：『總統於立法院解散後發布緊急命令，立法院應於三日內自行集會，並於開議七日內追認之。但於新任立法委員選舉投票日後發布者，應由新任立法委員於就職後追認之。如立法院不同意時，該緊急命令立即失效。』

12.增修條文第四條第七項〈第七項修正〉：『立法院對於總統、副總統之彈劾案，須經全體立法委員二分之一以上之提議，全體立法委員三分之二以上之決議，向國民大會提出，不適用憲法第九十條、第一00條及增修條文第七條第一項有關規定。』

13.增修條文第四條第八項〈原第六項未修正，改列爲第八項〉：『立法委員除現行犯外，在會期中，非經立法院許可，不得逮捕或拘禁。憲法第七十四條之規定，停止適用。』

14.增修條文第五條第一項〈第一項修正〉：『司法院設大法官十五人，並以其中一人爲院長、一人爲副院長，由總統提名，經立法院同意任命之。自中華民國九十二年起實施，不適用憲法第七十九條之規定。司法院大法官除法官轉任者外，不適用憲法第八十一條及有關法官終身職待遇之規定。』

15.增修條文第六條第二項〈第二項修正〉：『考試院設院長、副院長各一人，考試委員若干人，由總統提名，經立法院同意任命之，不適用憲法第八十四條之規定。』

16.增修條文第七條第二項〈第二項修正〉：『監察院設監察委員二十九人，並以其中一人爲院長、一人爲副院長，任期六年，由總統提名，經立法院同意任命之。憲法第九十一條至九十三條之規定停止適用。』

17.增修條文第八條〈第八條修正〉：『立法委員之報酬或待遇，應以法律定之。除年度通案調整者外，單獨增加報酬或待遇之規定，應自次屆起實施。國民大會代表集會期間之費用，以法律定之。』

18.增修條文第九條第二項〈原第二項刪除，原第三項修正，改列爲第二項〉：『台灣省政府之功能、業務與組織之調整，得以法律爲特別之規定。』

19.增修條文第十條第八項〈第八項增列〉：『國家應重視社會救助、福利服務、國民就業、社會保險及醫療保健等社會福利工作，對於社會救助和國民就業等救濟性支出應優先編列。』

20.增修條文第十條第九項〈第九項增列〉：『國家應尊重軍人對社會之貢獻，並對其退役後之就學、就業、就醫、就養予以保障。』

21.增修條文第十條第十一項〈原第九項未修正，改列爲第十一項〉：『國家肯定多元文化，並積極維護發展原住民語言及文化。』

22.增修條文第十條第十二項〈原第十項修正，改列爲第十二項〉：『國家應依民族意願，保障原住民族之地位與政治參與，並對其教育文化、交通水利、衛生醫療、經濟土地、及社會福利事業與以保障扶助並促其發展，其辦法另以法律定之。對於澎湖、金門及馬祖地區人民亦同。』

23.增修條文第十條第十三項〈原第十一項未修正，改列爲第十三項〉：『國家對於僑居國外國民之政治參與，應予保障。』

四、第六次修憲之評析

第六次修憲可分修憲過程、修憲內容兩部份論述。探討本次國代匆促進行修憲，程序正義之缺失。而修憲實質內容之背離憲法學理：「國代虛級化」只為無意於選舉，並阻擋宋楚瑜陣營在總統大選高票落選後之高昂氣勢，親民黨欲搶攻國代席次、國、民、新三黨索性將國大虛級化；「大法官禮遇之刪除」，更見挾怨報復斧鑿痕跡之深。

〈一〉修憲過程面析論

修憲係屬非常慎重之大事，故而一般民主國家都是透過一連串綿密、謹慎之修憲過程。每一個過程有其規定時間，以及辦理事項，各黨協商、再協商。然而國、民兩大黨決定發起國民大會第六次修憲，卻打破了國內、外修憲的紀錄 — 在一個月不到的時間就完成了修憲。且修憲過程違反議事規則至為明顯。

國、民兩黨為何要快速完成修憲？乃為逃避第四屆國大選舉，而決定透過修憲將「國民大會虛級化」，亦即將國民大會改成「任務型國民大會」，如此第四屆國民大會代表選舉也就不需辦理。

民國八十九年三月二十四日，大法官釋字 499 號解釋出爐，以第三屆國大代表延任案失效，必須依規定進行第四屆國大代表之選舉。中央選舉委員會乃在 3 天後的三月二十七日，緊急召開中選會之委員會議，會中決議：四月九日至四月十三日，受理第四屆國大代表候選人登記。四月二十五日，公告國民大會代表候選人名單，競選活動時間之起、止日期，每日競選活動之起、止時間。四月二十六日至五月五日，辦理政見發表會。五月六日，投票。應選名額共 339 名。

國、民兩黨剛經歷第十屆總統、副總統大選，民進黨籍候選人陳水扁、呂秀蓮以 39.30%，領先宋楚瑜、張昭雄的 36.84%；國民黨連戰、蕭萬長的 23.10%；許信良、朱惠良的 0.63%；李敖、馮滬祥的 0.13%。民進黨陳水扁以相對多數當選總統，相對於民進黨支持者的歡心鼓舞，泛藍陣營則一片愁雲慘霧般，尤其宋楚瑜只以不到 3%的差距落敗，由「宋友會」轉變而成的親民黨，正打算透過將要舉行的第四屆國大選舉，將宋楚瑜的政治力予以擴張。而國民黨初敗，既擔心親民黨宋楚瑜力量大增，又無心於選舉，乃擬聯合民進黨，甚至新黨進行一項阻擋第四屆國民大會代表選舉的策略。

國民黨的計畫是透過聯合民進黨、新黨一起修憲，將國民大會性質改變，使國民大會「虛級化」，則可從根本解除第四屆國代之選舉。但這樣的修憲也意味必須跟時間賽跑。中選會已否決延後選舉之可能。[12]並如期將第四屆國代之選舉相關時程公布。國、民兩黨啓動的修憲勢必要在四月二十六日之前完成，也就是在第四屆國代選舉候選人活動開始前將選舉完全化解。

正因時間的緊迫，本次修憲也違反「國民大會議事規則」之規定。四月十日，國民黨修憲版本定稿，國、民兩黨中央進一步協商。四月十一日下午，國民大會

[12] 民進黨國大黨團建議中央選舉委員會，讓國大代表選舉延長至 5 月 10 日投票。以利國民大會修憲。中選會代理主委黃石城表示，中選會是合議制機關，要延後選舉很困難，將於 3 月 30 日如期公告第四屆國大改選的日期。台北：中國時報，民國八十九年三月三十日，版六。

第五次會議程序委員會召開第一次會議，對修憲會議日程做了大幅變更之決定：爲了讓修憲案趕在四月二十六日，下屆國民大會代表選舉活動開始日前，完成國民大會虛級化修憲三讀，決議大幅「縮短修憲案補正天數，由三天改爲一天」，「收受對修憲審查結果修正案天數，由五天改爲三天」。這是明顯與「國民大會議事規則」不符，而有其程序瑕疵。親民黨國代龍應達提出抗議無效。國、民、新三黨無視違反「國民大會議事規則」，任令造成程序瑕疵。

本次修憲爲趕在第四屆國代選舉活動前完成修憲工作，時間已不到一個月，有關召集、審查過程時間之快速，都是前所未見的，也創下國大聲請開會最快的紀錄。兩黨國代在八十九年三月三十日，向國民大會秘書處送出 184 位國代連署書，咨請李登輝總統頒布第三屆國大第五次會議召集令。秘書處收到國代要求開會之連署書，依法公告兩天後，於四月一日派專人送到總統府，請李總統依憲法增修條文規定頒布國代召集令。李登輝總統以最速件完成所有程序，於同日上午 11 點 30 分將召集令送抵國大秘書處。國大秘書處發文通知所有國大代表於 4 月 7 日出席開會，創下國大聲請開會最快的紀錄。

爲了節約時間，四月十四日，在完成修憲案一讀會提案人說明，及大體討論後，大會並決定週六、週日加班召開修憲審查會。四月十五日，修憲審查委員會第一次會議。主席並宣布：『本審查委員會依修憲審查委員會組織規程之規定，將以兩天的時間對大會交付之七件修憲提案進行審查。有關審查程序及方式，依本審查會總召集人第一次會議之決議：本次修憲審查委員會不設分組。審查委員會審查修憲提案之程序，依照秘書處擬具之分類表，依提案性質類別分別進行審查。』一讀會的審查委員會利用週六、週日加班，且以不分組、2 天的時間完成所有 7 件修憲提案的審查，審查修憲案速度之快、之密集，前所未見。過去第四、第五兩次修憲，是新黨力抗國、民兩黨。而本次修憲，則是新成立的親民黨力抗國、民、新三黨。

董翔飛大法官對第六次修憲過程的評論最爲詳實：[13]

> 整個議事日程，從開始連署到召集令發布，到代表報到、編定議程、受理提案以及進行讀會，前後只用了十五天的時間，而實際真正用於討論表決者，亦僅僅五個整天一個夜晚，就完成了充滿爭議，甚至具有顛覆性的憲政改革。

〈二〉修憲內容面析論

第六次修憲從國、民、新三黨高層協商到定案的時間非常快，約從釋字 499 號公佈之 3 月 24 日，到四月十日，國民黨修憲版本定稿，四月十一日，國、民、新三黨中央進一步協商，四月十二日，國、民、新等三黨一派之國大黨團，共同向國大秘書處遞送由 229 位國代連署之「國大虛級化」修憲案，總共時間約僅 3 個星期而已。這次修憲國、民、新三黨中央任務明確、單純 — 將國民大會虛級化，使之成爲「任務型國代」。同時將國民大會原有職掌大多移交到立法院，使立法院職權擴張。另國、民兩黨國大黨團及黨籍國代對大法官 499 號釋憲案非常

---

[13] 董翔飛，中國憲法與政府，大修訂四十版〈台北：自發行，民國八十九年十月〉，頁一。

不滿，溢於言表。一讀會在四月二十一日，最後審查會表決「修憲審查報告書」中，雖然國、民兩黨中央爲選舉單純化，強制下達將第一案：「廢除大法官」提案、第七案：「限制大法官釋憲職權」等兩案否決封殺，沒有進入二讀會；然而最後修憲仍是做成「取消大法官終身優遇制度」。另外在基本國策中，增訂社會福利；軍人；澎湖、金馬保障條款入憲。質言之，第六次修憲主要修改部分有四：1.國民大會虛級化 — 任務型國大。2.立法院職權增加。3.取消大法官終身優遇制度。4. 基本國策中，將增訂社會福利；軍人；澎湖、金馬保障條款入憲。

1.國民大會虛級化 — 任務型國大

第六次修憲後的國民大會將形成：〈1〉國民大會代表「名額」300 人，僅能於「立法院」提出「憲法修正案」、「領土變更案」，經公告半年，或提出「總統、副總統彈劾案」時，在「三個月內」採「比例代表制」選出之。〈2〉國民大會職權減縮爲 3 種：「複決立法院所提憲法修正案」、「複決立法院所提領土變更案」、「複決立法院所提出之總統、副總統彈劾案」。〈3〉國民大會集會以「一個月」爲限，國民大會代表「任期與集會時間相同」。〈4〉原國民大會秘書處業務、人員，由立法院承受、安置。

國民大會在民國八十年以來的歷次修憲，職權有大幅擴張時期、亦有減少時期，到本次修憲落得虛級化，有如三溫暖般。雖然國民大會被認爲是「憲政怪獸」，國人搖頭憤怒指責頗多，而亦夾雜廢國大之呼聲。[14]然吾人仔細思之，孰令致之？國人痛恨者不正是這群執掌修憲大權之人？中山先生「五權憲法」理想中的「最高政權機關」國民大會，到中華民國憲法制定時，因政治協商會議與各政黨妥協，國民大會已非國父主張之原貌，但究其代表產生方式、職權性質，均與西方國會相當，乃有民國四十六年，司法院大法官會議 76 號解釋之「應認國民大會、立法院、監察院共同相當於民主國家之國會。」[15]。然而國民大會隨著民國八十六年、八十八年之第四次修憲、第五次修憲，國、民兩黨高層主政者與第三屆國大代表，有如脫韁之野馬，兩黨分贓、不尊重憲法學理、滋意妄爲的刪除閣揆同意權、凍省、延任自肥等等，彼等或以憑藉掌握政治力量之多數，面對修憲行徑粗暴、野蠻、無節制的任意毀憲作爲，使舉國譁然，眾多國人乃充滿對憲政發展之不信任、不滿與敵意。尤有甚者，國人之激動者，情緒性主張乾脆廢掉國民大會這頭「憲政怪獸」。蘇嘉宏教授分析：[16]

---

[14] 民國八十九年四月九日，由國內十餘個社運團體組成的「全民怒火廢國大行動聯盟」，強烈的抨擊朝野四黨一方面主張國民大會虛級化，一方面進行國代選舉提名作業是自相矛盾的行爲，毫無廢國大的決心。他們並發起四月十六日大遊行活動，要求各政黨主席簽署廢國大備忘錄。台北：聯合報，民國八十九年四月十日，版四。

[15] 民國四十三年底，我立法院外交委員會與各國國會聯合會取得聯繫，並由 415 名立法委員組成國會聯合會中國國會小組，向該國會聯合會申請入會。後印度國會來函中華民國，邀請我國國會參加「國會聯合會」年會。引發監察院、國民大會函文總統府，對於以何機關爲吾國國會之代表機關？總統府轉請大法官釋憲。乃有民國四十六年五月三日，司法院大法官會議釋字第 76 號解釋：『國民大會代表全國國民行使政權，立法院爲國家最高立法機關，監察院爲國家最高監察機關，其所分別行使之職權，亦爲民主國家國會重要職權，就憲法上之地位及職權之性質而言，應認國民大會、立法院、監察院共同相當於民主國家之國會。』

[16] 蘇嘉宏，增修中華民國憲法要義，四版〈台北：東華書局，民國九十一年八月〉，頁二八。

從釋字第四九九號宣告第五次增修條文失其效力，到第六次增修條文公布的整個過程中，舉國譁然、爭議不斷，事情至此的主要癥結，並非在於憲法對國民大會體制的原始設計，而是出在國大代表和其背後的政黨身上。人民因為痛恨毀憲自肥的國大代表和其後縱容的政黨，所以情緒性地主張乾脆廢掉國大；在一股腦地將原屬國大職權轉移到立法院，造就立法院現在不知如何監督？有如「酷斯拉」一般地龐大權力，國人到底是基於何故如此放心，信任黑金力量盤根錯結的立法院？令人百思不得其解。然而，再任令由原先的毀憲自肥、任期將屆者和朝野政黨，在釋字四九九號公布大約一個月的匆匆時間內，通過現在通稱的「任務型國大修憲案」，亦難謂妥當・・・

國人痛恨國民大會，實則忽略了國民大會其本身設計、功能並非邪惡、不完美。而是運作者：國大代表、尤其是國、民兩黨高層之私心自用、缺乏守憲、守法之爲政美德。兩黨毀憲分贓，讓國人不齒、痛恨，而將責任推到「國民大會」制度本身。最讓人痛心者，任意破壞憲政體制與秩序的這批國代們，這些朝野政黨高層，竟然運用國人不滿的情緒，美其名「順從名意」之下，臨下台前又做了將自己已破壞的千瘡百孔、不想再玩的舞台，有如「自廢武功」般的修成「任務型國民大會」。國人有鼓掌叫好者，卻有幾人深思憲政發展何以墮落到此地步？

若問國民大會爲何要成爲「任務型國民大會」？爲何國民大會不能繼續正常運作下去？這當中除了國、民兩黨政治力壓倒一切外，沒有學理依據可爲支撐。一般國民喊好，乃基於痛恨國代之濫用職權、修憲作爲之讓人不堪，而產生情緒之反應。國、民兩黨之高層、第三屆國代們從第四次修憲、第五次修憲之荒腔走板，到本次修憲，兩黨國代在釋字 499 號公佈後就在醞釀連署集會，原本是要針對大法官釋憲之不滿，然而在短短幾天內，國、民兩黨高層已定調「國民大會虛級化」。其目的在停止第四屆國代選舉，並防宋陣營在國大選舉後操兵坐大。[17]宋楚瑜亦知國、民兩黨將國代虛級化乃係對其而來。宋楚瑜表示：『兩黨不要怕選輸他，就不顧法理，以無法無理的態度，輕言廢除國大，就像當初國、民兩黨怕總統選舉失利，爲廢掉宋楚瑜而先廢掉台灣省。』又說到：『敵不過就廢、皆爲權謀。』[18]國、民兩黨防宋之外，也顯示兩黨高層並無再選國代之心。這與兩黨內部許多國代積極連署開會，初針對大法官而來，許多國代亦表示希望再選舉下去，這與兩黨中央是不同調的。故而兩黨許多國代得知兩黨高層修憲版本是「任務型國民大會」，要將國民大會虛級化，是非常不以爲然的態度，兩黨內部反彈四起，兩黨高層乃在動用諸多軟、硬手段，使修憲最後告成。[19]陳新民教授對於類此「任務型國民大會」等莫名其所修憲之論述，堪稱極佳之註腳：[20]

回首過去十年的憲改，頗有「十年一覺憲改夢」之嘆！每次的修憲，當

---

[17] 『國民黨國大高層人士表示，爲免宋陣營在國大選舉後操兵坐大，國民黨願意與民進黨合作，共同透過修憲，廢除國大，朝三權分立方向設計。』詳見陳新民主撰，前揭書，頁二三九。

[18] 宋楚瑜對兩黨廢國大之談話內容，台北：聯合報，民國八十九年三月二十八日，版三。

[19] 兩黨國代內部之反彈情形，可詳見於民國八十九年三月至四月間國內平面新聞媒體之報導。或可見陳新民主撰，前揭書，頁二三六 — 二七0。

[20] 同上，頁二。

然都會有冠冕堂皇的修憲理由。這些出現在媒體上的官方的說詞或反對者的立論，都很快的為國人所遺忘。六次修憲的成功，代表了當時執政黨具有壓倒式的政治實力：六次對於憲法制度的改變，到底是何種理由說服國人？

2.立法院職權增加

第六次修憲之「任務型國民大會」，將國大虛級化後之許多職權轉移到立法院，這包括：

〈1〉提出中華民國領土變更案：『中華民國領土，依其固有之疆域，非經全體立法委員四分之一之提議、全體立法委員四分之三之出席，及出席委員四分之三之決議，並提經國民大會代表總額三分之二之出席，出席代表四分之三之複決同意，不得變更之。』

〈2〉行使司法、考試、監察三院之人事同意權：『司法院設大法官十五人，以其中一人爲院長、一人爲副院長，由總統提名，經立法院同意任命之。』；『考試院設院長、副院長各一人，考試委員若干人，由總統提名，經立法院同意任命之。』；『監察院設監察委員二十九人，並以其中一人爲院長、一人爲副院長，任期六年，由總統提名，經立法院同意任命之。』

〈3〉補選副總統：『副總統缺位時，總統應於三個月內提名候選人，由立法院補選，繼任至原任期屆滿爲止。』

〈4〉提出罷免總統副總統案：『總統、副總統之罷免案，須經全體立法委員四分之一提議，全體立法委員三分之二之同意後提出，並經中華民國自由地區選舉人總額過半數之投票，有效票過半數同意罷免時，即爲通過。』

〈5〉聽取總統國情報告：『立法院於每年集會時，得聽取總統國情報告。』

隨著監察院早已成爲「準司法機關」，本次修憲國民大會虛級化，國民大會的諸多職權移至立法院，立法院將成爲「單一國會」的色彩更爲明顯。當國人深惡痛絕於「憲政怪獸」的國民大會之時，主政當局又一股腦的將其權利移至立法院。而立法院立法委員素來亦有議事效率不彰，立法委員權力膨脹的形象，在國人眼中，與國民大會代表乃不相上下者。國民大會虛級化後，立法院之單一國會走向，是否又能符合國人之期待？我國民主政治發展已數十年，基礎不可謂不深厚，如果當權者無法善用權力、節制權力，則民主亂相將不可免。「理想」與「現實」之「神魔二性」將引導政治人物走向「政治家」或「政客」。吾人以爲教育最爲重要；此外，媒體第四權之扮演，以及理想的社會風氣更是帶動國家發展的有形與無形利器。

3.報復條款：取消大法官終身優遇制度

大法官 499 號釋憲案自然會引起國民大會代表之不滿。朝野兩大政黨國大代表無視於全民對彼等之不滿情緒，也不省思「延任自肥」之不當修憲行徑，對阻擋其延任的大法官，表現出極度不以爲然之態度。民進黨團幹事長劉一德於八十九年四月十六日表示：『大法官會議否決國大三讀通過的延任案完全背離大法官職權，朝野國代對此都有高度共識。本屆大法官最令人詬病的，莫過於八十五年二月解釋三九六號案，將自己比照法官享有終身禮遇。』[21]本次修憲一讀會之第二次審查會，國、民兩黨國代展開反制大法官之動作。其以修憲提案修正案方式，在三黨共同提案版本中增列「大法官非終身職」條款，不適用憲法第八十一條「法官爲終身職」的規定。國民黨國大黨團書記長蔡正元表示，爲反制大法官利用釋字第 396 號「自肥」，將在修憲共同提案中，司法院大法官人事同意權條文部分，增列大法官不適用終身禮遇的排除條款。[22]此案後亦完成三讀。

然而諷刺的是，國、民兩黨聯手取消大法官優遇案，在民國八十年底，立法委員陳水扁、謝長廷、張俊雄三人可說是推動大法官優遇案立法的三位關鍵性人物。當時立法院司法委員會開始審議「司法院組織法」修正案，在進入二讀會之前，所謂的大法官優遇僅適用於「實任法官之大法官」，沒想到，陳水扁、謝長廷、張俊雄三位立委聯手在院會推動所有大法官適用大法官優遇。[23]撫今追昔，八年後的民進黨國大黨團以全然相反的理由推翻當年陳水扁之立法，正是國代對大法官釋字 499 不滿反應於修憲之上。實則，類此政治報復，不獨國民大會對上大法官，立法院亦曾對上大法官。民國四十六年五月三日大法官於第 96 次會議作成釋字第 76 號解釋：「・・・就憲法上之地位及職權之性質而言，應認國民大會、立法院、監察院共同相當民主國家之國會。」此號解釋係爲解決當時政治紛爭所引燃之「三難困境」，雖然符合政治上的現實需求，但卻導致立法院於 20 及 21 會期分別修正「司法院組織法」及制定通過「司法院大法官會議法」，藉以限制大法官之職權行使，而增加釋憲之困難，這是前車之鑑。

本次修憲取消非實任法官之大法官不得享有法官之優遇，則非實任法官之大法官，只適用「政務人員退職酬勞金給與條例」，而不得享有「司法人員退養金給與辦法」。蓋我國憲法對司法官給與「終身職」之保障，然爲鼓勵年長之大法官及時退休，以兼顧偵查、審判之品質。於是乃有「司法人員退養金給與辦法」之訂定。亦即退休之司法官除可依年資領取「退職金」而外，尙可根據「司法人員退養金給與辦法」再多領取一份「退養金」。非實任法官之大法官不得享有法官之優遇，就在於不得領取「退養金」這部份。根據「司法人員退養金給與辦法」之規定，65 歲以前退休之司法官可加領退職金 10%的「退養金」；70 歲以後退休之司法官可加領退職金 5%的「退養金」；65 歲至 70 歲退休之司法官可加領退職金 140%的「退養金」。實任法官退職金以 500 萬元爲例，加領退休金 140%之「退養金」部份爲 700 萬元，兩者加在一起可領 1200 萬元退休金。今取消非實任法官之大法官的優惠，就是不得享有「退養金」之領取，兩者差別甚大。[24]

4. 基本國策中，將增訂社會福利；軍人；澎湖、金馬保障條款入憲

---

[21] 陳新民主撰，前揭書，頁二五八。

[22] 國代第一讀會修憲提案審查案，排除大法官適用法官之終身禮遇條款，詳見台北，聯合報，民國八十九年四月十七日，版三。

[23] 陳水扁等三位民進黨立委推動所有大法官適用大法官優遇。台北，中國時報，民國八十九年四月二十四日，版二。

[24] 台北，聯合報，民國八十九年四月二十五日，版二。

本次修憲有關基本國策增修部分有三：

〈1〉『國家應重視社會救助、福利服務、國民就業、社會保險及醫療保健等社會福利工作，對於社會救助和國民就業等救濟性支出應優先編列。』〈增修條文第十條第八項〉

〈2〉『國家應尊重軍人對社會之貢獻，並對其退役後之就學、就業、就醫、就養予以保障。』〈增修條文第十條第九項〉

〈3〉『國家應依民族意願，保障原住民族之地位與政治參與，並對其教育文化、交通水利、衛生醫療、經濟土地、及社會福利事業與以保障扶助並促其發展，其辦法另以法律定之。對於澎湖、金門及馬祖地區人民亦同。』〈增修條文第十條第十二項〉

本次修憲基本國策中增加：澎湖離島之地位與政治參與，並對其教育文化、交通水利、衛生醫療、經濟土地、及社會福利事業與以保障扶助並促其發展，這是過去政府對離島長期忽略下的反思，以積極作爲拉近與本島發展之距離，期增進離島之基礎建設，今以憲法地位保障有其重大意義。

軍人對國家之穩定、發展有不可忽視的地位，甚至本島、離島、外島之救災工作投入，對人民生命、財產之安全與保障作出許多的貢獻，甚至軍人退伍後成爲榮民，仍然是國家、社會一股「支前安後」穩定的力量。過去政府對退役後榮民之就學、就業、就醫、就養設立「行政院退除役官兵輔導委員會」以爲照顧，今修憲就軍人退伍後之各項就學、就業、就醫之保障予以入憲，允爲立意甚佳。

第十二章　第七次修憲

一、第七次修憲召開的緣起

民國九十年至九十三年期間，台灣的社會普遍輿論對立法委員人數〈225位〉過多、立法品質、以及立委選舉制度調整都有許多意見。面對九十三年底將到來的立法院第六屆立法委員選舉，國、民、親、新、台聯黨與無黨聯盟等國內政壇主要的5黨1派都感受到無形民意的國會改革訴求。各黨也為了年底第六屆立委選舉的選票與民意之政治考量，不得不順應政壇一種民粹式呼聲的修憲主張。並於民國九十三年八月二十三日，完成了中華民國憲政史上，依據第六次修憲條文之規定；「首次由立法院提出修憲提案」，三讀通過了「國會改革、公投入憲」等憲法增修條文修正提案6個條文。根據第六次修憲通過「任務型國代」之規定，立法院通過之憲法增修條文修正提案，經公布半年後，必須在3個月內，選舉「300位任務型國大代表」，於一個月內，「複決立法院所提出之憲法修正案」，修憲才能正式完成生效手續。故而民國九十三年八月二十三日，立法院三讀通過了「國會改革、公投入憲」等憲法增修條文修正提案，並於民國九十四年五月十四日，選舉出「300位任務型國民大會代表」，六月七日，完成「複決立法院所提出之憲法修正案」的第七次修憲。此為第七次修憲之緣起。

立法院於民國九十三年八月二十三日，三讀通過了「國會改革、公投入憲」之憲法增修條文修正提案，其實各黨派不見得都支持修憲提案，尤其是親民黨、新黨、台聯黨面對立委減半，單一選區兩票制會造成「大藍吃小藍、大綠吃小綠」的狀況，對小黨相當不利。例如親民黨內部討論過修憲內容，在立法院臨時會修憲前夕，公開表態反對立法院臨時會處理國會改革修憲案。親民黨中央此舉，讓橘營背負「反改革」的罪名，部份台北都會區的黨籍立委非常焦急，擔心影響到年底立委選情，要求黨團立刻修正立場，支持國會改革修憲案。然而這時整個社會的氛圍似乎逼著每一個政黨標榜自己才是「真改革者」，在立法院上演一場「飆憲」大戲 — 利用立法院之臨時會，以7天的時間完成當時社會主流聲音所強調的「國會改革」。

縱使兩大黨之一的民進黨，內部亦有質疑國會選制之改變，既不合學理，也將影響民進黨未來政治生態與發展者，如該黨籍立委林濁水、李文忠等都對單一選區兩票制之主張提出異議。[1]但面對年底選舉當頭，民進黨在九十三年八月十七日中常會做出決議：八月二十三日立法院臨時會處理國會改革修憲案時，將全力促成國會席次減半、單一選區兩票制、廢除國民大會、公投入憲等四項全民共識，違反中常會決議者，將受黨紀處分。陳水扁總統以黨主席的身分再次強調，

---

[1] 民進黨立委林濁水在立院三讀前大聲疾呼『國會席次減半為一一三席，將造成政黨輪替僵化、歧視弱勢、及破壞票票等值等弊端，如果不加以彌補，只以民粹式口號掩蓋，將造成台灣民主的倒退。」並不惜與同黨之前主席林義雄槓上：『聖人也不是百分之百不會犯錯，前天公聽會學者一面倒反對減半，相信林義雄不會反智。』台北，聯合報，民國九十三年八月十八日，版三。

如有違紀，將受最嚴厲之黨紀處分。[2]

民國九十三年八月二十三日，立法院三讀通過了「國會改革、公投入憲」之憲法增修條文修正提案。由於九十三年底立法委員選舉之壓力，立院通過憲法增修條文修正提案這天，朝野政黨都表達拼「改革」的決心，紛紛下達甲級動員。上午10時20分，立委簽到已達163位，跨過四分之三出席門檻，意味修憲院會得以成會。經過兩度協商，民進黨同意在排除人民創制、憲法法庭處理總統彈劾等議題上，對國民黨讓步，此後情勢開朗好轉，親民黨也表態支持。這時各黨黨團將國民黨版第一、二、四、五、八列爲共同提案，下午5時立委重回院會表決。

立院正式表決開始，無黨籍聯盟10位立委在主席台前，舉起「不要出賣國會靈魂」之標語，高喊「林濁水、沈富雄加油」，之後即退席抗議。同爲小黨的台聯則拉起「立委減半、誠信立國」之布條，親民黨亦宣示「爲人民投贊成票」。下午5時32分二讀表決第四條有關國會改革修正提案，201位立委出席，200票贊成該案通過二讀，唯一投下反對票的是國民黨籍將不再參選的立委陳宏昌，該案二讀通過。這次憲法增修條文修正提案，總計6個修正條文於晚間6時15分完成三讀。立法院長王金平表示：『這是八十九年修憲賦予立院唯一實質修憲機關權責後，立院完成修憲案三讀程序的首例，具重大歷史意義。』王金平院長並期許朝野黨團下會期開議後，盡速完成「國大職權行使法」、「國大代表選舉法」等兩項重要法案，以順利完成修憲工程，回應主流民意之期待。[3]

本次立法院三讀修憲通過之6個憲法修正條文，於民國九十四年五月十四日選出之任務型國大代表300位，進行第七次修憲之複決立院提案，以完成修憲程序。「國民大會」、「任務型國大代表」亦在修憲後正式走入歷史。有關「任務型國大代表」之選舉產生、複決修憲提案過程，下文分析之。

二、第七次修憲的過程

民國九十三年八月二十三日，立法院三讀通過了「國會改革、公投入憲」之憲法增修條文修正提案。依據憲法增修條文規定必須經公告半年，然後在3個月內，選出300位「任務型國大代表」，於一個月內複決立法院三讀通過之憲法增修條文修正提案。爲順利任務型國代之選舉，並使修憲任務得以遂行，「國大二法」 — 「國大代表選舉法」與「國大職權行使法」勢必先完成立法之工作。

民國九十四年一月十三日，立法院三讀通過「國大代表選舉法」。該法重要規定包括：

1. 選舉人得由依法設立的「政黨」[4]或 20 人以上組成的「選舉聯盟」[5]（簡

---

[2] 民進黨中常會由中常委謝長廷、游錫堃、蘇貞昌三人領銜提案，要求黨團成員全力貫徹，否則以黨紀處分，在場人士無異議通過提案。台北，聯合報，民國九十三年八月十八日，版三。

[3] 台北，聯合報，民國九十三年八月二十四日，版一。

[4] 受限於憲法增修條文第 1 條第 1 項，國大代表依「比例代表制」的方式選出。以往選民直接選「人」的方式來選國大代表，將與增修條文規定不符。故而國大代表選舉法乃規定，選民之投票是投給「政黨」或「選舉聯盟」，而非直接投給候選人。

[5] 爲使獨立參選人亦得以自行參加國大代表的選舉，國民大會代表選舉法明定年滿 23 歲選舉人 20 人以上即得組成選舉聯盟，申請登記爲國大代表選舉之候選人。聯盟之名稱應冠以其登記

稱聯盟）申請登記爲候選人。

2. 政黨或聯盟當選名額中，每滿4人，應有婦女當選名額1人，每滿30人，應有原住民當選名額1人。
3. 國大代表選舉活動時間10天。〈從5月4日至13日，爲國大代表選舉競選活動期間。〉
4. 政黨、聯盟及任何人於競選活動期間，不得於道路、橋樑、公園、機（構）、學校或其他公共設施及其用地，懸掛或豎立標語、看板、旗幟、布條等競選廣告物。但經直轄市、縣（市）選舉委員會指定之地點，不在此限。
5. 有公辦政見發表會。〈中選會依「國大代表選舉法」第13條之規定，定於5月7日下午2時至6時，洽請公共電視台提供時段供政黨、聯盟發表政見。屆時參選之政黨或聯盟均可視候選人數之多寡，推派1至5名之候選人參加政見發表會。〉
6. 選舉票無效認定標準，與「公職人員選舉罷免法」之規定類同，亦即圈選在同一政黨或聯盟之圈選欄、號次欄、政黨或聯盟名稱欄、贊成或反對意見欄，只要所圈位置足資辨認爲何政黨或聯盟者，均屬有效票，否則爲無效票。
7. 選舉人不得攜帶手機或攝影器材進入投票所。任何人亦不得於投票所裝設足以刺探選舉人圈選選票內容之攝影器材。違者，將處1年或5年以下有期徒刑等刑罰。
8. 任何人對於有投票權人，行求期約或交付賄賂爲其他不正利益，而約其不行使投票權或爲一定之行使者，處5年以下有期徒刑，並得併科罰金。換言之，即使政黨或聯盟之候選人、受雇人或第三人，凡是爲政黨或聯盟從事賄選者，仍應受上開刑事處罰。

另外依規定必須同時在立法院完成三讀的「國民大會職權行使法」，卻因台聯黨團、親民黨團等堅持立法院所提出憲法修正案的複決門檻，應提高到四分之三。這使得朝野協商無法完成，也延宕「國民大會職權行使法」遲遲無法制定。直到五月十四日，300位「任務型國大代表」產生，支持修憲的國、民兩大黨看到修憲通過是很樂觀，才妥協同意將憲法修正案的複決門檻，提高到四分之三。終於使得「國民大會職權行使法」遲遲地完成了三讀。

中選會最後完成受理國民大會代表選舉之政黨、聯盟登記，共有12個政黨及聯盟，688位候選人登記。國內幾個主要政黨登記「任務型國代」的情況如下：民進黨登記候選人數150人、國民黨登記148人、親民黨登記83人、台灣團結聯盟登記50人、新黨登記20人、建國黨登記22人、無黨團結聯盟登記31人；另外，張亞中等150人聯盟、王廷興等20人聯盟。

民國九十四年四月二十一日抽籤；五月三日公告候選人名單；五月十四日爲「任務型國大代表」選舉日。當天投票率極低，只有23.36%，創下全國性選舉

候選人名單首位之候選人姓名，加「等」字及聯盟人數，稱以聯盟。例如：○○○等30人聯盟、○○○等80人聯盟。

的新低紀錄。在 300 席「任務型國大代表」中，贊成修憲案的有 5 個政黨〈民進黨、國民黨、公民黨、農民黨、中國民眾黨〉，共獲得 249 席，佔 83.1%。反對修憲案的有 7 個政黨、聯盟〈台聯黨、親民黨、建國黨、新黨、無黨團結聯盟、張亞中等 150 人聯盟、王廷興等 20 人聯盟〉，共獲得 51 席，佔 16.9%〈各黨得票率與席次如表十二──一〉。

民國九十四年六月七日，任務型國代以 249 票贊成，48 票反對，跨過修憲門檻的 225 票，複決通過了憲法增修條文修憲案共 6 個條文，這次「任務型國代」順利完成第七次修憲，任務圓滿完成，也在修憲中將國父孫中山先生「五權憲法」藍圖中，最重要之國民大會這個機構〈制〉吹熄燈號，正式走入歷史。

三、第七次修憲的內容

第七次修憲之變動憲法條文處更有 6 條、10 項。列述如下：

1.增修條文第一條、第一項：『中華民國自由地區選舉人於立法院提出憲法修正案、領土變更案，經公告半年，應於三個月內投票複決，不適用憲法第四條、第一百七十四條之規定。』〈公投入憲〉

2.增修條文第一條、第二項：『憲法第二十五條至第三十四條及第一百三十五條之規定，停止適用。』〈廢除國大〉

3.增修條文第二條、第十項：『立法院提出總統、副總統彈劾案，聲請司法院大法官審理，經憲法法庭判決成立時，被彈劾人應即解職。』〈彈劾總統案於國民大會廢除後，轉交由大法官憲法法庭審理〉

4.增修條文第四條、第一項：『立法院立法委員自第七屆起一百一十三人，任期四年，連選得連任，於每屆任滿前三個月內，依左列規定選出之，不受憲法第六十四條及第六十五條之限制：1.自由地區直轄市、縣市七十三人。每縣市至少一人。2.自由地區平地原住民及山地原住民各三人。3.全國不分區及僑選國外國民共三十四人。』〈立委席次減半、任期為四年〉

5.增修條文第四條、第二項：『前項第一款依各直轄市、縣市人口比例分配，並按應選名額劃分同額選舉區選出之。第三款依政黨名單投票選舉，由獲得百分之五以上政黨選舉票之政黨依得票比率選出，各政黨當選名單中，婦女不得低於二分之一。〈立委選舉採單一選區兩票制、婦女保障名額〉

6.增修條文第四條、第五項：『中華民國領土，依其固有疆域，非經全體立法委員四分之一之提議，全體立法委員四分之三之決議，提出領土變更案，並於公告半年後，經中華民國自由地區選舉人投票複決，有效同意票過選舉人總額半數，不得變更之。』〈領土變更案於國民大會廢除後，轉交由公民投票行使複決權〉

7.增修條文第四條、第七項：『立法院對於總統、副總統之彈劾案，須經全體立法委員二分之一之以上之提議，全體立法委員三分之二之決議，聲請司法院大法官審理，不適用憲法第九十條、第一百條及增修條文第七條第一項有關規定。』〈彈劾總統案於國民大會廢除後，轉交由大法官憲法法

庭審理〉

8.增修條文第五條、第四項：『司法院大法官，除依憲法第七十八條之規定外，並組成憲法法庭審理總統、副總統之彈劾案及政黨違憲之解散事項。』〈規範憲法法庭審理彈劾總統及其他事項〉

9.增修條文第八條：『立法委員之報酬或待遇，應以法律定之。除年度通案調整者外，單獨增加報酬或待遇之規定，應自次屆起實施。』〈原條文國代集會期間之費用以法律定之，廢國大後整句刪除〉

10. 增修條文第十二條：『憲法之修改，須經立法院立法委員四分之一之以上之提議，四分之三之出席，及出席委員四分之三之決議，提出憲法修正案，並於公告半年後，經中華民國自由地區選舉人投票複決，有效同意票過選舉人總額半數，即通過之，不適用憲法第一百九十四條之規定。〈修憲案於國民大會廢除後，轉交由公民投票直接行使複決權〉

四、第七次修憲的評析

第七次修憲可分修憲過程、修憲內容兩部份論述。探討本次民國九十三年，立法院完成憲法增修條文修正提案，及其後民國九十四年，選出之「任務型國代」進行修憲案之複議權行使，有關修憲過程之檢討。而修憲實質內容包括：廢除國大；公投入憲；立法委員人數減半；立委選舉方式之單一選區、兩票制等之分析。

〈一〉修憲過程面析論

有關第七次修憲，是第一次由立法院先進行三讀通過「憲法增修條文修正提案」，並且選出「任務型國代」進行修憲案之複議，之後國民大會正式走入歷史。立法院第七次修憲案通過之過程、「任務型國代」的整個運作模式、「國大二法」之制定、實施等，期間都是爭議不斷。雖然「任務型國代」與「國大二法」已是「空前絕後」，但它們關乎第七次修憲通過實施，影響一直至今，故而實佔有重要地位。本文以下將從五個面向來探討第七次修憲制定的過程中，令人關注之議題：1.第七次修憲前後壟罩著「民粹」力量，引導修憲走向。2.立法院「憲法修正案」整體過程粗糙。3.「國大職權法」通過時間點之爭議。4.「任務型國代」是「選人」抑或「選黨」？5. 「任務型國代」超低投票率之憲法疑義。

1.第七次修憲一股「民粹」力量，引導修憲走向

民國九十年至九十三年期間，台灣的社會普遍輿論對立法委員人數〈225 位〉過多、立法品質、以及立委選舉制度調整都有許多意見。立法院希望在民國九十三年三月的總統大選前，提出修憲案以顯示順從民意的姿態，期對外界能有所交代。但朝野立委對修憲之態度看法分歧，初始，沒有立委認為「國會改革、公投入憲」等真能落實。直到五月下旬，立法院長王金平主動地要求立法院能夠通過國會改革相關法案，這時立法院內私底下各政黨立委反對力量強烈，尤其是台聯黨、親民黨、新黨與無盟等。

唯隨著國會改革議題不斷地炒作、升溫，民意的壓力日益累積，漸行成一股強大的浪潮；尤其是當年年底的立委選戰將至，國民黨把握機會燃起戰火，驍勇

表十二 — 一　民國九十四年「任務型國大」各黨得票率與席次一覽表

贊成修憲案與否	政黨	得票率	當選席次
贊成修憲案	民進黨	42.52%	127 席
贊成修憲案	國民黨	38.92%	117 席
贊成修憲案	公民黨	0.22%	1 席
贊成修憲案	農民黨	0.40%	1 席
贊成修憲案	中國民眾黨	1.08%	3 席
反對修憲案	台聯黨	7.05%	21 席
反對修憲案	親民黨	6.11%	18 席
反對修憲案	建國黨	0.30%	1 席
反對修憲案	新黨	0.88%	3 席
反對修憲案	無黨團結聯盟	0.65%	2 席
反對修憲案	張亞中等 150 人聯盟	1.68%	5 席
反對修憲案	王廷興等 20 人聯盟	0.19%	1 席

資料來源：中央選舉委員會。　作者整理

善戰的民進黨立刻跟進，然而「單一選區兩票制」下對小黨不利的台聯黨、親民黨、新黨與無盟等面對年底立委選舉，也必須擺出支持「改革」的態度。

這時整個社會中，「民粹」力量強大，學術界的聲音完全被遮蓋過去。立法院爲展現摒棄以往密室政治之詬病，乃辦理6場「修憲公聽會」，所請學者都是精通國際憲政實務與法理之士，這一堅強陣容所提出諍言，也被瀰漫氣氛完全遮掩。學者提出意見有大致共識者三：〈1〉立委席次減半，無法提升國會品質，該訴求僅具民粹效果而無學理支持。〈2〉採取單一選區兩票制，淨化立委產生方式，才是國會改革的重點。〈3〉任何議題必須通盤考量中央政府體制，不該爲選票而囫圇通過。

然而公聽會學者有如獨白般，民粹力量推動，各黨也紛紛祭出黨紀伺候。例如公聽會中「國會席次減半」，十位學者發言，有九位反對，然而林義雄發動群眾到立法院靜坐，一股民粹壓力壓倒一切。各黨爲了九十三年底的立委選舉，不得不「順從」民意風向，表態支持修憲案。順利於民國九十三年八月二十三日，通過「國會改革、公投入憲」等憲法增修條文修正提案6個條文。等到年底立委選完，九十四年初，要選「任務型國大」以複決憲法修憲案時，原本屈服於民意下的台聯黨、親民黨、新黨與無盟等，意識到未來所屬政黨泡沫化之危機，又轉而反對修憲案，甚至杯葛「國民大會職權行使法」，直到「任務型國大代表」都選出後，該法才完成三讀。

第七次修憲時之民粹風行。在選「任務型國大代表」時爲「民主行動聯盟」發起人的黃光國教授有這麼段文字記錄下了我國憲政的問題：[6]

> 既然大家都覺得這次修憲案之問題重重，為什麼還要硬著頭皮，蠻幹到底？李登輝主政時代，用類似的民粹式手法，發動過六次修憲，把一部憲法修得「離離落落」。難道台灣人民真的如此愚蠢，聽憑少數政客，用一些禁不起批判的民粹口號，就可以騙得團團轉？「不信人心喚不回，不容民主竟成灰！」民盟成立的基本主張之一，就是「反民粹政治」。我們認為台灣的民粹政治應該告一個段落了。

對比知識分子之良知，過去許多年來，國內的修憲正是在政治力壓倒一切，政治人物以口號式、聳動性，但卻經不起驗證的民粹，彼等掌控政黨機器，掌握「發聲權」，善於利用一種民粹式的口號，標榜自己是「主流意見」、是「改革者」，不同的聲音就被批判爲「保守者」、「反改革者」、「既得利益者」。過去「凍省」是如此，這次「立委減半」亦復如此。

2.在「臨時會」的「7天」完成之「憲法修正案」，過程粗糙

第七次修憲是在一個什麼樣的場景中完成？民國九十三年八月二十三日通過之增修條文修正案，乃是在一個立法院「臨時會」中達成；臨時會只有「7天」。臨時會除修憲案外，民進黨還要求討論「七二水災追加預算」、刑法等共計有16項法案；國民黨則拿出「中選會組織法草案」等6項法案；親民黨則要求臨時會只處理「七二水災五十七億追加預算草案」及「三一九槍擊案真相調查委員會特

---

[6] 黃光國，「民粹修憲，硬著頭皮蠻幹？」台北，聯合報，民國九十四年四月十一日。

別條例草案」，修憲案則主張下會期提前於九月二日開議時再討論。

顯然地，各黨在開臨時會的前一週，對臨時會要討論主題都還在協調當中，對是否適宜在臨時會以 7 天的時間處理修憲這麼重大事件？各黨意見不一。甚且從臨時會前的四個月以來，「修憲」進展是以如此情境上演：朝野各政黨爲了突顯強調自己是「真正改革者」，在立法院不斷地上演「喊叫式的飆憲」戲碼，各黨競相喊價，立委要減半？有從 150 席，降到 113 席，更有喊出 100 席者，然後又是在朝野政黨互相指責對方是「假改革」中，不了了之。整體而言，臨時會前四個月以來，各政黨對修憲主要議題：國會席次、單一選區兩票制等都沒有定論，始終是各吹各的號。突然在臨時會的前一週，國、民兩黨「突襲成功」，不約而同的端出「修憲大餐」，並挾持民意，要求在臨時會 7 天中，完成修憲戲碼。

憲法的諸多議題，包括國會改革、公投入憲等等，都是應該在經過理性的學理分析、國際政治實例比較，而後朝野協商，反覆論證之後完成。第七次修憲案則否，它是在各政黨意見不一、民粹式的裹脅拉抬、吵吵嚷嚷的環境空間、各自標舉自己是「改革者」，對方是「反對改革者」。在臨時會前一週各黨還沒有協商妥當，卻在國、民兩黨趕著上演「修憲」大戲，而這個讓人難以置信的修憲工作，竟然是在立法院「臨時會」前一週才決定，並且就在立法院「臨時會」的「7 天」當中完成。這種民粹壓倒一切、政治力壓倒一切，修憲之匆促、粗糙留下修憲史上諷刺的一頁。親民黨、新黨、台聯黨、無盟在民粹壓力下被迫支持，年底立委選完，到選「任務型國代」以複決憲法修憲案時，又紛紛翻案，推翻當時立院臨時會中自己的主張，此一「昨非今是」，看出此一荒謬的修憲行徑。

3.「國大職權行使法」通過時間點之爭議

爲順利任務型國代之選舉，並使修憲任務得以遂行，「國大二法」 — 「國大代表選舉法」與「國大職權行使法」勢必先完成立法之工作。民國九十四年一月十三日，立法院三讀通過「國大代表選舉法」，但「國大職權行使法」卻因親民黨、台聯黨力阻，無法無成。到了四月七日，「國大職權行使法」草案在立法院法制委員會初審，親民黨、台聯黨一再發言阻擋審查，經冗長討論，僅通過法案名稱，並保留三個條文。

法制委員會併審的法案，包括民進黨團、國民黨團、親民黨團、無黨團結聯盟黨團、親民黨立委呂學樟、民進黨立委陳金德等提案之 6 個版本。最大的爭議點在修憲案的複決門檻，親民黨團及無黨聯盟均主張須任務型國代四分之三以上同意，才算通過；但國、民兩黨黨團主張二分之一以上同意即爲通過。

親民黨、台聯黨、無黨聯盟等面臨即將到來的「立委減半」、「單一選區」等不利於小黨的修憲內容，攸關政黨的生死存亡，才在民粹的聲音中回過神。立法院法制委員會審查「國大職權行使法」的會議上，親民黨立委已表明「反對」修憲，並不斷在會議中「認錯、道歉」。呂學樟首先爲親民黨對修憲案立場不一，向國人道歉。親民黨立委李永萍也承認是「草率修憲」的一員，並表示『去年修憲是民進黨、國民黨強力主導，當時因立委選舉在即，親民黨迫於形勢「懦弱、沒種、不敢阻擋」，但現在連民進黨立法委員都認爲修憲案有違憲之虞，大家幹嘛挺到底？』[7]

當時國、民兩黨對「國大職權行使法」是否能三讀通過不無擔心，因爲依立法院規定，就算法案完成委員會初審，一旦有黨團提出朝野協商，就得等四個月才能表決。這樣就無法在五月二十八日「任務型國代」開議前完成，這可能有違憲之虞。因爲依照憲法第三十四條規定「國民大會行使職權之程序，以法律定之。」就算「任務型國代」開議後自行集會並通過內規，也可能因爲「未以法律定之」而有違憲之虞。

政治現實面使得親民黨、台聯黨、無黨聯盟等反對修憲案，但亦有認爲「反對修憲，但不能反對立法」，因爲反對修憲案，不能成爲反對「國大職權行使法」的合理藉口，否則亦是「立法怠惰」。

「國大職權行使法」因親民黨等各黨對投票門檻，與國、民兩黨相持不下，在「任務型國代」選舉前遲未通過。一直到選舉完成，國民黨和民進黨知道選舉結果後，對修憲的通過非常樂觀，才決定退讓。「國大職權行使法」在選完才通過，這有甲、乙兩說的論戰：甲說，這已經違反了遊戲規則應該在「無知之幕」之後訂定的法理，也就是先進行遊戲，之後才訂遊戲規則，這算是一種違反遊戲規則之嚴重瑕疵。乙說，只要在「任務型國代」開議前，完成立法，可供國大議事行使職權即可。

4.「任務型國代」是「選人」或「選黨」？是「選人」或「決事」

「任務型國代」是第七次修憲特有的作法，但其中「國大代表選舉法」是用來選舉 300 位「任務型國代」的重要依據，該法之違憲爭議處有二：

〈1〉第六次修憲之增修條文第一條第一項：『國民大會代表三百人，於立法院提出憲法修正案、領土變更案，經公告半年，或提出總統、副總統彈劾案時，應於三個月內採比例代表制選出之。』以上之憲法增修條文第一條的國代選舉，顯然在制定時已考慮到憲法保障之「以個人爲單位」的公民參政權，於是明定採用「比例代表制」而非「政黨比例代表制」。唯民國九十四年一月十三日，立法院三讀通過「國大代表選舉法」卻將選制硬改爲「政黨比例代表制」，此舉將完全排除個人參與國代選舉。個人如欲參選，「國大代表選舉法」強制必須組成二十名候選人以上之「聯盟」方式參選。實則，國代選舉法已嚴重牴觸憲法增修條文之規範，而有違憲之疑義。

〈2〉「任務型國代」是「選人」抑或「選黨」？是「選人」抑或「決事」？究竟第七次修憲所要選出來的 300 位「任務型國代」，是「選人」？還是「選黨」、「決事」？這在法理上是讓人困惑；若稱係「選人」，在「國大代表選舉法」卻規定選票列印「政黨」或「聯盟」名稱，且完全不得刊印各政黨或聯盟的候選人名單。各政黨或聯盟候選人名單只得刊登在選舉公報上。尤有甚者，選票單上將刊登出各政黨或聯盟對修憲案的立場，亦即各政黨或聯盟對修憲案的「贊成」或「反對」。

---

[7] 台北，聯合報，民國九十四年四月八日，版三

這樣的選舉明顯不是「選人」，而是「選黨」或「yes or no 之決事」而已。這樣「對事」的「公民投票」，而非「對人」的選舉，但又稱之爲是選 300 位「任務型國代」，其中之邏輯正是大有問題。

5. 「任務型國代」超低投票率之憲法爭議

第七次修憲之選舉「任務型國代」，投票率只有：23.36%，創下全國性選舉的新低紀錄。這樣的低投票率，引發了這次選舉是否有效力？與是否符合民主正當性之爭議？

第七次修憲選「任務型國代」投票率超低，原因包括：〈1〉投票當天台灣出現大雨，這次選舉氣氛本來就不強，剛巧碰上大雨，氣候因素影響選民之投票意願。〈2〉這是第一次實施「選黨不選人」的選舉，由於沒有候選人競選，所以選舉氣氛自始就無法炒熱。〈3〉這次國民黨、民進黨兩大黨都贊成修憲案，少了一般藍綠對決的情況，許多選民認爲投票與否都無所謂。〈4〉有反對修憲案者，由於自己所認同的政黨是贊成修憲案，而其也不願去投自己不支持的小黨，所以就選擇不去投票。[8]

這次修憲投票率過低，會使得修憲之正當性有不足之虞。此因本次修憲若衡之以「公民投票法」的門檻〈公投法也有「憲法複決公投」的規定〉，以及未來修憲時，公民複決將採用的門檻：必須「過半選舉權人投票、投票過半同意」，公投才會過關。這兩個公民複決門檻都遠遠高於這次的投票率 23.36%。因之，這次投票率過低的確是致命傷。吾人從國外實際案例，以及國內公投法、及未來修憲時，公民複決所需之門檻，正足以說明民主程序有相當的嚴謹投票標準。本次選舉「任務型國大」，雖看似沒有具體之規範，且在國、民兩大黨強勢運作下，政治現實面是不了了之。唯衡之以民主程序標準，此低投票率是有「民主正當性不足」之重大爭議者。

〈二〉修憲內容面析論

第七次修憲主要內容有：立委減半、立委任期延長一年與「單一選區兩票制」、廢國代與公投入憲、總統彈劾案移至大法官憲法法庭審理。茲論析關鍵性之各項要點如下：

1.立委減半：不合學理的畸形產物

本次修憲之前，民意即不斷提出「國會改革」的呼聲，這也成爲國、民兩黨借力使力的擴張政黨版圖，期夾殺小黨生存空間之有利契機。所謂之「國會改革」包括兩個重點：立委減半、單一選區兩票制。先論立委減半。

「立委減半」其實是個迷思〈myth〉。225 位立委是否過多？是否減少？都是值得深入分析研究，而後訂出一個可行的數字。但以言「立委減半」，硬生生攔腰斬一半，成爲 113 席立委。學術界幾乎都是期期以爲不可。質言之，減少可以，減半則矯枉過正。其缺失如下：

〈1〉沒有學理依據：

沒有任何學理支持當國會改革，立委要減一半的道理。從 225 席直接砍

---

[8] 台北，聯合報，民國九十四年六月三日，版二。

至 113 席是沒有道理的。立委人數可以討論減少，但減少到一半是不合理，且會產生執行後的諸多缺失。即使是北歐的瑞典總人口數約一千萬，其國會議員人數是 349 人。

〈2〉票票不等值：

依照增修條文規定，立法委員減半後之總席次是 113 席，其中區域部分只有 73 席，由各縣市直選，一區當選名額是一人。由於席次太少，以總人口數計算，平均約 30 萬人產生一席，而又須遵守「各縣市至少要有一席」之規定，因而人口在 30 萬以下之金門縣、連江縣〈馬祖〉、澎湖縣、台東縣、嘉義市都能分配一席；人口略多於 30 萬之新竹市、基隆市、花蓮縣亦僅有一席；人口在 40 萬的宜蘭縣、新竹縣同樣是一席。新竹縣、宜蘭即抱怨其人口遠較金、馬為多，卻同樣是一席。在立委減半、區域直選名額也少，又必須遵守「各縣市至少要有一席」，就造成各選區立委當選的民意基礎落差太大之狀況。

〈3〉如同選縣市長或鄉鎮長，地方上專業人士難出頭

席次太少，平均 30 萬人產生一席立委，選區劃分相對擴大。許多選區甚至是以全縣、市為一區的狀況，其與地方選舉區〈縣、市長選舉；鄉、鎮、市長選舉〉相互重疊。例如：金門縣、連江縣、澎湖縣、新竹縣、新竹市、基隆市、嘉義市、宜蘭縣、花蓮縣、台東縣市全縣〈市〉一區，有如選縣、市長；再如桃園縣第三選區很類似選中壢市長，桃園縣第四選區亦很類似在選桃園市長一般。這種類似在選縣、市長，或鄉、鎮、市長的格局，各政黨在提名選區候選人時，勢必考量地方派系人脈、樁腳、財力等等。大量同一類型的政治人物當選，對國會文化的衝擊值得研究。再則，這等大選舉區域、少名額、競爭激烈下，專業佳但財力條件不足之地方優秀有心問政人才難以出頭。

〈4〉超級大立委形成、衍生問題更多

立委總額成為 113 席後，對立法院的政治地位與立法院之議事運作有了新的樣貌。整個國家中央政府體系中，只有總統與 113 席立委是選舉產生，具有民意基礎。其餘四權，包括行政院長以下的全部部會首長，政務副首長，及司法院院長、副院長、大法官；考試院院長、副院長、考試委員；監察院院長、副院長、監察委員等國家重要中央官職，均不具民意基礎。這 113 席立委政治份量大為增加，尤其是 73 名區域立委，他〈她〉們更是各選區中唯一的國會議員，其地位更顯重要。

而數量少的立法委員反映在立法院職權行使上，一個「超級大立委」的態勢立刻顯示。當立委減半到只有 113 席 — 此時只要有 29 席〈四分之一〉就可提出「領土變更提案權」、「罷免總統、副總統提案權」；只要 57 席〈二分之一〉就可提出「彈劾總統、副總統提案權」、「通過司法院、考試院、監察院等三院之人事同意權」、「否決行政院覆議案之權」。立法委員在黨同伐異情形下之政治惡鬥，若沒有則罷，如有，則

只要數十名少數立委便可在立法院內發揮作用，影響政局穩定至鉅。至於立法院內之正常議事運作而言，設有10個委員會，[9]一人參加一個委員會爲原則，平均每個委員會約10人上下，依照「立法院各委員會組織法」之規定，大約4人左右〈三分之一〉出席可以開會；大約6人左右〈二分之一〉出席爲議事可決人數。亦即中華民國立法院是由平均10個人左右組成的各個委員會，寥寥5或6人出席就操有重大法案和龐大預算的決定權。再者，立委減半、人數大降，權力相對增加，這時行政部門或利益團體遊說對象減少，立委與遊說者之互動更易緊密，國家利益之影響更受關注。

2. 單一選區兩票制：得失互見的規範

立法委員的選舉制度由修憲前的中、大選區制度，改變爲修憲後的「單一選區兩票制」。「單一選區」又稱「小選區」制，即每一個選區當選名額一席，由得票最高者以相對多數當選。「兩票制」即指一票選人〈區域選舉部分，共有73個名額，以單一選區制產生〉，另一票選政黨〈全國不分區部分，由達到5%門檻的政黨分配不分區之34席〉。以外，保障原住民部分，區分「山地原住民」、「平地原住民」各有3席，總共113席。

「兩票制」又有兩種：「並立制」與「聯立制」。我國採用的是「並立制」。「並立制」是將每一個單一選區〈區域部分〉的結果與第二張政黨票的結果分開計算。以113席爲例，若甲黨在73個區域立委贏得40席，在政黨票部份獲得40%的得票，可獲得不分區政黨比例代表席次，爲全部34席乘以40%，即得14席。甲黨席次爲區域立委40席加上不分區立委14席，合計54席。「聯立制」，是以第二張圈選政黨的票，決定每個政黨最終席次。如甲黨在政黨票獲40%，它在立委的席次就是總立委席次的40%，如以113席次總數來算，就是45席，就算甲黨在73席區域立委只贏35席，甲黨政黨比例代表人數就是45-35=10席，補齊到45席。這次修憲後，我國立法委員選舉採用「單一選區兩票制」之「並立制」方式。

任何制度都有其優、缺點存在，很難盡善完美，毫無缺失。以言「單一選區兩票制」亦復如此，先論「單一選區」之優點在於：〈1〉避免極端：因爲每一個選舉區只有得票最高者當選，言論走偏鋒者、極端者不易得到最大多數人之支持，這有助以溫和理性獲得最大多數人的支持。〈2〉有助於兩黨制：無論「總統制」的美國，或是「內閣制」的英國，其國會議員選舉都是採取「單一選區」相對多數決，而美國與英國選舉制度下，都是呈現長期「兩黨制」的發展趨勢，這亦頗符合法國學者杜瓦傑所提出之「杜瓦傑法則」〈Duverger's Law〉第一條說法。其中原因或是人類社會中潛在都有兩個傳統勢力，在只有最高票之一席當選下，人們的「預期心理」將會使選票集中給最有可能當選者，並極力希望最有威脅的對手落敗，爲強固自己陣營獲勝機率，對若有同質性高之兩位以上候選人

[9] 外交及國防委員會、經濟委員會、財政委員會、教育及文化委員會、交通委員會、司法及法制委員會、社會福利及環境衛生委員會、紀律委員會、經費稽核委員會。

出現時，也會衡量最有利之候選人，將選票集中給此候選人，此時就會有「棄保效應」出現。以國內政局分析之，到選舉最後緊繃的時候，「棄○保○」會出現，亦會出現親民黨、新黨、台聯黨最不願意看到的「大藍吃小藍、大綠吃小綠」之狀況。這也是本次修憲國民黨、民進黨之集全力欲挾持民意堅持「國會改革」呼聲，強力推動「單一選區」，而親民黨、新黨、台聯黨在最後選舉300位「任務型國代」之時，堅持反對「單一選區」之主因。

「單一選區」之缺點在於：〈1〉對小黨不利：理由如前述，只有傳統兩大黨才最有可能獲勝。〈2〉票票不等值：基於保障弱勢之金、馬、原住民，其人口總數約50萬，卻擁有8席，幾乎人口相當的宜蘭縣則只有1席。而傳統之金、馬、原住民為藍營之票倉，故而藍營未戰已經獲得〈或接近〉8席，在立委減半只剩113席下約是7%的席次率，而宜蘭1席約佔0.9%。另票票不等值下的「得票率與席次率未必成正比」亦是此制的特色與缺點。這在英國過去投票史上已屢見不鮮。一、二次大戰前後之自由黨〈Liberal Party〉一方面內部分裂，另一方面，在幾次選舉都是獲得40%的得票率，但很多選區都是高票落選，以至席次率僅有10%左右，自由黨「得票率」未反映在「席次率」上，而此時以工會為基礎的工黨〈Labor Party〉趁勢而起，取代自由黨，與保守黨〈Conservative Party〉相競逐。我國修憲後實施「單一選區」，必然也易於出現票票不等值下之「得票率與席次率未必成正比」狀況。〈3〉政治板塊明顯，「北藍南綠」不易改變：單一選區只有最高票者當選，在美國也是有傳統共和黨或民主黨鐵票區，長期是「一黨獨大」，甚至對手視為畏途，形成極類似「同額選舉」之情景，這是「單一選區」的一個常見現象。在台灣實施「單一選區」制，也容易造成長期之「北部恆藍；南部恆綠」之現象，除非一個選區中兄弟鬩牆，另一黨才有「漁翁得利」之結果。如2012年立委選舉，高雄市第九選區一向是綠營的鐵桿票區，民進黨推出候選人郭玟成本來勝券在握，卻因前總統陳水扁之子陳致中執意參選，泛綠分裂投票，使本來無機會的國民黨林國政當選。

「兩票制」的實施是優點大於缺點。此因過去我國立法委員選舉，雖然有所謂「全國不分區」之比例代表制名額，但因為是「一票制」，也就是立委選舉時，只有一張區域立委選舉的選票，由區域立委選舉，各政黨所獲得的區域候選人得票率決定各政黨之「全國不分區」當選比率。這樣的方式自然有違「政黨比例代表制」最初採行之意旨。

初始，歐洲國家考量，選賢舉能之「選區制」，是主權在民之基礎所在。然而選舉要花錢，對於「有才無財」之社會菁英人士、或是有專業能力之弱勢族群，如何在民主國家中提供這些人士「為民喉舌」之機會，乃發展出「選區制」與「政黨比例代表制」並存之選舉方式，「選區制」是選人，「政黨比例代表制」是選黨，這些社會優秀人士、或是有專業能力之弱勢族群就依照「政黨比例代表制」之政黨票，各黨得到之得票率，分配當選席次。

我國過去因為是「一票制」，「全國不分區」依附在區域立委選舉之上，以致於各政黨毫不重視「全國不分區」之名單內容，以致於赫赫金牛者，亦列名「全國不分區」之名單中〈因其區域立委排不上，就改列於不分區之中〉，屢見不鮮。而這次修憲立委選舉，一方面採用「單一選區」一選人；一方面採用「兩票制」一 選黨。這樣各個政黨就比較會重視「全國不分區」之名單人物，這對透過選舉，爲國會殿堂注入一股清流、專業，有其正面意義。[10]

3.廢國大，公投入憲：將「先有兒子，後有母親」的公投法違憲解套

本次修憲撤廢了國民大會與任務型國民大會後，原來「任務型國民大會」的三項憲法職權中：行使「修憲案」與「領土變更案」之複決權直接交還給人民行使之。增修條文第一條、第一項：『中華民國自由地區選舉人於立法院提出憲法修正案、領土變更案，經公告半年，應於三個月內投票複決，不適用憲法第四條、第一百七十四條之規定。』此爲「公投入憲」的準據。修憲後也將先於母法〈憲法〉提早誕生長達一年半的「公民投票法」違憲窘境解套。

長久以來，「公民投票法」在民進黨內部一直有很高的意願，然而國、親兩黨是持反對之意見，而主張制定「創制複決法」。民國九十二年六月陳水扁總統表示將以「公民投票方式」讓人民來決定若干爭議性議題，如核四是否停建？是否加入衛生組織？國、親兩黨之泛藍高層雖考量兩岸因素，但以各項公開與未公開的民調都已顯示「國內民意高度支持公民投票」。[11]藍營斟酌輿情與民國八十三年總統大選前之可能影響因素等，決定改弦更張提出相對於民進黨立委蔡同榮之「公民投票法草案」與台聯版之「公民投票法草案」外，國親兩黨之國親版〈或泛藍版〉「公民投票法草案」，在立法院與泛綠正面對戰。終於在民國九十二年十一月二十七日，立法院第五屆第四會期第十二次會議通過「公民投票法」三讀。然而民進黨政府於十二月十日，行政院第二八六九次院會決議以：『〈1〉公投法第十六條只允許立法院擁有公民投票之提案權，卻排除行政機關的提案權利，有違權力分立的制衡原理。〈2〉公民投票審議委員會組織疊床架屋、權責不明。〈3〉由政黨壟斷全國性公民投票審議委員會的組織，違反直接民主的精神及權力分立原理。〈4〉有關公民投票審議委員會部份條文內容彼此矛盾、扞格。』等理由，通過將「公民投票法」呈請總統核可後，移請立法院覆議。立法院於十二月十九日，針對覆議案進行表決，最後以 118：95 決定維持立法院原決議。陳水扁總統於民國九十二年十二月三十一日正式將「公民投票法」公佈實施。

「公民投票法」的實施卻是憲政的一大困擾。此因「公民投票法」第二條、第二項、第四款明定：全國性公民投票適用的事項包含「憲法修正案之複決」。然而此時之憲法增修條文第一條、第二項、第一款，其中所定之修憲程序爲修憲案由立法院立法委員四分之一之提議，四分之三之出席，出席立委四分之三之決議提出憲法修正案，經公告半年後由國民大會複決。甚且，「公民投票法」第三十一條、第四款也規定：「有關憲法修正案之公民投票應依憲法修憲程序爲之。」

[10] 民國 101 年第八屆立委選舉，各黨紛紛在「全國不分區」中放入「弱勢、專業人士」，頗讓人耳目一新。尤其是國民黨提出名單更得輿論普遍之肯定。國民黨：王育敏、曾巨威、楊玉欣、邱文彥。民進黨：陳節如、吳宜臻。親民黨：李桐豪、張曉風。

[11] 楊增暐，「我國創制複決制度之研究 — 『創制複決法』草案各項版本之合憲性分析」，中國文化大學，中山學術研究所，碩士論文，民國九十二年，頁七八。

若依「公民投票法」第三十一條、第四款之規定，必須由「任務型國大」進行憲法修正案之複決，如此又與該法第二條、第二項、第四款明定：全國性公民投票適用的事項包含「憲法修正案之複決」相矛盾的。綜言之，憲法增修條文規定由「任務型國大」進行「憲法修正案之複決」，然而「公民投票法」第二條是將「憲法修正案之複決」交由全民行使。顯然，民國九十二年十二月三十一日實施的「公民投票法」，是牴觸當時憲法修憲程序之規定。或以「憲法爲母法」，「公民投票法」必須依據母法，然而憲法這個母法直到第七次修憲，將國民大會送入歷史，將「公投入憲」，這才使得「公民投票法」得以與憲法一致。「公民投票法」在牴觸憲法一年半的時間，確是有爭議，只能謂「公民投票法」來的太早，以致產生「先有兒子，後有母親」之民主憲政怪異現象。

4.彈劾總統案送交憲法法庭之異議

第七次修憲後，「國民大會」與「任務型國大」正式地走入歷史。原來任務型國大之三項職權；其中行使「修憲案」與「領土變更案」之複決權直接交還給人民行使。另外，「彈劾總統、副總統權」則移至大法官「憲法法庭」。增修條文第五條、第四項：『司法院大法官，除依憲法第七十八條之規定外，並組成憲法法庭審理總統、副總統之彈劾案及政黨違憲之解散事項。』

由司法機關來處理總統違法失職的規範不少，德國、韓國都是著例，亦有其成效。然而在我國則有疑慮，此來自於大法官之提名制度，我國總統包辦了司法、考試、監察三權提名制度之不當，大法官制度在於建立一個獨立又專業的釋憲機制，秉承憲法旨意，解決憲法爭端，使憲法上不明確、有疑議、有爭議之部份都能透過釋憲得到妥適之處置。

然而我國提名制度使然，加以總統之享有憲法上「刑事豁免權」，當面對藍、綠對峙嚴重，司法公信力嚴重不足，也無力處理衝突性高之憲法爭議，[12]更別說政治最爲敏感神經之總統彈劾案。彈劾總統制度之價值、功能、實際成效都宜正視，而非擺放聊備一格。

五、第七次修憲小結：

第七次修憲在立法院通過修憲案，是在「臨時會」的 7 天會期完成。在民意高漲下，各黨態度不一，本也沒預期會就這樣通過修憲案，然而竟然通過了。一篇媒體的報導頗爲傳神：[13]

> 昨天的修憲案是在眾人皆不看好的情形下，從萬山不許一溪奔，到最後堂堂溪水出前村，儘管過程千迴百轉，但也說明，修憲所象徵的改革意義，各政黨都無力對抗。

第七次修憲的最大贏家是國民黨、民進黨兩大黨。它們挾持「國會改革」之

---

[12] 例如民國九十三年「三一九真相調查委員會條例」之爭議，有大法官冒大不諱爲陳水扁總統進行遊說，而且鬧到院長、副院長都史無前例的迴避解釋會議，最後通過的釋字 588 號解釋，更讓國人難以置信。

[13] 台北，聯合報，民國九十三年八月二十四日，版三。

民意大旗，四下揮舞，親民黨、台聯黨、無黨團結聯盟等礙於選舉將屆，不敢反對，怕被冠上「反改革」之污名，明知「單一選區」對其政治生存影響深遠，却無力反對，到了立委選完，要選「任務型國代」才猛然覺醒，向國人道歉，又持反對前一年八月彼等才支持通過的憲法修正案，但已無力回天。

台灣雖然教育普及，然而民粹隱然是一股巨大的力量。「立委減半」沒有學理依據，且有深遠後遺症，但只要包裹上響亮的口號 — 「國會改革」，也就沛然莫之能禦，民進黨立委林濁水憤怒指責周遭之「反智」，許多學者如：黃光國、李炳南、楊泰順等爲文說理，一如大石投河。

第七次修憲，國民大會、任務型國代正式走入歷史，沒有得到幾許的懷念與肯定，人們反而喊好。這非國民大會本身設計不良，而是國、民兩黨的主政者，無法守憲守法，以政治力量強行分贓，幾年下來之荒腔走板粗暴行徑修憲，將憲法修的破毀不堪，國人憤慨。除了怒目以對這個被糟蹋不堪的國民大會外，有幾人「冤有頭、債有主」的真正對政客發出指責與怒吼？國家民主要走的穩健，政治家的風範何其重要，台灣又何其缺少。一個尊重法治、節制權力、有爲有守的政治人物是國家民主之路走的理想的充要條件。

第十三章　破局收場的民國 104 年修憲運動

一、 民國 104 年修憲運動緣起

民國九十四年第七次修憲後，歷次修憲產生問題日益浮現，唯治絲益棼的狀況，國人或噤聲不語，或評論一番，莫衷一是。民國一０三年十一月，『九合一大選』國民黨慘敗，十二月十二日，朱立倫宣佈參選國民黨黨主席，並拋出修憲議題，一時修憲之說甚囂塵上。朱立倫修憲方向有五：1.內閣制。2.投票年齡降爲 18 歲。3.政黨門檻從 5%，降到 3%。4.推動不在籍投票。5.檢討單一選區兩票制。朱並表示，若接任黨揆，將推動修憲公投與二０一六年總統大選合併舉行，最快二０二０年實施「內閣制」。[1]

朱立倫之修憲說，一方面發動憲法修改巨輪，喚起國人對破毀日深的憲法爭議再加審視；二方面順應民意，對如何健全國家憲政體制有其正當性；三方面立於主導修憲議題，影響民進黨的整體走向。然而朱的修憲說，也有不同的看法，認爲其玩弄政治手段，因國民黨經過『九合一大選』慘敗後，還未到谷底，一般預料二０一六年總統大選國民黨幾無機會，朱立倫顯然是『放棄二０一六年總統大選，放眼二０二０年擔任閣揆。』[2]

朱立倫之內閣制主張未必是萬靈丹，然而此修憲大纛一出，沛然莫之能禦，唯修憲運動之成果牽涉甚廣，修憲的真正核心問題不易短期解決，有待各方深入探討，凝聚共識，方可走出可長可久之國家局面。

二、民國 104 年修憲運動議題的各方態度

（一）「內閣制」之建立

國民黨態度：國民黨主席朱立倫以爲「現在權責不副的政治體制是失能的，台灣這 20 年來的政治，都被一個總統大選、一個人主導，只有改成內閣制，才比較符合全民參與的精神。」「未來若採內閣制，與民意有落差時，必要時可以倒閣、改選，不是靠佔領國會、佔領政府，而是透過全民參與改選，走回權責相副的憲政體系。」[3]朱之言或未必全然中肯，權責不副之政治體制是事實，然而內閣制亦只是各種選項之一。

民進黨態度：一０四年三月三十日，蔡英文主持民進黨「修憲事宜協調會報」提出修憲須堅持三項基本態度：（1）不要短期計算，要看國家長遠利益；（2）不

---

1 『朱立倫：2016 修憲公投綁大選。內閣制最快 2020 年實施』台北，聯合報，民國一０三年十二月十三日，版 A2。

2 『綠委稱界外球「朱氏修憲放眼 2020 閣揆」』，同上。

3 台北，蘋果日報，二０一四年十二月十三日，版 A2。

要倉促修憲，要在穩健中求改革；(3) 不要政黨壟斷，要有公民團體參與。蔡英文認爲：『目前主流民意堅持總統直選，因此內閣制沒有存在空間』，[4]表態反對內閣制。

民進黨修憲委員會召委李俊俋指出：『國民黨想推內閣制，但內閣制碰到的第一問題就是「總統還要不要直選」，台灣民意不可能接受不再選總統，或總統選出只是虛位元首，所以內閣制被討論的可能性確實不大。』[5]

公民團體或民間人士態度：民進黨前主席施明德、前立委林濁水、姚立明、趙少康等人對改爲內閣制表示贊成。施明德並以『蔡英文主席捏死了內閣制』一文，強調內閣制的必要性：『現行雙首長制在執行上，讓總統有權無責！時而以法定職權施政，時而以實質影響力在統帥。總統的權力幾乎無所不在，又似乎無影無蹤。整個國家機器對總統完全沒有有效的監督、制衡的裝置。』而蔡英文以直選作爲內閣制反對的理由，透露出：(1) 她把國家職位取得的權力和選票多寡畫上等號。總統權力的大小，不在選票的多寡而在於《憲法》的明文授予。民選的虛位總統選票再多，也不能侵犯內閣總理的權限。(2)她心中只有「主流民意」，卻不知道領袖是要有智慧和領導力來引領國家的大政方向！而不是只隨民意浮動、漂泊。蔡英文和民進黨反對內閣制，說穿了，只有一句話：『總統，我們贏定了，還改甚麼內閣制！』[6]

(二)「閣揆同意權」之回復

國民黨態度：國民黨立委呂學樟認爲，雙首長制讓國家過度集中在總統手上，但「總統是人不是神」，權力集中卻有權無責，對國家是潛在危機，爲了台灣前途與政府效能，改爲內閣制是合理思考。然而考量修憲意見紛歧，「漸進式內閣制」修憲案版本，至少回復立法院的閣揆同意權，加強回應民意與監督機制，希望折衷縮小變革幅度，以獲得朝野支持。[7]國民黨立委賴士葆提修憲提案：『總統提名行政院長，須經立法院同意後始得任命。』[8]

民進黨態度：民進黨主席蔡英文在一0四年三月三十日確定民進黨版修憲主張，除了表示「目前主流民意堅持總統直選，因此內閣制沒有存在空間」，並表示「應參考各國憲政經驗，來討論閣揆同意權、主動解散國會權及行政院長可提閣揆信任案等主張，現階段不應以閣揆同意權爲唯一選項」。蔡英文主張「兩階段修憲」，國人對憲政體制意見分歧，兩階段修憲更加必要；第一階段優先處理社會有共識的主張，尚有爭論的應擴大討論，第二階段再讓下屆立法院的全新民意主導。[9]質言之，民進黨並不否認閣揆同意權，但認爲需要確認憲政體制，配

---

4 『蔡英文表態：內閣制沒有存在空間』台北，聯合報，民國一0四年三月三十一日，版A4。
5 『反內閣制，蔡英文首表態』台北，蘋果日報，二0一五年三月三十一日，版A9。
6 『蔡英文主席捏死了內閣制』台北，蘋果日報，二0一五年四月二日，版A19。
7 『藍委本周連署促修憲』台北，聯合報，民國一0三年十二月七日，版A2。
8 『朝野達成共識，立院啓動修憲』台北，聯合報，民國一0四年一月十日，版A6。
9 同註4。

合相關議題一起斟酌，而非只修閣揆同意權一項，面對各方對憲政制度分歧之態度，可分兩階段修憲，閣揆同意權等議題由全新選出之立法院再來進行第二階段修憲討論。

（三）立委選制與立委人數增加

國民黨態度：國民黨對於增加立委席次與不分區選制改為「聯立制」之議題無具體意見。唯國民黨立委呂學樟認為，為配合政府體制往內閣制修正，立委席次也可酌增，選舉制度與單一選區最適服務規模也都可一併調整。[10]

民進黨態度：蔡英文早於民國一〇三年五月當選民進黨主席之時，即主張修憲，希望將立委選制改為德國「聯立制」，由政黨票決定政黨席次，解決「票票不等值」、小黨沒有生存空間、國會與民意脫節等代表性不足的問題。蔡英文在民國一０四年一月提出「健全國會、權責相符」的修憲方向。蔡主席認為『在民主體制中，民選國會就是國家權力中心，在總統制或半總統制的國家，一個健全的國會才能有效去監督總統施政，而在內閣制國家，國會本身就是組成權力的中樞，所以「健全國會」是現階段的第一項任務。』[11]

民進黨立委趙天麟亦認為立委選制是否改為「聯立制」，應是最優先被討論。整體言之，在九合一選後，國民黨大敗，民進黨內部評估對二０一六年重新執政希望大增，對內閣制雖有人支持，但也有表疑慮者；唯有對於修改立委選制、增加立委席次、改推「聯立制」已成民進黨修憲之共識。[12]

蔡英文聲稱要以「健全國會優先」，圖以國會選制之「聯立制」、「並立制」修憲，來改變票票不等值下之民進黨立法院弱勢狀態。實則，「杜瓦結法則」第一條即已說明：「單一選區相對多數決有利於兩黨制」，固然會形成「得票率與席次率未必成正比」，但英、美在此制下形成「兩黨制」的政治穩定性亦為學界普遍支持；尤有甚者，立法院亂象在於怪異之「黨團協商制度」，在此制下，小黨與大黨具有對等議價能力，執政黨法案、政策均無法動彈、施展，所謂多數執政在我國立法院早已成為虛幻的滑稽鬧劇。

公民團體或民間人士態度：律師陳長文主張增加立委席次，不分區選制改為聯立制。

（四）修憲與公民複決門檻下修

國民黨態度：國民黨持反對降低修憲及公投門檻，主張維持現制。國民黨立委普遍認為修憲大事如果連公民二分之一出席投票之門檻都無法達成，顯然非國民所認為最必要之事，試問：如果一個未達全民半數出席投票的憲法修憲案都能成為憲法條文，修憲豈非兒戲？觀之以美國修憲需要參、眾兩院各達三分之二支持，然後四分之三的州支持，該憲法修憲案才成立。修憲須慎重豈無原因？

---

10 『藍委本周連署促修憲』台北，聯合報，民國一０三年十二月七日，版 A2。
11 『蔡提憲改會議，要邀馬朱參加』台北，聯合報，民國一０四年一月十日，版 A6。
12 『綠看內閣制，有支持也有疑慮』台北，聯合報，民國一０三年十二月七日，版 A2。

民進黨態度：民進黨主席蔡英文、前主席蘇貞昌等人均主張降低修憲及公投門檻。民進黨立委鄭麗君提案調降修憲門檻，明定修憲經立委四分之一提議，三分之二出席，出席立委三分之二決議就成案〈原憲法規定立法委員四分之三出席，出席立委四分之三決議〉。至於，公民的修憲公投決定權將憲法增修條文規定之有效同意票需超過選舉人總額半數，調降爲有效同意票超過二分之一即可。[13]

公民團體或民間人士態度：多數憲改團體主張降低修憲及公投門檻。台大法律系教授陳昭如認爲，二00五年修憲定下極高修憲門檻，宣告憲法進入「冷凍期」；現在需透過修憲「解凍」，而且二0一六年就應進行修憲公投。[14]

（五）公民權下修 18 歲

國民黨、民進黨以及台灣少年權益與福利促進聯盟等團體，對於修憲調降選舉年齡，由現行 20 歲降爲 18 歲的議題支持度均高。

國民黨立委盧秀燕與民進黨立委鄭麗君、陳亭妃、高志鵬均提案修憲。國民黨政策會代理執行長費鴻泰也希望「十八歲投票」修憲與「不在籍投票」修法可以一起審理。

（六）考試院、監察院之存廢

國民黨態度：國民黨立委賴士葆等最初支持廢考試院、監察院。國民黨版修憲案則提出考試院、監察院、司法院員額減半。

民進黨態度：民進黨立委葉宜津、陳亭妃、陳其邁主張修憲改爲三權分立，廢除考試院、監察院，相關職權併入行政院、立法院。立委李俊俋主張廢監察院併入立法院。

（七）進步人權條款

民進黨立委鄭麗君主張，應大幅擴充「憲法人權清單」內容，主張勞動權、環境權等基本人權應明文入憲。並明定任何人不得因族群、語言、宗教、黨派、年齡、性別、性傾向等因素受不合理差別待遇。[15]

（八）國家定位

民進黨立委陳唐山主張去除「憲法上虛構的中國」，提案刪除憲法增修條文前言預設「爲因應國家統一前之需要」等文字，並刪除將國家主權矮化爲地區的「一國兩區」條文。此外，針對政府與大陸簽訂條約，增訂憲法授權條款。國民黨立委費鴻泰表達不同意陳唐山委員之提案。

---

[13] 『睽違十年，立院後天啓動修憲平台』台北，聯合報，民國一0三年十二月七日，版 A12。
[14] 『公民團體：2016 一併修憲公投』台北，聯合報，民國一0三年十二月七日，版 A2。
[15] 『睽違十年，立院後天啓動修憲平台』台北，聯合報，民國一0三年十二月七日，版 A12。

（九）國、民兩黨黨版修憲主張

國民黨：國民黨版修憲案於一 0 四年三月二十七日經立法院黨團通過。國民黨版「五加一修憲案」將全力推動：（1）恢復閣揆同意權。（2）投票年齡降為十八歲。（3）不在籍投票。（4）不分區立委有效政黨得票門檻下修至 3%。（5）司法院、考試院、監察院減半。另外立委得兼任官吏一項，開放討論。[16]

民進黨：民進黨主席蔡英文於一 0 四年三月三十日確定民進黨版之修憲主張。民進黨主張兩階段修憲，第一階段修憲四大主張：〈1〉擴大公民參政，貫徹十八歲公民權與二十歲被選舉權。（2）落實人權保障，人權條款入憲。（3）廢除考監兩院，落實三權分立。（4）適度降低修憲門檻，並增加公民修憲提案權。至於國會改革方面主要有二：（1）為解決票票不等值，國會無法完整反映民意的問題，並增加國會多元性，可採「聯立制」選制變革或選區重劃。（2）降低不分區政黨席次分配門檻至 3%。[17]

國、民兩黨有共識者二：（1）投票年齡降為十八歲。（2）降低不分區政黨席次分配門檻至 3%

三、民國 104 年修憲運動立法院運作過程

民國 104 年修憲運動流程如下：【立法委員提出修憲草案】 → 【立法院組成修憲委員會】（依照政黨比例，共 39 名立委組成，互選 5 位召委，審議修憲草案） → 【修憲委員會議決】（需有委員三分之一出席，出席委員二分之一同意） → 【立法院院會議決】（需立委總額四分之三出席，出席委員四分之三以上決議） → 【公告半年】 → 【公民複決】（需有效同意票超過選舉人總額之半數，才算通過） → 【總統公布】

（一）「修憲委員會」的組成

民國一 0 四年三月四日，立法院長王金平召集立院協商，朝野政黨達成組織「修憲委員會」，決定依照政黨之比例：國民黨團推派 22 位、民進黨團推派 14 位、台聯及立院新聯盟黨團各推 1 位，再加上未參加黨團無黨籍立委陳雪生，共組成 39 人之「修憲委員會」，並由「修憲委員會」互選出 5 名召委。立院朝野黨團提交「修憲委員會」成員名單，三月十八日經立院院會通過。「修憲委員會」名單如下：[18]

[16] 『藍版修憲案出爐，投票年齡降為十八歲』台北，聯合報，民國一 0 四年三月二十八日，版 A12。

[17] 同註 4。

[18] 參見立法院第 8 屆第 7 會期第 5 次會議《立法院議案關係文書》。議案編號：1040312079900100 中華民國 104 年 3 月 18 日印發。

1. 國民黨：22 位

賴士葆、廖國棟、林德福、呂學樟、丁守中、江啓臣、盧秀燕、楊瓊瓔、江惠貞、李貴敏、林滄敏、鄭汝芬、吳育昇、張嘉郡、顏寬恒、費鴻泰、林鴻池、曾巨威、徐少萍、蔡錦隆、李慶華。

2. 民進黨：14 位

柯建銘、李俊俋、尤美女、陳唐山、吳秉叡、陳其邁、李坤澤、管碧玲、趙天麟、鄭麗君、姚文智、陳亭妃、李應元、高志鵬。

3. 台聯：1 位

賴振昌

4. 立院新聯盟：1 位

李桐豪

5. 無黨籍：1 位

陳雪生

立法院「第八屆修憲委員會第一次全體委員會議」於一 0 四年三月二十六日在群賢樓九樓大禮堂選舉召集委員。出席委員共 38 人，得票最高五位當選召集委員：呂學樟（9 票）、李俊俋（7 票）、鄭麗君（7 票）、吳育昇（7 票）、江啓臣（6 票）。[19]

（二）「修憲委員會」初始面臨的兩個概念：「互不擋案」、「兩階段修憲」：

1.「互不擋案」

民國一 0 四年三月四日立法院長王金平召集立院協商時，基於修憲流程的急迫性：立院議決通過的憲法修正案必須在公告半年後交由公民複決。依此推估，欲在二 0 一六年一月「修憲複決綁大選」，立法院最遲須於民國一 0 四年六月中旬前通過修憲案。於是乃有程序上「互不擋案」的結論。然而，兩大黨的理念南轅北轍，一開始就面臨考驗。[20]

[19] 「立法院第 8 屆修憲委員會第一次全體委員會議紀錄」。立法院公報第 104 卷第 24 期，民國一 0 四年四月二十日出版。頁 2。

[20] 民進黨立委陳唐山提案主張修正「因應國家統一前之需要」等字眼涉及主權議題；國民黨政

2.「兩階段修憲」

民國一0四年三月五日，民進黨秘書長吳釗燮認為若立院的修憲時程必須配合次年的大選一併進行，為避免在時間壓迫下，修出無法實現的憲法，因此民進黨不反對「兩階段修憲」。民進黨第一階段優先主張的修憲內容為：〈A〉公民投票權下修至18歲。〈B〉降修憲門檻。〈C〉立委人數由現行113席增加至158席。〈選區制度不需修改，現有區域立委與原住民立委共79席，不分區立委席次由34席增至79席，政黨分配席次門檻下降到百分之三〉〈D〉廢除考試院、監察院。[21]

國民黨立法院黨團修憲小組也主張「兩階段修憲」，本屆立委任內，先完成較有共識的恢復閣揆同意權、投票年齡降至18歲，目標與二0一六大選合併修憲公投複決，至於完整內閣制修憲，交給下屆立委處理。[22]

（三）「修憲委員會」舉行10場次公聽會

依照立法院修憲委員會於3月26日、3月31日召開的第一次及第二次召集委員會議決議，4月9日起至5月11日止，每星期四、星期一由12.30至1430為原則，各召開一場公聽會，由5位召集委員依輪值順序來主持共計10場的公聽會。每次之公聽會將依照召委會議之共識，由國民黨推薦7位，民進黨推薦5位，台灣團結聯盟推薦1位，立院新聯盟推薦1位，其他不足部分或是政黨沒有推薦時，由當週召委決定。茲將10場次的公聽會列述如下：

1.修憲委員會第一次公聽會：

修憲委員會第一場次公聽會於4月9日舉行，主要討論議題有三：（1）擴大人民之政治參與，厚實政府之民意基礎，論國家民主化與投票年齡關係等相關機制；（2）從恢復「行政院院長任命須經立法院同意」、「副署權」與避免總統濫用「解散國會權」，談總統、行政院、立法院互動機制之調和；（3）從「內閣制」作為台灣政治朝野互動僵局之可能解決方案，談官員可由立法委員兼任，以強化施政民意基礎，促進行政與立法之政治協調。

本次公聽會由吳育昇召委主持，出席公聽會人士：謝政諭、林嘉誠、李復甸、黃國鐘、陳茂雄、孫善豪、蘇彥圖、楊泰順、許有為、蘇子喬、李鉀澂、葉大華、葉慶元、施正鋒。

第一次公聽會所發表之重要主張：（1）有關行政、立法與總統間之三角關

策會執行長賴士葆以國民黨一貫堅持「不動憲法總綱」底限，表示「不會讓陳唐山提案付委」。台北，聯合報，民國一0四年三月五日，版A5。

[21]『綠釋善意，邀藍談修憲』台北，蘋果日報，民國一0四年三月六日，版A9。

[22]『國民黨團也提兩階段修憲』台北，聯合報，民國一0四年三月八日，版A4。

係若沒有處理好，過去 15 年來政府就是在那裡空轉，表面上看起來，憲法第五十三條規定，行政院是國家最高行政機關，事實上是如此嗎？當然不是！不管是藍營執政或綠營執政，行政院長幾乎都變爲總統的執行長，也就是我們常常講「有權無責」或「有責無權」的現象，總統勢將變成超級大總統。(2) 現有憲法中規定，總統負責有關國家大政方針，但卻沒有清楚寫明所謂大政方針包含哪些內容，憲法顯然規範性不足，無法用充足地規範性內涵來約束現實中政治性的問題。未來在修憲的過程中，應將文字寫清楚，諸如總統提出大政方針的內容究竟包括哪些內容。(3) 所有大法官、考試或監察全部都是總統提名，所以，總統的權力變成超級大總統，又不需要負相關的責任，導致最後整個國家面臨相當許多社會亂象與空轉現象；大法官的委員全部由總統提名是總統制的精神，必須有跟美國一樣完全採取總統制的精神，這也是在修憲的過程中需要審慎評估的議題。(4) 18 歲的學生與過去同年齡的學生相比應該更加成熟，台灣是民主多元化的社會，根據民調顯示，贊成與反對的比例各佔一半，國家很多法律上成年人的權利義務都以 18 歲爲基準，投票年齡降爲 18 歲是持樂觀其成的態度。(5) 考試權跟監察權在每個民主政治中都存在，問題只在要擺在哪裏而已。監察院行使調查權是以個人爲主，監察院有相當多富有專長，而且是專職的調查官在做調查的協助，立法院要完全取代監察院的監察權，恐怕在方式及能力上還有一定程度的缺陷，沒有辦法完全取代。(6) 大家對監察院有諸多評論，可是事實上，監察院做的事情並不少，幾個大的弊案，不管是美河市、大巨蛋或交九，以及最近提到的幸福人壽，問題是出在監察院做的報告行政院不理；是行政院不理，因此若要很大規模地將監察院廢掉，爲了充實立法院的人數而廢掉監察院，我覺得需要好好來想一想。(7) 什麼是內閣制的必要之點？那就是內閣要持續得到國會的信任。依據德意志聯邦共和國基本法的規定，要吵吵鬧鬧可以，但要先選出下一任的行政院院長再倒閣，這樣也可以避免重新選舉，這就是德國有名的建設性不信任投票制度。(8) 任何權力、任何憲政觀念的改變，都必須要有配套措施。國會代表民意，以現在一百一十幾位立法委員，是否足以充分代表所有民意？在政治學理論裡面，對國會人數有一個標準的計算方式，拿人口開立方根，如果以臺灣 2,300 萬人口來開立方根，臺灣的國會比較理想的人數是將近 290 人，所以如果要讓民意充分展現，能夠有效制衡行政力量。(9) 立法委員及立法院必須更具有民意代表性。第一，立法院的人數必須增加；第二，立法委員的產生方式是否可以傾向於比例代表制的方式來設計？譬如採取德國聯立制的選舉方式，不分區人數與區域代表人數以一半一半的方式來分配，這樣使得立法委員對行政院的政策制衡時，比較有合法性的基礎。(10) 南韓的體制和台灣目前的架構有點接近，南韓有一個總統，總統之下也有一個總理，南韓的總理需要國會同意，整個架構是強調總統制的思考，儘管南韓也有雙首長制的味道，但是整個體制凸顯的是總統制的運作邏輯，南韓不會把國會的同意權理解爲由國會多數黨組閣，在南韓的運作中，即使總統任命的總理沒有經過國會同意，還是可以用代理總理的方式上任。(11) 我國目前的憲政體制偏向半總統制或雙首長制，很多人認爲總統制的精神是存在的，如果我們修憲的時候只恢復閣揆同意權，未來運作時如何詮釋這件事情，其實還有很多存在的空間、很多運作的可能性。（12）大概在兩、三個月前民進黨還大聲疾呼，我們應該回到內閣制，去年民進黨還辦了研討會，當時包括現在的黨主席蔡英文，也公開宣稱這是一個正確的方向，應該要走向內閣制，但是很奇怪的是，到了現在要提案的時候，民進黨一旦發現自己非常有可能取得中央的執政權，選上總統以後，在所有的提案裡面，內閣制就完全消失了。其實很好奇這樣的趨勢，到底是真心的希望爲台灣建立一個可長可久的政治制度，還是爲了自己的政黨利益在謀一黨之私，我其實要打上一個非常大的問號。（13）可以參考日本憲法，內閣總理大臣任命國務大臣，但半數以上人員必須由國會議員中選任。要學習內閣制，必須拿德國、日本的憲法條文比較，能夠比較周延的提案和立法。（14）國民黨的建議與民進黨的想法剛好相反，大家都說是爲國家、爲社會，講的堂而皇之，從來沒有人承認是爲了自己及所屬政黨而考量，不僅人民不相信，可能連自己也不會相信。[23]

2.修憲委員會第二次公聽會：

修憲委員會第二場次公聽會於 4 月 13 日舉行，主要討論議題有三：（1）擴大人民之政治參與，厚實政府之民意基礎，論國家民主化與投票年齡關係等相關機制；（2）從恢復「行政院院長任命須經立法院同意」、「副署權」與避免總統濫用「解散國會權」，談總統、行政院、立法院互動機制之調和；（3）從「內閣制」作爲台灣政治朝野互動僵局之可能解決方案，談官員可由立法委員兼任，以強化施政民意基礎，促進行政與立法之政治協調。

本次公聽會仍由吳育昇召委主持，出席公聽會人士：林騰鷂、黃錦堂、陳茂雄、吳威志、姜皇池、李永裕、王思爲、許有爲、楊鈞池、徐偉群、彭錦鵬、曾建元、葛永光、陳清秀、蕭文生等 15 位學者專家。

第二場次公聽會重要發表意見事項：（1）有關創制權問題，現在所有政策都是在立法院推出，人民沒有權利主動推出。憲法規定人民有創制權，過去國民大會確實是代表人民行使創制權，後來國民大會廢掉了，創制權也全部廢掉了。現在問題的嚴重性並不是在於憲法層級的人民創制權被砍掉，而是連法律層級也一樣被砍掉。〈2〉採用內閣制的精神有 3 點理由，一、行政官員可以由立法委員兼任，權責相符，職責統一，不致於質詢空泛。二、行政官員來自地方可以更加了解地方的需求，讓更多具有民意基礎的立委擔任行政首長，一方面代表重用地方人才，另一方面深化政策的基礎性，而且更能積極處理地方人民的問題。第三、台灣幅員並不大，卻存在南北的差距和城鄉的差距，這也是因爲行政官員和行政機關過度集中北部所致。如果能由立法委員兼任行政官員，必能由台灣各地選出的立法委員來擔任行政部長，可以縮短南北差距，有利於城鄉的平衡。〈3〉有關

[23] 「立法院第 8 屆修憲委員會第一次公聽會會議紀錄」。立法院公報第 104 卷第 25 期，民國一 0 四年四月九日出版，頁四 0 五 - 四三六。

閣揆同意權，對於憲政體制，有時候往往會流於頭痛醫頭，腳痛醫腳，更糟糕的是，可能會頭痛反而醫腳，腳痛反而醫頭。如果在很多的制度配套上沒有做調整，勢必第一個要面臨到的問題是，國會的票票不等值嚴重地扭曲民意結構的現象必須得到調整。〈4〉萬一採取內閣制的走向，政府難產的狀況如何去做避免，最有名的比利時或義大利，其政府都曾經長期處於看守的狀態，問題是比利時及義大利有辦法去應付，臺灣未來萬一出現這樣的狀況，我們有沒有辦法去處理？政府難產的狀況可能是我們要去避免的。〈5〉修憲需要配套，以我國目前憲政體制的結構和過去的憲政經驗，在總統已經直選的前提下，除非重新制憲，大幅度更改現有體制，然後將總統直選廢除掉，澈底更改總統與國會的選制，讓國會議員的選區票票等值，而且要減少小黨進入國會的機會，在國會裡面形成兩大黨，這樣我們才有可能去形成一個比較健全、穩定的內閣制，如果我們不能夠做到這一點，內閣制就不用考慮了。〈6〉去年 1129 選戰之後，有些人說要回歸內閣制，但是我們的憲法從來就不是依照內閣制去運作的，而是依照大總統制或半總統制的精神在運作，很多人也說內閣制多好又多好，但內閣制也需要配套，臺灣有這樣子和平安穩的環境讓我們像比利時這樣空轉 538 天的內閣制嗎？所以這個議題必須三思，因爲一旦有了閣揆同意權，整個體制就是往內閣制的方向去發展、傾斜。〈7〉內閣制官員是否得由立法委員兼任，這個議題馬上會涉及到一些問題，就是現在 113 席立法委員是否足夠？假設有部分立委去兼任行政院閣員，剩下的立委人數是否能夠正常發揮立法院的功能？立法委員的人數是否應該調整以及調整多少？這也需要更細膩的討論。〈8〉這次憲改真正讓人民擴大政治參與的工作，除了降低投票年齡之外，應該有兩個，一個是降低修憲門檻，讓人民修憲真的成真；另外一個是在憲改程序中納入人民審議程序，並不是公聽會而已，而是審議，讓人民充分知情、充分討論、充分紀錄，並且以這些資訊作爲憲改的基礎。〈9〉主張這次憲改必須是全面憲改，而分爲兩個階段完成。眼前這個階段就是第一階段的憲改，目標是在 2016 年的公民複決，現在要處理的問題，在這個階段只應該處理少數有高度共識的議題，然後進行修憲，加上降低修憲門檻，以打開第二階段憲改的大門。〈10〉這次應該要處理的議題有：第一，降低修憲門檻；第二，投票年齡降爲 18 歲；第三，基本人權對國家機關的拘束力一般性條款入憲，這應該不會有政黨會反對；第四，國會選制，尤其是降低不分區席次分配門檻到 3%這件事情，這些高度共識議題要在本次修憲有成果產出，這就是所謂的立即啓動，不能夠一事無成。至於像第二個及第三個議題所談的中央政府體制的問題，要如何建立一個權責相符的體制？要如何設計這個體制？事實上是牽涉非常廣泛。中央政府體制的修改不應該在這一次提出，應該在第二個階段憲改來完成。〈11〉只有恢復閣揆同意權，那根本不是內閣制，建立內閣制也不可能由總統和行政院長各享權力，所以這個現狀必須要解決。以現狀來說，總統和行政院長同時享有權力，行政院長和總統之間的關係到底是什麼？兩者的權力要如何劃分？行政院長究竟要如何有責又有權？如果現狀的這些問題沒有被解決，或是我們提出的方案不能回答這些問題，那麼都不算是建構一個權責相符的體制。〈12〉

目前全世界大概 200 個國家裡面，將投票年齡定在 20 歲的只剩下我國、巴林、日本、諾魯；定在 21 歲的只剩下喀麥隆、科威特、黎巴嫩、馬來西亞、阿曼、新加坡、薩摩亞、索羅門群島、東加。〈13〉台灣面臨一個狀況，就是面臨對岸對我國國格重大侵害的狀況，對國際社會可以透過總統民選來宣揚中華民國台灣的主權獨立，總統直選這件事在華人世界比方說香港爭取普選，或者在中國大陸民主化之前，它仍然具有重大的象徵意義，對於國內來講，也是團結國人、形成國家認同共識之重要機制，亦是一種國民集體行使主權的實踐，若我們確立總統直選之後，如何讓總統權責相符？這才是我們考慮憲政制度選擇時的起點。〈14〉18 歲，如果是高三的話，他們對這個議題並不是那麼關心，有些同學覺得這個年齡的年輕人對政治的看法還不是非常成熟，所以是否要賦予他投票權，對他們來講是比較保守、謹慎的，因此我建議立法院可以針對 18 歲至 20 歲這個年齡層的年輕人做個民調，看看他們的想法是什麼，因為立法院想要降低投票年齡，基本上是假設年輕人是支持的，假如年輕人多數是反對的，尤其是 18 歲至 20 歲這個年齡層，我們是希望幫他們爭取投票權，結果他們多數是反對的話，那可能跟立法院要修憲的意旨背道而馳了。〈15〉內閣制的優點就是集體的智慧領導，已經拋開個人英雄主義式的強人領導，因此，與其寄望一個人是明君，還不如寄望國會多數的民意代表集思廣益，這樣做出來的決定應該會更加圓滿、更加周延。〈16〉行政院院長須由立法院同意任命有其優點，在內閣制國家強調，國會多數支持的內閣總理，他在執行政務時會比較順暢、比較圓滿，因為是大家都認可的人選，他推出的政策及法案也較能獲得國會的支持。這對政治的穩定有幫助，而且施政方面會更順暢，也更具民意基礎，比較不會走極端。〈17〉立法委員可否兼任官吏的問題，日本的做法是過半數，不是全部由國會議員兼任，專家政治有時候找一些學者專家，或找一些有能力的專業人士來擔任閣員也是非常妥當的。由立法委員兼任閣員或閣揆有個優點，即符合人民的需要、掌握時代的脈動。但是不要全部，大概一半左右，這樣也許是比較好的選擇。[24]

3.修憲委員會第三次公聽會：

修憲委員會第三場次公聽會於 4 月 16 日舉行，主要討論議題有三：（1）現行雙首長制面臨的缺點與困境。（2）內閣制 vs.總統制 － 如何建構總統、行政、立法間互動與僵局之解決機制。（3）恢復立法院閣揆同意權、行政院長副署權及立法委員得兼任官吏，是否可解決目前體制之困境，讓施政更具民意。

本次公聽會由呂學樟召委主持，出席公聽會人士：林忠山、林嘉誠、黃國鐘、黃帝穎、陳茂雄、郝培芝、范世平、范雲、胡祖慶、陳俊宏、許慶復、席代麟、施正鋒、彭錦鵬、林超駿等 15 位學者專家。

第三場次公聽會重要發表意見事項：（1）總統用的行政院長，到院長要用的

---

24 「立法院第 8 屆修憲委員會第二次公聽會會議紀錄」。立法院公報第 104 卷第 28 期，民國一 0 四年四月二十四日出版，頁三三一 - 三六 0。

部會首長，都還要請示總統，所以行政院長就變成總統的執行長，總統是真正有權力的人，卻又不必對立法院負責，因爲憲法規定行政院對立法院負責。那麼請問總統的責任在哪裡？是不是 4 年一次的改選，才負所謂的政治責任？所以這也是權責不相符時，一個很重要的概念。(2) 行政院長要對立法院負責，而他本身又沒有民意基礎，也沒有多少的政治歷練，所以行政院長就變成有責無實，這正是台灣目前所面臨的狀況。不論是陳水扁總統還是馬英九總統，他們更換閣揆的頻率都非常的高，他們在更換閣揆時，也不必跟立法院有足夠的互動，這與法國的雙首長制，有很大的差異。(3) 談修憲，有可能朝內閣制的方向走嗎？問題是它的可行性高嗎？如果是在 2012 年馬英九當家的時候，要他朝內閣制去修憲，他也不幹啊！這次的九合一選舉，民進黨大贏，看起來好像是蔡英文贏定了，她會支持修改變成內閣制的方向嗎？我想蔡英文的意願也不高。而人民直接選舉總統，已經成爲慣性行爲，他可能不要嗎？在這樣的溝通過程中，這樣的修憲可以成功嗎？嚴格講起來，要建立權責相符的中央政府體制應該朝向法國那種比較傾向內閣制的雙首長制進行。(4) 假如我們傾向於內閣制的形態，要行政部門真正對立法部門負責，就要修改成可以兼任官吏，才能讓真正有問政能力、有問政經驗的立法委員，可以因爲民意基礎，加上治理經驗，來接掌內閣政務，對整個國家運作也比較好。立法委員的人數應該要擴大，回到過去的 250 席，這樣才能夠做傳承。全世界的國會結構，國會平均人數是 327 人，即使是七大工業國，也都是三、四百人。(5) 行政院院長真的沒有權力嗎？我們老闆的權力大得很呢！我想臺灣 99%的政治資源都在行政院，行政院院長是親自主持行政院院會，而總統只能在坐總統府乾著急，因爲他不能主持會議。而行政院院長難道會天天都聽總統的嗎？就算是上市公司的 CEO，也是由董事會任免，不須經由股東大會同意。(6) 說到總統有權無責，總統怎麼會沒有責任呢？對總統有彈劾權及罷免權，每四年由人民選一次，輿論天天監督他，內控機制及外控機制很多。(7) 在社會還沒有凝聚成要走向內閣制而廢除總統選舉機制的前提之下，冒然討論這部分修憲的可能性並不高，就現階段而言，應該就有普遍共識的修憲議題來走，這是程序上的意見，其中包括將公民投票權年齡下修爲 18 歲。至於要採用內閣制、總統制或雙首長制，這是社會尚無共識的部分，應該保留至第二階段才啓動修憲程序，社會應持續討論，以凝聚社會共識。(8) 在二元民主的機制之下，無論總統或國會都有其民主的正當性，因此總統任免行政院院長的民主正當性來源是源自於總統，所以在二元民主原則下，行政院院長應該對總統負責。換言之，行政體系應該對人民負責，也對民意負責；國會對人民負責，也對民意負責，這才是正常的二元民主憲政體制。(9) 大法官會議釋字第 613 號之後，關於責任政治和行政一體有很多闡述，在目前二元民主機制下，總統有其民主正當性，他所領導的行政體系有行政責任及對人民負責的機制，只有少數有獨立性需求機關的行政官員，才會例外讓行政體系提出的行政官員由國會同意，加上任期保障。例如 NCC 委員、中選會委員，至於行政院長是否要經過國會同意，從 613 號解釋的脈絡看不出在責任政治、行政一體上有這樣的空間存在。如果大家認爲現階段的憲政困境不符民意，希望透過修憲恢復國會對行政院長行使同意權，有點畫錯重點的感覺。（10）讓立法院對閣揆任命有同意權，並恢復行政院長的副署權。所持理由是現在的總統有權無責、行政院長有責無權，這個說法不成立。有關總統要不要接受質詢方面，很多人認爲總統不接受質詢等於是不必負責任，其實一般行政、立法分立的國家都沒有質詢權，美國的總統不但不接受質詢，還擁有否決權，必須參眾兩院超過三分之二維持原議，所以美國總統的權力集中，是國家的權力中心，但是沒有人說他有權無責。（11）比較長遠的修憲主張上，內閣制下維持直選總統，總統並不是沒有權利的，他是擔任國會團結與憲政秩序守護者、仲裁者的角色，只是他不宜再介入日常的黨派政治對抗之中，由多數黨的領袖擔任總理、進行組閣，主要的政務官、部長也都由議員擔任，國會議員的任期也就是內閣的任期，但是一旦發生信任危機時可以透過倒閣與提前解散國會，來確認國會多數或產生新的多數，方能解決僵局。（12）內閣制與直選總統在體制上是完全相容的，有人稱之爲準內閣制，也有人將它歸納爲廣義的半總統制，歐盟之中有10個國家採用總統直選的內閣制，包括芬蘭、奧地利、愛爾蘭等等，他們在民主鞏固、良善治理人民的幸福等諸多國際指標上都相當的良好，擔任憲政守護者的總統仍然可以擁有相當大的實質權力，並非全然的虛位，總統對外是主權的象徵，對內則是守護者的角色，可以節制多數黨以黨派的觀點、利益來全盤主導。（13）密特朗在1981年當選法國總統之前，曾經強調所謂的國會多數優於總統多數。因爲在1973年及1978年時，左派其實是有機會能夠獲得國會勝選，所以當時他強調應該由國會多數來組閣。等到1981年他當選總統、然後1988年又連任成功，他自己又說總統多數優於國會多數，這部分在很多法國憲政教科書上，像William Safran及Pierre Pactet，都有提到相關的討論。（14）唯有在恢復閣揆同意權之後，總統當選人才有可能任命國會多數能接受的黨政領袖來擔任行政院的院長，這樣除了有助於政治穩定，也有助於避免立法的僵局。法國確實在憲法上沒有閣揆同意權的設計，但是法國總理漸漸形成了相關的憲政慣例，也就是在就任總理的時候，會主動尋求國會多數的同意。（15）憲政體制本身實在不能用好壞來評價，不論總統制也好、內閣制也好，乃至於法國的半總統制或委員制也好，世界上有的國家也是運行得很好，但有的國家就不行。最重要的是這個制度之下是不是能夠有效運作的問題，所有制度都是不錯的，但是就看能否有效運作。（16）現在看起來，最大的困境其實是責任政治沒有辦法落實，可是責任政治沒辦法落實不見得要從總統的產生方式去調整。未來不管是走總統制、內閣制或維持現狀，希望政治現實能夠儘量調整到由政黨領導者，尤其是多數黨的領導者來擔任政府運作的權力核心，讓他成爲實權的領袖。（17）如果增加席次，而且政黨門檻由5%改成3%的話，很可能會小黨林立，屆時可能會有幾個困境，第一是組閣很困難，像比利時一樣；第二，立法院的整合是很困難的，未來3%就有一個黨團的話，要怎麼整合呢？第三，我們看到以色列的情況，小黨因爲是關鍵少數，一個5%的政黨就可以威脅執政黨的政策，尤其是和猶太人對阿拉伯人讓步有關，這是真正的權責不符。（18）採雙首長制的國家，大部分的總統都會親自主持內閣會議，也就是行政院院會。其實，所謂的「有權無責」，或是「權責不清」，它的來源應該是最高當局並未親自參與公開、透明的政策決定。換句話說，問題的重點是在於做爲憲法上最高決策機關——也就是行政院院會，總統沒有機會參與，這才是權責不清的來源，或是所謂的有權無責。(19) 在我們非典型內閣制的情況下主要在於行政院院長及相關部會首長並不兼國會議員，所以他對於反映民意需求和立法委員之間可能會有距離。因此當他制定法案時就不一定先去徵詢立法委員的意見。當然，在某種程度的徵詢一定有，但是法案的具體內容是以誰的意志爲依歸？這點和典型的內閣制國家可能會有差距。也因此造成一個情況，就是立法委員在立法程序上消極被動。[25]

4.修憲委員會第四次公聽會：

修憲委員會第四場次公聽會於 4 月 20 日舉行，主要討論議題有二：(1) 從擴大人民參與，談人民行使公民權之相關問題：a.修憲降低投票年齡及不在籍投票入憲之必要性與可行性。b.多元民意 vs.議事效率 － 談降低不分區立法委員政黨分配門檻之可行性。(2) 從深化政府再造精神擴大「政府瘦身」，談減少大法官、考試委員及監察委員人數與其任期採交錯制之良窳。

本次公聽會由呂學樟召委主持，出席公聽會人士：顧慕晴、范世平、何振盛、陳茂雄、紀俊臣、郝培芝、陳昭如、廖元豪、羅承宗、黃清賢、陳金貴、陳耀祥、黃秀端、李彥賦等 14 位學者專家。

第四場次公聽會重要發表意見事項：(1) 18 歲投票也是世界趨勢，根據相關資料顯示，全世界有 162 個國家採 18 歲投票，而我們台灣則是少數的例外。(2) 不在籍投票，通訊投票他要不要寄回來，我們並不知道，他也許會把票拿回家當紀念品，以後可以在網站上拍賣，說是哪一年的選票，這就會造成投票日當天投票者的質疑：既然通訊投票可以不寄回來、不投票，那我在投票所拿了票可不可以不投？我也可以拿回家當紀念品，還有很多技術上的問題，譬如選票要怎麼製作？會不會產生作票的現象？還有秘密的問題等。(3) 貿然將考試院廢除，把考試權歸到行政院下，是否會有政治介入考試的問題？行政院下有一些獨立的委員會，例如 NCC、中選會，這兩個委員會原本應該超越黨派來運作，但是因爲在行政院下，不免會被批評爲有政黨或政治力介入，如果將考試權納入行政院下，成立一個獨立委員會，是否會有如同目前 NCC 或中選會的問題，我們也必須多加思考。如果它能超出黨派，獨立成一個院來運作，就目前看來，對於考試的公平性、正當性，可以得到充分的保障。(4) 我們現在選舉制度是對兩大黨有利、對小黨不利，但是不管從多元民主理論或聯合民主理論，適當鼓勵小黨，讓社會上不同聲音能夠透過這些小黨反映出來，比較符合多元民主的精神。多黨制是不是會對政治造成不穩定？如果從西歐、北歐的經驗，他們的多黨制並沒有造成社

25 「立法院第 8 屆修憲委員會第三次公聽會會議紀錄」。立法院公報第 104 卷第 30 期，民國一0四年五月一日出版，頁二九九 - 三二四。

會動盪不安，一個國家政治安不安定，跟政黨體制形態沒有必然關係。從別的國家例子看出來，反而是離心力強的兩黨制或利益聯合壟斷的兩黨制，才會造成國家更大的不安定，譬如過去土耳其凱莫爾時代及哥倫比亞早期的兩黨制，都因為意識形態及利益衝突而造成國家動盪不安，所以兩黨制並不是國家安定的保障。（5）就德國、日本、臺灣來做比較。德國人口是 8,060 萬人，他們的聯邦議會，總共有 598 位議員，平均代表的人口數是 12.08 萬；日本人口是 1 億 2,727 萬，他們在眾議院的議員人數是 475 人，平均 17.75 萬人有一位代表；台灣人口是 2,337 萬，立法院的委員總共 113 人，平均 20.68 萬人才有一位立法委員，這明顯不合理。（6）以不分區門檻來看：德國是 5%；臺灣也是 5%；日本是 2%；其他國家大部分都是低於 3%，譬如南韓是 3%、丹麥是 2%、歐洲議會是 3%，至於以色列是 3.25%，也是接近 3%，所以合理降低不分區委員的政黨門檻至 3%，也符合目前世界大多數採取兩票制國家的不分區門檻比例。（7）以分區與不分區比例來看：德國區域選出的議員跟政黨比例名單是 1 比 1，也就是一半、一半；日本的比例大概是 6 比 4，區域是 6，不分區是 4；臺灣是 7 比 3，顯然臺灣區域選出來的比例是高於不分區的比例。（8）有關考試、任用、訓練，這三者不能拆成兩個單位來承辦，很多人都沒有想到一個問題，就是這三者應該要併在一起，併在一起的方式之一就是把現在的人事行政總處併入考試院，考試院的部會再重新調整，還是維持目前的合議制，所謂合議制就是決策權不在院長手上，而是在院會。另一個方式是真的把考試院廢掉，其下三個部會就併入行政院，就變成採首長制來處理考試的問題，這才是真正處理考試院的問題。很多人對考試院的問題真的相當陌生，考試院的問題不在於有一個考試院在，而是把常任文官的考試、任用、訓練拆到兩個單位去，這才是大問題。（9）憲法第一百二十九條是規定選舉的方式，並沒有提到不在籍投票，不在籍投票在不違反普遍原則時，可以透過選罷法修改推行。問題是，缺席投票的範圍要怎麼定？是說當天可以提早投票還是通訊投票、網路投票等，技術面的問題要好好研究，尤其是受刑人的投票，一定要慎重，受刑人的部分一定要嚴格限制。（10）不管是總統制或內閣制，如果遇上超級多黨制或小黨林立制，都是災難，尤其是內閣制遇到小黨制的話，那個災難更可怕。譬如法國的第三、第四共和是內閣制加上小黨林立的一個結果，倒閣頻繁。平均一個內閣生命只有 3 至 4 個月，甚至產生過僅維持 3 個小時的內閣，早上大家照完相，中午立刻解散。最近發生情況是，比利時有 538 天產生不了政府。〈11〉「聯立為 5/並立為 3」。首先來看德國的聯立制，但德國的聯立制很清楚立下了 5%的門檻，德國政黨的生態是這樣，即使保障小黨，不過在大部分的時間也一直維持兩大一小的政黨結構，雖然其小黨一直在變化。如果是並立制的話，相對來說它比較保障大黨，在這個情況之下我們就贊成把門檻降為 3%。〈12〉18 歲公民權與不在籍投票，其實是兩個分別的問題，除了層次不一樣之外，涉及的問題也不同，18 歲公民權涉及的是參政的年齡門檻，它是憲法第一百三十條所明定的，所以我們必須透過修憲來下降這個門檻。但是不在籍投票所涉及的是投票權的行使方式，憲法第一百二十九條有規定普通、平等、直接、無記名的方法，除此之外並沒有規定其他一般選舉的投票方式，所以如果要考慮開放不在籍投票，其實由立法院直接修法即可，並不需要進行修憲。因為一個涉及到的是參政的年齡門檻，另外一個涉及的是投票的方式，兩者並沒有必然的關聯。〈13〉考試與監察權的問題，不是一個人事數目的計算題，考試權與監察權，並不需要作為獨立的權利存在，根本的憲政革新，應該是要廢除考試院跟監察院，考試權、人事權可以移到行政權，同時賦予國會調查權，並建立一個更有效的人權實現機制。〈14〉美國聯邦最高法院為例，只有9位大法官，從近5年來看，每年至少做出七十幾件判決，多的甚至有九十幾件判決。降低大法官人數，並不會造成大法官無法有效處理案件；相反的是，減少大法官的人數，擴充大法官的助理規模，他們不會降低審理品質，還可能提高大法官審理效能。〈15〉如果廢除考、監，中央政府1年總預算可以減少258億，258億有多大呢？大概只要2年至3年，苗栗縣六百多億的坑就可以填平了。〈16〉不在籍投票的這些適用者，包括就學、公務、值勤、服役、工作、身體障礙等等有正當理由的選民，不論在國內或國外，基於憲法平等原則，都應該賦予他們不在籍投票的權利，不能因為選民可能生活在一個非民主國家，就擔心他們的政治傾向，要對台灣民主自己所培育出來的公民有信心。〈17〉既然大法官、考試委員及監察委員要處理的問題還是存在，如果把它廢掉，再另外組成一個機構，還不如就在既有的基礎上與經驗上先行將人數減半就好。交錯制是合理的。〈18〉包括監察院及大法官會議也是如此，不是人多人少的問題，而是整個制度運作要減輕或是改變，面臨更多新的狀況再去調整適應？還是以現在的運作做適度微調，讓這個制度運作得更好、更有效？不是說考試院、監察院一定要保留，但是在目前情形下，國家有這麼多狀況，這兩個院也沒有影響到國家運作，而且有一定成效，還是以微調比較適當。〈19〉不在籍投票有很多態樣，包括移轉投票、通訊投票、網路投票、事先投票等等。現在的問題是缺乏信任、缺乏透明度，大家會有不信任感。因此，從最穩定的移轉投票先做，而且先從國內開始，如果國內實施的效果還不錯，再來實施國外的部分。〈20〉單一選區的設計就是對兩大黨有利，這在學理上非常清楚，不用多講。但是為什麼大家要採用混合制？因為比例代表制是對小黨有利，所以才採取這兩個制的綜合制，也就是混合制，這樣可以調節一下這兩個制的極端。〈21〉關於監察院效能，現在來做一個健檢。監察院7年來總共省了339億，其中最高金額252億是101年糾正台電公司購電成本過高一案，因為這項糾正案，所以促成9家民間業者同意降價，所以節省了252億。(22) 考試院、監察院及大法官的制度在多年運作下已經有它的基礎，尤其像是考試院，如將考試院的基礎交到行政院，人事權就全部在行政首長手下，它要怎麼規劃，都是行政院長決定；現在的考試院是聯席制度，也就是考試委員制，有任何爭議，都必須透過委員會，經過多數討論作成決定，誰也無法掌控它的發展，所以到現在不管哪個黨執政，公務員始終能維持行政中立的角色，就是因為有個獨立運作的人事單位。(23) 不是說考試院、監察院一定要保留，但是在目前情形下，國家有這麼多狀況，這兩個院也沒有影響到國家運作，而且有一定成效，還是以微調比較適當。(24) 權力分立原本爲了防止國家權力過度集中、濫用，但是實施五院制結果是權力劃分過於細緻，造成各院之間溝通成本、協調成本及互動成本均大幅提升。考試院應該廢除，其功能應回歸行政院；監察院也應廢除，其功能回歸立法院。這是強化行政權及強化立法權；也就是國會權力的設計。回歸到三權分立，無論是政府瘦身或是國家組織的權力運作，才比較符合理論，並顧及效能、效率問題。（25）本來單一選區的設計就是對兩大黨有利，這在學理上非常清楚。但是爲什麼要採用混合制？因爲比例代表制是對小黨有利，所以才採取這兩個制的綜合制，也就是混合制，這樣可以調節一下這兩個制的極端。今天如果我們要修改這個問題，大家要回過頭來想，我們到底要的是什麼？價值的問題比較重要，我們是要多元的價值，還是要穩定？還是要有更清楚的 accountability，如果弄不清楚就著手修改，到時候又要後悔。[26]

5.修憲委員會第五次公聽會：

修憲委員會第五場次公聽會於 4 月 23 日舉行，主要討論議題有三：（1）憲政體制總體檢，我國現行五權分立改採三權分立之探討。（2）我國在修憲凍省後，省府組織名存實亡，針對省府組織存廢之檢討。（3）權責相符之憲政體制如何建立，內閣制、總統制或雙首長制如何選擇，以及憲政體制變革所面臨之問題？

本次公聽會由李俊俋召委主持，出席公聽會人士：謝政諭、陳志華、陳茂雄、周家華、胡博硯、羅承宗、楊泰順、吳豐山、施能傑、蘇慧婕、顧忠華、吳盈德、歐陽宏、陳英鈐等 14 位學者專家。

第五場次公聽會重要發表意見事項：（1）修憲是一個莫等重大議題，如果每一個黨派都是明的一套、暗的一套在角力的話，民眾可能會覺得這部憲法又被玩弄了！憲法除了是力的結合、角力之外，更重要的是它要講理。如何讓國家的根本大法合理，讓它能夠引導民眾，激勵民眾，激勵整個政府體制，那才是重要的。（2）考試院和監察院的職能太多、太大的話，可能也會產生一些問題。加上總統，共有 6 個權力，如果二階層的話，大概會形成 16 種或 18 種相互間的關係，的確很複雜。如果能讓考試、監察比較中立的運作並縮小，回歸到本來的狀況就是三權。（3）完全的內閣制，其權力會滲透至每一個機關裡面，就像八爪章魚一般，非常的神通廣大。這應該也不是國人所樂見的，權力應該是分立、分權、均權。（4）希望朝野之間都能講真的，就像當年綠營一直想廢掉五權，但是 2000 年綠營執政之後，卻很快地對考試、監察兩院提名很多政務官，這和當年的理想差距又太大了。不要在修憲的時候，講得非常好聽，好像把選票放在甕裡面，等到掌握權力之後，完全忘掉當年所提出來的理想的憲政架構。（5）今年正好是英國 1215 年大憲章訂立屆滿 800 年，能在修憲上就人權條款有所著墨，能夠通過一些重要的條文，能夠有劃時代的修憲，留下歷史紀錄，也滿有意義的。尤其修

---

[26] 「立法院第 8 屆修憲委員會第四次公聽會會議紀錄」。立法院公報第 104 卷第 30 期，民國一 0 四年五月一日出版，頁三五三 - 三八二。

憲案第二十二條，採取人性尊嚴貫穿整個修憲精神，也有它的主軸。(6) 省政府的部分，因爲今天省政府已經是行政院所屬機關，而不是監督機關，以前是自治監督機關，跟現在情況完全不一樣。今天行政院各部會在中南部都有它的辦公室、辦公處，中興新村的組織也都還在，從這個角度來看組織精簡，省如果要繼續維持的話有待商榷。(7) 內閣制跟總統制，關鍵在人事權，總統還掌握人事權，就好像新加坡跟德國，它絕對是內閣制，如果我們的憲法能夠很明白寫說「閣揆掌握行政院的人事」，甚至於像日本，連司法、考試等重要的人事都是由內閣提請元首任命，如果人事掌握在內閣，那就是內閣制。這個關鍵因素如果不動的話，討論要修改爲內閣制或總統制，效果不大，像草案當中所提出的副署，作用也不能彰顯。(8) 我看大家都很熱心，但是我沒有那麼樂觀，我評估這次修憲可能一事無成，因爲雙方沒有交集，而且修憲最後一關的公民複決，要由一半的公民同意才算過關，除非公民複決跟總統大選一起舉行，還有一點點機會可以過關，如果單獨舉行的話，不要說要一半的公民，光是要有一半的出席都不可能。(9) 憲法經過這幾年操作下，真正擁有決策權的人躲在總統府，他根本就不用面對外面的任何監督機制。來到立法院面對立法委員質詢的人，或是要對國會負責的人，其實都是沒有決策權的行政機關、被任命的行政首長。這一套制度不可行，很大的原因就是在這，無論是總統制也好，內閣制也好，或是半總統制也好，都沒有關係，一定還要搭配權責相符的制度。(10) 監察院分割了國會的調查、彈劾與監督行政首長的權利。監察委員是總統提名經國會同意之後就任命，國會要同意，就是要國會的多數黨才會同意，然後操作起來的結果，多數黨本身就擁有行政權了，監察權又在多數黨的國會議員同意之下，表面看起來是獨立的，可是加上政黨的橫線在中間、在裡面的時候，監察院的功能不彰，很大的原因是它要替行政首長護航！因爲它的權利是來自於總統，來自於國會的多數黨，對於瀆職、濫權或不負責任的政務官，沒辦法調查！沒辦法彈劾令其去職！那監察院在彈劾誰？都專門在打蒼蠅不打老虎嘛！(11) 現在地方自治的問題並不在省政府，現在是以直轄市和縣市作爲地方政治體制核心。直轄市的定位，在憲法增修條文中，是沒有被明確提及的，但目前 6 個直轄市的市長都一副要選總統的樣子，每個都非常大牌，所以直轄市的定位，在憲法中反而沒有被提到。當憲法在增補時，直轄市的部分應該要被增補進去，而且還要連結到縣市上去。如果沒有把縣市和直轄市予以相同對待的話，未來可能會出現權限劃分上的問題，使得住在六都的人就是所謂的「一等國民」，而住在其他縣市的人，就成了「二等國民」。所以，未來會出現在修憲或地方制度上的問題不會出在「省」，反而會出在「直轄市」與「縣市」上，該如何調整這些行政區的地位？(12) 學者的研究分析，美國總統的權力在指標上約占 3 分、4 分，我們總統的權力則占約 11 分，這是根據 1993 年 Shugart 和 Carey 所寫的關於研究 37 個直選總統國家的總統職權所做的歸納。我們總統的權力是非常大的，譬如緊急命令權是全世界最大的，甚至比一些獨裁國家還大。彈劾總統必須經過大法官會議的審理、罷免總統要經過公民投票才能成立，以上種種使得我們的總統幾乎沒有受到任何牽制。再者，總統還享有逐項否決權，這也比美國總統的否決權權力還大。（13）現今我們稱爲「台灣」者只有台灣省，如果廢掉台灣省，「台灣」這個名詞要依附於何處？這樣全世界承認「台灣」兩字的會只有中華人民共和國，因爲他們一直認爲我們是他們的一省，而我們自己的台灣省到哪裡了？我們廢掉了。所以這不是我們覺得在體制上合不合理、要不要廢掉就可以廢掉，可是如果考慮到我們和對方的對抗情況，恐怕這必須三思。因此主張給省政府一些特別的功能，某些應該獨立於政府組織外的權力，不妨就交由省政府處理。（14）李俊俋委員領銜的第 17505 提案，引用監察院報告，說台灣省政府事實上已是無政可施、無公可辦，這就是我說的。我在那個調查報告還說，因爲省政府無政可施，所以省諮議會也無事可議，不過當年台灣省政府存在時，對治山、治水跟基層建設發揮很好功能，針對這點，假如貴院可以同時注意到，那真的是善莫大焉！（15）不要考試院，一個不必爲政府運作經營成敗負責任的憲法機關，卻完全主導政府運作經營最核心要素的制度及政策面的規劃（即人力資源的規劃），而且不受任何責任制衡，完全背離憲法設計的基本原理。精確地說，除了公務人員的考試之外，行政院無法規劃人力資源管理的各項制度，這是全世界民主國家僅見的憲法設計，但是這種不合理的權力分立設計，經常還成爲台灣各級政府運作效能和競爭力的阻力，而非向上的推力。（16）考試院現有職權移給行政院，人事行政總處，可是人事行政總處下有兩件事情要特別凸顯出來，一個是考選，在人事總處下設立相當中央三級的獨立機關，這是套用中央組織基準法的獨立機關設計，甚至我們也可以成立行政法人考選委員會。第二，保障業務可以保留，可以在總處設一個專責的保障處。第三，至於其他人力資源管理制度，就可以在總處下權衡、調整，這是可以處理的。（17）應該走總統制，已經選了這麼多次的總統，如果再走回內閣制，不符合人民情感期待，調整工程也非常浩大，在總統制下，直接廢除行政院，由總統直接任命各部會首長。而國會就擁有完整調查權、立法權、預算審議權、質詢部會首長權、審計權，我想國會擁有這些權力後，也可以實質監督總統領導的政府部門，更何況在美國總統制下，總統本來就不對國會負政治責任，在雙元民主機制下，總統是對選民負責，政治責任是這樣運作的。（18）以三權分立國家，有獨立的人事組織和監察史等監察制度。目前主張廢除考、監兩院的人，其實也會支持設置所謂獨立的人事機關，以及監察、人權保障及具肅貪功能的獨立機關，目前考試和監察兩院的設計，在某種程度上是有機會發揮這個功能。如果廢除了考、監兩院，仍然必須在其他相關機關重新設置，在某種程度上只是制度的改隸，能否發揮到原本期待的效果，這是我所質疑的。[27]

6.修憲委員會第六次公聽會：

修憲委員會第六場次公聽會於 4 月 27 日舉行，主要討論議題有二：（1）國

---

[27] 「立法院第 8 屆修憲委員會第五次公聽會會議紀錄」。立法院公報第 104 卷第 33 期，民國一 0 四年五月八日出版，頁一四七 – 一八二。

會制度與憲政規範：選舉制度對國會制度之形塑，區域及不分區立法委員選舉之制度設計，如何落實票票等值原則，國會改革與國會制度及政治制度之憲政改革方向。（2）政黨爲民主政治制度中之重要組成，如何確保政黨公平競爭？以及政黨入憲之規範範圍。

本次公聽會由李俊俋召委主持，出席公聽會人士：林騰鷂、吳盈德、羅承宗、楊日青、林明昕、王思爲、游盈隆、盛杏湲、梁世武、劉一德、陳英鈐、李炳南、李訓民、陳耀祥、林忠山等 14 位學者專家。

第六場次公聽會重要發表意見事項：（1）到底是單一選區兩票並立制好還是單一選區兩票聯立制好的問題。大法官在釋字第 721 號解釋對單一選區兩票並立制部分及 5%政黨門檻規定是作出合憲性的解釋，但比較特別的是，對於每個縣市至少一席的部分是不予受理了。〈2〉連江縣，有效選票大約 7,000 票就可以當選一名立法委員，而比較大的都會區，以新竹縣來說，大約有三十、四十萬人口，也是產生 1 名立法委員，台北市一些選區也是同樣狀況，換句話說，如果取個平均數，本島地區大約要 20 萬個選民才能產生一位立法委員，但連江縣 7,000 票就可以產生 1 個。〈3〉德國或一些將政黨入憲的國家都有相關的規範，關於政黨參與比例、方式、選舉經費、政治捐獻等基本規範都已經相當明確，這些或許可以做爲我國的參考。〈4〉政黨入憲要不要實際寫入增修條文，第二是黨產該怎麼處理的問題。就黨產部分或許可以參考大法官釋字第 242 號解釋及釋字第 475 號解釋，也就是所謂法治原則對現存秩序的尊重。換言之，有些部分對於現今的狀態來說或許已經沒辦法處理，或是處理上已經有一定的困難度，這是不是一定要處理呢？或許可以留給大家思考。〈5〉當初我們好像有一個承諾，就是不擋案，任何修憲案都應該要能交付修憲委員會進行實質討論，很可惜的是，這個政治承諾好像沒有被兌現。誠如各位手上資料的第二個題綱，它的背景其實是有立法委員提案要在中華民國憲法本文中增設政黨專章，但是這個提案被封殺了！這一點可以供各媒體朋友及學者思考，到底政治承諾應不應該遵守？〈6〉很多人說黨產是一個歷史問題，這是錯的！引據 2014 年內政部公布的黨產決算報告，在中華民國有所政黨中，只有一個政黨有一個數字叫信託入帳、叫做中投公司解繳。中國國民黨去年的帳本有 15 億元，研究黨產的學者都知道，這只是零頭而已。在這 15 億元裡面，將近六成（10 億元）全部是由黨營事業解繳的，我們的政黨政治雖然看起來像是理念之爭，實質上還是財力之爭，這句話是陳長文大律師講的，經由中國時報報導，他希望我們的政黨政治是一個以理念之爭的政黨政治，而不是財力之爭的政黨政治。政黨專章入憲是有必要的。〈7〉我們國會殿堂立法院，除了議事規則有問題之外，同時也不願意遵守，更重要的是，國會的政治文化有嚴重的問題，最主要是有一些立法委員在立法院中罵人、打架，還允許旁聽的學生或人士在國會謾罵官員、謾罵立法委員，而主持會議的主席竟然不加以制止！〈8〉一些立法委員縱容學生霸占國會，甚至爲一些違法的學生護航，這樣可以說是自我踐踏國會尊嚴。「人必自重，而後人重之；人必自侮，而後人侮之」，立法委員要想使人尊重，首先就應該履行議員的基本職責，立法委員的基本職責就是反映民意，代表人民開會討論、決策、立法，所以如果想扭轉立法院在民眾心目中的不良形象，改革之道首先就要摒棄在立法院裡罵人打架、霸占主席台這些不良的風氣和文化。〈9〉國會改革也有很多面向需要檢討改進，其中最嚴重的制度問題莫過於黨團協商，不僅造成利益交換、密室政治，架空了立法院常設委員會作爲立法核心的功能，更是違反了民主多數決的原則，使得整個立法院被少數人操控、綁架，讓一些認真議事、想改進立法功能的專業立法委員無能爲力。黨團協商制度目前在院長主持之下，採取所謂的共識決，有一個黨團代表反對，那就無法達成共識，協商就破裂，依法應該交由院會處理，但是實際上院會開會時往往上演霸占主席台不讓開會、不讓表決的戲碼。〈10〉共識決可說是等於少數否決制度，三個人組成的黨團和四十多人組成的黨團、六十多人組成的黨團同樣具有否決權，同樣可使協商破裂，使得政策、法案無法過關，這種共識決、少數否決制度完全違反普世的多數決民主原則。〈11〉如果要走向德國聯立制，一定要注意一點，就是所謂超額代表的問題要如何解決。這在德國被宣告爲違憲，後來雖然有改進，但是改進之後可能會讓席位一會兒膨脹很多、一會兒收縮很多，不很妥當，這一點要如何改變是值得我們深思的。〈12〉政黨制度還側身於人民團體法中，完全不合時宜，這是需要改革之處。最主要有兩個內容：第一，黨內民主化，包括決策、人事的民主化；第二，財務公開，包括財產的來源和去向。以後要走的路線或修正政黨法不可避免的兩大原則。〈13〉除了選舉制度一定要走上真的德國式比例代表制導向的兩票制之外，國會的不分區名額要增加。以現制來講，增加45席，區域立委73席加上原住民立委成爲79席，另外再加同樣的數字，有79席的不分區立委。在這樣的情況底下，就有158席。未來增加比較多的不分區名額，也讓政黨能夠有效納入資深的政黨領袖或者專家、女性，以及許多弱勢族群的代表，未來的國會會更加多姿多彩、具有全國代表性，對於整個台灣的民主來講才算是一個大的進步。〈14〉因爲委員席次減半，所以委員會變成8個，試問8個夠嗎？我覺得是相當不夠的，事實上，許多國家的委員會設置都是和行政機關平行的，究竟委員會要多少人才算夠呢？美國眾院的常設委員會是20個，參院的常設委員會是16個，可以思考委員會數目是不是要適當的增加？如果要變成12個的話，以目前的標準而言，每個委員會人數是13人至15人，那麼立委名額就應該是156人至180人，用這個角度來考量名額比較有道理。〈15〉委員會的數目應該要增加且因此委員的名額應該要增加的話，要增加的應該是不分區名額，不分區的名額至少不能低於區域的名額，這樣政黨比較能有效約制它的國會議員，這對政黨政治而言是非常重要的，如果是這樣，不分區名額起碼要有73席。〈16〉立法院的問題包括聯立制與並立制、席次減半、比例代表制、委員會多寡、同意權、副署權等等，其實它的前提是總統制或內閣制，也就是先決定要有多大的政黨、是什麼制度，然後再來談國會改革，否則這些命題永遠都講不清楚。〈17〉幾十年來有到達20歲以上的公民因爲種種原因甚至包括公務的原因而不能行使其公民權利，這個從公民參與的角度來看，它需要被解決的優先程度，是遠遠高於增加公民參與權的，當然並不反對降低爲18歲，但是它的優先程度應該是低於增加不在籍投票這樣一個修憲議題。〈18〉兩院制可以適度的緩和今天立法院的問題，讓兩院的表現能夠相互的競爭，兩院制可以阻止一院制國會專制弊端，可以集思廣益並免除輕率、欠考慮、激進立法之弊而大幅提升立法功能和品質，可以保障少數階級或族群，可以擴大參選空間培養政治人才；第一院如果遭到解散，第二院的存在可以免除國家陷入沒有國會的狀態；第二院可以作爲政府與第一院之間的調和機構，緩和行政與立法的衝突。〈19〉國父孫中山先生建立五權的理由，非但沒有消失，時間越久，反而越能證明其真知灼見。監察權獨立存在是有其實質意義的，媒體追逐的美河市弊案，就是起源於監察院的調查報告及糾彈案，才造成群起蜂擁追剿的效果。專注蕭規曹隨的重要性，是可以造成後世的文景之治；同理，當孫中山先生五權憲法的遺志在台灣實現、形成中華民國特色的民主法治時，它使台灣成爲華人社會下享有民有、民治、民享的唯一民主法治國家。〈20〉五權分立制度，分權過細，基本上要把監察權回歸到國會、考試權回歸到行政院。每個國家都有監察權及考試權的功能，只是要不要設計到「院」的層次，由一級的憲法機關行使？我認爲強化國會、強化行政權的互動非常重要。〈21〉全世界有制定政黨法的國家，從德國開始，包括義大利、西班牙、南韓等，這些國家都有一個共同的特色，都曾經遭受過威權獨裁的過程。德國當時爲什麼在基本法第二十一條將政黨入憲？就是因爲有納粹的經驗。我們現在講的不只是政黨的入憲，包括轉型正義的部分，政黨這部分也應該適度地納入，因爲這是台灣民主憲政運作過程中一個非常重要的歷史經驗。〈22〉門檻要不要從 5%降到 3%，是一個模糊空間，而要怎麼計算，這是可以談的。當然要維持二大二小，基本上就要 5%，如果要二大四小，那就有可能出現 3%，以台灣目前來講，要二大四小的話，3%是有空間的。[28]

7.修憲委員會第七次公聽會：

修憲委員會第七場次公聽會於 4 月 30 日舉行，主要討論議題有四：（1）從民主國家應有之「權責相符」憲政架構，看我國第七次修憲後產生之憲政困境，兼談我國總統職權、定位及與五院之互動關係。（2）從閣揆同意權與解散國會權之制衡關係出發，談內閣制展現民意之功能性及實踐性。（3）從歷次修憲、國會選制變革談我國立法委員之角色定位，並論立法委員得兼任閣員對我國民主發展之意義。（4）從開放及保障人民參政權談修憲降低選舉權年齡至十八歲、確立不在籍投票制度之必要。

本次公聽會由江啓臣召委主持，出席公聽會人士：江義雄、謝榮堂、邱師儀、陳茂雄、施能傑、吳振嘉、廖達琪、楊泰順、黃世安、何思慎、曾建仁、陳以箴、廖義銘、游盈隆〈未出席提書面資料〉等 14 位學者專家。

第七場次公聽會重要發表意見事項：（1）李登輝時代把憲法中有關立法院閣

---

28 「立法院第 8 屆修憲委員會第六次公聽會會議紀錄」。立法院公報第 104 卷第 33 期，民國一 0 四年五月八日出版，頁二三七 – 二六四。

揆同意權刪除後，就更顯得權責不相符。（2）三權分立適合國家體制的發展，採行總統制，但若行政院長是憲法最高行政首長，掌握實際行政權，改革就會很困難。讓我們總統和美國白宮一樣，擁有行政大權，這樣運作會比較好。（3）考試院可以由原來行政體制去做，監察院就回歸到立法院。（4）不在籍投票是可推動，但在我國剛提出，技術是否可以克服？技術上是否可以做到不買票、不做票、不妨礙投票是要注意的。（5）修憲是要修真的還是假的？是要大修還是小修？如果真要修憲應該大修，目前雙首長制有很大弊病，採行內閣制而以總統爲虛位元首。內閣制的不分區立法委員要採德國比較代表制，培養未來的閣員。（6）目前增修條文有一嚴重的問題，倒閣的結果就是總統可以另外任命一個新的行政院長，而立法院解散改選，這對整個政治運作是沒有幫助的。（7）不在籍投票和通訊投票是兩個不同的觀念。不在籍投票最重要要的是防弊機制。其可以使住在南部的人在北部投票，海外公民也可以投票。（8）如果要令權責平衡，閣揆的任命要經立法院同意，這是一個方向，另一個方向是總統解散立法院權，這是恐怖平衡，總統在任命行政院長時必須跟立法院討論。（9）現行憲法與增修條文最嚴肅的困境是，一個民選總統卻沒有一個常態性、制度性的行政領導力；真正的國會也沒有完整的民意監督權，包括政策調查權，政務體系與文官體系彈劾權。（10）內閣制是行政立法合一，如果搭配強烈的政黨黨紀，重大政策形成反而會不民主，特別是多數黨如果不尊重少數黨聲音，這不是台灣社會所樂見的。（11）在半總統制下修正是可行的，這可強化政治穩定、增進行政效能、減少行政權與立法權僵局，憲法修正方面可以將總統拉到憲政體制內，可考慮第五共和制度，由總統主持國務會議、也可以對立法院提案。（12）第七次修憲改變立法院選舉方式，以及立委席次減半。一個效應是代議士赤字，這些代表民間反應聲音有所不足，造成很大衝擊。單一選區兩票制通常是向兩大黨集中，政黨太少是減少不同意見進入立法院的管道。選區劃分某種程度上也是票票不等值，有大區小區分別。（13）監察院應併入立法院，將決算權納入立法院。如果不知道決算，沒看過決算書，怎麼企規劃下一個年度政府預算，又如何監督政府預算如何執行？（14）區域立委不增加，使否能大幅增加不分區立委名額？德國區域與不分區比例大約是50%，日本是40%與60%。透過不分區委員增加，強化國會問政專業性。（15）法國憲法沒有閣揆同意權，但至今有三次總統知道他與國會多數不相同時，他會自動任命國會多數黨，由國會多數黨來組閣。我們無法學到法國的憲政慣例，我們就入憲，將閣揆同意權寫入憲法中。（16）修憲必須是配套了。18歲可以投票，但民法卻保留在20歲，他可以投票卻在某些權利義務上無需負擔責任；也要告訴人民，討論政黨不分區的比例降爲3%，但1月分修的政黨補助金是降爲3.5%。（17）以前我們把從大陸帶來的舊憲法，一直經過幾個階段的修憲，基本上這部憲法已經支離破碎，我們應回過頭來把憲法作結構性的調整，最終還是要把它回歸到總統制或內閣制這樣的思考。（18）總統制是美國發明出來的，內閣制基本上是從1215年大憲章的歷史過程中，英王和國會權利不斷拉扯中，逐漸演進出來的，目前絕大多數民主國家是內閣制。（19）我們過去的憲法修改，經常是因爲某人而做這樣修改，或因爲某個事件大家就人來瘋，就一起幹了這件事情。所以可以很輕易的國會減半，減半以後發現出了問題；很輕易的把閣揆同意權拿掉，拿掉之後又發現問題。（20）不在籍投票其他國家都能做，爲甚麼中華民國不能做？日本例子很好，除了不在籍投票還有期日前投票。（21）修憲必須重新制定這個國家與原住民族間的關係，補正歷史的不正義與憲法的不正當性。（22）內閣制有如下效果，一是未來我們的政務首長在選區選舉過，受到民意的檢驗，具備適合的人格特質；二是因爲經過選舉的歷練，他知道要和地方、民眾、各部會和其他權利單位溝通與協調；三是各部會首長來自立法院，可以進行解散國會或解散內閣的制度達到權責相符的境界。[29]

8.修憲委員會第八次公聽會：

修憲委員會第八場次公聽會於 5 月 4 日舉行，主要討論議題有四：（1）從民主國家應有之「權責相符」憲政架構，看我國第七次修憲後產生之憲政困境，兼談我國總統職權、定位及與五院之互動關係。（2）從閣揆同意權與解散國會權之制衡關係出發，談內閣制展現民意之功能性及實踐性。（3）從歷次修憲、國會選制變革談我國立法委員之角色定位，並論立法委員得兼任閣員對我國民主發展之意義。（d）從開放及保障人民參政權談修憲降低選舉權年齡至十八歲、確立不在籍投票制度之必要。

本次公聽會由江啓臣召委主持，出席公聽會人士：陳朝政、廖元豪、高宇成、郝培芝、曾建元、謝良承、陳茂雄、孫善豪、李允傑、彭錦鵬、廖義銘、胡祖慶、顧忠華等 13 位學者專家。

第八場次公聽會重要發表意見事項：（1）總統制和內閣制比較符合權責相符的理念，因總統制和內閣制都是單一首長制。但總統制比較缺乏解決行政權與立法權僵局的機制，過去有一段時間在台灣造成相當大的問題。內閣制比較有行政權和立法權融合、較能反映最新民意的優點，內閣制現在成爲社會思考中央政府體制的主要方向。（2）現行的雙首長制中恢復閣揆同意權，就能展現這些內閣制的功能，應該不需要一步到位，就此走向內閣制。（3）如果要恢復閣揆同意權，就要一併檢討總統和閣揆之間權責劃分。在現行總統制中恢復閣揆同意權，事實上提升了閣揆的民意基礎和實質地位，因此閣揆和總統之間的權責劃分更應釐清，應該檢討取消總統免職行政院院長的權力。（4）行政權必須在立法院通過不信任案後才能解散立法院，以致有在野黨不願提出不信任案，卻又能夠透過法案及預算的審議，強力監督甚至抵制行政權的政策，行政權缺乏主動解散國會權，應將行政權解散國會權改爲主動制。（5）從開放及保障人民參政權談降低選舉權年齡至 18 歲、確立不在籍投票制度，這是國內外的趨勢，這似乎也不必修改憲

[29] 「立法院第 8 屆修憲委員會第七次公聽會會議紀錄」。立法院公報第 104 卷第 37 期，民國一 0 四年五月十四日出版，頁二八三 – 三二六。

法，只要修改選罷法即可。（6）不管總統制或內閣制，最高行政機關—行政院或總統，沒有完全統合的政策決定權，考試、司法、監察三院卻各有獨立的法律提案權，這在世界上是非常少見的。討論公務員要不要3%考丙，結果是考試院決定，決定的是行政院的人，行政院決定如何用人，考試院來立法。行政、考試兩院又沒有上下從屬關係。（7）立法院希望能夠質詢、制衡，可是基本上只能質詢行政院，其他幾個院只有在審查預算和法案時才能質詢，然後質詢完之後能做什麼呢？很難做什麼。同樣是提法案，行政院被刪了或修改了，可以提出覆議，可是司法院、考試院以及監察院卻不能，所以這個設計是很怪的。（8）總統的影響力太大，卻沒有明確課責的體系，以制約這個總統權力的制度。這次既然兩黨都有修憲的共識，而且再次啓動修憲，基本上我覺得我們應該要澈底檢討憲政體制，而不是只談降低投票年齡、降低政黨門檻或是降低修憲門檻，我覺得這個不是主菜，這是配菜。（9）法國半總統制之總統跟總理的關係，就是董事長跟CEO的角色。總統承受所有人民投票，目的是要率領他的政府來訂定國家的大政方針，總統猶如一個大企業的董事長用高薪請了一位非常有能力的CEO，而且這位CEO知道他要做些什麼，董事長會以高薪聘請有能力的執行長來達成公司營運目標。當這個CEO做不好時，下台本來就是一個負責任的態度。（10）半總統制國家已經成爲全世界最多國家的憲政體制，內閣制國家持續下降。所有半總統制的國家都是以法國爲藍本，巴黎第一大學的教授到處去幫俄羅斯、中東及歐洲等國家寫憲法，而且這些半總統制的國家不是往內閣制傾斜，反而是往總統制傾斜，可見都是在總統化、不是芬蘭化！（11）這次修憲版本中，可以看到將國家安全的大政方針，進一步明確化爲總統享有外交及國防的保留權力，這部分不切合實際。16年來兩任總統，對於國家的大小事務，都可以運用直接民主正當性去表示關切，甚至影響到行政院決策，這是選民政治文化，這種直選中所形塑出來的一種憲法意識要加以正視。（12）第一次拿到題綱時太偏重內閣制的內容，包括閣揆同意權、內閣制的功能與實踐性及立委兼任閣員等。未來我們談憲政問題，尤其是權責相符的議題時，到底還要不要談總統呢？換言之，未來對於憲政體制的選擇，是不是沒有總統制或半總統制的空間，或是只剩下內閣制的選項呢？未來有關完備憲政僵局的解決，或是要直接往總統制修正等，這都是相關的議題，而內閣制不應該是唯一的選項，因此這部分可以留在第二階段再來討論。（13）監察院及考試院應予以廢除，回歸到立法權及行政權。有關監察院中審計權的特殊性，可以設置國家審計委員會，或成爲立法院的一個獨立委員會，除了審計之外，有關彈劾、糾舉、調查及舉行聽證等大部分的權力也應回歸至國會的立法權，並提升對於行政權的整體監督。（14）把參政權年齡門檻18歲的議題，和行使所謂不在籍投票這個立法層次、技術層次的問題混爲一談，不僅不相稱，一起來討論，明顯是缺乏正當性。（15）依照現行體制，行政與立法完全分立，但卻弄一個立法院來卡總統權力，本來這就是一個不正常體制，所以所謂有權無責或有責無權，這樣的說法都是有問題的。（16）往內閣制傾斜比較能夠有一個機制來改善藍綠惡鬥，因爲內閣制比較有可能成立聯合政府。假設總統由民進黨當選，國會的多數黨是國民黨，在此情形下總統和國會勢必要針對內閣閣揆進行協商。聯合內閣的出現，例如民進黨和親民黨、台聯或是國民黨和親民黨組成聯合內閣，應可有效化解藍綠對立的尖銳氣氛。（17）未來我們要走向聯合政府或是偏向內閣制的雙首長制，勢必要調整爲中選區兩票制。現在的小選區兩票制不可能讓第三勢力茁壯，只會讓藍綠結構固化，南部更綠、北部更藍。假如要打破藍綠惡鬥，就要考慮把選區制改變成中選區兩票制，讓第三勢力有空間可以存在。（18）不在籍投票制度有必要實施，目前實施不在籍投票制的國家如英國、美國、德國、法國、澳洲、紐西蘭、加拿大、芬蘭、義大利、丹麥、比利時，幅員和人口比我們大得多，實施起來都沒有問題，所以台灣當然有條件。（19）在 OECD 三十幾個國家中，二次大戰後有 49 個總理的任期超過 8 年，這對政權的穩定和政府治理的一致性都是非常棒的。民主國家最主要是採取什麼樣的制度呢？大概都是議會內閣制，以歐洲來講，只有法國和葡萄牙不是採用議會內閣制，在 OECD 國家當中就有 28 個國家採用議會內閣制，也就是八成採用議會內閣制。（20）根據憲法規定，行政院長必須向立法院負責，但憲法並沒有規定他必須向總統負責。就憲政設計而言，所謂負責的意義應該是指能夠控制當事人的去留。現在行政院長的去留乃是操控在總統手中，而不是操控在立法院的手上，這樣是不是符合權責相符的憲政原則就非常值得討論了。[30]

9.修憲委員會第九次公聽會：

修憲委員會第九場次公聽會於 5 月 9 日舉行，主要討論議題『憲改路上，人權不能缺席』有四項子題：（1）本次修憲應否納入新世代人權保障清單，使其符合當代人權保障水準？人權清單的擴充幅度爲何？（2）本次修憲具有急迫性、應最優先入憲處理的人權保障事項爲何？（3）我國憲法應否明文規定，我國簽署之各項國際公約之位階應等同於憲法？（4）我國憲法應否明文規定，原住民基本法保障原住民權利相關規定之位階應等同於憲法？

本次公聽會由鄭麗君召委主持，出席公聽會人士：林忠山、李炳南、李承志、蔡志偉、林騰鷂、李宜光、陳茂雄、施逸祥、邱伊翎、廖福特、張台麟、陳秀惠、邱師儀、李鏵濈、黃嵩立等 15 位學者專家。

第九場次公聽會重要發表意見事項：（1）有幾位委員支持 12 年國教應入憲，面對這個問題，宜以法律保留原則處理爲妥當，不見得非得放進憲法裡面。同樣的，有關原住民條款的部分，原來憲法增修條文對原住民的規範所標舉的範疇大體上也已經滿足了，建議是否也留待法律規定的方式做個處理。（2）有關國際公法的部分，在法律位階上它是低於憲法、高於法律，在此前提下，能否將國際公法擺在憲法裡面，持比較保留的態度，理由是憲法乃是國家組成的契約，它規範的方向有以下二端：一是政府的規範，亦即權力分權制衡的設計，另一個就是人

---

[30] 「立法院第 8 屆修憲委員會第八次公聽會會議紀錄」。立法院公報第 104 卷第 38 期，民國一 0 四年五月十九日出版，頁一八三 － 二 0 六。

權保障的設計。（3）開辦網路電子投票是未來的趨勢，立法院應及時進行研究，並將網路電子投票列入立法議程，這可以大幅度提高投票率，強化公民的政治參與權。（4）開辦不在籍投票，應該優先於降低18歲的議題辦理，這可以完善當前政治參與的缺陷，除院總第1607號修憲案所提之憲法增修條文第六條第一項後段修正之外，關於立法委員選舉之不在籍投票無須透過修憲的方式，只要修法即可進行，更應該辦理。（5）有些年滿20歲的公民，其中包括大量的年輕人，因為求學或留學在外、工作在外、出差在外，遇到選舉常無法返回原籍地投票，在此情況下，政府沒有理由不仿效其他民主國家採行已久且著有成效的制度來促進這些包括大量年輕人的政治參與權。（6）憲法法律化或法律憲法化的問題，關於人權條款的增修案，比方講，院總第一六〇七號修憲案或者對於政黨入憲的修憲案等這類案子，如果可以由立法院法律修訂的，就由立法院以法律形式完成之，以縮小修憲的規模及次數並增加這些好的政策能夠被施行的程度，不必動輒修憲，以維護憲法的尊嚴。（7）「原住民基本法」可惜的是這部法律是由立法院通過，可是討論議題上面的名稱還是寫錯，還是寫「原住民基本法」，社會大眾對原住民跟原住民族，這兩個不同層次的想法還沒有一個比較清晰的概念理解。今天很多有關於原住民族的一些政策或法律的問題，不在於有沒有這樣的一個規定，重點在於執行面。它最大的問題就是定位了原住民族是一個需要被扶助的弱勢團體，它用均質化、同質化的方式把原住民族等同是金門馬祖外島一樣的人民。所以把原住民族基本法憲法化當然是一個立即可行的措施，更重要的是要去思考，在憲法的位階中要如何界定國家與原住民族的關係？（8）修憲不如行憲、行憲重在立法。在我國修憲有此嚴格限制的情況下，除非憲法明文禁止或限制規定，如果無法透過修憲完成之事項，建議能儘速以大量立法的方式通過相關法律案，同樣可以達到行憲及保障人權的理想，並不一定要透過修憲的方式。（9）憲動盟這麼強調兩階段修憲，主要是因為時間很短，又有一些具有高度爭議性的修憲案，例如攸關中央政府體制的修憲案，就需要很多討論及配套措施，這種高難度的修憲案，不宜放在2016年這次的修憲，現在應該集中處理有高度共識的修憲案。（10）完整的基本權保障要有四個面向：包括人性尊嚴、自決權、平等原則、法律人權。對於列完整的人權清單，大家並沒有共識，那或許我們應該考慮縮小範圍，把它變成一個單一的條文，這個條文談三件事情：1、基本權的拘束力；2、應該去處理國際化，就是把國際人權標準納入國內法；3、應該解決的是建立制度，特別是有關人權的評估、人權報告和設立國家人權委員會，這樣才能更加落實基本權。（11）法國在2008年特別增設人民權益保護官，這是以人為單位做為機構。為什麼不參考法國的以人為單位，然後下設機構，像這些法國有很多資料值得我們參考，就叫做人權保護官或人權保護總長，其主要任務為提升並促進人民、行政機關以及各項公共服務機構的良好互動關係；促進並保障兒童的權利；消除各項歧視並推動人人平等之權利；監督並確保專業職場倫理被行使公共安全職務相關人員所遵守；也就是以人為本的架構。（12）我們對於外來移民的態度一直以來都是一個很空白的政策呈現，此次修憲雖然沒有很具體的案子在這部分，其實移民署的地位不應該只有警察權，應該還有輔導權，而這個輔導權包括語言、適應及家暴問題。（13）目前全世界沒有任何一個國家針對網際網路進行憲法層級的討論，未來全世界各國一定會就網際網路的使用與精神進行原則性規範。雖然憲法程度沒有這樣的規範，但是在法律層次有很多，比如巴西有所謂的網路憲法，那還是在法律層次進行修法，比如美國已有很多州進行所謂的網路反霸凌法，把這樣的想法丟出來在這裡討論，大家應該開始慢慢注重網路世界。如果以後又開放不在籍投票，也開放網路投票的話，我相信沒有一個政黨敢忽視這股力量。（14）法國第四共和憲法，也就是 1946 到 1958 期間，規定絕對不進行以征服爲目的的戰爭，尤其是不使用武力對抗任何民族的自由。他們還是在越南和阿爾及利亞繼續使用武力來鎮壓人民爭取獨立自由，所以，憲法條文是定了，完全沒有獲得執行，因此才導致第五共和的產生。舉這些例子，主要是認爲，有些人權的條文、政策宣示性的條文，是否能夠達到大家都想要達到的目的？其實不見得！它可能帶來更多失望，因爲保護不周，使得人民更爲失望、憤怒而已。（15）什麼叫做新世代的人權？新世代人權首先在界定上就沒有一定的話題，又什麼是「新」？如果現在因爲是新，所以入憲，那麼 10 年之後，20 年之後，下一批的新是不是也要入憲？這樣不斷追求、定義何謂「新」，就要吵半天，什麼時候該定進去，又是一個問題，這不啻是以有涯隨無涯，殆矣！所以，如果是可以在立法層面上解決的問題，就不一定要入憲，妥善解釋憲法，比修憲更爲重要。（16）本次修憲應優先處理人權保障機制，包括國家人權委員會。國家人權委員會之設立，在國內雖有部分反對意見認爲它跟三權或五權分立的憲政架構有所扞格，但國家人權委員會的功能與憲政架構並不衝突，因爲它主要的功能在於：第一，接受申訴，進行調查，但其調查之目的跟一般司法權或監察權的調查並不相同，並非針對個人究責，而是在理解政府的法律與政策是否違反人權原則，所以其調查職權跟其他憲政機關的調查權是有所區隔的。其第二個功能是提供教育、散播人權觀念及深植人權文化，這並不是監察機關所能負責。它的第三個功能是作爲政府跟公民社會在人權議題上的橋樑，國家人權委員會的委員中有半數必須來自於民間社會。第四，國家人權委員會可以作爲國內人權規範跟國際人權標準之間的橋樑，因爲國內的兩公約施行法規定，違反公約的國內法律跟命令必須調整，如何可稱爲違反？應該參考國際的文件及案例進行深入的比較，國家人權委員會可適當地扮演此一功能。[31]

10.修憲委員會第十次公聽會：

修憲委員會第十場次公聽會於 5 月 11 日舉行，主要討論議題爲：『第八次憲改的共識凝聚：兩階段修憲與公眾參與』：

（1）目前推動憲改相關公民團體主張兩階段修憲，高度共識議題於第一階段優先處理，並於 2016 年全國大選併同舉行公投複決；其他有待凝聚共識之議題

31　「立法院第 8 屆修憲委員會第九次公聽會會議紀錄」。立法院公報第 104 卷第 40 期，民國一 0 四年五月二十二日出版，頁二二九 – 二六八。

於第二階段處理，並併同於2018年地方選舉舉行公投複決。請問是否同意本次修憲就以下議題優先形成共識？a.參政權年齡下修（選舉權年齡下降至18歲顯已獲得各政黨之共識）a-1：被選舉權是否下修至二十歲或十八歲？a-2：是否應將憲法第一百三十條之規定刪除，選舉權與被選舉權年齡改以法律規範？b.擴充人權清單入憲。c.立法委員選制改革c-1：聯立制還是並立制？c-2：不分區立委席次分配門檻是否應從5%降為3%？d.修憲發動權歸屬及修憲門檻下修d-1：是否賦予人民連署提出憲法修正案之權力？d-2：修憲門檻是否應向下調整？d-2-1：立委提案門檻維持四分之一、出席委員人數降為三分之二、決議人數降為出席委員三分之二，公民複決門檻降為選舉人總額五分之二同意。d-2-2：立委提案門檻維持四分之一、出席人數降為三分之二、議決人數降為出席委員三分之二，公民複決門檻降為簡單多數決。d-2-3：立委提案門檻維持四分之一、出席委員人數降為三分之二、決議人數維持出席委員四分之三，公民複決門檻降為簡單多數決。d-2-4：立委提案門檻維持四分之一、出席委員人數降為三分之二、決議人數降為出席委員三分之二，公民複決門檻維持有效同意票過選舉人總額之半數。

（2）現行修憲程序公民參與顯有不足，未來是否訂立專法，提升並保障修憲過程中的公民參與？

本次公聽會由鄭麗君召委主持，出席公聽會人士：李炳南、林騰鷂、謝榮堂、吳盈德、楊日青、陳茂雄、李訓民、徐偉群、郝培芝、陳俊宏、賴中強、林忠山、顧立雄、顧立雄、李鉡瀓等15位學者專家。

第十場次公聽會重要發表意見事項：（1）有關人權清單方面：第一，讓異鄉人有投票權利，不在籍投票制度應早日實施；第二，尊重瀕臨死者的權利，安樂死應考慮予以合法化；第三，單身女性應有做人的權利；第四，醫療刑責合理化，才能讓醫師與病人雙方兩全；第五，偵查不公開形同具文，嚴重侵犯當事人的隱私權與名譽權，立法院應予正視；第六，訂定反起訴法，讓法律明確為所有外籍配偶（包括中國大陸籍配偶）建立保護牆；第七，個人認同同性結婚為基本人權，社會應該包容同性結婚；第八，讓受僱者同工同酬，讓派遣工不受歧視。（2）兩票制分為德國聯立式和日本並立式。聯立式小黨生存空間較大，易形成多黨政治；而並立式小黨生存空間較小，易形成兩黨政治。在兩黨制下政黨控制力量大的話，若能成功對抗少數總統，可能會逼得總統不得不換軌。但在多黨制之下，由於政黨合作不穩定，少數政府才有存在空間。（3）私立學校的學費是公立學校的兩倍，但是提供的教育水準卻不及公立學校的一半，作為教育界人士，不感到羞恥嗎？整頓私校是一件大事，希望基於教育平等權重視私校的問題。（4）古蹟的修復比把古蹟拆掉重蓋還要耗時間、還要麻煩，而且後遺症更多。那麼制憲是不是會比較好一點呢？大規模修的話，超過二分之一，其實應該重新制憲，而不是修憲。（5）假設今天只有降低投票年齡為18歲，可能會發生一個有趣的現象，就是我有權投票，但是如果投票的過程有爭議的話，那麼依照行政程序法或訴願法的規定，我可能沒有當事人能力，所以還要找法定代理人才可以提起訴願、行政訴訟。所以這部分不只是投票年齡要降低，相關的法律配套措施都要一併完成。(6)「人性尊嚴不可侵犯」，不管是男人、女人或任何性別，都應予以保障。另外，所有的基本權利，只要遇到第二十三條規定的那四個條件——防止妨礙他人自由、避免緊急危難、維持社會秩序和公共秩序所必要者，都可以以法律加以限制，試想憲法第十五條保障人民的生存權，但是憲法第二十三條卻規定可以為必要之限制。(7) 人權是普世價值，但是真正要予以保障的項目會隨著時代發生變動，是否每增加一項新的大家所重視的人權，就要修正一次憲法把它納入？所以，是不一定要納入憲法，或許可以透過立法或政策層面解決。其次就是妥善解釋憲法可能比修憲來得更重要，在現實層面上是否也更容易執行？換言之，如果今天這個議題或人權的議題，現行憲法並沒有規範，透過大法官會議的解釋或法院在司法實踐上的解釋，是否也能解決這樣的問題呢？(8) 美國實際上沒有什麼全國性的公民投票，除了選舉時公民有選舉權之外，沒有罷免權、創制權以及複決權，仍然沒有什麼公民投票制度，原因在於一般公民對於公共事務實際上欠缺瞭解，而且不理性，容易受有群眾魅力的政客鼓惑煽動，容易盲從，做出一些錯誤的抉擇。(9) 當前最重要的、亟需改革的，莫過於國會制度裡的黨團協商，黨團協商制度已經被操作成「立法院長與民進黨黨鞭所主控，以及其他黨鞭具有否決權」的這種密室政治，這個不良制度的改革，只要多數立委覺醒，展現道德勇氣，修改立法委員職權行使法，就可以輕易的加以改變。(10) 這一次有一個議案有許多人連署，就是把考試委員跟監察委員的任期變成 8 年但是分段，也就是每 4 年選舉一次、調整一半。這有兩項優點，第一，有傳承的功能，就是老的帶新的。第二，6 年的任期，常常由一個總統幫另一個總統提名監察委員跟考試委員，如果分成兩段，分別為 4 年，剛好每一任總統都可以提名到他所希望擔任這項職務的人。(11) 台灣有很多亂象就是因為兩大黨對決，所以為了台灣的現實環境，應該改成聯立制，應該讓小黨能夠生存；至於並立制，別的地方不會出問題，台灣就是出了問題，因為意識型態對立的太嚴重。(12) 第七次修憲時，把人民的創制權修掉了，因為以前人民的創制權跟複決權是由國民大會來代理執行，國民大會廢掉了，也把創制權也廢掉了。但是我們這一次的議案都沒有提到恢復人民的創制權，倒是民間團體所辦的，有提到創制權的問題。應該讓人民有創制權，經過連署之後，交由人民再做一次複決，這是比較可行的方式。(13) 憲法上的參政權與抵抗權是不太一樣的，抵抗權是二、三百年前的觀念，它是自不服從的觀念延伸而來的。縱觀世界上的民主國家，不論是美國還是英國等英美法系的國家，都沒有把抵抗權的觀念列入在內。(14) 2004 年在強化國防的公投人數，公民人數為七百四十幾萬人，投票率是 45%、接近 50%。如果將公投門檻從二分之一降到五分之二的話，只要三、四百萬人就可以決定 2,100 萬人的前途，這樣的情形其實是滿危險的。(15) 如果立法院在 6 月 16 日正式公告修憲案，主張在立法院通過之後、中選會正式公告之前，政府部門應該讓公民有機會了解憲法的內容，同時有表達意見的機會，積極的履行這樣的憲法義務；甚至立法院也可以進一步修改公投法對憲法層次的公投，明定公民審議的民主程序，並將它作爲實踐的法源跟經費基礎。(16) 無論第一或第二階段憲改，都應有人民參與審議的機制，作爲修憲程序的一環，必須審慎思考議題有二：一、在公投複決程序之前，不管是憲改的程序、議題與內容，都必須經過公開的民主程序充分匯納草根意見，以更爲擴大的公民共和基礎，來強化憲政秩序的正當性。二、朝野各界必須審慎思考一個如何讓政黨、公部門、民間團體與人民可以共同商討、決定的憲改程序。「公民憲政會議」作爲一個替代性的正式修憲路徑，具有多重的憲政功能與意義，值得進一步探究。(17) 公民憲政會議作爲一個替代性的正式修憲路徑，具有多重的憲政功能與意義。首先，憲政會議（constitutional convention）的修憲模式，基本上就是要處理全局性、結構性的憲法翻修（revision），而不是個別性、漸進式的憲法增補（amendment），所以較諸國會修憲與公民憲法創（constitutional initiative）等其他制度選項，更加契合於當前台灣憲政改革的需要。(18) 國民黨和民進黨上次修憲時合作才修爲並立制，而且採 70 比 30，結果民進黨在 2012 年選舉時吃虧了，應該採聯立制較好。觀察目前的狀況，民進黨在 2016 年的選舉好像採並立制會比較強，國民黨則會比較弱。可是現在民進黨不完全認爲採並立制對他們會較強，這倒是好時機，我們這次就以聯立制處理。基本上，聯立制對於國、民兩黨都算是較穩定的，不會像並立制這麼恐怖，贏者大贏，輸者大輸，那是不穩定的設計。(19)，採行聯立制，用第一張政黨票來決定該政黨全部席次爲界線，從理性的判斷上來說，應該是全體國民可以接受的公平作爲。(20) 有關是否要賦予人民直接修憲權，在法國也沒有，當然它不是不尊重人民，而是修憲的議題本來就是經緯萬端牽涉很多，所以法國只有公民連署提出法律修改的制度，沒有提出修憲的制度，這完全是各方的考量，並不是忽略人民修憲的意願或是修憲的動能。(21) 法國的全國公投確實沒有表決門檻，它的地方公投就有門檻的設計，必須半數以上的選民參加公投而且贊成票要達到半數的時候才能夠通過地方公投，全國公投反而沒有類似的規定。這一條規定是 2004 年增加的，因爲他們發現全國公投沒有門檻會越來越難以凝聚共識，2004 年制定地方公投法的時候就明文規定地方公投的門檻才能夠凝聚共多的改革共識。(22) 有很多論述認爲缺席票或是不表示意見的票反而會影響可決的有效性，所以要把公民投票的門檻降低，這種想法相當不能理解，我們台灣的立法院會議，投票表決的出席與否本身就是一種政治表態，棄權也是一種政治表態，投可決票、投贊成票也是一種政治表態，因此公民投票不去投票的人意見可能很多種，但是起碼他不是肯定票，所以不能說這種缺席會影響到贊成的可行性然後就把它硬拖下來。[32]

（四）修憲委員會 10 次會議

「修憲委員會」召委開了 3 次會議，決定從 5 月 18 日起至 6 月 8 日，把 28

[32] 「立法院第 8 屆修憲委員會第十次公聽會會議紀錄」。立法院公報第 104 卷第 42 期，民國一 0 四年五月二十七日出版，頁一六一 – 一九八。

個送進修憲委員會的提案分爲 9 個議題來討論，前 9 場會議每場各處理 1 項議題，並分別作成結論，第 10 場會議總結處理所有結論並完成審查。「修憲委員會」10 次會議之議題及討論日期如下：[33]

1.人民之權利義務 — 人性尊嚴等項。（5 月 18 日）

2.選舉及被選舉年齡 — 選舉人及被選舉人年齡調降。（5 月 20 日）

3.不在籍投票制度。（5 月 21 日）

4.總統、副總統與行政院 — 內閣人事副署權、解散國會權、閣揆同意權、內閣官吏得由立法委員兼任等。（5 月 25 日）

5.立法院 — 立法委員席次選制、政黨門檻、原住民委員席次保障、立法委員兼任內閣官吏等。（5 月 27 日）

6.司法院 — 司法院大法官人數、任期等；考試院—考試院廢止及其職權移轉、明定考試委員人數、考試委員任期等。（5 月 28 日）

7.監察院 — 監察院廢止及其職權移轉、監察委員任期、監察委員人數等；省縣自治—省政府廢止等。（6 月 1 日）

8.基本國策 — 延長接受國民教育年齡、離島地區居民權益保障、人權立國、基本權保障並與國際接軌、原住民族權利保障等。（6 月 3 日）

9.憲法修正案之提出 — 憲法修正程序等。（6 月 4 日）

10.總結處理所有結論並完成審查。（6 月 5 日）

整體「修憲委員會」10 場會議除了 5 月 27 日，朝野首次在不分區立委得票門檻，由現行政黨需獲所有政黨票百分之五降爲百分之三，達成一致之共識，此外所有修憲議案，兩大黨均各有堅持，甚至南轅北轍，大相逕庭。如民進黨主張投票年齡降爲 18 歲，國民黨則要求必須與不在籍投票合併，以確保公民之參政權。就「不在籍投票」主張，兩黨看法相異：[34]

國民黨：『不在籍投票已有近一百個國家實施，台灣地區歷次民調民眾支持度高達六成以上，爲擴大公民參與、降低選舉成本，國民黨主張增修憲法推動不在籍投票，並授權以法律定之，但排除中國大陸地區之台灣公民，仍需返回台灣投票。』

民進黨：『關於不在籍投票之議題，係涉及投票權之行使方式，憲法第一百二十九條規定，選舉以普通、平等、直接及無記名投票之方法行之，並未限制投票方式。故不在籍投票之採行，實無須修正憲法，由立法院制定或修正相關法律即可；爰請修憲委員會針對本次會議討論不在籍投票制度之議題，因本屬法律位階層次之議題，無須修正憲法，本次會議所列不在籍投票制度相關條文，均維持現行規定，不予修正，應由本院內政委員會審查不在籍投票制度之相關法案。』基於修憲委員會本諸不擋案原則，做成結論：『兩案並送院會朝野黨團協商。』

凡此「審查委員會」以有限的時間（2 個星期）進行審查工作，且基於互不

[33] 「立法院第 8 屆修憲委員會第二次全體委員會議紀錄」。立法院公報第 104 卷第 43 期，民國一 0 四年五月二十八日出版，頁三二四。

[34] 「立法院第 8 屆修憲委員會第四次全體委員會議紀錄」。立法院公報第 104 卷第 46 期，民國一 0 四年六月五日出版，頁二二六。

擋案，故而「審查委員會」在10場會議中，除了委員各申己見，或委員提案有併案者外，只要兩黨主張不一致，均送院會朝野黨團協商。質言之，「審查委員會」之所謂10場會議，就是將全部35個修憲草案全部送進立法院院會討論，實無新意。

（五）立法院院會修憲破局

「修憲委員會」審查完成後，送交立法院院會處理。然此時距離立法院本會期閉會時間僅剩7天，距離配合民國105年1月16日「公投綁大選」完成憲法修正案提出最後時程，亦是只剩7天，除非兩黨各有退讓，互有妥協，也將預見本次修憲難有成果。

相較於民國九十三年立法院討論第七次修憲案，前後使用5個多月的時間，本次修憲議案卻必須在5月18日到6月12日一個月的時間完成，扣除前三個星期「修憲委員會」審查，院會能夠討論修憲的時間是6月8日到6月12日，僅有5天時間，而立法院同一時間之相關待審之法律案堆積如山。

憲法增修條文規定，立法院議決的修憲案須公告半年後，交由公民投票，加以中選會需要約一個月的公告準備時間，則本次修憲案若要搭配民國105年1月16日總統大選合併舉行，立法院第八屆第七會期最遲需在6月12日該會期休會當日通過修憲案。

本次修憲朝野各有主張，從立法院多達35個修憲草案內容，可以看出彼此意見之分歧。6月12日是立法院第八屆第七會期最後一天，也是修憲案趕搭105年1月16日總統大選一併修憲公投的最後一天。

6月12日，朝野黨團2度協商破局，確定趕不上105年與總統大選一併修憲公投。12日上午立法院長王金平首先召集朝野黨團協商修憲案。國民黨立委賴士葆、蔡正元轉達國民黨中央主張，十八歲同意權要綁不在籍投票；並認爲一定要通過高民意基礎的閣揆同意權。而民進黨團總召柯建銘則要求逐條表決修憲提案，並應優先處理高度共識的十八歲投票權，以及全國不分區政黨5%門檻下降到3%。雙方未有共識，協商首次破裂。[35]

民進黨主席蔡英文當日在台南表示，十八歲公民權現在幾乎是全民的共識，希望國民黨在最後時刻能夠成全，讓案子順利過關。國民黨主席朱立倫中午強調，希望朝野政黨放棄成見，以民意爲依歸推動修憲，希望修憲案還是能通過。[36]

正當朝野黨團第一次協商破局，下午一點，在立法院外靜坐關注修憲議題的「島國前進」等社運團體十多名群眾，因不滿朝野拖延修憲，闖進立法院青島會

[35] 『修憲公投，難併大選』台北，蘋果日報，二0一五年六月十七日，版A10。

[36] 『修憲一事無成，被批「假修憲、真選舉」』台北，聯合報，民國一0四年六月十七日，版A4。

館國民黨政策會執行長賴士葆研究室，要求與賴對話，呼籲賴士葆「盡快修憲」。隨後警方採取強制驅離作為，雙方爆發激烈衝突，社運人士王奕凱被警方逮捕帶走。[37]

6月12日下午，王金平第二次召集修憲朝野協商。雙方仍然各有堅持，互不相讓。由於協商未果，國民黨團認為修憲應花更多時間討論，因此將35個修憲草案全交付協商。因交付協商，在一個月協商期內，在野黨將無法要求表決，修憲案被「卡死」，修憲公投也確定無法併2015總統大選實施。修憲不成，藍、綠立委互相指責。民進黨立委在議場高喊：『阻擋修憲、歷史罪人』，並高舉『18歲公民權修憲卡關，國民黨假協商真阻擋』；國民黨則回應：『要求表決閣揆同意權、不在籍投票』，反諷民進黨不願完整修憲，也高舉『民進黨剝奪國內不在籍140萬人投票權』、『沒有閣揆同意權、總統有權無責』等標語牌。就在彼此吵嚷聲中，立法院長王金平在傍晚6點宣布散會。

國民黨文傳會主委林奕華表示，民進黨漠視多數民意期待之「恢復閣揆同意權」與「不在籍投票」等修憲項目，卻始終不願說明反對的理由，是以一黨之私阻擋修憲案通過。林奕華並認為，如今連公民權下修至十八歲、以及政黨分配不分區席次門檻下修至3%等案都無法如期通過，民進黨應負起最大責任，向全民道歉。[38]

民進黨發言人鄭運鵬指出，政治人物最重要的是誠信，國民黨主席朱立倫嘴巴說支持十八歲公民權，卻一再站在人民的對立面，主導立法院黨團杯葛十八歲公民權等修憲案，突顯國民黨朱立倫、洪秀柱對改革缺乏堅持，漠視甚至是敵視民意的態度，令人憤怒。[39]

由於錯過這次風起雲湧的「憲法時刻」，面對國內朝野政黨主張分歧、彼此精於算計、加以修憲門檻極高，未來修憲將更為困難。

四、民國104年修憲運動評析

民國104年修憲運動是睽違十年之久，距離民國94年第七次修憲後，一場風起雲湧的修憲運動，其發展來的快、去的急，最終破局收場，此次曇花一現的修憲運動，初始給國人帶來振奮，但半年的發展下來，越趨於不樂觀，終至「白忙一場」。針對104年失敗收場的修憲運動可分析如下：

〈一〉兩黨精密算計、過於私利盤算

國、民兩黨在這次修憲運動中，各自提出修憲原則。朝野政黨修憲理由言之成理，極為堂皇，實際上均非為求國家之長治久安，其中之一黨、一己利益盤算

---

[37] 同上。
[38] 同上。
[39] 同上。

斧鑿斑斑。就民進黨言之，前一年（民國 103 年）三月「太陽花學運」後，當時民進黨主席蘇貞昌、蔡英文等人皆提出「內閣制」主張，以及降低修憲門檻、降低參選年齡門檻、降低政黨門檻等等，同時要主導「修憲國是會議」的召開，期有效收編公民團體與在野之力量。但當朱立倫提出「內閣制」主張，蔡英文不久前所說「贊成從總統制或者從半總統的雙首長制，改成內閣制」，卻立刻變成「內閣制沒存在空間」，完全將自己剛說過的話拋諸腦後、踩在地下。究其實，二０一六年總統大選其自認當選並掌握國家大權機會甚高，自然不可能支持任何限縮總統權限的修憲提案。

國民黨在『九合一大選』慘敗後，朱立倫參選國民黨黨主席，拋出修憲議題，要求建立「權責相符」體制，朝內閣制方向修憲。面對民進黨「修憲國是會議」呼聲，馬英九總統與朱立倫主席提出「既是國是會議，必須總統主持」之聲明。朱立倫的修憲說，正因國民黨經過『九合一大選』慘敗後，還未到谷底，一般預料二０一六年總統大選國民黨幾無機會，朱立倫在戰略上顯然是『放棄二０一六年總統大選，放眼二０二０年擔任閣揆。』這是相當權謀式之對應和主張，在無通盤內閣制配套措施，只提出「恢復閣揆同意權」，顯然亦非完善之修憲作爲，無法解決我國憲政體制之諸多問題。

我國憲政從李登輝總統起因其個人政治利益，缺乏行憲、守憲之心態，滋意破壞憲政體制，憲法已嚴重扭曲變形。本次修憲運動之朝野政黨心態亦非健全，一個不甚完美的憲法，由一群充滿短期算計的政治人物進行操刀，亦難指望有美好結局。

〈二〉政黨底線堅持、隱涵修憲破局

民國 104 年修憲運動在匆促時間下進行，須趕在六月中經立法院通過，趕搭民國 105 年一月大選便車，進行全民複決公投。初始，朝野政黨看似都有意推動修憲，雖然兩黨主張有極大不同處，但比較之下，兩方面對降低投票年齡門檻是有共識，或認爲在民進黨主張之兩階段修憲下，至少有可能將此議案通過修憲。然則，早在立法院舉行 10 場公聽會的第一場次（四月九日）前，已有輿論深析本次修憲或將難成：[40]

> 事實上，「排序」與「紅線」才是決定修不修得成的關鍵。就排序言，民進黨念茲在茲的就是降低投票年齡門檻，目的當然是收割新增的數十萬年輕選票。國民黨對此未表反對，但朱立倫堅持的修憲三原則 — 建立權責相符憲政體系、擴大參與、政府瘦身，優先次序不會鬆動。亦即，民進黨若不能在內閣制修憲上作出一些妥協，恐怕過不了目前仍居立院多數的國民黨立

---

[40] 社論『台前幕後：朝野修憲大戲的虛實』台北，聯合報，民國一０四年四月四日，版 A2。

委一關。這點，正是此次朝野修憲「玩真或玩假」的關鍵・・・就紅線論，民進黨規劃第一階段將力拼「調降修憲門檻、增加公民提案權」，表面理由是修憲門檻過高、不合時宜；但明眼人皆知，一但調降修憲門檻，未來民進黨恐將直搗變更國體、國號、國旗等「禁區」，必然衝破藍軍的紅線・・・這道防線要在六月前撤守，可能性似乎不大。

整個修憲建構在「朝野對抗」、各自「利益計算」之上，國民黨要求內閣制，民進黨反對之；民進黨堅持降低投票年齡，但反對國民黨所要求的不在籍投票，彼此堅持有利於己者，對不利於己者則堅拒之。如此缺乏容讓與妥協的修憲過程難望其有功。

〈三〉政黨協商不易、公共討論不足

民國 104 年修憲運動，面對修憲時程的太過緊迫，國內主要政黨意識形態南轅北轍、政治立場各異、政治算計不同、朝野修憲主張幾乎以二 0 一六總統大選之選戰策略相結合，修憲達成之可能性本來就低，此爲意料之中。

正因爲時間緊迫，修憲主戰場明顯的擺在立法院。立法院成立「修憲委員會」負擔研擬修憲議題。正因立法院本是朝野政治角力之總匯集，以及秘室協商之場所，一個倉促緊迫又密集的會議，自然無法達到開放、公開、全面的討論。審視立法院主導本次修憲案開了 10 場公聽會，國人大眾知道公聽會者實少之又少，公聽會成員之邀請亦由立法院各政黨黨團推荐，明顯爲各政黨政策護航，成爲另一種的朝野政治角力代言人攻防展現，尤有甚者，有政黨黨團每次公聽會邀請者爲同一人，使已缺乏普及、廣泛之討論空間更形窄化。

一個理想的修憲議案，應當要有充分的時間，開放更多的社會討論與公民參與。民國二十二年孫科先生擔任立法院長，對於當時之「中華民國憲法草案」(即「五五憲草」)，乃經過三年，稿經七易，才得定案。當時每次立法院之修憲稿完成，即刊登於全國報紙，並由秘書處廣泛蒐集各界學者、專家之投稿對修憲評論文章，立法院之立法委員再行整理討論，後再行公佈修正後之草案於報刊，如此反覆、廣泛的公開討論、民意蒐集，不得不謂慎重。故而本次修憲運動之失敗，一者修憲時間太匆促，二者朝野政黨過於權謀算計，三者缺乏公共討論空間與公民參與。修憲乃重大之議題，應當大局着眼，確立更廣泛的民意基礎，盡量免除政黨惡鬥、民粹氣氛，如此修憲途徑才是理想，爲國家體制奠定不朽之根基。

〈四〉支離破碎議題、缺乏宏觀視野

民國 104 年修憲運動所觸及之議題，公民權下修至十八歲、以及政黨分配不分區席次門檻下修至 **3%**等案，或有其重要性，但真正吾人所重視、關切於現行憲法者，在於憲法體制本身之嚴重缺失、其已造成學理重大破毀，更使憲法淪爲「四不像」。至於「恢復閣揆同意權」之局部修憲作爲，實無法解決多次修憲後造成之千瘡百孔沉痾，其有待於系統化之解決相關周邊條文修憲，[41]如此可避免疊床架屋，甚或制肘扞格之憲法窘境。

多年來，學界、政界往往就憲法缺失提出諸多看法，各自評析一番，如盍各言爾志，實則隔靴搔癢，無著邊際，將無益於吾國憲政發展走向。本書第十四章中，試圖將三種政治體制模式：(內閣制)、(總統制)、(雙首長制)之修憲方向，以增修條文修憲方式，提出「憲法草案試擬稿」，做爲修憲一個藍圖草本，此試擬稿不周延處必多，更待各方斟酌損益、匡補闕疑之，唯願能使各方更聚焦於實體討論，他日能儘早修憲完成一部理想之憲法典，則國家幸甚！

[41] 學者彭錦鵬以修憲要全套修，不要再「穿著西裝改西裝」。台北，聯合報，民國一0四年二月三日，版A4。

第十四章　憲政回顧與展望：未來修憲三種制度草案試擬稿

一、前言

民國三十五年十二月二十五日，中華民國憲法制定完成；民國三十六年一月一日公佈；民國三十六年十二月二十五日憲法實施。政府三十八年底播遷來台，故而這部憲法在大陸施行僅 2 年，且是戰爭烽火遍地情境下。行憲絕大多數的經驗是在台、澎、金、馬自由地區。初始，憲法伴隨臨時條款、戒嚴運作。

民國七十九年，是中華民國政府來台後，開啓憲政發展重要的一年。其間召開的國是會議，終於確定結束解嚴後（民國七十六年）氣息已弱的威權體制（authoritarian）。這其中包括：終止動員戡亂時期、廢止臨時條款、回歸憲法、一機關兩階段修憲。其後又因第二階段修憲時，對總統選舉產生方式未達成共識，乃有第三次修憲。爾後繼有第四、五、六、七次修憲。

從民國七十九年起的憲政發展，台灣自由地區選出了兩屆的國大代表、與一次「任務型國大代表」(民國八十一年第二屆國大代表，民國八十五年第三屆國大代表；民國九十四年「任務型國大代表」)，進行了七次修憲（民國八十年第一階段修憲、民國八十一年第二階段修憲、民國八十三年第三次修憲、民國八十六年第四次修憲、民國八十八年第五次修憲、民國八十九年第六次修憲、民國九十四年第七次修憲)，它一方面將我國的民主政治帶回正軌(脫離動員戡亂時期、臨時條款)，另一方卻又引出諸多困擾。

就前者而言，廢止臨時條款、回歸憲法以及資深中央民意代表〈一九四八年選出之第一屆國大代表、立法委員）全部退職，二屆國代、立委全面改選等等，代表民主憲政的新里程；就後者而言，經過七次修憲，對於中央、地方體制衍生出諸多爭議，尤其以第四、五、六、七次修憲引發社會齟議，凸顯主導修憲者、當權者的政治權謀，亦深深困擾混亂我國未來憲政走向。

正因廢止動員戡亂時期臨時條款後，各次修憲荒腔走板；李登輝總統主政之下，強力的將國家安全會議、國家安全局等動員戡亂時期產物，本當走入歷史的非常機構就地合法，混淆總統與行政院長之份際。而此一暗渡陳昌之「實質修憲」亦完全破毀了所謂的「程序修憲」〈第一階段修憲〉；總統公民直選權力大增〈第三次修憲〉，更將行政院長由總統直接任命，刪除立法院之閣揆同意權，不僅使行政、立法兩院之權利義務責任關係破解，亦使得行政院院長成為總統之幕僚長，有權者無責，有責者無權。而倒閣權與解散立法院的移植入憲，不僅毫無內閣制之精髓，更置憲法為四不像。〈第四次修憲〉國民大會在兩大黨高層主導的茲意修憲下，形同脫韁之政治怪獸，甚且完成了圖利自肥的延任修憲。〈第五次修憲〉國人怒之，國民大會終於走入歷史。〈第七次修憲〉將原本國父孫中山五權憲法之　「名存實亡」，成為「名亡實也亡」。

職是之故，千瘡百孔又處處充滿學理矛盾之中華民國憲法將往何處走？實值關注。國、民兩黨，以及國內各個政黨，應拋棄成見，敞開胸懷，為國家長遠之計努力而為。本章為全書之結論，將先就國內七次修憲後之爭議梳理、論述之，而後，試提出未來憲法三種制度之修改草案試擬稿，期使國人更重視之，俾能集思廣益，善籌良法美規，為求國家長治久安之計。

二、前七次修憲精神總體析論

〈一〉第二屆國大一黨獨大：程序正義不彰

民國八十年起的憲改工程，以「一機關兩階段修憲」出發。此乃當時執政之國民黨高層本於民意代表性之考量（依大法官釋字二六一號，第一屆資深國代到民國八十年十二月卅一日始全部退職，如在民國八十年五月廢止臨時條款，即以一階段完成修憲，將無新民意表達其中。）故決定：

民國八十年五月，第一階段修憲：僅在確定中央民代產生之法源依據。（據此於民國八十年十二月產生全新之第二屆國大代表）

民國八十一年五月，第二階段修憲：由二屆國代進行實質修憲。

欲探究民國八十一年之第二階段修憲、民國八十三年之第三次修憲，須先瞭解第二屆國代的政治生態。因國大代表選舉席次之積極意義，在於其結果攸關修憲主導權誰屬。

民國八十年十二月，第二屆國代選舉結果，國民黨大勝，穩居修憲主導：

國民黨：得票率 71·7%；當選 254 席（含區域 179 席、不分區 60 席、僑選 15 席），另加上一屆增額國代 64 席。在總席次 403 席，共得 318 席（佔 79%）。

民進黨：得票率 23·9%，當選 66 席（含區域 41 席、不分區 20 席、僑選 5 席），另加上一屆增額國代 9 席。在總席次 403 席中，共得 75 席（佔 19%）。

第二屆國代選舉結果，當時執政的國民黨大勝，明顯超過憲法修正案所需之四分之三多數，擁有修憲之主導權，確立其在二屆國代修憲之強勢地位。相對於國民黨，民進黨總數未達足以否定修憲案所需的全部四分之一議席，甚至必須聯合全部在野力量（無黨籍 5 席、非政黨聯盟 4 席、社民黨 1 席），才勉強達到法定五分之一提案權。其僅能扮演配角而無法影響修憲重大方向。

綜論國、民兩黨在第二、三次修憲過程中之整體表現，都無展現優良之民主精神、程序正義：

就國民黨言之：在第二階段修憲一讀審查會中，趁民進黨代表不在場時，將其提出的修憲案全盤封殺。第三次修憲一讀審查會亦趁民進黨團下山聲援原住民的遊行活動，提前加速審查，將民進黨九項修憲案的修正案表決撤銷：二讀會在民進黨集體退席下快速完成，並因二讀會後的下次會議輪由民進黨代表任主席，故而漏夜完成三讀修憲程序 － 國民黨國代於民國八十三年七月廿九日「凌晨 3 點 20 分」三讀完成第三次修憲。而第一、二、三次修憲均是國民黨一黨修憲，民進黨均在「退席抗議」下，成為非朝野政黨共識下的產物。

就民進黨言之：因其明顯失去修憲主導能力，乃採取各種政治抗爭手段、街頭群眾路線並進。第二階段修憲之「四一六流血事件」[1]、「四一九遊行」[2]。第三

[1] 第二階段修憲期間，民進黨主席許信良在未經大會許可下，四月十六日率眾入場為「四一九

次修憲更在一讀會就開議出席法定人數，引發不斷衝突，議事停滯，天天上演互毆後散會之情形，最後終於發生打群架，女國代掌摑事件；二讀會亦因該黨九項修正提案被撤銷，表達強烈抗議，朝野兩黨國代多次大打出手，雙方扭打成一團，嚴重破壞國大形象。

二屆國代修憲過程中，國、民兩黨均無法約束黨員建立以「說理代替動手」的民主精神，一方指責對方挾多數暴力，違反修憲程序；另一方指責對手少數暴力，違反議事精神。凡此導致國民黨不惜一黨修憲，不重視民主容忍妥協之精神；民進黨則杯葛到底，一幕幕的「全武行」，喧騰國際，遺笑世人。

〈二〉第三屆國大兩黨分贓：政治權謀縱橫

第四、五、六次修憲爲第三屆國代進行完成。民國八十五年三月廿三日第三屆國代選舉，其政黨政治生態與第二屆國代有明顯改變。國民黨在總額 334 席中，佔 185 席，由二屆的四分之三多 10 席（八成），跌至二分之一多 16 席（五成五）；民進黨獲得 100 席，由原先二成提高爲三成；新黨 46 席；綠黨 1 席；無黨籍 2 席。

第三屆國代選舉的結果，顯示一黨修憲已過去，政黨協商取而代之。依憲法規定「三分之二以上代表出席，四分之三以上決議」的嚴格修憲門檻，沒有任何一黨有完全掌控修憲主導權的能力，政黨間的合縱連橫成爲主要變數。就數字層面看，修憲要通過，則國、民兩黨結盟最有可能完成修憲，此因國、新聯合只有 231 席，民、新聯合更只有 146 席，唯國、民兩黨聯合達到 285 席，足以通過國代修憲成案需要之 251 票門檻。

第三屆國代進行之第四、五、六次修憲，均在兩黨高層 － 國民黨主席李登輝、民進黨主席許信良攜手合作下，無視社會、學術界、輿論大眾充滿譁然、爭議的情況下，充滿政治權謀、違背憲政的基本原理。質言之，四、五、六次修憲均非在憲法本身條文「窒礙難行」、「扞格不入」的情形下，主政者滋意的破壞了憲法法理，遂行兩黨分贓。其修憲正當性付之闕如，亦突顯主政者遵憲、守憲之精神無存。

1.第四次修憲動機不足：民國八十五年，當選第九屆之李登輝總統以「著毋庸議」的「任命」連戰以「副總統兼行政院長」，剝奪憲法第五十五條之「立法院的閣揆同意權」。其所引發之憲政問題，涉及我國憲法有關國家組織法的根本問題，其實踐則涉及到我國民主政治的理性體認的程度。[3]其後雖經大法官會議釋字四一九號解釋，然以該號解釋之「創造性模糊」，內容充滿矛盾、粗糙，解釋難杜天下悠悠之口。李登輝釜底抽薪之道，索性將立院「同意權」拿掉，如

大遊行」宣傳，該黨國代則穿著「四一九大遊行」綠色背心繞行議場，抗議國大未能及早進入一讀會，引發嚴重肢體衝突，導致議事癱瘓。

2 民進黨國代集體退席，發動群眾於四月十九日走上街頭抗爭，宣傳總統直選，並佔據台北交通大動脈的火車站前，由三天活動到號稱無限期抗議。因參與人數僅維持千餘人上下，四月廿四日警方乃採強力驅離。

3 李惠宗，<國家組織法的憲法解釋－兼評司法院大法官會議釋字三八七與四一九號解釋>，台大法學論叢，第廿六卷第四期，民國八十六年七月，頁一五。

此天下將無可議論。故而民國八十五年底之「國家發展會議」及民國八十六年第四次修憲，強行將閣揆同意權去除爲第一要務。證之以第四次修憲，國、民兩黨第四次協商破裂之際，國民黨籍的學者代表柯三吉情急下，脫口說出「救救李總統」，輿論亦有乃是「肺腑之言」，突顯出修憲之荒腔走板。[4]

國民黨亦知民進黨廢省之心切，乃以取消立法院閣揆同意權，交換民進黨所欲達成之廢省。李登輝、許信良一拍即合，徵之以第四次修憲國、民兩黨協商觸礁，李登輝之「修憲不成，就不准閉會」，「修憲今年一定要完成，沒有明年，沒有後年！」[5]許信良所發表「修憲萬言書」，指責「反修憲」、「反改革」等，兩黨高層意志力終在，雖千萬人吾往矣之下，完成了第四次修憲。不僅造成中央體制越形混亂，立法院、行政院定位更不清，總統權力不斷擴張，整部憲法「信任制度」、「負責制度」、「副署制度」隨之崩盤。[6]

2.五次修憲動機不足：民國八十八年之第五次修憲「國代延任自肥」，以政治鬧劇進行。國民黨國代企圖以第三屆國代在民國八十九年無須改選，可全力爲該黨第十屆總統候選人連戰全力輔導，實則爲「政治勒索」。民進黨國代劉一德稱，將第三屆國代任期透過修憲，由民國八十九年五月十日到任，延至民國九十一年六月卅日，此一延任自肥美其名爲「國會改革」，係配套國民黨版之國代比例代表制。實則「延任自肥」並不等於「國會改革」，而「國會改革」更不宜將國代全採「政黨比例代表制」產生。

第五次修憲，國、民兩黨再次攜手合作，震撼國人，無視憲政尊嚴。國、民兩黨高層「唱雙簧」，明則反對國代以修憲「延任自肥」，暗則放任不分區國代身分之議長蘇南成放手一搏。「延任自肥」結果嚴重失當有五：(1)違背政治契約原則。(2)違背利益迴避原則。(3)違背基本正義原則。(4)違背政權機關非爲民選之原則。(5)國民大會被徹底污名化、妖魔化。

3.第六次修憲動機不足：本次修憲導源於民國八十九年三月廿二日大法官公布釋字第四九九號解釋，認爲第三屆國代在第五次修憲延任自肥，過程採無記名方式，違背基本的「憲政民主」原則與「程序正當」原則，應屬無效。中央選舉委員會據此，公布國大應於民國八十九年四月廿九日進行改選，產生第四屆國大代表。

國、民兩黨高層考量剛完成不久的第十屆總統大選，宋楚瑜僅以 30 餘萬票敗給陳水扁，此時泛藍之「宋友會」〈後來組成「親民黨」〉悲憤之情下，凝聚了超強氣勢，準備投入第四屆國大代表選舉。第三屆國代基於：「延任不成」、「連任困難」、「阻宋擴張」三大壓力，轉而進行第六次修憲 — 自廢武功，將國民大會成爲「任務型國民大會」。

修憲應是由憲法專家，衡量國家及人民利益，字斟句酌、考慮周詳，之後公布於世人，經返復討論，形成公意，而後才是可行之案。正因憲法典環環相扣，

[4]「修憲盤整待變」，自立晚報，民國八十六年六月廿二日，版三。
[5] 台北，聯合報，民國八十六年五月廿七日，版二。
[6] 齊光裕，中華民國的憲政發展（台北：揚智文化公司，一九九八年十一月），頁三四一。

動一字就變其精神，改一句則前後矛盾，豈可不慎？四、五、六次修憲，其目的爲何？既非憲法條文之不可行，更無非修不可之理由，在兩黨高層攜手，私心自用，置憲法精神於不顧，終至國大污名化，憲法法理破毀，憲政發展留下不堪聞問之窘境。

三、前七次修憲內容總體析論

〈一〉修憲格式體例特殊

在第一、第二階段修憲時均採美國式修憲(amendment)之「增修」方式，維持憲法原有條文不動，將修改條文列於本文之後。然而到了第三次修憲，卻將前兩次修憲所增修的十八條條文，加上新增內容，又重新調整爲十條條文，違反「增修」原則。[7]整個修憲過程，並未依法定程序將原有十八項增修條文刪除，形成嚴重的程序瑕疵。[8]到第四次修憲，又將第三條增加「行政院」專條，原第三條「立法院」以下至第十條，順推改列爲第四條至第十一條。各次的修憲體例前後不一，此爲世界修憲史之先例，殆無疑義。

再者，增修條文「條」、「項」、「款」冗長繁複，不同於原憲法十四章一七五條條文之簡潔原則。此因第二階段修憲當中，總計有廿六條憲法條文及三條增修條文受到影響，包括憲法第廿七條、廿八條、卅條、四七條、七八條、七九條、八三條、八四條、八五條、九０條、九一條、九二條、九三條、九四條、九五條、九七條、九八條、一００條、一０一條、一０二條、一０八條、一一二條、一一三條、一一四條、一一五條、一二二條。另第一階段修憲通過的憲法增修條文第三條、第四條及第五條等三項，於第二階段修憲後都已停止適用。前述憲法內容所造成的變遷不可謂之不大。國民黨當局爲避免予人以憲法改變過鉅，第二階段修憲僅「只」增加八條增修條文，但實因原憲法條文變動幅度甚大，在將修改內容歸併在八條增修條文之中，一條增修條文實包含原憲法一章中的數類事項。第三、四、五、六、七次修憲均維持此種增修條文形式，其下有「項」、「款」，每一條文等於原憲中一章的內涵，亦使增修條文之冗長，有別於原憲條文之簡潔，兩者體例差別極大，此亦爲世界修憲史之先例。

〈二〉超級總統體制建立：新的「利維坦」

終止動員戡亂時期、廢止臨時條款後的中華民國憲法走向，本當回歸原憲精神。然而歷次修憲不僅擴大總統職權，破壞混淆中央體制，又缺乏權責平衡原則。其大者如下：

1. 總統得設「國家安全會議」及所屬「國家安全局」

這兩個機關本爲動員戡亂時期臨時條款所設非常體制的產物，本當隨戡亂時期終止而廢止。卻未料隨著回歸憲法與修憲之際，不僅是在第一階段「程序修憲」中違背基本原則，成爲暗渡陳倉之「實質修憲」，而且是予以「就地合法」，原來臨時條款的「違章建築」，現以增修條文「鋼筋水泥鞏固之」。此非「回歸憲法」，

[7] 張治安，中國憲法及政府，增訂三版（台北：五南圖書公司，民國八十三年十月）頁一二五。
[8] 台北，聯合報，民國八十三年七月卅日，版二。

好似「回歸臨時條款」。明顯破壞原憲法中總統與行政院長之既存關係。且增修條文中所謂「總統爲決定國家安全有關大政方針，得設國家安全會議及所屬國家安全局，其組織以法律定之。」何謂「國家安全」？又何謂「有關大政方針」？關於總統權力之規定，見諸憲法第卅五條至第四十四條，均採列舉主義，現陡然授與總統如此多超越憲法的權力，形同發交一張空白的權力支票。另國安會之組織法，以總統爲主席，行政院長爲「第二副主席」之設計，不僅破壞原憲法上最高行政決策權的規定，且此一「太上行政院」造成有權者（總統）無責（毋需對立法院負責），有責者（行政院長）無權。

2. 五院中擁有四院的人事權，又可解散立法院

第二階段修憲中，賦予總統有關司法院院長、副院長、大法官，考試院院長、副院長、考試委員，監察院院長、副院長、監察委員等的人事提名權。總統所提名人選，縱使爲不同政黨，與之必爲熟稔，而絕不可能素昧平生。從大法官釋字四一九號解釋之囁嚅其詞，依違兩可、創造性模糊可證之；再如監察委員於九八年間時任副總統連戰與前屏東縣長伍澤元之間三千六百廿八萬「借貸」，處理之尷尬亦可見之。

第四次修憲後，增修條文第二條第一項：「行政院院長由總統任命之。」第二條第二項：「總統發布行政院長或依憲法經國民大會同意任命人員之任免命令及解散立法院之命令，無須行政院長之副署，不適用憲法第卅七條之規定。」依照「總統 — 行政院」之互動關係：(1)行政院長成爲總統幕僚長。(2)「副署制度」形同虛設。行政院長根本無可能在政策在違逆總統。

依增修條文第二條第五項之總統「被動解散立法院」之權，使立法院在行使不信任案，對付總統「分身」、「影子」之行政院長時，倍增壓力，立委必須慎重考慮再度投入選戰之可能性。當行政院長已成爲總統幕僚長，而非最高行政首長，立法院卻無法對最高權力之總統發動不信任案，此爲權責不相符。從「總統—立法院」互動上言之，是不平衡，且立法院是無法實質監督總統。

3. 總統民選，民粹力量大增

第三次修憲確定總統公民直選，一般皆以是「主權在民」的實現，並以「人民直接選國家元首才是民主的表現」。這當中是存疑的，此因同爲民主國家若其政體不同，仍有不同的展現。如內閣制國家的日本有天皇，英國有女王，這些國家都非由人民直選其元首，但無人能否認其爲民主國家，彼等亦是「主權在民」國家的模範生。

實者，**一國憲法中，總統是否人民直選在設計上，最重要之考量，是該國憲法中總統職權的大小**：如**憲法中之總統職權大，則應以直選爲宜；唯若總統職權不大（或多爲元首權），則採間接選舉亦可行**。就我國憲法原條文設計，中央體制較傾向於內閣制，故總統由國民大會選舉產生，亦頗符法理，且由國民大會間接選舉產生，亦是民主制度之一。總統由人民直選產生，則其擁有直接民意基礎，使一股銳不可當的民粹政治空間更形擴張，亦使總統權力的擴張具有理論的準據，可由此發展出有實權總統的條件。

4. 綜論之，經過七次修憲，我國憲政體制已由原較傾向「內閣制」轉為傾向權責不符之「總統制」(絕非李登輝所謂「雙首長制」)，總統權力不斷擴張，其與五院關係，或可直接任命，或擁有解散權，或擁有提名權；相對地，不信任案不及於總統，對總統彈劾案（僅限內亂罪、外患罪）之設限形同具文。再進一步分析，修憲後之「信任制度」、「負責制度」、「副署制度」都被摧毀殆盡，中華民國之「總統」在增修條文精心設計下，權力遠超過總統制之總統，又無相對的監督、節制機關，已成政壇顧盼自得之「巨靈」。

〈三〉立法院生命線斷絕：監督行政無由

七次修憲，對立法院衝擊甚大，對中華民國憲法之法理依據亦有重大損傷。茲列舉其大者如下：

1.閣揆同意權刪除，破毀憲法學理

李登輝總統因「著毋庸議」的「任命」了第九任總統之行政院長，而非「提名」權行使，剝奪立法院之憲法權限，其所引發憲法爭議，未思依憲而為「適當之處理」，重新提名行政院長送立法院以行使同意權，反採釜底抽薪，索性將問題之根源「立法院閣揆同意權」刪除，以圖湮滅其造成之憲政困境。

閣揆同意權刪除，危及立法院監督行政院之權。就憲法學理之「權責義務關係」，憲法五十五條、五十七條是互為彰顯「權責關係」之配套設計。「立法院之同意權，是立法院之生命線；拋棄同意權，實為拋棄行政監督權。」有立法院之閣揆同意權，才有立法院對行政院監督之權；基於立法院監督行政院之規定，則立院同意權自不應去除。今立院失去同意權，面臨三項憲政問題：一是行政院既然要對立院負其責任，卻將立院同意權取消，違背民主權責相互關係原則。二是行政院長已由總統任命，實成為總統幕僚長，卻非對總統負其責，亦違反權責相符原則；尤有甚者，幕僚長仍向立院負責，代表民意的立院卻費盡全力在「打龍袍」，根本無法監督政策之所出。三是李登輝只圖刪除立院之閣揆同意權，使得我國憲法中央體制三大支柱——信任制度、負責制度、副署制度一起倒塌。

2.倒閣權、彈劾權意義不大

立委沈富雄「一套西裝，換四條內褲」之名言，言簡意賅的點出在第四次修憲之荒唐，將立法院閣揆同意權刪除，不僅連環破毀憲法學理，所換來之「倒閣權」、「彈劾權」並不具有同等憲法價值。

「倒閣權」者，立院擁有不信任案之倒閣權，在內閣制國家有其重要地位，在我國制度中則毫無道理。因內閣制國家元首為虛位，行政大權掌握在內閣首相，倒閣權是國會直接監督政策之手段，不信任案若通過，內閣或總辭（首相、閣員下台）或解散國會（首相與內閣成員均是下院議員，均面臨重新改選），政策所出的首相將面臨直接衝擊。反觀國內修憲後，行政院長由總統任命，實質上已是總統幕僚長，再由立法院去行使不信任案 － 對行政院長，而非總統。如此倒閣權有何作用？一者監督不到政策所出，總統不動如山。二者，總統手中之閣揆候選名簿人選不虞匱乏。三者，立委還得評估自身遭受解散之威脅。此乃李登輝主導下「七拼八湊、不倫不類」之混亂制度。

「總統彈劾權」者，立院只能追究總統是否觸犯內亂罪、外患罪之「法律責任」？卻無法追究總統之其他任何刑責，如民主國家最重視之貪污罪、圖利罪、財產來源不明罪、洩漏機密罪、選舉弊案等。這在以後修憲可考慮刪除總統「刑事豁免權」之方向思考。

〈四〉閣揆矮化成幕僚長：體制淆亂不明

憲法第五十三條：「行政院爲國家最高行政機關」，有謂中華民國原憲設計爲：「總統統而不治，行政院長爲治而不統」，頗爲貼切傳神。然而隨著民國八十年歷次修憲，國民黨李登輝主席主導下，「總統」一職擴權三部曲：(1)「回歸臨時條款」般的將「國安會」、「國安局」就地合法 — 總統爲主席，行政院長爲第二副主席。(2)總統公民直選 — 賦與總統民意之基礎。(3)總統任命行政院長—行政院長在法理上已成爲總統的幕僚長。

修憲後的狀況，行政院長已非「最高」首長，許多「秩序」乃發生混亂；民國八十六年第四次修憲後，首位由總統任命之行政院長蕭萬長「指揮」不動閣員 — 連續幾件空難事件，蕭院長竟「無力」順應民意，要求交通部長蔡兆陽下台，只能說「政務官要自己負責」；接著法務部長廖正豪求去事件，則由總統、副總統出面解決之。蕭院長雖沈痛的要求各部會部長要有「行政倫理」，其實部長們當然有「行政倫理」，只是坐第一把交椅的是總統，而非行政院長。當初「國家發展會議」中扮演「刪除立法院閣揆同意權」首席推手的蕭氏，首嚐苦果，豈是天意？矮化之行政院長，絕非法國之「雙行政首長制」，更凸顯「權責不相符」之憲政制度。

〈五〉凍省：地方自治倒退

第四次修憲在地方制度上，以「凍省條款」對台灣省、省政府、省議會造成震盪、破壞與爭議均大。包括省組織、職權虛級化；凍結省級自治選舉。增修條文第九條第一項「省設省政府，置委員九人，其中一人爲主席，均由行政院長提請總統任命之。」「省設省諮議會，置省諮議員若干人，由行政院長提總統任命之。」增修條文第九條第二項：「第十屆台灣省議會議員及第一屆台灣省長之任期至中華民國八十七年十二月廿日止，台灣省議會議員及台灣省長之選舉自第十屆台灣省議會議員及第一屆台灣省省長任期之屆滿日起停止辦理。」

國、民兩黨高層凍省之理由，依國民黨李登輝在各種場合所指出之「避免『一國兩制』的形成」、「減少預算浪費 — 「省」之一年預算達3,600億」、「增加競爭力，避免行政效率降低」；另民進黨許信良主席則強調凍省以提升行政效率、競爭力，並可免除派系、黑金政治等。

「一國兩區」之言，此乃係主觀之「想像」。中華民國之民主發展至今，總統、省長依憲而行，其「中央」、「地方」角色明確。國防、外交、司法屬中央，此非省長所能置喙，省長出國，僅是締結「姐妹省」，而非總統之簽訂條約、建立邦交國。另外財政、內政本即牽涉到中央、地方之爭議，尤其政府來台幾十年中央集權、集錢，嚴重扭曲地方自治基礎。「財政收支劃分法」不利地方財源，省長加大「分貝」增取財政合理化，輿論則以「砲轟中央」、「葉爾辛效應」稱之。實則政府正宜採取合理憲政分際、比例原則，對各種中央、地方相關之財政、人事・・・予以增、修，以利中央、地方之運作順遂，而非倒果為因，據以砍斷民主之基礎。

凍省可節省「每年台灣省 3600 億預算」，說法似是而非。因「財政收支劃分法」之不合理，國家稅收集中於中央、省。而縣市、鄉鎮市各項經費大多仰靠中央、省補助。台灣省政府年度預算 3600 億中，有三分之二強是補助縣市款項及地方公共建設，另有 460 億元負債利息支應、800 餘億之省屬學校的人事與行政經費。上述經費縱使沒有「台灣省」，仍是應撥至基層。而省府之本身預算 32 億元，無論省府員工歸併中央、地方，其經費、薪給亦不可免除。

行政效率，確為值得重視者。唯增進效率、提升競爭力，應從簡併中央、地方各級政府之廳、處層級，落實分層負責、逐級授權，免除公文旅行等方式檢討改進，而非凍省、省非公法人。其結果造成台灣政治，中央更加集權、集錢，地方更弱勢、更窮困，不符中央、地方均權原則，更不符民主自治精神。民國八十六年凍省迄今，已將近 20 年，各地方政府較之往年財政情況更悲慘，可印證當年李登輝所言不實與不負責任。

就停止省長、省議員等選舉可達消弭地方派系、黑金言，則屬匪夷所思。台灣只要有選舉 — 如縣市長、縣市議員、立法委員選舉，就存在派系、黑金等問題。要解決此些問題，營造健全之民主政治，須標、本兼治，舉凡政黨提名、教育功能、社會風氣、選罷法規多管齊下，以逐步改善選風。派系、黑金問題不是省虛級化、省級選舉停止即可徹底解決者。

以上各項理由都無法成立，然則凍省、停止省級選舉真正原因，就國民黨是「廢宋削藩」：當年宋楚瑜省府團隊聲望日隆，威脅到國民黨內部連戰接班局勢，凍省可解除宋之政治舞台；就民進黨「廢省」為意識型態之標的；兩者焦點一致，遂達成聯手「凍省」之共識。國民黨深知民進黨對凍省急迫需求，乃以「刪除立院閣揆同意權」交換之。

凍省迄今已將近 20 年，行政效率提升否？競爭力增強否？地方富足否？地方派系、黑金消聲匿跡否？當年李登輝總統夸夸其談，吾 20 年前之為文著書力斥其非，[9] 20 年後之今日，真理事實與虛妄不負責任之說辭能不明乎哉？

時至今日，更有以為「台灣省」應完全終止、刪除它目前的「虛級化」地位。民國 104 年修憲運動期間，立法院辦了 10 場公聽會，其中第五場次公聽會有學

---

[9] 齊光裕，中華民國憲政發展〈台北：揚智文化公司，1998 年 11 月〉，頁三三四 – 三三九。

者指出：[10]

> 李俊俋委員領銜的第17505提案，引用監察院報告，說台灣省政府事實上已是無政可施、無公可辦，這就是我說的。我在那個調查報告還說，因為省政府無政可施，所以省諮議會也無事可議，不過當年台灣省政府存在時，對治山、治水跟基層建設發揮很好功能，針對這點，假如貴院可以同時注意到，那真的是善莫大焉！

然而，「無政可施」、「無公可辦」非台灣省之問題，乃當年制度失當下造成之現象，基於以下原因，「台灣省」之地位實當儘快恢復，同時恢復「台灣省」實質法人地位，論述之如下：

1.「台灣省政府」層級對地方自治健全具有關鍵地位：

台灣省政府層級對地方自治健全有關鍵地位，此非中央部會所能代勞。尤當跨縣、市之協調、建設、防災等，就省政府的角色正足以勝任。而以地方自治觀點言之，省長、省議員選舉是台灣省地方自治最高層級，重要性不言可喻。村〈里〉→ 鄉〈鎮、市〉 → 縣〈市〉 →省〈市〉一貫之地方自治選舉、施政，才是台灣地方自治的完整體系。

2. 「台灣省政府」層級對兩岸互動有積極作用

吾人今日稱所在之地爲「台灣」，究其實因爲「台灣省」，如完全廢除台灣省，「台灣」這個名詞要依附於何？需知，當中華民國政府轄下之「台灣」這塊土地不見「台灣省」，將使得全世界承認「台灣」兩字者，只剩下中華人民共和國，對岸一直認爲台灣爲其一省，而我們自己卻將台灣省廢掉，無異於自斷其根源。基於中華民國對台灣省與台灣之法統地位、歷史責任，以及與中共之競逐角度，台灣省廢除之議，更宜三思。

3. 「台灣省政府」層級對省民地位提升具有積極意義

當年第四次修憲，國民黨主席李登輝以「凍省」，取得民進黨主席許信良之支持「刪除立院閣揆同意權」。民進黨之意識型態，「台灣」爲國名，台澎金馬扣除當年北、高兩院轄市，與金門縣、連江縣，「台灣省」與自由地區太過重疊，而有「幾省幾都」之議，而行政區劃在當時緩不濟急，將台灣省「凍省」成爲當時最快的途徑。然以今日觀之，基於以下三個原因，「台灣省」地位宜應快速恢復：

〈1〉凍省後，現在是以「直轄市」和「縣市」作爲地方政治體制核心。直轄市的定位，在憲法增修條文中，並未明確提及，但觀之以目前6個直轄市之市長都具備參選總統之勢，個個異常耀眼；再者，六都的經費來源遠要遠遠高於其

10　「立法院第8屆修憲委員會第五次公聽會會議紀錄」。立法院公報第104卷第33期，民國一0四年五月八日出版，頁一四七 － 一八二。

他各縣、市。質言之，縣、市層級根本無力於抗衡6個院轄市，亦即縣、市和直轄市是「嚴重失衡」的地方自治發展 — 長此以往，住在6個院轄市的市民將形成「一等國民」，而居住在其他縣、市的人，注定成了「二等國民」 — 正是所謂『台積電』與『雜貨店』之天淵地別。[11]故而，當前地方制度上已經隱然成型的「直轄市」與「縣市」不平等兩端，急思解決。將「台灣省」地位恢復，則憲政地方制度上，將以「省」〈下轄各縣、市〉、「直轄市」〈下轄各區〉兩平行單位，各縣、市以省民之姿，才足以與院轄市民分庭抗禮。

〈2〉當年「台灣省」之行政範圍、資源幾乎與台澎金馬自由地區重疊，故而「台灣省」爲之側目。然時至今日，台北市、新北市、桃園市、台中市、台南市、高雄市之「六都」就人口言，與台灣省各半，經濟資源規模亦與當年迥異。故而，未來修憲之時，地方制度規劃應朝「台灣省」、「直轄市」之方向設計。

〈3〉凍省之後，省長、省議員停止選舉；民國九十四年第七次修憲後，國民大會廢除，已不選舉國大代表；立法委員減半，並採「單一選區兩票制」。台澎金馬之有心從政者，其參選項目極度窄化，除極少名額之立法委員，一般選舉最高層級只到直轄市長、直轄市議員、縣市長、縣市議員。基於地方自治之健全與常態發展，「台灣省」地位之恢復宜應慎重檢視之。

四、憲法未來修改方向省思：修憲草案試擬稿之提出

體制之修憲難，體制之修憲亦非一蹴可幾，此必須國人、學者專家、國內各個政黨、政治人物逐漸形成共識，而後期能有功。唯當前修憲之必要性與迫切性實不容國人輕忽，本文以下就現行憲法體制之矛盾、扞格處分析、說明；而後野人獻曝地就未來可採行之三種可能方向之修憲作爲、與優缺點論述之。然需先說明者，當今世上同採內閣制國家之憲法規範未盡相同，同爲總統制國家者亦非一致；本文爲研究之聚焦與檢視論述之一致性，『內閣制』以英國現制爲原型、『總統制』以美國現制爲原型、『雙首長制』以法國第五共和現制爲原型，此在於避免「制度意涵」之分歧、「指涉概念」之失焦。

（一）現行憲法違背憲政法理分析

歷經七次主政者滋意蠻橫修憲，致使我國憲法問題處處、法理乖張、破毀嚴重，此已非局部稍事修正即可解決者，宜正視以下憲政困境：

1.總統由人民直接選出，却無法由人民直接發動罷免總統？

依據民主國家責任誰屬之基本規範：（1）民選官員對選民負責。（2）民選議員對選民負責。（3）議會選出或產生對議會負責。（4）由行政首長或元首委派者

---

[11] 『高市新聞局長丁允恭說，高雄和苗栗不一樣「台積電不能和雜貨店相比・・・高雄市每年預算規模一千兩百多億元，苗栗只有兩、三百億。」，參見『年金交鋒』台北，聯合報，民國一0四年七月十四日，版A4。

對首長、元首負責。

依照我國憲法增修條文第二條第一款：『總統副總統由中華民國自由地區全體人民直接選舉之・・・』又依照我國憲法增修條文第三條第九款：『總統、副總統之罷免案，須經全體立法委員四分之一之提議，全體立法委員三分之二之同意後提出，並經中華民國自由地區選舉人總額過半數之投票，有效票過半數同意罷免時，即爲通過。』

民選之總統應由人民主動發起罷免之提議、連署，才合法理。憲法增修條文將總統罷免之提議、連署交由立法委員代表人民行使殊不合宜。且四分之一、三分之二的門檻均高於『公職人員選舉罷免法』中應經原選區選民 5%、13%提議、連署之門檻甚多。凡此皆屬不當。

2.行政院長由總統任命，却向立法院負責？

再看一遍民主國家責任誰屬之基本規範：（1）民選官員對選民負責。（2）民選議員對選民負責。（3）議會選出或產生對議會負責。（4）由行政首長或元首委派者對首長、元首負責。

以上通則範例到我國即形荒腔走板，任何國內憲法專家無法向外國人士解釋：依照我國憲法增修條文第三條第一款：『行政院長由總統任命之。』憲法增修條文第三條第二款：『行政院依左列規定，對立法院負責・・・』其中之法理錯亂？

行政院長於第四次修憲改爲由總統任命產生，則理應對總統負責，卻仍對立法院負責。既不符合內閣制通例，亦不符總統制規範，如此違反民主概念的憲政體制我國亦實施近 20 年。

益有甚者，憲法第三十七條：『總統依法公佈法律，發布命令，須經行政院長之副署，或行政院院長及有關部會首長之副署。』憲法增修條文第二條第二款雖有除外之規定：『總統發布行政院長與依憲法經立法院同意任命人員之任免命令及解散立法院之命令無須行政院長之副署。』實則，行政院長由總統直接任命，形同總統之幕僚長，『副署權』之功能與作用盡失。

3.行政院是國家最高行政機關，總統擔任「國家安全會議」主席，決定國家安全有關大政方針。「總統」、「行政院」何者爲『最高』？

憲法增修條文第二條第四項：『總統爲決定國家安全有關大政方針，得設國家安全會議及所屬國家安全局，其組織以法律定之。』準此，「國家安全會議組織法」第二條：『國家安全會議，爲總統決定國家安全有關之大政方針之諮詢機關。前項所稱國家安全係指國防、外交、兩岸關係及國家重大變故之相關事項』「國家安全會議組織法」第三條：『國家安全會議以總統爲主席；總統因事不能出席時，由副總統代理之。』「國家安全會議組織法」第四條：『國家安全會議之出席人員如下：一、副總統。二、行政院院長、副院長、內政部部長、外交部部長、國防部部長、財政部部長、經濟部部長、行政院大陸委員會主任委員、參謀總長。三、國家安全會議秘書長、國家安全局局長。總統得指定有關人員列席國家安全會議。』

又依憲法第 53 條：『行政院爲國家最高行政機關。』是則，「行政院長是國家最高行政首長」。第一階段修憲將動員戡亂時期之動員戡亂機構「國安會」、「國安局」、「人事行政局」就地合法。「國安會」中總統是主席，行政院長是國安會成員，混亂「國家最高行政首長」之誰屬。其中職權：「決定國家安全有關大政方針」，憲法中總統職權從 36 條至 44 條皆採「列舉式」職權，獨此「概括性」大權，試問：何謂『國家重大變故』？又何謂『大政方針』？國安會主席決定算數？如此「國家最高行政首長」是總統？是行政院長？憲法第 53 條之『最高』行政機關做何解？

4.立法院「不信任投票」通過，總統可以解散立法院，總統卻不必下台。「有權者無責，有責者無權」，不符「權責相符」之原則

依照內閣制之精神，「不信任投票」有其重要意涵。內閣制國家元首爲虛位，行政大權掌握在內閣首相，「倒閣權」是國會直接監督政府政策之手段，不信任案若通過，內閣或總辭（首相、閣員下台）或解散國會（首相與內閣成員均是下院議員，均面臨重新改選），政策所出的首相將面臨直接衝擊。

反觀國內修憲後，行政院長由總統任命，實質上已是總統幕僚長，再由立法院去行使「不信任投票權」 － 對行政院長，而非總統。如此「倒閣權」有何作用？一者監督不到政策所出，行政院長不過是總統的「分身」、「替身」，「不信任投票」通過，總統仍然不動如山，有如『打龍袍』。二者，總統手中之閣揆候選名簿人選不虞匱乏，「不信任投票」通過，總統換個行政院長，一切如常。三者，立委還得評估自身遭受解散之威脅。「不信任投票」通過後，總統解散立法委員，立法委員回選區重選。「不信任投票」不是在懲罰總統，而是在懲罰立法委員，如此「有權者無責」、「有責者無權」、「懲罰自身」的怪異制度，能不正視？

（二）未來憲法三條選擇路線：《修憲草案試擬稿》之提出

針對七次修憲後的拼裝憲法，出現諸多矛盾與不合憲法理之呈現：「有不信任投票權，却無內閣制之精髓。」；「有民選總統，却是對立法院負責的行政院長。」；「有類似雙首長制的樣貌，却無其實。」本文擬以採行修改「增修條文」方式，針對三種制度之修憲方向與制度精神提出如下：

A. 內閣制走向：

1.內閣制之修憲草案試擬稿：

〈1〉**刪除**增修條文第 2 條全部條文。

【理由】（a）去除民選總統之相關規範，可以免除實權總統與內閣制之矛盾。（b）總統決定國家安全有關大政方針等實質權力在內閣制宜去除之。

〈2〉**增列**增修條文第 2 條第 1 項條文：『中華民國國民年滿四十歲者，得被立法院選爲總統、副總統。』

【理由】去除民選總統，改由立法院產生，符合內閣制精神。

（3）**增列**增修條文第 2 條第 2 項條文：『總統、副總統候選人應聯名登記，在選票上同列一組圈選，以得票最多一組爲當選。新當選之立法委員第一次集會時，選出總統、副總統。選舉規定以法律定之。』

〈4〉**增列**增修條文第 2 條第 3 項條文：『總統、副總統之任期爲四年，連選得連任一次。立法院若被解散，新選出之立法委員重新選舉新任總統、副總統。任期重新計算。』

〈5〉**增列**增修條文第 2 條第 4 項條文：『總統爲國家元首，對外代表中華民國。』

【理由】第 4 項至第 10 項均爲「元首權」範圍之性質。

〈6〉**增列**增修條文第 2 條第 5 項條文：『總統依法公佈法律、發布命令，需經行政院長之副署。』

〈7〉**增列**增修條文第 2 條第 6 項條文：『總統依行政院會議之決議宣布戒嚴，但需經立法院之通過或追認、立法院認爲必要時，得決議移請總統解嚴。』

〈8〉**增列**增修條文第 2 條第 7 項條文：『總統依法行使大赦、特赦、減刑及復權之權。』

〈9〉**增列**增修條文第 2 條第 8 項條文：『總統依法授與榮典。』

〈10〉**增列**增修條文第 2 條第 9 項條文：『總統依本憲法之規定，有宣戰、媾和之權。』

〈11〉**增列**增修條文第 2 條第 10 項條文：『總統爲避免國家或人民遭遇緊急危難或應付財政經濟上重大變故，經行政院會議之決議發布緊急命令，爲必要之處置，不受憲法第四十三條之限制，但須於發布命令後十日內提交立法院追認，如立法院不同意時，該緊急命令立即失效。』

〈12〉**增列**增修條文第 2 條第 11 項條文：『立法院不信任投票通過，總統於諮詢行政院長及立法院長後，得宣告解散立法院。全國大選應於立法院解散二十日至四十日內舉行之。』

〈13〉**修改**增修條文第 2 條第 8 項為第 2 條第 12 項條文：『總統缺位時，由副總統繼任，至總統任期屆滿為止。總統、副總統均缺位時，由行政院長代行其職權，並依本憲法之規定，由立法院補選總統、副總統，其任期以補足原任總統未滿之任期為止。』

〈14〉**刪除**增修條文第 3 條全部條文

【理由】 增修條文第 3 條有關「行政院」，紛雜總統制、內閣制、雙首長制，學理混淆，體制不明，宜全部刪除，朝完全內閣制規範。

〈15〉**增列**增修條文第 3 條第 1 項條文：『行政院為國家最高行政機關。』

【理由】 符合內閣制精神。

〈16〉**增列**增修條文第 3 條第 2 項條文：『行政院長指揮政府行動。行政院設院長、副院長各一人，秘書長一人，各部會首長若干人，及不管部會政務委員若干人。組織以法律定之。』

【理由】 考試院刪除後，其業務移交行政院人事行政總處，除原有五處：綜合規劃處、組編人力處、培訓考用處、給與福利處、人事資訊處；增加兩處兩會：考選處、銓敘處、公務人員保障暨培訓委員會、公務人員退休撫恤基金監理委員會。

〈17〉**增列**增修條文第 3 條第 3 項條文：『行政院長於新當選之立法委員在第一次集會時，選舉產生之。得立法委員過半數票者為當選。行政院長必須為立法委員。行政院長任命行政院副院長、各部會首長、不管部會政務委員，均須具備立法委員身分。』

【理由】 內閣制精神，行政院長必須是立法院立法委員，同時是多數黨領袖，即使不是多數黨領袖，但至少亦必須聯合幾個政黨組成「聯合內閣」(Coalition Cabinet)。

〈18〉**增列**增修條文第 3 條第 4 項條文：『行政院設行政院會議，由行政院院長、副院長、秘書長、各部會首長及不管部會政務委員組織之。以院長爲主席。』

〈19〉**增列**增修條文第 3 條第 5 項條文：『行政院長、副院長、各部會首長不得擔任任何其他有給職務、經營商業或執行業務，並不得兼任營利事業之董事、監事。』

〈20〉**增列**增修條文第 3 條第 6 項條文：『行政院院長、各部會首長，需將應行提出於立法院之法律案、預算案、戒嚴案、大赦案、宣戰案、媾和案、條約案及其他重要事項，或涉及各部會共同關係之事項，提出於行政院會議議決之。』

〈21〉**增列**增修條文第 3 條第 7 項條文：『行政院於會計年度開始三個月前，應將下年度預算案提出於立法院。』

〈22〉**增列**增修條文第 3 條第 8 項條文：『行政院於會計年度結束後四個月內，應提出決算案於立法院。』

〈23〉**修改**增修條文第 4 條第 1 項條文：『立法院立法委員自第○屆起一百八十五人，任期四年，於每屆任滿前三個月內，依左列規定選出之，不受憲法第六十四條及第六十五條之限制：一、自由地區直轄市、縣市七十三人，每縣市至少一人。二、自由地區平地原住民及山地原住民各三人。三、全國不分區及僑居國外國民共一百0六人。』。

【理由】現行增修條文立法委員 113 人過少，爲配合內閣制運作，行政院長、副院長、各部會首長、不管部會政務委員均爲執政黨之立法委員，則立法委員理想應增加之名額至 185 人。區域選舉與全國不分區名額比例約 2：3；亦即區域立委維持 73 人，平地、山地原住民維持 6 人，全國不分區由原來 34 人增至 106 人。總數 185 人。較第六屆減半前之 225 人少 40 人，比第七屆起之 113 人增加 72 人。

全國不分區名額大幅增加，並多於區域選舉名額，其目的之一，在於避免區域選舉「富人政治」、「黑金政治」之缺失，讓「有才無財」之「弱勢精英」、「專業人士」進入國會殿堂，增加專業立委問政空間，也免除內閣制立委兼任部會首長能力不足之疑慮。其目的之二，在於彰顯民主政治、政黨政治、民意政治三結合意涵；不分區名額在貫徹黨意上有顯著意義，政黨政治得以完全運作，結合定期改選之民意政治，突顯民主政治精神。

〈24〉**修改**增修條文第 4 條第 2 項條文：『前項第一款依各直轄市、縣市人口比例分配，並按應選名額劃分同額選舉區選舉之。第三款依政黨名單投票選舉之，由獲得百分之三以上政黨選舉票之政黨依得票比率選出之，各政黨當選名單中，婦女不得低於二分之一。』

〈25〉**增列**增修條文第 4 條第 3 項條文：『立法院設立法院長、副院長及祕書長。立法院長由新當選立法委員於第一次集會時，選舉產生。立法院長主持，選舉總統、行政院長。立法院長主持立法院議會，管理議會大廈，並在大廈內執行警察權。』

【理由】（a）依內閣制精神，立法部門由立法院長主持，依「議長中立」之精神運作。（b）新當選之立法委員在立法院第一次集會時，先選舉立法院長，由立法院長主持，選舉中華民國總統、行政院長。

〈26〉**增列**增修條文第 4 條第 4 項條文：『立法院得設各種委員會。各種委員會並得舉辦各種公聽會。』

【理由】原監察院刪除後，審計權移入立法院，設置審計委員會。

〈27〉**增列**增修條文第 4 條第 5 項條文：『立法院得經全體立委三分之一以上連署，對行政院院長提出不信任案。不信任案提出七十二小時後，應於四十八小時內以記名投票表決之。如經全體立法委員二分之一以上贊成，行政院長應於十日內提出辭職，或呈請總統解散立法院。』

【理由】內閣制精神，國會有不信任投票權，如通過，立法院長或總辭，或解散立法院。

〈28〉**增列**增修條文第 4 條第 6 項條文：『立法院調查權如下：一、立法院設置調查委員會行使彈劾、糾舉、糾正職權。調查委員會應舉行公開會議聽取必要證據，會議得不公開。二、調查準用刑事訴訟程序之規定。書信、郵政、電訊秘密不受影響。三、行政機關、司法機關有給予公務協助、法律協助之義務。四、調查委員會之決議不受司法審查。但法院對於調查所根據之事實得自由評斷。』

【理由】國會有調查權。本諸三權分立之精神，監察院刪除後，其彈劾、糾舉、糾正等職權併入立法院行使。

〈29〉**修改**增修條文第 4 條第 7 項條文：『中華民國領土，依其固有之疆域，非經全體立法委員四分之一提議，全體立法委員四分之三出席，及出席委員四分之三之決議，提出領土變更案，並於公告半年後，經中華民國自由地區選舉人投票複決，有效同意票過選舉人總額之半數，不得變更之。』

〈30〉**修改**增修條文第 4 條第 9 項條文爲增修條文第 4 條第 8 項條文：『立法委員除現行犯外，在會期中，非經立法院許可，不得逮捕或拘禁，憲法第七十四條之規定，停止適用。』

〈31〉**修改**增修條文第 5 條第 1 項：『司法院大法官十五人，由行政院長提名，經總統送交立法院同意任命之。院長、副院長由大法官互選產生，五年改選一次。大法官非經內亂罪、外患罪、貪污罪、瀆職罪、不名譽之罪，三審定讞，得繼續任職，依公務人員退休規定。』

【理由】內閣制精神下大法官由行政院長提名，經總統送交立法院同意任命。並受限齡退之充分保障。

〈32〉**維持**增修條文第 5 條第 2 項：『司法院大法官，除依憲法第七十八條之規定外，並組成憲法法庭審理政黨違憲之解散事項。』

〈33〉**維持**增修條文第 5 條第 3 項：『政黨之目的或其行爲，危害中華民國之存在或自由民主之憲政秩序者爲違憲。』

〈34〉**維持**增修條文第 5 條第 4 項：『司法院所提出之年度司法概算，行政院不得刪減，但得加註意見，編入中央政府總預算，送立法院審議。』

〈35〉**刪除**增修條文第 6 條，及原憲法第 8 章「考試」全部條文。

【理由】依三權分立精神，考試院廢除，其所有職權轉移至行政院職掌。

〈36〉**刪除**原增修條文第 7 條，及原憲法第 9 章「監察」全部條文。

【理由】依三權分立精神，監察院廢除，其所有職權轉移至立法院職掌。

2.內閣制的思辨

〈1〉**採取內閣制宜須取消總統公民直選：**

內閣制的最大精神在於：內閣和國會是國家權力的中心，閣揆必須參與議會選舉與論戰，總統只是虛位元首。英國、日本與西歐諸國因君主立憲發展下，保留女王、國王、天皇爲國家元首，但爲虛位。德國總統則是由聯邦議會及州議會根據比例代表制產生的議員共同選舉產生，亦是虛位元首。

如我國憲法保留總統公民直選，又採取內閣體制，則將成爲憲政設計上之嚴重矛盾。誠然，內閣制國家亦有直選總統的情形，如新加坡、捷克、立陶宛、冰島等是。唯以我國動輒六、七百萬選票產生的總統擁有龐大「民意」基礎，其不可能是「虛權」者；尤其相對於得票數僅只有數萬票的立法委員，將成爲閣揆或閣員，更無法理依據要求總統必須聽從閣揆。我國如欲採行內閣制，本於內閣制精神的充分發揮，則總統不宜民選產生，可改爲由立法院選舉，其爲虛位元首，對外代表中華民國，行使相關之元首權。

〈2〉**採取內閣制宜須取消考試院與監察院：**

中山先生的五權憲法有其設計之原創性與整體一貫性：國民大會、總統、五院各有其職司，與獨立之功能性。然而五權憲法經過大陸時期之「政治協商會議」後，國民大會、總統、五院均有其形，而無其實；南京制定之原憲法與中山先生之五權憲法精神已大相逕庭，或可稱「名存實亡」；至民國九十四年第七次修憲廢除「國民大會」，更正式的將中山先生五權憲法整體架構崩解，成爲「名亡實也亡」，五權憲法已正式走入歷史。我國憲法的更迭發展下，五權憲法精神已不存，單獨留存考試院與監察院實已失其原創之功能性，亦不符三權體制運作精神。今本諸三權憲法之概念，應將考試院與監察院分別併入行政院、立法院中，既可免疊床架屋之缺失，亦可精簡中央體制員額，免除公帑國庫之虛擲浪費。

〈3〉**採取內閣制宜須以法國第四共和爲殷鑑：**

內閣制最糟的狀況是國內多黨林立、不斷組成聯合內閣，又不斷發生倒閣風潮，政局不穩、政策不連貫。二次大戰後一九四五年到一九五七年，短短十二年間，法國第四共和的政局紊亂不堪，戴高樂有最貼切陳述：[12]

[12] Charles de Gaulle 著，尹國祥、郭彥譯，戴高樂從政回憶錄，三版（台北：黎明文化事業股份有限公司，民國七十五年九月三日）頁五 – 六。

在我離去的**十二年當中**，他們的這種制度又給了我很好的證據。政府的組成和解散，在參眾兩院形成了混亂，國會裡面的陰謀及脫黨事件是層出不窮，而依照國會及議會小組委員會的紀錄，報紙上的統計及同事們的記憶所及，計更換了**十七位內閣總理，二十四屆內閣**・・・他們全是很能幹的，對公眾事務也很瞭然，在十七人之中，有六位曾是我屬下的部長，另外有四個人爾後才在我底下任部長，但後來逐漸的離我而去，因為他們也喜歡那荒誕不經的議會制度・・・雖然他們每一個人，都不願意叫國人和外國人看「政府」的醜劇，但他們很不容易才達成協議組成的政府，不旋踵又被他們本身不同意和分裂在一次投信任票中被推翻・・・在艾麗西宮（總統府）只有赫里歐及高第兩位國家元首，沒有什麼實權，但他們對這種浪費及民族尊嚴的損失，甚為關心。並在莫可奈何中，主持這個「巴蕾舞團」（乃國會和政府之總稱）。

西方的經驗顯示，一個國家長治久安，兩黨制是較佳的途徑。根據「杜瓦傑法則」（Duverger's Law），一個國家可以由其「選舉制度」決定「政黨體制」。其第一條：『單一選區相對多數決』有利於兩黨制。

誠然『單一選區相對多數決』並非全然完美無缺，例如：對小黨不利，也會造成票票不等值等缺失。唯英、美行之多年，仍覺瑕不掩瑜。尤有甚者，對英國早期民主貢獻甚鉅的「自由黨」（Liberal Part），也因此制成爲小黨〈工黨 Labor Party 取而代之〉。但英、美政界、學術界體會：「多黨不代表多元」，「一國三公、政出多門、多頭馬車是混亂之源」。彼等體會「單一選區相對多數決」是兩黨制穩定的基礎，這或値吾人思之。我國現行立法委員選制：單一選區相對多數決、全國不分區 5%之門檻限制、並立制等，以英、美之經驗，若我國決計採取內閣制，這應是較佳之選項。

〈4〉採取內閣制宜須廢除「黨團協商」怪異制度：

內閣制的特色是「輪中有輪」、「兩個招牌一套人馬」，其多數黨不僅掌握國會多數，通過法案，以便政府「依法行政」，同時多數黨黨魁擔任首相，組成內閣，執行國家政府行政大權。這種看似「全碗端去」的政治體制，卻透過完全執政，完全負責；「定期改選」中，則同時寓涵「責任政治」在其中，若人民賦予執政黨以大權，但無法滿足人民之理想，人民可藉由下屆改選變天。

我國若採取內閣制，則基本上應賦予執政黨以相當職權和能力。唯當前我國立法院採行之怪異「黨團協商」制度，將多數黨束手綁腳，執政黨既無絕大之立法權，亦處處受在野黨制肘，使國會「執政黨無奈」、「在野黨杯葛」、「小黨政治勒索」，立法院陷於癱瘓處境。

「黨團協商」制度規定 3 席立委即可組成黨團，在政黨協商過程中，小黨具有與大黨同等的議價能力。依「立法院職權行使法」第 68 條規定：『立法院長得將議案交付黨團協商、各黨團可以向院長請求進行黨團協商、議案經立法院院會 10 人以上連署或附議可交黨團協商、各委員會審查議案遇有爭議時主席得裁決進行協商』。如此之制度：一則破壞常設委員會的專業功能，二則使得在野黨或小黨杯葛政府施政的利器。三則違反憲法「民主原則」。大法官第 628 號解釋：『依憲法之民主原則・・・應遵守多數決之原則』；大法官第 709 號解釋：『民主精神在於「尊重多數、擴大參與」。』正因「黨團協商」制度實違背多數決精神，違反多數主政之原則，形成少數癱瘓議事國政之重大缺失，未來採內閣制憲政設計上，「黨團協商」制度應予廢除。

B.總統制走向：

1.總統制之修憲草案試擬稿

〈1〉**維持**增修條文第 2 條第 1 項條文：『總統、副總統由中華民國自由地區全體人民直接選舉之，自中華民國八十五年第九任總統、副總統選舉實施。總統、副總統應聯名登記，在選票上同列一組圈選，以得票最多之一組爲當選。在國外之中華民國自由地區人民返國行使選舉權，以法律定之。』

〈2〉**刪除**增修條文第 2 條第 2 項條文

【理由】總統制無須採行「副署權」之規定。

〈3〉**增列**增修條文第 2 條第 2 項條文：『總統爲國家元首，對外代表中華民國，行使國家最高領導權，確保國家權力體系協調一致。』

〈4〉**增列**增修條文第 2 條第 3 項條文：『總統決定國家對內對外政策及基本方針。』

〈5〉**增列**增修條文第 2 條第 4 項條文：『總統組織政府並確定其機構；擁有對國家、政府高層官員的最高人事任免權。』

〈6〉**增列**增修條文第 2 條第 5 項條文：『總統統率陸海空三軍。』

〈7〉**增列**增修條文第 2 條第 6 項條文：『總統依法公佈法律、發布命令。』

〈8〉**增列**增修條文第 2 條第 7 項條文：『總統依法宣布戒嚴，但需經立法院之通過或追認、立法院認爲必要時，得決議移請總統解嚴。』

〈9〉**增列**增修條文第 2 條第 8 項條文：『總統依法行使大赦、特赦、減刑及復權之權。』

〈10〉**增列**增修條文第 2 條第 9 項條文：『總統依法授與榮典。』

〈11〉**增列**增修條文第 2 條第 10 項條文：『總統依本憲法之規定，有宣戰、媾和之權，並簽定國家間的條約和國際條約。』

〈12〉**維持**增修條文第 2 條第 11 項條文：『總統為避免國家或人民遭遇緊急危難或應付財政經濟上重大變故，得經行政院會議之決議發布緊急命令，為必要之處置，不受憲法第四十三條之限制，但須於發布命令後十日內提交立法院追認，如立法院不同意時，該緊急命令立即失效。』

〈13〉**維持**增修條文第 2 條第 12 項條文：『總統為決定國家安全有關大政方針，得設國家安全會議及所屬國家安全局，其組織以法律定之。』

〈14〉**刪除**增修條文第 2 條第 5 項條文

【理由】總統制無須採行「不信任投票權」之規定。

〈15〉**修改**增修條文第 2 條第 6 項條文為第 2 條第 13 項：『副總統缺位時，總統應於三個月內提名候選人，由立法院補選，繼任至原任期屆滿為止。』

〈16〉**修改**增修條文第 2 條第 7 項條文為第 2 條第 14 項：『總統、副總統均缺位時，由行政院長代行其職權，並依本條第一項規定補選總統、副總統，繼任至原任期屆滿為止，不適用憲法第四十九條之規定。』

〈17〉**修改**原增修條文第 2 條第 8 項條文為第 2 條第 15 項：『總統、副總統之罷免案，需經中華民國自由地區選舉人總額 5%之提議，15%之連署，一個月後舉行罷免案投票，自由地區選舉人總額過半數之投票，有效票過半數同意罷免時，即為通過。』

【理由】總統應由人民直接罷免，而非由立法院先提出；至於總統罷免為國家重大事項，如無過半數人出席投票將失之於草率、不公。

〈18〉**修改**增修條文第 2 條第 9 項條文為第 2 條第 16 項：『立法院提出

總統、副總統彈劾案，聲請司法院大法官審理，經憲法法庭判決成立時，被彈劾人應即解職。』

〈19〉**刪除**原增修條文第 3 條全部條文

【理由】總統制下，「行政院對立法院負責」、「立法院對行政院長不信任投票權」等條文應予刪除。

〈20〉**增列**原增修條文第 3 條第 1 項條文：『總統任命行政院長，組織政府。其組織法以法律定之。』

【理由】考試院刪除後，其業務移交行政院人事行政總處，除原有五處：綜合規劃處、組編人力處、培訓考用處、給與福利處、人事資訊處；增加兩處兩會：考選處、銓敘處、公務人員保障暨培訓委員會、公務人員退休撫恤基金監理委員會。

〈21〉**增列**原增修條文第 3 條第 2 項條文：『行政院長必須在被任命後十日內，向總統提出政府機構和各部會首長成員之建議案。』

〈22〉**增列**原增修條文第 3 條第 3 項條文：『行政院爲國家最高行政機關。政府由行政院長領導工作。行政院長對總統負責。』

【理由】行政院長如白宮幕僚長，其任免由總統意志決定，其只有貫徹總統政策、路線與方針，對總統負其責。）

〈23〉**增列**原增修條文第 3 條第 4 項條文：『總統有權依照本人提議，決定中止政府權力和解除任何政府成員的職務。』

【理由】政府人事權由行政院長以及部會首長均由總統決定。

〈24〉**增列**原增修條文第 3 條第 5 項條文：『總統解除行政院長職務，則中止整個政府權力。』

【理由】總統可隨時重新任命新行政院長與政府。

〈25〉**增列**原增修條文第 3 條第 6 項條文：『政府執行以下工作：（1）制定並貫徹國家對內、對外所有政策。（2）制定國家的經濟發展、安全防衛、保障社會秩序等方面的政策並組織實施。（3）向立法院提交法律草案，並確保法律之執行。（4）制定並向立法院提交年度預算案。（5）管理國家資產。

【理由】行政院為國家最高行政機關。

〈26〉修改增修條文第 4 條第 1 項條文：『立法院立法委員自第○屆起一百八十五人，任期四年，於每屆任滿前三個月內，依左列規定選出之，不受憲法第六十四條及第六十五條之限制：一、自由地區直轄市、縣市七十三人，每縣市至少一人。二、自由地區平地原住民及山地原住民各三人。三、全國不分區及僑居國外國民共一百 0 六人。』。

【理由】現行增修條文立法委員 113 人過少，立法委員理想應增加名額至 185 人。區域選舉與全國不分區名額比例約 2：3；亦即區域立委維持 73 人，平地、山地原住民維持 6 人，全國不分區由原來 34 人增至 106 人。總數 185 人。較第六屆減半前之 225 人少 40 人，比第七屆起之 113 人增加 72 人。

全國不分區名額大幅增加，並多於區域選舉名額，其目的之一，在於避免區域選舉「富人政治」、「黑金政治」之缺失，讓「有才無財」之「弱勢精英」、「專業人士」進入國會殿堂，增加專業立委問政空間。其目的之二，在於彰顯民主政治、政黨政治、民意政治三者結合意涵；不分區名額在貫徹黨意上有顯著意義，政黨政治得以完全運作，結合定期改選之民意政治，突顯民主政治精神。

〈27〉修改增修條文第 4 條第 2 項條文：『前項第一款依各直轄市、縣市人口比例分配，並按應選名額劃分同額選舉區選舉之。第三款依政黨名單投票選舉之，由獲得百分之三以上政黨選舉票之政黨依得票比率選出之，各政黨當選名單中，婦女不得低於二分之一。』

〈28〉刪除增修條文第 4 條第 5 項條文

【理由】總統制下，總統無解散國會權。

〈29〉增列增修條文第 4 條第 3 項條文：『立法院為國家最高立法機關，由人民選舉之立法委員組織之，代表人民行使立法權。』

〈30〉增列增修條文第 4 條第 4 項條文：『立法院設院長、副院長各一人，由立法委員互選之。立法院之組織，以法律定之。』

〈31〉**增列**增修條文第4條第5項條文：『立法院得設各種委員會。各種委員會並得舉辦各種公聽會。』

【理由】原監察院刪除後，審計權移入立法院，設置審計委員會。

〈32〉**增列**增修條文第4條第6項條文：『立法院會期每年兩次，自行集會，第一次自二月至五月底，第二次自九月至十二月底，必要時得延長之。』

〈33〉**增列**增修條文第4條第7項條文：『立法院有議決法律案、預算案、戒嚴案、大赦案、宣戰案、媾和案、條約案及國家重要事項之權。如立法院不同意時，立即失效。』

〈34〉**增列**增修條文第4條第8項條文：『立法院對於行政院所提預算案，不得為增加支出之提議。』

〈35〉**增列**增修條文第4條第9項條文：『立法院法律案通過後，移送總統府，總統應於收到後十日內公布之，但總統認為有窒礙難行時，於該決議案送達總統府十日內，移請立法院覆議。覆議時，如經立法委員三分之二維持原案，總統應即接受。』

【理由】總統制下之總統擁有「覆議權」。

〈36〉**增列**增修條文第4條第10項條文：『立法委員在院內所為之言論及表決，對院外不負責任。』

〈37〉**修改**增修條文第4條第4項條文為第4條第11項條文：『立法院於每年集會時，得聽取總統國情報告。』

〈38〉**修改**增修條文第4條第8項條文為第4條第12項條文：『立法院對於總統、副總統之彈劾案，須經全體立法委員三分之一以上之提議，全體立法委員三分之二以上之決議，聲請司法院大法官審理，不受憲法第九十條、第一百條有關規定。』

〈39〉**增列**增修條文第4條第13項條文：『立法院調查權如下：一、立院設置調查委員會行使彈劾、糾舉、糾正職權。調查委員會應舉行公開會議聽取必要證據，會議得不公開。二、調查準用刑事訴訟程序之規定。書信、郵政、電訊秘密不受影響。三、行政機關、司法機關有給予公務協助、法律協助之義務。四、調查委員會之決議不受司法審查。但法院對於調查所根據之事實得自由評斷。』

【理由】國會有調查權。本諸三權分立之精神，監察院刪除後，其彈劾、糾舉、糾正等職權併入立法院行使。

〈40〉**修改**增修條文第 4 條第 9 項條文爲第 4 條第 14 項條文：『立法委員除現行犯外，在會期中，非經立法院許可，不得逮捕或拘禁，憲法第七十四條之規定，停止適用。』

〈41〉**修改**增修條文第 5 條第 1 項：『司法院大法官十五人，由總統提名，經立法院同意任命之。院長、副院長由大法官互選產生，五年改選一次。大法官非經內亂罪、外患罪、貪污罪、瀆職罪、不名譽之罪，三審定讞，得繼續任職，依公務人員退休法規。』

【理由】總統制精神下大法官由總統提名，經立法院同意任命。並受限齡退之充分保障。

〈42〉**維持**增修條文第 5 條第 2 項：『司法院大法官，除依憲法第七十八條之規定外，並組成憲法法庭審理總統、副總統彈劾案，以及政黨違憲之解散事項。』

〈43〉**維持**增修條文第 5 條第 3 項：『政黨之目的或其行爲，危害中華民國之存在或自由民主之憲政秩序者爲違憲。』

〈44〉**維持**增修條文第 5 條第 4 項：『司法院所提出之年度司法概算，行政院不得刪減，但得加註意見，編入中央政府總預算，送立法院審議。』

〈45〉**刪除**增修條文第 6 條，及原憲法第 8 章「考試」全部條文。

【理由】依三權分立精神，考試院廢除，其所有職權轉移至行政院。

〈46〉**刪除**原增修條文第 7 條，及原憲法第 9 章「監察」全部條文。

【理由】依三權分立精神，監察院廢除，其所有職權轉移至立法院。

2.總統制的思辨

〈1〉採取總統制宜須重視「制衡」原則

「總統制」較之於「內閣制」更充分體現「制衡」（check and balance）的

概念。內閣制之下，行政、立法相當程度的合一、又相互制衡；總統制則是完全的三權分立，其中「制衡」的概念非常重要。美憲中充分表現「制衡」的概念，諸如：國會有「立法權」，總統則擁有「覆議權」；總統有「簽訂條約權」，但必須經過國會通過才能具備「國內法」之概念等等。唯以下兩者特別提出說明：

a.「**參議員禮貌**」**問題**：

美國憲法第二條第二款：『總統提名，並經諮詢參議院和取得其同意，任命大使、其他使節和領事、最高法院法官和任命手續未由本憲法另行規定而應由法律規定的合眾國所有其他官員。但國會認爲適當時，得以法律將這類低級官員的任命權授與總統一人、法院或各部部長。』亦即，聯邦政府各部部長次長、制定規章的委員會主席，以及法官、檢察官屬於第一類，必須得到參議院的批准。吾人以爲，法官、檢察官本於三權分立精神，由總統提名，經國會同意任命殆無疑義。唯政府官員部分，無論高級官員、次級官員本於行政之「任用一體」，應由總統直接任命，或行政院長提名，總統任命，較爲妥適。故本文上述總統制修憲草案並不主張將行政部門之人事同意權交由立法部門。

b.「**軍事權**」**問題**：

美憲對於軍事權基本上是由總統、國會分享。總統是三軍最高統帥，然而國會擁有宣戰權、同意總統的軍事高級將領之權、及其撥款權。但許多時候，總統是實際上控制、發動軍事與直接指揮外交活動者，職是之故，總統可控制戰爭，形成外交危機，迫使國會宣戰與撥款。尤有甚者，許多狀況都是總統對國際軍事行動在先，國會並未宣戰，軍事行動已告結束，如美國出兵巴拿馬。[13]

正因美國總統往往會技巧的運用外交危機，或引起國際軍事衝突之際，進行不經過國會宣戰的戰爭。直到 1970 年代初之前，總統的未經國會宣戰而發動軍事戰爭，實則明顯的違反憲法規範，卻被美國最高法院認定爲符合憲法中的統帥權規定。1973 年美國國會通過「戰爭權利法案」限制總統的作戰權，規定總統動用三軍，必須符合 3 個條件：(1) 在國會宣戰之後。(2) 經由國會特別授權。(3) 當一項對美國或美國武裝部隊的攻擊，構成國家緊急狀況時，總統有權在九十天內自由處置，之後必須獲得國會的支持，否則就要下令美國部隊退出衝突。尼克森總統雖使用「覆議權」，然參、眾兩院均以三分之二的多數否決了總統的覆議案。唯其後迄今美國總統多未遵行。

緣於國際因素、實際政治發展等諸多不確定性，美國總統爲其政策之遂行等等，均使得美國總統運用「巧門」，海外用兵，違反了憲法的國會宣戰權。1973 年「戰爭權利法案」亦無太大實質功能。衡諸國際現實、總統外交權、統帥權的不致扞格，吾人以爲，總統宜具備統帥權、宣戰權。故而，增修條文第 2 條第

---

[13] 1989 年 5 月，巴拿馬強人諾瑞加（Noriega）宣布選舉無效，自任國防軍總司令，掌握巴拿馬軍政大權。美國布希總統（Jorge H. W. Bush）於 12 月以保護美國僑民、維護民主選舉、打擊販毒之名義，下令 27,000 名陸、海、空軍部隊、海軍陸戰隊展開「正義之師作戰」。1990 年 1 月 3 日，巴拿馬強人諾瑞加向美軍投降，結束 21 年軍事獨裁專政。

10 項條文：『總統依本憲法之規定，有宣戰、媾和之權，並簽定國家間的條約和國際條約。』唯爲防止總統莽動妄爲，陷國家於危急之虞，則代表民意之國會需擁有節制總統之功能，以符「制衡」原則。增修條文第 4 條第 8 項條文：『立法院有議決法律案、預算案、戒嚴案、大赦案、宣戰案、媾和案、條約案及國家重要事項之權。如立法院不同意時，立即失效。』

〈2〉採取總統制宜須取消考試院與監察院：

西方三權分立概念來自英國人洛克（John Locke1632-1704）在其「民主政府論兩篇」（Two Treaties of Civil Government,1690），提出政府權力分爲立法權、行政權、外交權三種（Legislative Power, Executive Power, Federative Power）。之後，法國人孟德斯鳩（Charles de Montesquieu1689-1755）在其「法意」（De I'Espirit des Lois, 1748）提出政府權應劃分爲立法、行政、司法。美國獨立後，依孟德斯鳩分權理論，制定美利堅聯邦憲法，成爲世上第一部三權憲法之成文憲法。

前文亦已述及，我國憲法的更迭發展下，五權憲法精神早已不存，徒然留存考試院與監察院實已失其原創之功能性，亦不符三權體制運作精神。今本諸三權憲法之概念，應將考試院與監察院分別併入行政院、立法院中，則可免疊床架屋之缺失。

〈3〉採取總統制宜須取消總統之「刑事豁免權」，以發揮「彈劾權」功能：

憲法第 52 條：『總統除犯內亂或外患罪外，非經罷免或解職，不受刑事上之訴究。』此一「刑事豁免權」之規範，使得立法院彈劾總統、副總統，形同具文。增修條文第 4 條第 8 項條文：『立法院對於總統、副總統之彈劾案，須經全體立法委員三分之一以上之提議，全體立法委員三分之二以上之決議，聲請司法院大法官審理，不受憲法第九十條、第一百條有關規定。』意義不大。

總統、副總統之彈劾權受限於憲法保障總統之「刑事豁免權」，僅限內亂罪、外犯罪。刑法 100 條「內亂罪」規範如下：「意圖破壞國體、竊據國土或以非法之方法變更國憲、顛覆政府，而以強暴或脅迫著手實行者。」總統者，「中央政府」之首，國家之首。豈有總統用到「強暴、脅迫」之手段，去「顛覆」自己者？再則，總統如要變更國憲，更可運用國家機器、黨的機器，「合法的」去修憲，如同李登輝過去在第四次修憲之雷厲風行主導修憲作爲。外患罪之理亦然，總統豈有勾結國外勢力對付「自己」之理？

實則，除內亂罪、外患罪而外，**民主國家對總統防弊最主要部份在於：貪污、瀆職、選舉舞弊、洩漏機密、財產來源不明等**，這在美國、韓國、菲律賓、乃至中南美洲諸國可爲殷鑑。在「刑事豁免權」下，使對總統之彈劾權形同具文。如欲強化對總統之彈劾罪，並發揮如美國尼克森總統時代之「水門案件」（Water

Gate）功效，尼克森面對國會欲發動彈劾權之際，黯然辭職下台。質言之，我國如欲完整之「彈劾權」功能顯現，須刪除憲法第 52 條之「刑事豁免權」規範。

〈4〉**採取總統制宜須重視大法官之保障，確保司法獨立**

我國增修修條文第 5 條第 2 項：『司法院大法官任期八年，不分屆次，各別計算，並不得連任。』此規定在司法獨立之精神方面，顯然不若美憲。美國憲法第 3 條第 1 款：『・・・最高法院和下級法院的法官如行爲端正，得繼續任職。』

美國憲法對九位最高法院大法官的職務保障，在於使大法官秉公審案，不受政治力之影響。美國大法官固然是由現任總統提名，但不得任意免職，該總統任期四年，兩任八年，制度面上，大法官可極易擺脫政治力之干擾。反觀我國增修條文規定，大法官任期八年，不得連任，極易使大法官因個人後續出路，爲得到政治高層的賞識、安排，而影響司法獨立之公正，連帶會對大法官行使釋憲、彈劾總統權出現負面影響。故新設計之大法官條文爲：『司法院大法官十五人，由總統提名，經立法院同意任命之。院長、副院長由大法官互選產生。大法官若無內亂罪、外患罪、貪污罪、瀆職罪、不名譽之罪，經三審定讞，得繼續任職。』

C.**雙首長制走向：**

1.**雙首長制之修憲草案試擬稿**

〈1〉**維持**增修條文第 2 條第 1 項條文：『總統、副總統由中華民國自由地區全體人民直接選舉之，自中華民國八十五年第九任總統、副總統選舉實施。總統、副總統應聯名登記，在選票上同列一組圈選，以得票最多之一組爲當選。在國外之中華民國自由地區人民返國行使選舉權，以法律定之。』

〈2〉**刪除**增修條文第 2 條第 2 項條文

【理由】雙首長制無須採行「副署權」之規定。

〈3〉**增列**增修條文第 2 條第 2 項條文：『總統爲國家元首，對外代表中華民國。』

〈4〉**增列**增修條文第 2 條第 3 項條文：『總統爲決定國家國防、外交、兩岸關係及其基本方針，得設國家安全會議及所屬國家安全局，其組織以法律定之。』

【理由】雙首長制下，總統與行政院長必須職司明確，國防、外交、兩岸關係屬之總統，故原行政院下之國防部、外交部、大陸委員會三組織修正，調整劃歸之於「國家安全會議」。

〈5〉**增列**增修條文第 2 條第 4 項條文：『國家安全會議與行政院之職責有相關事項，得由兩者組成聯席會議協商解決。聯席會議組織以法律定之。』

【理由】 總統職權之國防、外交、兩岸關係之實務或多牽涉經濟、交通、教育等等屬於行政院職權部分，必須協調、規劃，故而設國家安全會議與行政院之聯席會議商討處理相關事宜，以求步調一致。

〈6〉**增列**增修條文第 2 條第 5 項條文：『總統統率陸海空三軍。』

〈7〉**增列**增修條文第 2 條第 6 項條文：『總統依法公佈法律、發布命令。』

〈8〉**增列**增修條文第 2 條第 7 項條文：『總統依法宣布戒嚴，但需經立法院之通過或追認、立法院認為必要時，得決議移請總統解嚴。』

〈9〉**增列**增修條文第 2 條第 8 項條文：『總統依法行使大赦、特赦、減刑及復權之權。』

〈10〉**增列**增修條文第 2 條第 9 項條文：『總統依法授與榮典。』

〈11〉**增列**增修條文第 2 條第 10 項條文：『總統依本憲法之規定，有宣戰、媾和之權，並簽定國家間的條約和國際條約。』

〈12〉**維持**增修條文第 2 條第 11 項條文：『總統為避免國家或人民遭遇緊急危難或應付財政經濟上重大變故，得經行政院會議之決議發布緊急命令，為必要之處置，不受憲法第四十三條之限制，但須於發布命令後十日內提交立法院追認，如立法院不同意時，該緊急命令立即失效。』

〈13〉**增列**增修條文第 2 條第 12 項條文：『立法院不信任投票通過，總統於諮詢行政院長及立法院長後，得宣告解散立法院。全國大選應於立法院解散二十日至四十日內舉行之。』

〈14〉**修改**增修條文第 2 條第 6 項條文為第 2 條第 13 項：『副總統缺位時，總統應於三個月內提名候選人，由立法院補選，繼任至原任期屆滿為止。』

〈15〉**修改**增修條文第 2 條第 7 項條文為第 2 條第 14 項：『總統、副總統均缺位時，由行政院長代行其職權，並依本條第一項規定補選總統、副總統，繼任至原任期屆滿爲止，不適用憲法第四十九條之規定。』

〈16〉**修改**原增修條文第 2 條第 8 項條文爲第 2 條第 15 項：『總統、副總統之罷免案，需經中華民國自由地區選舉人總額 5%之提議，15%之連署，一個月後舉行罷免案投票，自由地區選舉人總額過半數之投票，有效票過半數同意罷免時，即爲通過。』

【理由】總統應由人民直接罷免而非由立法院先提出；至於總統罷免爲重大議題，如無過半數人出席投票將失之草率、不公。

〈17〉**修改**增修條文第 2 條第 9 項條文爲第 2 條第 16 項：『立法院提出總統、副總統彈劾案，聲請司法院大法官審理，經憲法法庭判決成立時，被彈劾人應即解職。』

〈18〉**刪除**增修條文第 3 條全部條文

【理由】增修條文第 3 條有關「行政院」，紛雜總統制、內閣制、雙首長制，學理混淆，體制不明，宜全部刪除，朝雙首長制規範。

〈19〉**增列**增修條文第 3 條第 1 項條文：『行政院爲國家最高行政機關。制定並執行除國防、外交、兩岸關係以外之國家政策。』

【理由】總統、行政院長職權明確，符合雙首長制精神。

〈20〉**增列**增修條文第 3 條第 2 項條文：『行政院設院長、副院長各一人，秘書長一人，各部會首長若干人，及不管部會政務委員若干人。組織以法律定之。』

【理由】考試院刪除後，其業務移交行政院人事行政總處，除原有五處：綜合規劃處、組編人力處、培訓考用處、給與福利處、人事資訊處；增加兩處兩會：考選處、銓敘處、公務人員保障暨培訓委員會、公務人員退休撫恤基金監理委員會。

〈21〉**增列**增修條文第 3 條第 3 項條文：『行政院長於新當選之立法委員在第一次集會時，選舉產生之。得立法委員過半數票者爲當選。行政院長必須爲立法委員。行政院長任命行政院副院長、各部會首長、不管部會政務委員，均須具備立法委員身分。』

【理由】雙首長制精神，行政院長必須是立法院立法委員，同時是多數黨領袖，即使不是多數黨領袖，但至少必須聯合幾個政黨組成之「聯合內閣」(Coalition Cabinet)。

〈22〉**增列**增修條文第 3 條第 4 項條文：『行政院院長指揮政府行動。設行政院會議，由行政院院長、副院長、秘書長、各部會首長及不管部會政務委員組織之。以院長爲主席。』

〈23〉**增列**增修條文第 3 條第 5 項條文：『行政院長、副院長、各部會首長不得擔任任何其他有給職務、經營商業或執行業務，並不得兼任營利事業之董事、監事。』

〈24〉**增列**增修條文第 3 條第 6 項條文：『行政院院長、各部會首長，需將應行提出於立法院之法律案、預算案及其他重要事項，或涉及各部會共同關係之事項，提出於行政院會議議決之。』

【理由】雙首長制精神，有關戒嚴案、大赦案、宣戰案、媾和案、條約案權屬之於總統，由立法院審議表決，無須經過行政院會議。

〈25〉**增列**增修條文第 3 條第 7 項條文：『行政院於會計年度開始三個月前，應將下年度預算案提出於立法院。』

〈26〉**增列**增修條文第 3 條第 8 項條文：『行政院於會計年度結束後四個月內，應提出決算案於立法院。』

〈27〉**修改**增修條文第 4 條第 1 項條文：『立法院立法委員自第〇屆起一百八十五人，任期四年，於每屆任滿前三個月內，依左列規定選出之，不受憲法第六十四條及第六十五條之限制：一、自由地區直轄市、縣市七十三人，每縣市至少一人。二、自由地區平地原住民及山地原住民各三人。三、全國不分區及僑居國外國民共一百 0 六人。』。

【理由】現行增修條文立法委員 113 人過少，爲配合雙首長制，行政院長、副院長、各部會首長、不管部會政務委員均爲執政黨之立法委員，則立法委員宜應增加名額至 185 人。區域選舉與全國不分區名額比例約 2：3；亦即區域立委維持 73 人，平地與山地原住民維持 6 人，全國不分區由原來 34 人增加至 106 人。總數 185 人。較第六屆減半前之 225 人數少 40 人，比第七屆起之 113 人增加 72 人。

全國不分區名額大幅增加，並多於區域選舉名額，其目的之一，在於避免區域選舉「富人政治」、「黑金政治」之缺失，讓「有才無財」之「弱勢精英」、「專業人士」進入國會殿堂，增加專業立委問政空間，也免除雙首長制立委兼部會首長能力不足之疑慮。其目的之二，在於彰顯民主政治、政黨政治、民意政治三結合意涵；不分區名額在貫徹黨意上有顯著意義，政黨政治得以完全運作，結合定期改選之民意政治，突顯民主政治精神。

〈28〉**修改**增修條文第 4 條第 2 項條文：『前項第一款依各直轄市、縣市人口比例分配，並按應選名額劃分同額選舉區選舉之。第三款依政黨名單投票選舉之，由獲得百分之三以上政黨選舉票之政黨依得票比率選出之，各政黨當選名單中，婦女不得低於二分之一。』

〈29〉**增列**增修條文第 4 條第 3 項條文：『立法院設立法院長、副院長及祕書長。立法院長由新當選立法委員於第一次集會時，選舉產生。立法院長主持立法院議會，管理議會大廈，並在大廈內執行警察權。』

【理由】（a）雙首長制精神，立法部門由立法院長主持，依「議長中立」之精神運作。（b）新當選之立法委員在立法院第一次集會時，先選舉立法院長，由立法院長主持，選舉行政院長。

〈30〉**增列**增修條文第 4 條第 4 項條文：『立法院得設各種委員會。各種委員會並得舉辦各種公聽會。』

【理由】原監察院刪除後，審計權移入立法院，設置審計委員會。

〈31〉**增列**增修條文第 4 條第 5 項條文：『立法院會期每年兩次，自行集會，第一次自二月至五月底，第二次自九月至十二月底，必要時得延長之。』

〈32〉**增列**增修條文第 4 條第 6 項條文：『立法院有議決法律案、預算案、戒嚴案、大赦案、宣戰案、媾和案、條約案及國家重要事項之權。如立法院不同意時，立即失效。』

〈33〉**增列**增修條文第 4 條第 7 項條文：『立法院對於行政院所提預算案，不得爲增加支出之提議。』

〈34〉**增列**增修條文第 4 條第 8 項條文：『立法院得經全體立委三分之一以上連署，對行政院院長提出不信任案。不信任案提出七十二小時後，應於四十八小時內以記名投票表決之。如經全體立法委員二分之一以上贊成，行政院長應於十日內提出辭職，或呈請總統解散立法院。』

【理由】雙首長制精神，國會有不信任投票權，如通過，立法院長或總辭或解散國會。

〈35〉**增列**增修條文第 4 條第 9 項條文：『立法院調查權如下：一、立法院設置調查委員會行使彈劾、糾舉、糾正職權。調查委員會應舉行公開會議聽取必要證據，會議得不公開。二、調查準用刑事訴訟程序之規定。書信、郵政、電訊秘密不受影響。三、行政機關、司法機關有給予公務協助、法律協助之義務。四、調查委員會之決議不受司法審查。但法院對於調查所根據之事實得自由評斷。』

【理由】國會有調查權。本諸三權分立之精神，監察院刪除後，其彈劾、糾舉、糾正等職權併入立法院行使。

〈36〉**修改**增修條文第 4 條第 5 項條文爲增修條文第 4 條第 10 項條文：『中華民國領土，依其固有之疆域，非經全體立法委員四分之一提議，全體立法委員四分之三出席，及出席委員四分之三之決議，提出領土變更案，並於公告半年後，經中華民國自由地區選舉人投票複決，有效同意票過選舉人總額之半數，不得變更之。』

〈37〉**修改**增修條文第 4 條第 9 項條文爲增修條文第 4 條第 11 項條文：『立法委員除現行犯外，在會期中，非經立法院許可，不得逮捕或拘禁，憲法第七十四條之規定，停止適用。』

〈38〉**增列**增修條文第 4 條第 12 項條文：『立法委員在院內所爲之言論及表決，對院外不負責任。』

〈39〉**修改**增修條文第 4 條第 4 項條文爲第 4 條第 13 項條文：『立法院於每年集會時，得聽取總統國情報告。』

〈40〉**修改**增修條文第 5 條第 1 項：『司法院大法官十五人，由總統提名，經立法院同意任命之。院長、副院長由大法官互選產生，五年改選一次。大法官非經內亂罪、外患罪、貪污罪、瀆職罪、不名譽之罪，三審定讞，得繼續任職，依公務人員退休法規。』

【理由】雙首長制精神下大法官由總統提名，經立法院同意任命。並受限齡退之充分保障。

〈41〉**維持**增修條文第 5 條第 2 項：『司法院大法官，除依憲法第七十八條之規定外，並組成憲法法庭審理總統、副總統彈劾案，以及政黨違憲之解散事項。』

〈42〉**維持**增修條文第 5 條第 3 項：『政黨之目的或其行爲，危害中華民國之存在或自由民主之憲政秩序者爲違憲。』

〈43〉**維持**增修條文第 5 條第 4 項：『司法院所提出之年度司法概算，行政院不得刪減，但得加註意見，編入中央政府總預算，送立法院審議。』

〈44〉**刪除**增修條文第 6 條，及原憲法第 8 章「考試」全部條文。

【理由】依三權分立精神，考試院廢除，其所有職權轉移至行政院職掌。

〈45〉**刪除**原增修條文第 7 條，及原憲法第 9 章「監察」全部條文。

【理由】依三權分立精神，監察院廢除，其所有職權轉移至立法院職掌。

2.雙首長制的思辨

雙首長制之設計草案，除本於三權精神下，刪除考試院、監察院組織，功能併入行政院、立法院，前述內閣制草案、總統制草案均有論及，此處不予贅述。唯針對法國第五共和「雙首長制」之憲法有若干値得檢討處，包括：（1）採取雙首長制宜須避免「第五共和」總統、行政院長職權不明確（2）採取雙首長制宜須取消「第五共和」總統主持部長會議、規章制定之權（3）採取雙首長制宜須取消「第五共和」副署權設計（4）採取雙首長制宜須取消「第五共和」之「憲法委員會」設計。

〈1〉採取雙首長制宜須避免「第五共和」總統、行政院長職權不明確

憲法制度之設計，有關行政權之規劃非常重要。內閣制國家，元首是「虛位元首」，通常只是國家元首，擁有的是象徵性的「元首權」，其並非真正行使憲法中所賦予的職權，這些實權是由首相（總理）及內閣部門掌握，因之元首與首相的二元性基本上是相當清楚，不會造成憲政困擾。總統制國家，國家元首同時也是政府部門之直接領導者，各部門主管直接聽命於總統，職權行使非常明確清楚。

法國戴高樂 1958 年「第五共和」憲法，是當今世上「雙首長制」之典範代表者，亦是本文參考「雙首長制」的體例範本。然而，第五共和「雙首長制」中，總統與總理的雙重性很明顯，加上總統民選產生、總理是國會多數黨黨魁擔任，會有形成「左右共治」之情形。[14]此時憲法對總統、總理職權分配不明確，將衍生諸多政局困擾，不幸的是，第五共和「雙首長制」的憲法正是有相當程度職權不清的缺失，吾人參考「雙首長制」的同時，亦應避免這些缺失。

「第五共和」憲法第 14 條：『共和國總統爲三軍統帥。總統主持國防最高會議及委員會。』然而，憲法第 20 條：『政府制訂並執行國家政策。政府支配行政機構及軍隊。政府依本憲法第四十九及五十條所規定之條件及程序，對國會負責。』憲法第 21 條：『總理指揮政府行動，負責國防，確保法律之適行。除第十三條所規定事項外，總理得行使規章制定權，並任命文武官員。』；憲法第 13 條：『共和國總統簽署部長會議所決議之條例與命令。總統任命國家文武官員。』前述「第五共和」憲法有關總統、總理之國防軍事權、任命文武官員等規範多有重疊，含混不清，戴高樂擔任總統位高權重，未逢挑戰；密特朗時代「左右共治」下，席哈克總理與密特朗總統的權責爭議問題立即浮現，此乃採行「雙首長制」值得警惕者。雖有謂：[15]

> 整體言之，由「共治」之經驗，吾人可發現總理可在不受總統支配下之環境中，領導政治，治理國家。只要總統遵守憲法有關條文，如密特朗在「共治」中實際作為，總理依憑憲法之權力，足可以有效治理國家。此一觀察，可扭轉吾人對第五共和憲政中總理附屬於總統之固定看法，對實際確認總理之腳色，有相當之助益。

---

[14] 1986.3.16 法國國民議會選舉，右派兩大政黨 — 季斯卡和勒卡呂埃所領導的「法國民主同盟」（UDF）和巴黎市長席哈克所領導的「共和聯盟」（RPR），加上其他右派組織，獲得國民議會的過半數席次，左派的密特朗總統任命右派多數黨領袖席哈克爲總理，使法國政治進入「左右共治」的情況。

[15] 劉嘉甯，法國憲政共治之研究（台北：台灣商務印書館股份有限公司，民國七十九年十二月），頁一九五。

這些論述固然總結密特朗、席哈克時代之實際運作狀態，但一則，這些建立在「只要・・・」等條件下就已經隱含問題爭議所在；再則，台灣實際政治運作發展顯示，藍、綠的相互否決、相互反對，重大決策、主張、立場之南轅北轍，已是不爭的事實，我國憲政上之總統、行政院長職權如有太多模糊地帶，絕對不利台灣政治發展走向。

有鑑於第五共和總統、總理之憲法職權不夠明確，亦易滋生憲政困擾，產生政治高層僵局、亂局，本文在修憲草案中，乃特別重視以下之規範與釐清：（a）就「雙首長制」修憲草案中，增列增修條文第 2 條第 3 項條文：『總統為決定國家國防、外交、兩岸關係及其基本方針，得設國家安全會議及所屬國家安全局，其組織以法律定之。』本於總統與行政院長必須職司明確，國防、外交、兩岸關係屬之總統，故原行政院下之國防部、外交部、大陸委員會三組織修正，調整劃歸於「國家安全會議」。再者，增列增修條文第 3 條第 1 項條文：『行政院為國家最高行政機關。制定並執行除國防、外交、兩岸關係以外之國家政策。』；（b）增列增修條文第 3 條第 6 項條文：『行政院院長、各部會首長，需將應行提出於立法院之法律案、預算案及其他重要事項，或涉及各部會共同關係之事項，提出於行政院會議議決之。』本條文中特別釐清：有關戒嚴案、大赦案、宣戰案、媾和案、條約案權屬之於總統，總統提出後，由立法院審議表決，無須經過行政院會議。凡此均在規範總統、行政院之權責，有利政治高層分工而並進，清楚而無疑義。（c）增列增修條文第 3 條第 3 項條文：『行政院長於新當選之立法委員在第一次集會時，選舉產生之。得立法委員過半數票者為當選。行政院長必須為立法委員。行政院長任命行政院副院長，各部會首長，但人選半數以上應由立法委員中任之。』本於雙首長制精神，行政院長必須是立法院立法委員，同時是多數黨領袖，即使不是多數黨領袖，亦必須聯合幾個政黨組成「聯合內閣」（Coalition Cabinet）。為免除第五共和總統與總理人事權模糊地帶，[16]本草案特別就內閣（行政院）之人事權屬之行政院長，以符合「職權合一」之原則。

〈2〉採取雙首長制宜須取消「第五共和」總統主持部長會議

「第五共和」憲法第 9 條：『共和國總統主持部長會議。』，憲法第 13 條：『共和國總統簽署部長會議所決議之條例與命令。』，憲法第 21 條：『・・・除第十三條所規定事項外，總理得行使規章制定權。』此規定因總統主持「部長會議」（Council of Ministers），實質上掌理國務決策大權，部長會議高於「內閣會議」。總理所主持之「內閣會議」是議案經「部長會議」決議後，交由總理進行細部作業之會議。

法國第五共和採二元行制首長制，總統與總理之職權有許多重疊，易有爭

[16] 第五共和憲法第 21 條總理之任命文武官員，其中規定優先適用第 13 條之『總統任命國家文武官員』。在戴高樂時代人事案因國會能靠其黨政運作、以及其個人「克利斯馬」能平順無爭議，至密特朗總統與席哈克總理之「左右共治」，人事權爭議浮現。

議。而許多地方總統職權又明顯超過總理，第五共和總統主持部長會議，這是國家行政權最重要之審議機構。透過部長會議掌握了如下的重要權力：（a）總統有部長會議的議程（I'ordre du jour）決定權。（b）總統可引導會議之進行，並加入自己的意見。（c）擔任主席的總統可以在總理建議下讓有關之部長、國務員出席會議。（d）總統有簽署部長會議所決議之條例與命令之權，倘若總統拒絕簽署，則此條例或命令無法取得效力。[17]

鑒於第五共和雙首長制之下，總統主持部長會議，決定國家重要政策，並簽署部長會議之條例與命令，總理主持之內閣會議則是進行細部規劃工作，總統權限顯然要大於總理，唯憲法第 20 條、21 條又將總統、總理權限陷於矛盾：總理指揮政府，政府制訂並執行國家政策。憲法第 20 條：『政府制訂並執行國家政策。政府支配行政機構・・・』憲法第 21 條：『總理指揮政府行動・・・』故而第五共和憲法的矛盾是存在的。法國總統負責國防、外交、海外殖民地，其餘職權屬於總理，則總統主持部長會議之作法不僅使第五共和憲法第 9 條、第 13 條、第 20 條、第 21 條產生混亂，也擴大總統行政權限實際不止於國防、外交、海外殖民地。基於分權之精神，總統主持部長會議嚴重侵犯總理權限，弱化總理職能，故而總統主持部長會議作法宜應商榷。

我國在未來修憲若考慮雙首長制時應慎之，本文草案則明確取消總統主持部長會議，將行政院會議之主持權交由行政院長。總統與行政院長職權亦明確劃分。增列增修條文第 2 條第 3 項條文：『總統為決定國家國防、外交、兩岸關係及其基本方針，得設國家安全會議及所屬國家安全局，其組織以法律定之。』增列增修條文第 3 條第 1 項條文：『行政院為國家最高行政機關。制定並執行除國防、外交、兩岸關係以外之國家政策。』增列增修條文第 3 條第 4 項條文：『行政院院長指揮政府行動。設行政院會議，由行政院院長、副院長、秘書長、各部會首長及不管部會政務委員組織之。以院長為主席。』增列增修條文第 3 條第 6 項條文：『行政院院長、各部會首長，需將應行提出於立法院之法律案、預算案及其他重要事項，或涉及各部會共同關係之事項，提出於行政院會議議決之。』本諸雙首長制精神，總統、行政院長職權明確，行政院會議由行政院長主持，且有關戒嚴案、大赦案、宣戰案、媾和案、條約案權屬之於總統，由立法院審議表決，無須經過行政院會議。

〈3〉採取雙首長制宜須取消「第五共和」副署權設計

在法國第五共和，總統主持「部長會議」決定國家重要決策、方針之權，再交由總理主持之內閣會議則是進行細部規劃工作。換言之，總理只是主持政府行動，而第五共和憲法第 19 條：『共和國總統所簽署之法案，除本憲法第八條第一款、第十一、十二、十六、十八、五十四、五十六及六十一條所規定者外，須經

---

[17] 劉嘉甯，前引書。頁三三 — 三四。

總理附署，或是情勢需要由有關部部長副署之。』亦即法國總統除提交公民複決、解散國民會議、緊急權力、憲法維護、國際條約簽署、各組織法及國會兩院規程之外，總理需副署總統所簽的各項法案，且負權責，總統只需公佈，無須任何權責。

正因第五共和憲法有關總統、總理權力重疊不清，總統主持部長會議決定有關大政方針，總理主持之內閣會議進行細部規劃，國家施政大方向掌握於總統，總統有簽署長部會議所決議之條例與命令之權，卻由總理副署對內閣負責。其中凸顯兩個憲政爭議：（a）權責不符：總統權大無需負責，正是有權者無責〈總統主持部長會議，簽署議決之條例、命令，卻由總理副署對內閣負責）。（b）憲政僵局：若左右共治下，總理堅不副署，則將形成憲政僵局。以我國政治現實面觀之，藍、綠共治下，行政院長不副署總統之命令，發生之可能性極大。

故本諸經驗法則，我國憲法如擬採行雙首長制之規範，則法國第五共和之副署權應當去除之。增列增修條文第 2 條第 5 項條文：『總統依法公佈法律、發布命令。』總統依法公佈法律、發布命令，無須行政院長副署；行政院長及各部會依據法律，就其職司，分層負責，發布行政命令。

〈4〉採取雙首長制宜須取消「第五共和」之「憲法委員會」設計

法國第五共和之「憲法委員會」是一個政治色彩很高的機制，甚至由總統與國會議長完全掌握國家重要選舉（總統、國民議會議員、參議員等選舉）之爭議裁決權、公民投票爭議裁決權、各組織法合憲性宣告、以及法律釋憲權。其不符合三權分立之精神，且公平性堪慮，宜應廢除，將相關職權交由司法部門解釋為宜。

憲法委員會的產生方式，依第五共和憲法第 56 條：『憲法委員會設委員九名，任期九年，不得連任。憲法委員會委員，每三年改選三分之一。三名由總統任命，三名由國民議會議長任命，三名由參議院議長任命。除上述九名委員外，歷任共和國總統為憲法委員會之當然終身委員。憲法委員會主席，由共和國總統任命之，在贊成或否定同數時，主席有決定權。』此一憲法委員會為高度政治性質下產物，憲法委員會之 9 位委員，背後政治立場鮮明，極難公正持平，抑且剝奪真正司法機關的權限與功能。

進一步，憲法委員會的執掌為何？它包括如下：（a）第五共和憲法第 58 條：『憲法委員會監視共和國總統選舉，務使依法進行。憲法委員會審理選舉糾紛，並宣布選舉結果。』（b）第五共和憲法第 59 條：『國民議會議員及參議員選舉發生爭執時，由憲法委員會予以裁決。』（c）第五共和憲法第 60 條：『憲法委員會監督公民複決運作過程，務使依法進行，並宣佈其結果。』（d）第五共和憲法第 61 條：『各組織法在公佈前，以及國會兩院規程在實施前，均需送請憲法委員會審議，並將各該條款之合憲性予以宣告。基於同一目的，法律在未公佈前，得由共和國總統、總理、國民議會議長、參議院議長、六十名國民議會議員或六十名參議院議員，提請憲法委員會審議。』

最後，憲法委員會的效力爲何？第五共和憲法第 62 條：『經宣告爲違憲之法規，不得公佈，或付諸實施。憲法委員會之裁決，不得上訴，並對公權機關及一切行政、司法機關具有拘束力。』

簡言之，現任總統任命之憲法委員會委員，如遇該總統競選蟬聯時，發生選舉爭議，其公信力如何？設如我國採此制，「兩顆子彈」事件交由此憲法委員會裁決，如何能得國人相信其公正性？由此政治鮮明的憲法委員會委員所做之組織法、法律之合憲性宣告，國人其能信服？最主要者，該憲法委員會完全爲政治任命，捨棄司法機關正規運作模式殊爲不當。本諸公平性原則、三權分立原則、吾國不宜採用第五共和政治色彩鮮明的「憲法委員會」，宜應回歸司法院大法官會議憲法法庭運作機制。

五、憲政精神宏揚之道

政府初始因戡亂與局勢之不安，爲鞏固國家基本秩序、保障人民生命財產安全，乃透過民國三十七年四月臨時條款授與總統緊急權力，另以民國三十八年五月依戒嚴法頒布之戒嚴令，這些約制人民相當程度之自由權利。

政府遷台後，這些屬於非常時期作爲，一方面有違常態憲政運作，另一方面卻得以使當局行憲與戡亂並行，且能應付軍事、政治、經濟與外交上的緊急危難，消除內外危機，奠定台澎金馬憲政發展的基礎。

隨著國內經濟繁榮、社會多元發展、兩岸表面上互動的趨於和緩，促使威權體制轉型在民國七十六年解嚴後迅速開展。政治自由化引導政治民主化而來，民國八十年以來之憲政改革七次修憲有其貢獻，亦有缺失。貢獻在於終止動員戡亂時期，廢止臨時條款後，對自由地區中央民代的產生、地方自治法制化均有特別規定，解決了憲法以全中國爲格局之設計在當前不能適用之困難，並授權以法律特別規定兩岸人民關係與事務處理，反映國家分裂數十餘年的政治現實；另在國民經濟、社會生活、兩性平權等多項基本國策，亦有配合國家當前需求之規定，此率皆符合憲法適應性原則。[18]

在終止戡亂時期，廢止臨時條款後的憲改工程，仍應以回歸憲法爲主要調整方向，尤以中央體制爲然。在尊重憲政精神下，除非原制度扞格不入，酌予修正，餘不宜過大的任意改變，以免產生質變作用，形成藉修憲之名行制憲之實。胡佛認爲從憲法的法效理論來看，中國雖處於事實分裂狀態，但並未改變中華民國憲法對台灣地區政治結構的法效狀態，且在面對中共威脅，內部統獨之爭，以及民主化需求的三重壓力下，回歸憲法是最能接受的制度性安排，但在中央民代產生

[18] 張治安，前揭書，頁一二五。

及地方自治的規範下，如不作妥當的修改，即會影響民主化的進展。[19]質言之，修憲工程應以回歸憲法爲主要方向，除中央民代之產生、地方自治之規範及必要之調整外，變動不宜過大。

然以七次修憲，所謂經由各階段的「小幅修憲」，事實上已對原憲產生質變作用。此已非形式上修憲，而在實質上已有制憲之效應。張治安即在第三次修憲後指出：[20]

我國憲法有關中央政府體制之制定，原具有濃厚的內閣制色彩，行政院與立法院分別為國家最高行政與立法機關，行政院須向民選產生立法院負責，至於國民大會平時只有選舉與罷免總統、副總統與修憲等權，並且六年才集會一次，這樣的設計與國父五權憲法與權能區分的理論顯然有所差異，但卻較符合西方代議制度之精神。二、三次修憲時，總統與國民大會一再相互擴權，尤其因總統於第三次修憲時已由人民直選產生，更使今後擴增總統之權力在理論上得以有所依據。這樣的變化，可能將對國民大會、總統、行政院長及立法院之間的關係產生影響，亦將導致我國中央政府體制出現微妙的轉變。

其後的國發會、第四次修憲，在學術界、國人期期以爲不可的狀況下，仍是作出對中華民國憲法嚴重無比的傷害。許倬雲指出：[21]

這一階段修憲（按：第四次修憲）已經結束，眾所矚目的凍省及取消閣揆同意權在國、民兩黨強力動員下三讀過關，自總統、與行政、立法二院職權的劃分來看，此次修憲後中華民國總統的權力已極度擴張，將來立法院不過是總統的立法局，行政院也只是總統的行政局，除非有非常有效的彈劾權與罷免權，民意機構無法制衡總統。這一制度下的總統實際已非雙首長制或一個半首長制，而是比美國總統更有權力的總統。

第五次修憲國代延任自肥，到第六次國代自廢武功，憲政鬧劇一再上演，更是令人慨嘆再三。董翔飛指出：[22]

由於修憲決策、修憲過程以及修憲界線時有違背憲政原理與程序瑕疵，且缺乏整體、宏觀考量，尤其最後一次修憲（按：第六次修憲），由國大代

19 胡佛，「當前政治民主化與憲政結構」，參見國家政策研究資料中心，「一九八九民間國建會憲政改革組引言報告」，一九八九年十二月，頁二。

20 張治安，前揭書，頁一二六。

21 許倬雲，「太阿之柄倒持」，台北，聯合報，民國八十六年七月十九日，版三。

22 董翔飛，前揭書，頁二。

表自己終結了國民大會完全是一種「與汝偕亡」的情緒反射，未經縝密研討，沒有廣泛討論也無配套條款，就這樣拍板定案了，以致製造了一大堆攘攘不休的憲政爭議，以及隨時可以爆發的憲政危機。

總之，民國八十年以來的憲改，留給國人無限省思空間，由於憲法的破毀、政治人物的妄爲，我國憲政的成長與變遷造成重傷。亦使修憲後反呈治絲益棼，這將深深影響我國民主憲政發展。今後憲政發展所面臨的問題，將以何種態度因應？應是國人深思之課題。作者從年輕學習憲法，迄今經歷了三十餘年的時光，看到了威權時代，也看到了民主的轉型；看到『梅花餐精神』，也看到『政商掛鉤、不當利得』的吃像難看時代；看到政治人物力行「十大革新，謹守分際」，也看到政客的「權力傲慢，滋意破壞憲法」；吾人以爲民主憲政的發展最緊要者有二：一是容讓妥協精神的表現。二是遵憲守憲精神的宏揚。這兩點看似簡單，做起來不易，更值國人思之再三。

〈一〉容讓妥協精神的表現

西方學者有謂：民主必須建築在容讓(toleration)精神上，沒有容讓的精神則民主政府就無法執行職務。[23]我國亦有學者就民主觀點言，寧可犧牲完美而歡迎妥協，因爲妥協出於互讓，互讓基於尊重自己主張，同時亦尊重他人主張之寬容態度，故妥協爲民主之精神表現，亦爲民主政治之工作原則。[24]

民主強調容忍妥協，故爲了公益群體者是爲高尚，但若爲自私自利的目的則是卑鄙。

妥協不一定是退縮，爲了改善公益是前進，若爲偷安私利則是退縮。

妥協不一定是分贓，爲了公益，尊法守紀是互讓，爲了私利，毀法亂紀是分贓。

我國憲政發展時間尙短，民主精神在主政者、朝野政黨、一般國民，均有寬廣學習空間。容忍妥協不一定不好，如是爲了公益，則是退一步進二步；若是爲了私利，則是誤國害民。民國八十年以來的修憲，有太多的政治權謀，並非憲法條文之不可行，竟如兒戲般的將國家大法玩弄股掌之上，是値三思。容讓妥協之實現，一方面體認民主特質即在不自專，因此寧可犧牲完美而接受妥協；犧牲私利而接受公益；另一方面，落實民主精神——「過程中，多數尊重少數；表決後，少數服從多數。」之「程序正義」價值。

〈二〉遵憲守憲精神的宏揚

眞正民主憲政精神的表現，不在於徒有一部憲法，也不在乎其內容的優劣，而在於國民遵憲、守憲的精神與態度。亦即「憲政精神」(constitutionalism)

---

[23] W. B. Munro, The Government of Europe, 4th edition (N.P. 1954)，　P.349.

[24] 蕭公權，憲政與民主（台北：聯經出版公司，民國七十一年十二月），頁十七。

的發揚，此有賴於全國人民的奉行憲法，尊重憲法，蕭公權即指出：[25]

> 不滿意的憲法不一定就是惡劣的，不精美的憲法不一定就是不能行的。我們不應當忘記了人的條件。拆穿了說，憲法只是民主政治的一個重要的工具。它和別的工具一樣，其是否有用的關鍵在乎運用者的技巧。平常的，甚至粗劣的紙筆，到了名書畫家的手中，就有化腐朽為神奇的妙用。只要我們有實行憲政的誠意，以互讓的態度對人，以守法的精神律己，憲法縱不完美，民治必可成功。反過來說，如果多數國人於守法則責難他人，於立論則自尊惟我，不要說制憲難有結果，即使制定了良好的憲法也會成為廢紙。在中華民國制憲史裡面已經有了好些廢紙，我們千萬不可再製造廢紙了。

憲政的成立，有賴遵憲、守憲習慣的培養，在國人缺乏守法習慣之下，嚴守憲法的習慣遠比條文完美的憲典爲重要。有謂：『國家亟需一位具有高潔心靈的政治領袖；誠實，關懷，不尙權謀，光明磊落，不挑激仇恨，信服民主，尊重憲法，分得清是非黑白，不自私，不貪婪；做爲政治風氣的表率，作爲世道人心的導航者。惟有政治領袖具有高潔的心靈，憲法才有尊嚴，政局始能澄清。』[26]惜乎，台灣至今三位民選總統距離此一理想目標遠矣，其在任之展現權力傲慢、無守憲、守法之心態斑斑可考，民主憲政發展乃趨於墮落、敗壞：

李登輝做爲「第一位台灣人總統」，其原有足夠的條件和能力去樹立一個雍容大度之後世典範，然而其權謀威勢推波助瀾，使政風日趨沉淪，憲法走向日趨破毀，憲政乃至黯淡無光。李氏主導將第一階段「程序修憲」，暗渡陳倉地將動員戡亂機制 － 國安會、國安局、人事行政局就地合法，形同不是「回歸憲法」而是「回歸臨時條款」；因「着毋庸議」之違反憲法第五十五條，國人共擊，李寧可修憲「刪除閣揆同意權」，毫無守憲、自省之精神，亦造成憲法五十五條、五十七條之脫鉤；爲倒宋削籓，而以「凍省」方式結合民進黨，去除宋之政治舞台，後爲防宋大軍參選國民大會，又聯合國、民兩黨之力，以實際僅五個整天一個夜晚的討論表決，迅即完成了充滿爭議，甚至具有顛覆性的「任務型國代」。先以政治肅殺手段完成「第四次修憲」，繼又放任黨籍國代進行「延任自肥」之第五次修憲。李氏主政十二年，國家憲政敗壞不堪。

陳水扁做爲「台灣之子」，亦極有機會使台灣社會力展現轉型的發動機角色。2000 年首度政黨輪替，原本期待向上提升的台灣社會，不幸持續向下沉淪。陳水扁八年主政之玩法濫權，缺乏民主法治素養處處可見：扁政府將『中正紀念堂管理處組織條例』廢止案送立法院，立法院並未通過。教育部即擅自發布『國立台灣民主紀念館組織規程及辦事細則』，粗暴地以「行政命令取代法律」，將中正紀

[25] 同上，頁三三。
[26] 黃年，李登輝的憲法變奏曲（台北：聯經出版公司，一九九八年一月），頁五六三。

念堂降爲四級機關並改名，這是憲政國家之奇蹟。[27]教育部拆掉中正紀念堂大門「大中至正」牌匾，改名「自由廣場」。這種行政凌駕國會、法律，非民主國家所能允許。另「中華郵政公司」更名「台灣郵政」乙案亦同。類此舉措，人類歷史過往只有希特勒、舊蘇聯、共產國家、專制政權所得見。作爲中華民國總統的陳水扁權力傲慢展現下，其民主法治概念何在？

馬英九總統之憲政與民主涵養低落在「王金平與柯建銘司法關說」一案[28]徹底暴露無遺。馬以立法院長王金平爲了最大在野黨黨鞭柯建銘的司法案件，關說法務部長與檢察長，「這是侵犯司法獨立最嚴重的一件事！」「這也是台灣民主政治法治發展最恥辱的一天！」如果不能嚴正面對這樣的弊案，台灣將走上無限沉淪的處境！馬強調「如果這不是關說，那什麼才是關說？」。然馬英九總統處置王金平關說案卻犯了兩項更大憲政錯誤：一者，立法權對行政權並無「從屬性」，立法院長即使涉嫌關說司法，屬於行政權的總統與行政院長，並無權對其去留表達態度，這是憲法最基本的「權力分立」原則；二者，王金平縱使涉入關說案，其是否有罪由司法部門最後判定，而非行政部門的總統「說了算」。馬英九總統在司法判決未完成前，急切的將王金平「定罪」，據以開除王金平黨籍，不僅不尊重司法部門權責，也違背「無罪推論」之精神，國民黨火速開除王之黨籍，如同幫派之「私設刑堂」並無二致。馬英九大動作斥王「侵犯司法獨立」，唯馬英九總統之作爲豈非更嚴重的「侵犯司法獨立」？更將司法視爲無物？「如果這不是權力傲慢，那什麼才是權力傲慢？」

正因三位民選總統在過往之獨斷專擅表現，完全沒有主政者民主素養之高度。未來國內憲政教育將更爲重要，如何培養健全之國民成爲嚴肅面對之課題。

---

[27]依『中央行政機關組織基準法』之規定，行政院爲一級機關，各部會爲二級機關，而目前隸屬於教育部之中正紀念堂、國父紀念館、台灣科學教育館、國家圖書館及歷史博物館等文教單位爲三級機關，都各具有其組織法做爲依據。基準法第四條明定：『「三級機關」之組織以法律定之。』；第十一條更規定：『機關組織依本法規定以法律定之者，其設立依下列程序辦理・・・三級機關・・・由其上級機關或上級指定之機關擬案，報請一級機關轉請立法院審議。機關之調整或裁撤由本機關或上級機關擬案，循前項程序辦理。』職是之故，中正紀念堂無論是組織調整或裁撤皆應經立法院審議通過。故而在條例未依法廢止前，中正紀念堂管理處依法存在，行政院根本不可直接更名，甚至擅拆牌匾。

[28]民國一0二年九月六日特偵組召開記者會，向公眾披露，因懷疑民進黨立法院黨團總召集人柯建銘可能涉及收賄案，而取得監聽票進行監聽，從對話中錄到柯請立法院長王金平代爲處理全民電通背信案更一審檢察官上訴一事之內容。認爲相關人等涉嫌關說，已經足以稱爲「行政不法」。之後，馬英九以中國國民黨主席身分在總統府召開記者會，譴責立法院長王金平對檢察體系的司法關說。九月十一日，中國國民黨宣布開除王金平黨籍，王隨即向法院提起「確認國民黨員資格存在」之民事訴訟，九月十三日獲法院裁准保留黨籍的假處分，確保國會議長的資格。後王二審獲勝，一0三年國民黨新任主席朱立倫宣佈停止訴訟，確認王金平保有黨籍。

期望未來憲政教育能得以落實，並教導國人在一個行憲民主國家中透過修憲以增進憲法的成長是正確的途徑，任何無法守憲、守法者均不足取。正因爲如此作爲乃是毀棄憲法、法治的尊嚴性，今日之人可任意踐踏一部憲法，明日之人又如何會愛惜、尊重這部憲法？如此不斷循環，國基永難鞏固。

觀之以美國，其憲法乃制定於馬車、牛車時代，而行之於今日的核子、太空時代。其中亦不過 7 條原文，加上 27 條憲法修正案。在我國日益走上民主化的同時，更應深化國民力行憲政、嚴守法治的精神，無論過去曾經主導修憲的國民黨，或主張公投另制新憲的民進黨，面對國家長治久安，與如何教導後代子孫守憲、守法，應是值得深思的關鍵時刻。

附　錄

附錄一：中華民國憲法 〈民國三十六年〉

中華民國三十五年十二月二十五日國民大會通過
中華民國三十六年一月一日國民政府公布
中華民國三十六年十二月二十五日施行

憲法前言

中華民國國民大會受全體國民之付託，依據孫中山先生創立中華民國之遺教，爲鞏固國權，保障民權，奠定社會安寧，增進人民福利，制定本憲法，頒行全國，永矢咸遵。

第一章 總綱

第一條 （國體）

中華民國基於三民主義，爲民有民治民享之民主共和國。

第二條 （主權在民）

中華民國之主權屬於國民全體。

第三條 （國民）

具有中華民國國籍者爲中華民國國民。

第四條 （國土）

中華民國領土，依其固有之疆域，非經國民大會之決議，不得變更之。

第五條 （民族平等）

中華民國各民民族一律平等。

第六條 （國旗）

中華民國國旗定爲紅地，左上角青天白日。

第二章 人民之權利與義務

第七條 （平等權）

中華民國人民，無分男女、宗教、種族、階級、黨派，在法律上一律平等。

第八條 （人身自由）

人民身體之自由應予保障。除現行犯之逮捕由法律另定外，非經司法或警察機關依法定程序，不得逮捕拘禁。非由法院依法定程序，不得審問處罰。非依法定程序之逮捕、拘禁、審問、處罰，得拒絕之。

人民因犯罪嫌疑被逮捕拘禁時，其逮捕拘禁機關應將逮捕拘禁原因，以書面告知本人及其本人指定之親友，並至遲於二十四小時內移送該管法院審問。本人或他人亦得聲請該管法院，於二十四小時內向逮捕之機關提審。

法院對於前項聲請，不得拒絕，並不得先令逮捕拘禁之機關查覆。逮捕拘禁之機關，對於法院之提審，不得拒絕或遲延。

人民遭受任何機關非法逮捕拘禁時，其本人或他人得向法院聲請追究，法院不得拒絕，並應於二十四小時內向逮捕拘禁之機關追究，依法處理。

第九條 （人民不受軍審原則）

人民除現役軍人外，不受軍事審判。

第十條 （居住遷徙自由）

人民有居住及遷徙之自由。

第十一條 （表現自由）

人民有言論、講學、著作及出版之自由。

第十二條 （秘密通訊自由）

人民有秘密通訊之自由。

第十三條 （信教自由）

人民有信仰宗教之自由。

第十四條 （集會結社自由）

人民有集會及結社之自由。

第十五條 （生存權、工作權及財產權）

人民之生存權、工作權及財產權，應予保障。

第十六條 （請願、訴願及訴訟權）

人民有請願、訴願及訴訟之權。

第十七條 （參政權）

人民有選舉、罷免、創制及複決之權。

第十八條 （應考試服公職權）

人民有應考試服公職之權。

第十九條 （納稅義務）

人民有依法律納稅之義務。

第二十條 （兵役義務）

人民有依法律服兵役之義務。

第二十一條 （受教育之權義）

人民有受國民教育之權利與義務。

第二十二條 （基本人權保障）

凡人民之其他自由及權利，不妨害社會秩序公共利益者，均受憲法之保障。

第二十三條 （基本人權之限制）

以上各條列舉之自由權利，除爲防止妨礙他人自由，避免緊急危難，維持社會秩序，或增進公共利益所必要者外，不得以法律限制之。

第二十四條 （公務員責任及國家賠償責任）

凡公務員違法侵害人民之自由或權利者，除依法律受懲戒外，應負刑事及民事責任。被害人民就其所受損害，並得依法律向國家請求賠償。

第三章 國民大會

第二十五條　（地位）

國民大會依本憲法之規定，代表全國國民行使政權。

第二十六條　（國大代表之名額）

國民大會以左列代表組織之：

一、每縣市及其同等區域各選出代表一人，但其人口逾五十萬人者，每增加五十萬人，增選代表一人。縣市同等區域以法律定之。

二、蒙古選出代表，每盟四人，每特別旗一人。

三、西藏選出代表，其名額以法律定之。

四、各民族在邊疆地區選出代表，其名額以法律定之。

五、僑居國外之國民選出代表，其名額以法律定之。

六、職業團體選出代表，其名額以法律定之。

七、婦女團體選出代表，其名額以法律定之。

第二十七條　（國大職權）

國民大會之職權如左：

一、選舉總統、副總統。

二、罷免總統、副總統。

三、修改憲法。

四、複決立法院所提之憲法修正案。

關於創制複決兩權，除前項第三、第四兩款規定外，俟全國有半數之縣市曾經行使創制複決兩項政權時，由國民大會制定辦法並行使之。

第二十八條　（國大代表任期、資格之限制）

國民大會代表每六年改選一次。

每屆國民大會代表之任期，至次屆國民大會開會之日爲止。

現任官吏不得於其任所所在地之選舉區當選爲國民大會代表。

第二十九條　（國大常會之召集）

國民大會於每屆總統任滿前九十日集會，由總統召集之。

第三十條　（國大臨時會之召集）

國民大會遇有左列情形之一時，召集臨時會：

一、依本憲法第四十九條之規定，應補選總統、副總統時。

二、依監察院之決議，對於總統、副總統提出彈劾案時。

三、依立法院之決議，提出憲法修正案時。

四、國民大會代表五分之二以上請求召集時。

國民大會臨時會，如依前項第一款或第二款應召集時，由立法院院長通告集會。依第三款或第四款應召集時，由總統召集之。

第三十一條　（國大開會地點）

國民大會之開會地點在中央政府所在地。

第三十二條 （言論免責權）

國民大會代表在會議時所爲之言論及表決，對會外不負責任。

第三十三條 （不逮捕特權）

國民大會代表，除現行犯外，在會期中，非經國民大會許可，不得逮捕或拘禁。

第三十四條 （組織、選舉、罷免及行使職權程序之法律）

國民大會之組織，國民大會代表之選舉罷免，及國民大會行使職權之程序，以法律定之。

第四章 總統

第三十五條 （總統地位）

總統爲國家元首，對外代表中華民國。

第三十六條 （總統統率權）

總統統率全國陸海空軍。

第三十七條 （總統公布法令權）

總統依法公布法律，發布命令，須經行政院院長之副署，或行政院院長及有關部會首長之副署。

第三十八條 （總統締約宣戰媾和權）

總統依本憲法之規定，行使締結條約及宣戰媾和之權。

第三十九條 （總統宣布戒嚴權）

總統依法宣布戒嚴，但須經立法院之通過或追認。立法院認爲必要時，得決議移請總統解嚴。

第四十條 （總統赦免權）

總統依法行使大赦、特赦、減刑及復權之權。

第四十一條 （總統任免官員權）

總統依法任免文武官員。

第四十二條 （總統授與榮典權）

總統依法授與榮典。

第四十三條 （總統發布緊急命令權）

國家遇有天然災害、癘疫或國家財政經濟上有重大變故，須爲急速處分時，總統於立法院休會期間，得經行政院會議之決議，依緊急命令法，發布緊急命令，爲必要之處置。但須於發布命令後一個月內提交立法院追認。如立法院不同意時，該緊急命令立即失效。

第四十四條 （權限爭議處理權）

總統對於院與院間之爭執，除本憲法有規定者外，得召集有關各院院長會商解決之。

第四十五條 （被選舉資格）

中華民國國民年滿四十歲者得被選爲總統、副總統。

第四十六條 （選舉方法）

總統、副總統之選舉，以法律定之。

第四十七條 （總統副總統任期）

總統、副總統之任期爲六年，連選得連任一次。

第四十八條 （總統就職宣誓）

總統應於就職時宣誓，誓詞如左：

「余謹以至誠，向全國人民宣誓。余必遵守憲法，盡忠職務，增進人民福利，保衛國家，無負國民付託。如違誓言，願受國家嚴厲之制裁。謹誓。」

第四十九條 （繼任及代行總統職權）

總統缺位時，由副總統繼任，至總統任期屆滿爲止。總統、副總統均缺位時，由行政院院長代行其職權，並依本憲法第三十條之規定，召集國民大會臨時會，補選總統、副總統，其任期以補足原任總統未滿之任期爲止。總統因故不能視事時，由副總統代行其職權。總統、副總統均不能視事時，由行政院院長代行其職權。

第五十條 （代行總統職權）

總統於任滿之日解職，如屆期次任總統尚未選出，或選出後總統、副總統均未就職時，由行政院院長代行總統職權。

第五十一條 （行政院長代行職權之期限）

行政院院長代行總統職權時，其期限不得逾三個月。

第五十二條 （刑事豁免權）

總統除犯內亂或外患罪外，非經罷免或解職，不受刑事上之訴究。

第五章 行政

第五十三條 （最高行政）

行政院爲國家最高行政機關。

第五十四條 （行政院組織）

行政院設院長、副院長各一人，各部會首長若干人，及不管部會之政務委員若干人。

第五十五條 （行政院院長之任命及代理）

行政院院長由總統提名，經立法院同意任命之。

立法院休會期間，行政院院長辭職或出缺時，由行政院副院長代理其職務，但總統須於四十日內咨請立法院召集會議，提出行政院院長人選徵求同意。行政院院長職務，在總統所提行政院院長人選未經立法院同意前，由行政院副院長暫行代理。

第五十六條 （副院長、部會首長及政務委員之任命）

行政院副院長，各部會首長及不管部會之政務委員，由行政院院長提請總統任命之。

第五十七條 （行政院對立法院負責）

行政院依左列規定，對立法院負責：

一、行政院有向立法院提出施政方針及施政報告之責。立法委員在開會時，有向行政院院長及行政院各部會首長質詢之權。

二、立法院對於行政院之重要政策不贊同時，得以決議移請行政院變更之。行政院對於立法院之決議，得經總統之核可，移請立法院覆議。覆議時，如經出席立法委員三分之二維持原決議，行政院院長應即接受該決議或辭職。

三、行政院對於立法院決議之法律案、預算案、條約案，如認爲有窒礙難行時，得經總統之核可，於該決議案送達行政院十日內，移請立法院覆議。覆議時，如經出席立法委員三分之二維持原案，行政院院長應即接受該決議或辭職。

第五十八條 （行政院會議）

行政院設行政院會議，由行政院院長、副院長、各部會首長及不管部會之政務委員組織之，以院長爲主席。

行政院院長、各部會首長，須將應行提出於立法院之法律案、預算案、戒嚴案、大赦案、宣戰案、媾和案、條約案及其他重要事項，或涉及各部會共同關係之事項，提出於行政院會議議決之。

第五十九條 （預算案之提出）

行政院於會計年度開始三個月前，應將下年度預算案提出於立法院。

第六十條 （決算之提出）

行政院於會計年度結束後四個月內，應提出決算於監察院。

第六十一條 （行政院組織法之制定）

行政院之組織，以法律定之。

第六章 立法

第六十二條 （最高立法機關）

立法院爲國家最高立法機關，由人民選舉之立法委員組織之，代表人民行使立法權。

第六十三條 （職權）

立法院有議決法律案、預算案、戒嚴案、大赦案、宣戰案、媾和案、條約案及國家其他重要事項之權。

第六十四條 （立委選舉）

立法院立法委員依左列規定選出之：

一、各省、各直轄市選出者，其人口在三百萬以下者五人，其人口超過三百萬者，每滿一百萬人增選一人。

二、蒙古各盟旗選出者。

三、西藏選出者。

四、各民族在邊疆地區選出者。

五、僑居國外之國民選出者。

六、職業團體選出者。

立法委員之選舉及前項第二款至第六款立法委員名額之分配，以法律定之。

婦女在第一項各款之名額，以法律定之。

第六十五條　（立委任期）

立法委員之任期爲三年，連選得連任，其選舉於每屆任滿前三個月內完成之。

第六十六條　（正副院長之選舉）

立法院設院長、副院長各一人，由立法委員互選之。

第六十七條　（委員會之設置）

立法院得設各種委員會。

各種委員會得邀請政府人員及社會上有關係人員到會備詢。

第六十八條　（常會）

立法院會期，每年兩次，自行集會，第一次自二月至五月底，第二次自九月至十二月底，必要時得延長之。

第六十九條　（臨時會）

立法院遇有左列情事之一時，得開臨時會：

一、總統之咨請。

二、立法委員四分之一以上之請求。

第七十條　（增加支出預算提議之限制）

立法院對於行政院所提預算案，不得爲增加支出之提議。

第七十一條　（關係院首長列席）

立法院開會時，關係院院長及各部會首長得列席陳述意見。

第七十二條　（公布法律）

立法院法律案通過後，移送總統及行政院，總統應於收到後十日內公布之，但總統得依照本憲法第五十七條之規定辦理。

第七十三條　（言論免責權）

立法委員在院內所爲之言論及表決，對院外不負責任。

第七十四條　（不逮捕特權）

立法委員，除現行犯外，非經立法院許可，不得逮捕或拘禁。

第七十五條　（立委兼任官吏之禁止）

立法委員不得兼任官吏。

第七十六條　（立法院組織法之制定）

立法院之組織，以法律定之。

第七章　司法

第七十七條 （司法院之地位及職權）

司法院爲國家最高司法機關，掌理民事、刑事、行政訴訟之審判，及公務員之懲戒。

第七十八條 （司法院之法律解釋權）

司法院解釋憲法，並有統一解釋法律及命令之權。

第七十九條 （正副院長及大法官之任命）

司法院設院長、副院長各一人，由總統提名，經監察院同意任命之。

司法院設大法官若干人，掌理本憲法第七十八條規定事項，由總統提名，經監察院同意任命之。

第八十條 （法官依法獨立審判）

法官須超出黨派以外，依據法律獨立審判，不受任何干涉。

第八十一條 （法官之保障）

法官爲終身職，非受刑事或懲戒處分，或禁治產之宣告，不得免職。非依法律，不得停職、轉任或減俸。

第八十二條 （法院組織法之制定）

司法院及各級法院之組織，以法律定之。

第八章 考試

第八十三條 （考試院之地位及職權）

考試院爲國家最高考試機關，掌理考試、任用、銓敘、考績、級俸、陞遷、保障、褒獎、撫卹、退休、養老等事項。

第八十四條 （正副院長及考試委員之任命）

考試院設院長、副院長各一人，考試委員若干人，由總統提名，經監察院同意任命之。

第八十五條 （公務員之考選）

公務人員之選拔，應實行公開競爭之考試制度，並應按省區分別規定名額，分區舉行考試。非經考試及格者，不得任用。

第八十六條 （應受考銓之資格）

左列資格，應經考試院依法考選銓定之：

一、公務人員任用資格。

二、專門職業及技術人員執業資格。

第八十七條 （法律案之提出）

考試院關於所掌事項，得向立法院提出法律案。

第八十八條 （依法獨立行使職權）

考試委員須超出黨派以外，依據法律獨立行使職權。

第八十九條 （考試院組織法之制定）

考試院之組織，以法律定之。

第九章 監察

第九十條　（監察院之地位及職權）

監察院爲國家最高監察機關，行使同意、彈劾、糾舉及審計權。

第九十一條　（監委之選舉）

監察院設監察委員，由各省市議會、蒙古西藏地方議會，及華僑團體選舉之。其名額分配依左列之規定：

一、每省五人。

二、每直轄市二人。

三、蒙古各盟旗共八人。

四、西藏八人。

五、僑居國外之國民八人。

第九十二條　（正副院長之選舉）

監察院設院長、副院長各一人，由監察委員互選之。

第九十三條　（監委任期）

監察委員之任期爲六年，連選得連任。

第九十四條　（同意權之行使）

監察院依本憲法行使同意權時，由出席委員過半數之議決行之。

第九十五條　（調查權之行使）

監察院爲行使監察權，得向行政院及其各部會調閱其所發布之命令及各種有關文件。

第九十六條　（委員會之設置）

監察院得按行政院及其各部會之工作，分設若干委員會，調查一切設施，注意其是否違法或失職。

第九十七條　（糾正權、糾舉權、及彈劾權之行使）

監察院經各該委員會之審查及決議，得提出糾正案，移送行政院及其有關部會，促其注意改善。

監察院對於中央及地方公務人員，認爲有失職或違法情事，得提出糾舉案或彈劾案，如涉及刑事，應移送法院辦理。

第九十八條　（彈劾案之提出）

監察院對於中央及地方公務人員之彈劾案，須經監察委員一人以上之提議，九人以上之審查及決定，始得提出。

第九十九條　（司法考試人員之彈劾）

監察院對於司法院或考試院人員失職或違法之彈劾，適用本憲法第九十五條、第九十七條及第九十八條之規定。

第一百條　（總統、副總統之彈劾）

監察院對於總統、副總統之彈劾案，須有全體監察委員四分之一以上之提議，全體監察委員過半數之審查及決議，向國民大會提出之。

第一百零一條　（言論免責權）

監察委員在院內所爲之言論及表決，對院外不負責任。

第一百零二條 （不逮捕特權）

監察委員除現行犯外，非經監察院許可，不得逮捕或拘禁。

第一百零三條 （監委兼職之禁止）

監察委員不得兼任其他公職或執行業務。

第一百零四條 （審計長之任命）

監察院設審計長，由總統提名，經立法院同意任命之。

第一百零五條 （決算之審核及報告）

審計長應於行政院提出決算後三個月內，依法完成其審核，並提出審核報告於立法院。

第一百零六條 （監察院組織法之制定）

監察院之組織，以法律定之。

第十章 中央與地方之權限

第一百零七條 （中央立法並執行事項）

左列事項，由中央立法並執行之：

一、外交。

二、國防與國防軍事。

三、國籍法及刑事、民事、商事之法律。

四、司法制度。

五、航空、國道、國有鐵路、航政、郵政及電政。

六、中央財政與國稅。

七、國稅與省稅、縣稅之劃分。

八、國營經濟事業。

九、幣制及國家銀行。

十、度量衡。

十一、國際貿易政策。

十二、涉外之財政、經濟事項。

十三、其他依本憲法所定關於中央之事項。

第一百零八條 （中央立法事項）

左列事項，由中央立法並執行之，或交由省縣執行之：

一、省縣自治通則。

二、行政區劃。

三、森林、工礦及商業。

四、教育制度。

五、銀行及交易所制度。

六、航業及海洋漁業。

七、公用事業。

八、合作事業。

九、二省以上之水陸交通運輸。

十、二省以上之水利、河道及農牧事業。

十一、中央及地方官吏之銓敘、任用、糾察及保障。

十二、土地法。

十三、勞動法及其他社會立法。

十四、公用徵收。

十五、全國戶口調查及統計。

十六、移民及墾殖。

十七、警察制度。

十八、公共衛生。

十九、賑濟、撫卹及失業救濟。

二十、有關文化之古籍、古物及古蹟之保存。

前項各款，省於不牴觸國家法律內，得制定單行法規。

第一百零九條 （省立法事項）

左列事項，由省立法並執行之，或交由縣執行之：

一、省教育、衛生、實業及交通。

二、省財產之經營及處分。

三、省市政。

四、省公營事業。

五、省合作事業。

六、省農林、水利、漁牧及工程。

七、省財政及省稅。

八、省債。

九、省銀行。

十、省警政之實施。

十一、省慈善及公益事項。

十二、其他依國家法律賦予之事項。

前項各款，有涉及二省以上者，除法律別有規定外，得由有關各省共同辦理。

各省辦理第一項各款事務，其經費不足時，經立法院議決，由國庫補助之。

第一百一十條 （縣立法並執行事項）

左列事項，由縣立法並執行之：

一、縣教育、衛生、實業及交通。

二、縣財產之經營及處分。

三、縣公營事業。

四、縣合作事業。

五、縣農林、水利、漁牧及工程。

六、縣財政及縣稅。

七、縣債。

八、縣銀行。

九、縣警衛之實施。

十、縣慈善及公益事項。

十一、其他依國家法律及省自治法賦予之事項。

前項各款，有涉及二縣以上者，除法律別有規定外，得由有關各縣共同辦理。

第一百一十一條 （中央與地方權限分配）

除第一百零七條、第一百零八條、第一百零九條及第一百十條列舉事項外，如有未列舉事項發生時，其事務有全國一致之性質者屬於中央，有全省一致之性質者屬於省，有一縣之性質者屬於縣。遇有爭議時，由立法院解決之。

第十一章 地方制度

第一節 省

第一百一十二條 （省民代表大會之組織與權限）

省得召集省民代表大會，依據省縣自治通則，制定省自治法。但不得與憲法牴觸。

省民代表大會之組織及選舉，以法律定之。

第一百一十三條 （省自治法與立法權）

省自治法應包含左列各款：

一、省設省議會。省議會議員由省民選舉之。

二、省設省政府，置省長一人。省長由省民選舉之。

三、省與縣之關係。

屬於省之立法權，由省議會行之。

第一百一十四條 （省自治法之司法審查）

省自治法制定後，須即送司法院。司法院如認爲有違憲之處，應將違憲條文宣布無效。

第一百一十五條 （自治法施行中障礙之解決）

省自治法施行中，如因其中某條發生重大障礙，經司法院召集有關方面陳述意見後，由行政院院長、立法院院長、司法院院長、考試院院長與監察院院長組織委員會，以司法院院長爲主席，提出方案解決之。

第一百一十六條 （省法規與國家法律之關係）

省法規與國家法律牴觸者無效。

第一百一十七條 （省法規牴觸法律之解釋）

省法規與國家法律有無牴觸發生疑義時，由司法院解釋之。

第一百一十八條　（直轄市之自治）

直轄市之自治，以法律定之。

第一百一十九條　（蒙古盟旗之自治）

蒙古各盟旗地方自治制度，以法律定之。

第一百二十條　（西藏自治之保障）

西藏自治制度，應予以保障。

第二節 縣

第一百二十一條　（縣自治）

縣實行縣自治。

第一百二十二條　（縣民代大會與縣自治法之制定）

縣得召集縣民代表大會，依據省縣自治通則，制定縣自治法。但不得與憲法及省自治法牴觸。

第一百二十三條　（縣民參政權）

縣民關於縣自治事項，依法律行使創制複決之權，對於縣長及其他縣自治人員，依法律行使選舉罷免之權。

第一百二十四條　（縣議會組成及職權）

縣設縣議會。縣議會議員由縣民選舉之。

屬於縣之立法權，由縣議會行之。

第一百二十五條　（縣規章與法律或省法規之關係）

縣單行規章，與國家法律或省法規牴觸者無效。

第一百二十六條　（縣長之選舉）

縣設縣政府，置縣長一人。縣長由縣民選舉之。

第一百二十七條　（縣長之職權）

縣長辦理縣自治，並執行中央及省委辦事項。

第一百二十八條　（市自治）

市準用縣之規定。

第十二章 選舉 罷免 創制 複決

第一百二十九條　（選舉之方法）

本憲法所規定之各種選舉，除本憲法別有規定外，以普通、平等、直接及無記名投票之方法行之。

第一百三十條　（選舉及被選舉年齡）

中華民國國民年滿二十歲者，有依法選舉之權。除本憲法及法律別有規定者外，年滿二十三歲者，有依法被選舉之權。

第一百三十一條　（競選公開原則）

本憲法所規定各種選舉之候選人，一律公開競選。

第一百三十二條　（選舉公正之維護）

選舉應嚴禁威脅利誘。選舉訴訟，由法院審判之。

第一百三十三條 （罷免權）

被選舉人得由原選舉區依法罷免之。

第一百三十四條 （婦女名額保障）

各種選舉，應規定婦女當選名額，其辦法以法律定之。

第一百三十五條 （內地生活習慣特殊國代之選舉）

內地生活習慣特殊之國民代表名額及選舉，其辦法以法律定之。

第一百三十六條 （創制複決權之行使）

創制複決兩權之行使，以法律定之。

第十三章 基本國策

第一節 國防

第一百三十七條 （國防目的及組織）

中華民國之國防，以保衛國家安全，維護世界和平為目的。

國防之組織，以法律定之。

第一百三十八條 （軍隊國家化）

全國陸海空軍，須超出個人、地域及黨派關係以外，效忠國家，愛護人民。

第一百三十九條 （軍隊國家化）

任何黨派及個人不得以武裝力量為政爭之工具。

第一百四十條 （軍人兼任文官之禁止）

現役軍人不得兼任文官。

第二節 外交

第一百四十一條 （外交宗旨）

中華民國之外交，應本獨立自主之精神，平等互惠之原則，敦睦邦交，尊重條約及聯合國憲章，以保護僑民權益，促進國際合作，提倡國際正義，確保世界和平。

第三節 國民經濟

第一百四十二條 （國民經濟基本原則）

國民經濟應以民生主義為基本原則，實施平均地權，節制資本，以謀國計民生之均足。

第一百四十三條 （土地政策）

中華民國領土內之土地屬於國民全體。人民依法取得之土地所有權，應受法律之保障與限制。私有土地應照價納稅，政府並得照價收買。

附著於土地之礦及經濟上可供公眾利用之天然力，屬於國家所有，不因人民取得土地所有權而受影響。

土地價值非因施以勞力資本而增加者，應由國家徵收土地增值稅，歸人民共享之。

國家對於土地之分配與整理，應以扶植自耕農及自行使用土地人為原則，並規定其適當經營之面積。

第一百四十四條　（獨佔性企業公營原則）

公用事業及其他有獨佔性之企業，以公營爲原則，其經法律許可者，得由國民經營之。

第一百四十五條　（私人資本之節制與扶助）

國家對於私人財富及私營事業，認爲有妨害國計民生之平衡發展者，應以法律限制之。

合作事業應受國家之獎勵與扶助。

國民生產事業及對外貿易，應受國家之獎勵、指導及保護。

第一百四十六條　（發展農業）

國家應運用科學技術，以興修水利，增進地力，改善農業環境，規劃土地利用，開發農業資源，促成農業之工業化。

第一百四十七條　（地方經濟之平衡發展）

中央爲謀省與省間之經濟平衡發展，對於貧瘠之省，應酌予補助。

省爲謀縣與縣間之經濟平衡發展，對於貧瘠之縣，應酌予補助。

第一百四十八條　（貨暢其流）

中華民國領域內，一切貨物應許自由流通。

第一百四十九條　（金融機構之管理）

金融機構，應依法受國家之管理。

第一百五十條　（普設平民金融機構）

國家應普設平民金融機構，以救濟失業。

第一百五十一條　（發展僑民經濟事業）

國家對於僑居國外之國民，應扶助並保護其經濟事業之發展。

第四節　社會安全

第一百五十二條　（人盡其才）

人民具有工作能力者，國家應予以適當之工作機會。

第一百五十三條　（勞工及農民之保護）

國家爲改良勞工及農民之生活，增進其生產技能，應制定保護勞工及農民之法律，實施保護勞工及農民之政策。

婦女兒童從事勞動者，應按其年齡及身體狀態，予以特別之保護。

第一百五十四條　（勞資關係）

勞資雙方應本協調合作原則，發展生產事業。勞資糾紛之調解與仲裁，以法律定之。

第一百五十五條　（社會保險與救助之實施）

國家爲謀社會福利，應實施社會保險制度。人民之老弱殘廢，無力生活，及受非常災害者，國家應予以適當之扶助與救濟。

第一百五十六條　（婦幼福利政策之實施）

國家爲奠定民族生存發展之基礎，應保護母性，並實施婦女兒童福利政策。

第一百五十七條 （衛生保健事業之推行）

國家為增進民族健康，應普遍推行衛生保健事業及公醫制度。

第五節 教育文化

第一百五十八條 （教育文化之目標）

教育文化，應發展國民之民族精神、自治精神、國民道德、健全體格、科學及生活智能。

第一百五十九條 （教育機會平等原則）

國民受教育之機會一律平等。

第一百六十條 （基本教育與補習教育）

六歲至十二歲之學齡兒童，一律受基本教育，免納學費。其貧苦者，由政府供給書籍。

已逾學齡未受基本教育之國民，一律受補習教育，免納學費，其書籍亦由政府供給。

第一百六十一條 （獎學金之設置）

各級政府應廣設獎學金名額，以扶助學行俱優無力升學之學生。

第一百六十二條 （教育文化機關之監督）

全國公私立之教育文化機關，依法律受國家之監督。

第一百六十三條 （教育文化事業之推動）

國家應注重各地區教育之均衡發展，並推行社會教育，以提高一般國民之文化水準。邊遠及貧瘠地區之教育文化經費，由國庫補助之。其重要之教育文化事業，得由中央辦理或補助之。

第一百六十四條 （教育文化經費之比例與專款之保障）

教育、科學、文化之經費，在中央不得少於其預算總額百分之十五，在省不得少於其預算總額百分之二十五，在市縣不得少於其預算總額百分之三十五。其依法設置之教育文化基金及產業，應予以保障。

第一百六十五條 （教育文化工作者之保障）

國家應保障教育、科學、藝術工作者之生活，並依國民經濟之進展，隨時提高其待遇。

第一百六十六條 （科學發明與創造之保障、古蹟、古物之保護）

國家應獎勵科學之發明與創造，並保護有關歷史文化藝術之古蹟古物。

第一百六十七條 （教育文化事業之獎助）

國家對於左列事業或個人，予以獎勵或補助：

一、國內私人經營之教育事業成績優良者。

二、僑居國外國民之教育事業成績優良者。

三、於學術或技術有發明者。

四、從事教育久於其職而成績優良者。

第六節　邊疆地區

第一百六十八條　（邊疆民族地位之保障）

國家對於邊疆地區各民族之地位，應予以合法之保障，並於其地方自治事業，特別予以扶植。

第一百六十九條　（邊疆事業之扶助）

國家對於邊疆地區各民族之教育、文化、交通、水利、衛生，及其他經濟、社會事業，應積極舉辦，並扶助其發展，對於土地使用，應依其氣候、土壤性質，及人民生活習慣之所宜，予以保障及發展。

第十四章　憲法之施行及修改

第一百七十條　（法律之意義）

本憲法所稱之法律，謂經立法院通過，總統公布之法律。

第一百七十一條　（法律之位階性）

法律與憲法牴觸者無效。

法律與憲法有無牴觸發生疑義時，由司法院解釋之。

第一百七十二條　（命令之位階性）

命令與憲法或法律牴觸者無效。

第一百七十三條　（憲法之解釋）

憲法之解釋，由司法院爲之。

第一百七十四條　（修憲程序）

憲法之修改，應依左列程序之一爲之：

一、由國民大會代表總額五分之一之提議，三分之二之出席，及出席代表四分之三之決議，得修改之。

二、由立法院立法委員四分之一之提議，四分之三之出席，及出席委員四分之三之決議，擬定憲法修正案，提請國民大會複決。此項憲法修正案應於國民大會開會前半年公告之。

第一百七十五條　（憲法實施程序與施行程序之制定）

本憲法規定事項，有另定實施程序之必要者，以法律定之。

本憲法施行之準備程序，由制定憲法之國民大會議定之。

附錄二：動員戡論時期臨時條款 〈民國三十七年〉

中華民國三十七年四月十八日第一屆國民大會第一次會議第十二次會議通過
中華民國三十七年五月十日國民政府公布
中華民國四十三年三月十一日第一屆國民大會第二次會議第七次會議決議「動員戡亂時期臨時條款」繼續有效

茲依照憲法第一百七十四條第一款程序，制定動員戡亂時期臨時條款如左：

總統在動員戡亂時期，爲避免國家或人民遭遇緊急危難，或應付助政經濟上重大變故，得經行政院會議之決議，爲緊急處分，不受憲法第三十九或四十三條所規定程序之限制。

前項緊急處分，立法院得依憲法第五十七款第二款規定之程序，變更或廢止之。

動員戡亂期之終止，由總統宣告，或由立法院咨請總統宣告之。

第一屆國民大會，應由總統至遲於三十九年十二月二十五日以前，召集臨時會，討論有關修改憲法各案。如屆時動員戡亂時期，尚未依前項規定，宣告終止，國民大會臨時會，應決定臨時條款應否延長或廢止。

附錄三：動員戡論時期臨時條款第一次修正〈民國四十九年〉

中華民國四十九年三月十一日第一屆國民大會第三次會議第六次大會修正通過
中華民國四十九年三月十一日總統公布

茲依照憲法第一百七十四條第一款程序，制定動員戡亂時期臨時條款如左：

第一項

總統在動員戡亂時期，爲避免國家或人民遭遇緊急危難，或應付財政經濟上重大變故，得經行政院會議之決議，爲緊急處分，不受憲法第三十九或第四十三條所規定程序之限制。

第二項

前項緊急處分，立法院得依憲法第五十七條第二款現定之程序，變更或廢止之。

第三項

動員戡亂時期，總統副總統得連選連任，不受憲法第四十七條連任一次之限制。

第四項

國民大會創制複決兩權之行使，於國民大會第三次會議閉會後，設置機構，研擬辦法，連同有關修改憲法各案，由總統召集國民大會臨時會討論之。

第五項

國民大會臨時會，由第三任總統於任期內適當時期召集之。

第六項

動員戡亂時期之終止，由總統宣告之。

第七項

臨時條款之修訂或廢止，由國民大會決定之。

附錄四：動員戡論時期臨時條款第二次修正〈民國五十五年〉

中華民國五十五年二月七日第一屆國民大會臨時會議第三次大會修正通過
中華民國五十五年二月十二日總統公布

茲依照憲法第一百七十四條第一款程序，制定動員戡亂時期臨時條款如左：

第一項

總統在動員戡亂時期，爲避免國家或人民遭遇緊急危難，或應付財政經濟上重大變故，得經行政院會議之決議，爲緊急處分，不受憲法第三十九或第四十三條所規定程序之限制。

第二項

前項緊急處分，立法院得依憲法第五十七條第二款現定之程序，變更或廢止之。

第三項

動員戡亂時期，總統副總統得連選連任，不受憲法第四十七條連任一次之限制。

第四項

動員戡亂時期，國民大會得制定辦法，創制中央法律原則與複決中央法律，不受憲法第二十七條第二項之限制。

第五項

在戡亂時期，總統對於創制案或複決案認爲有必要時，得召集國民大會臨時會討論之。

第六項

國民大會於閉會期間,設置研究機構，研討憲政有關問題。

第七項

動員戡亂時期之終止，由總統宣告之。

第八項

臨時條款之修訂或廢止，由國民大會決定之。

附錄五：動員戡論時期臨時條款第三次修正〈民國五十五年〉

中華民國五十五年三月十九日第一屆國民大會第四次會議第九次大會修正通過
中華民國五十五年三月二十二日總統公布

茲依照憲法第一百七十四條第一款程序，制定動員戡亂時期臨時條款如左：

第一項

總統在動員戡亂時期，為避免國家或人民遭遇緊急危難，或應付財政經濟上重大變故，得經行政院會議之決議，為緊急處分，不受憲法第三十九或第四十三條所規定程序之限制。

第二項

前項緊急處分，立法院得依憲法第五十七條第二款現定之程序變更或廢止之。

第三項

動員戡亂時期，總統副總統得連選連任，不受憲法第四十七條連任一次之限制。

第四項

動員戡亂時期，本憲政體制授權總統得設置動員戡亂機構，決定動員戡亂有關大政方針，並處理戰地政務。

第五項

總統為適應動員戡亂需要，得調整中央政府之行政機構、人事機構及其組織，並對於依選舉產生之中央公職人員，因人口增加或因故出缺，而能增選或補選之自由地區及光復地區，均得訂頒辦法實施之。

第六項

動員戡亂時期，國民大會得制定辦法，創制中央法律原則與複決中央法律，不受憲法第二十七條第二項之限制。

第七項

在戡亂時期，總統對於創制案或複決案認為有必要時，得召集國民大會臨時會討論之。

第八項

國民大會於閉會期間,設置研究機構，研討憲政有關問題。

第九項

動員戡亂時期之終止，由總統宣告之。

第十項

臨時條款之修訂或廢止，由國民大會決定之。

附錄六：動員戡論時期臨時條款第四次修正〈民國六十一年〉

中華民國六十一年三月十七日第一屆國民大會第五次會議第九次大會修正通過
中華民國六十一年三月二十三日總統公布

茲依照憲法第一百七十四條第一款程序，制定動員戡亂時期臨時條款如左：

第一項

總統在動員戡亂時期，爲避免國家或人民遭遇緊急危難，或應付財政經濟上重大變故，得經行政院會議之決議，爲緊急處分，不受憲法第三十九或第四十三條所規定程序之限制。

第二項

前項緊急處分，立法院得依憲法第五十七條第二款現定之程序變更或廢止之。

第三項

動員戡亂時期，總統副總統得連選連任，不受憲法第四十七條連任一次之限制。

第四項

動員戡亂時期，本憲政體制授權總統得設置動員戡亂機構，決定動員戡亂有關大政方針，並處理戰地政務。

第五項

總統爲適應動員戡亂需要，得調整中央政府之行政機構、人事機構及其組織。

第六項

動員戡亂時期，總統得依下列規定，訂頒辦法充實中央民意代表機構，不受憲法第二十六條、第六十四條及第九十一條之限制：

一、在自由地區增加中央民意代表名額，定期選舉，其須由僑居國外國民選出之立法委員及監察委員，事實上不能辦理選舉者，得由總統訂定辦法遴選之。

二、第一屆中央民意代表，係經全國人民選舉所產生，依法行使職權，其增選、補選者亦同。

三、大陸光復地區次第辦理中央民意代表之選舉。

四、增加名額選出之中央民意代表，與第一屆中央民意代表，依法行使職權。

五、增加名額選出之國民大會代表，每六年改選，立法委員每三年改選，選監察委員每六改選。

第七項

動員戡亂時期，國民大會得制定辦法，創制中央法律原則與複決中央法律，不受憲法第二十七條第二項之限制。

第八項

在戡亂時期，總統對於創制案或複決案認爲有必要時，得召集國民大會臨時會討論之。

第九項

國民大會於閉會期間,設置研究機構,研討憲政有關問題。

第十項

動員戡亂時期之終止，由總統宣告之。

第十一項

臨時條款之修訂或廢止，由國民大會決定之。

附錄七：第一次中華民國憲法增修條文〈民國八十年〉

中華民國八十年四月二十二日第一屆國民大會第二次臨時會議第六次大會三讀通過

中華民國八十年五月一日總統〈80〉華總〈一〉義字第二一二四號令公布

爲因應國家統一前之需要，依照憲法第二十七條第一項第三款及第一百七十四條第一款之規定，增修本憲法條文如左：

第一條

國民大會代表依左列規定選出之，不受憲法第二十六條及第一百三十五條之限制：

一、自由地區每直轄市、縣市各二人，但其人口逾十萬人者，每增加十萬人增一人。

二、自由地區平地山胞及山地山胞各三人。

三、僑居國外國民二十人。

四、全國不分區八十人。

前項第一款每直轄市、縣市選出之名額及第三款、第四款各政黨當選之名額，在五人以上十人以下者，應有婦女當選名額一人，超過十人者，每滿十人應增婦女當選名額一人。

第二條

立法院立法委員依左列規定選出之，不受憲法第六十四條之限制：

一、自由地區每省、直轄市各二人，但其人口逾二十萬人者，每增加十萬人增一人；逾一百萬人者，每增加二十萬人增一人。

二、自由地區平地山胞及山地山胞各三人。

三、僑居國外國民六人。

四、全國不分區三十人。

前項第一款每省、直轄市選出之名額及第三款、第四款各政黨當選之名額，在五人以上十人以下者，應有婦女當選名額一人，超過十人者，每滿十人應增婦女當選名額一人。

第三條

監察院監察委員由省、市議會依左列規定選出之，不受憲法第九十一條之限制：

一、自由地區臺灣省二十五人。

二、自由地區每直轄市各十人。

三、僑居國外國民二人。

四、全國不分區五人。

前項第一款臺灣省、第二款每直轄市選出之名額及第四款各政黨當選之名額，在五人以上十人以下者，應有婦女當選名額一人，超過十人者，每滿十人應增加婦女當選名額一人。

省議員當選爲監察委員者，以二人爲限；市議員當選爲監察委員者，各以一人爲限。

第四條

國民大會代表、立法院立法委員、監察院監察委員之選舉罷免，依公職人員選舉罷免之規定辦理之。僑居國外國民及全國不分區名額，採政黨比例方式選出之。

第五條

國民大會第二屆國民大會代表應於中華民國八十年十二月三十一日前選出，其任期自中華民國八十一年一月一日起至中華民國八十五年國民大會第三屆於第八任總統任滿前依憲法第二十九條規定集會之日止，不受憲法第二十八條第一項之限制。

依動員戡亂時期臨時條款增加名額選出之國民大會代表，於中華民國八十二年一月三十一日前，與國民大會第二屆國民大會代表共同行使職權。

立法院第二屆立法委員及監察院第二屆監察委員應於中華民國八十二年一月三十一日前選出，均自中華民國八十二年二月一日開始行使職權。

第六條

國民大會爲行使憲法第二十七條第一項第三款之職權，應於第二屆國民大會代表選出後三個月內由總統召集臨時會。

第七條

總統爲避免國家或人民遭遇緊急危難或應付財政經濟上重大變故，得經行政院會議之決議發布緊急命令，爲必要之處置，不受憲法第四十三條之限制。但須於發布命令後十日內提交立法院追認，如立法院不同意時，該緊急命令立即失效。

第八條

動員戡亂時期終止時，原僅適用於動員戡亂時期之法律，其修訂未完成程序者，得繼續適用至中華民國八十一年七月三十一日止。

第九條

總統爲決定國家安全有關大政方針，得設國家安全會議及所屬國家安全局。行政院得設人事行政局。

前二項機關之組織均以法律定之，在未完成立法程序前，其原有組織法規得繼續適用至中華民國八十二年十二月三十一日止。

第十條

自由地區與大陸地區間人民權利義務關係及其他事務之處理，得以法律爲特別之規定。

附錄八：第二次中華民國憲法增修條文〈民國八十一年〉

中華民國八十一年五月二十七日第二屆國民大會臨時會三讀通過
中華民國八十一年五月二十八日總統〈81〉華總〈一〉義字第二八五八號令公布

為因應國家統一前之需要，依照憲法第二十七條第一項第三款及第一百七十四條第一款之規定，增修本憲法條文如左：

第一條

國民大會代表依左列規定選出之，不受憲法第二十六條及第一百三十五條之限制：

一、自由地區每直轄市、縣市各二人，但其人口逾十萬人者，每增加十萬人增一人。

二、自由地區平地山胞及山地山胞各三人。

三、僑居國外國民二十人。

四、全國不分區八十人。

前項第一款每直轄市、縣市選出之名額及第三款、第四款各政黨當選之名額，在五人以上十人以下者，應有婦女當選名額一人，超過十人者，每滿十人應增婦女當選名額一人。

第二條

立法院立法委員依左列規定選出之，不受憲法第六十四條之限制：

一、自由地區每省、直轄市各二人，但其人口逾二十萬人者，每增加十萬人增一人；逾一百萬人者，每增加二十萬人增一人。

二、自由地區平地山胞及山地山胞各三人。

三、僑居國外國民六人。

四、全國不分區三十人。

前項第一款每省、直轄市選出之名額及第三款、第四款各政黨當選之名額，在五人以上十人以下者，應有婦女當選名額一人，超過十人者，每滿十人應增婦女當選名額一人。

第三條

監察院監察委員由省、市議會依左列規定選出之，不受憲法第九十一條之限制：

一、自由地區臺灣省二十五人。

二、自由地區每直轄市各十人。

三、僑居國外國民二人。

四、全國不分區五人。

前項第一款臺灣省、第二款每直轄市選出之名額及第四款各政黨當選之名額，在五人以上十人以下者，應有婦女當選名額一人，超過十人者，每滿十人應增加婦女當選名額一人。

省議員當選爲監察委員者，以二人爲限；市議員當選爲監察委員者，各以一人爲限。

第四條

國民大會代表、立法院立法委員、監察院監察委員之選舉罷免，依公職人員選舉罷免法之規定辦理之。僑居國外國民及全國不分區名額，採政黨比例方式選出之。

第五條

國民大會第二屆國民大會代表應於中華民國八十年十二月三十一日前選出，其任期自中華民國八十一年一月一日起至中華民國八十五年國民大會第三屆於第八任總統任滿前依憲法第二十九條規定集會之日止，不受憲法第二十八條第一項之限制。

依動員戡亂時期臨時條款增加名額選出之國民大會代表，於中華民國八十二年一月三十一日前，與國民大會第二屆國民大會代表共同行使職權。

立法院第二屆立法委員及監察院第二屆監察委員應於中華民國八十二年一月三十一日前選出，均自中華民國八十二年二月一日開始行使職權。

第六條

國民大會爲行使憲法第二十七條第一項第三款之職權，應於第二屆國民大會代表選出後三個月內由總統召集臨時會。

第七條

總統爲避免國家或人民遭遇緊急危難或應付財政經濟上重大變故，得經行政院會議之決議發布緊急命令，爲必要之處置，不受憲法第四十三條之限制。但須於發布命令後十日內提交立法院追認，如立法院不同意時，該緊急命令立即失效。

第八條

動員戡亂時期終止時，原僅適用於動員戡亂時期之法律，其修訂未完成程序者，得繼續適用至中華民國八十一年七月三十一日止。

第九條

總統爲決定國家安全有關大政方針，得設國家安全會議及所屬國家安全局。行政院得設人事行政局。

前二項機關之組織均以法律定之，在未完成立法程序前，其原有組織法規得繼續適用至中華民國八十二年十二月三十一日止。

第十條

自由地區與大陸地區間人民權利義務關係及其他事務之處理，得以法律爲特別之規定。

第十一條

國民大會之職權，除依憲法第二十七條之規定外，並依增修條文第十三條第一項、第十四條第二項及第十五條第二項之規定，對總統提名之人員行使同意權。

前項同意權之行使，由總統召集國民大會臨時會爲之，不受憲法第三十條之限制。

國民大會集會時，得聽取總統國情報告，並檢討國是，提供建言；如一年內未集會，由總統召集臨時會爲之，不受憲法第三十條之限制。

國民大會代表自第三屆國民大會代表起，每四年改選一次，不適用憲法第二十八條第一項之規定。

第十二條

總統、副總統由中華民國自由地區全體人民選舉之，自中華民國八十五年第九任總統、副總統選舉實施。

前項選舉之方式，由總統於中華民國八十四年五月二十日前召集國民大會臨時會，以憲法增修條文定之。

總統、副總統之任期，自第九任總統、副總統起爲四年，連選得連任一次，不適用憲法第四十七條之規定。

總統、副總統之罷免，依左列規定：

一、由國民大會代表提出之罷免案，經代表總額四分之一之提議，代表總額三分之二之同意，即爲通過。

二、由監察院提出之彈劾案，國民大會爲罷免之決議時，經代表總額三分之二之同意，即爲通過。

副總統缺位時，由總統於三個月內提名候選人，召集國民大會臨時會補選，繼任至原任期屆滿爲止。

總統、副總統均缺位時，由立法院院長於三個月內通告國民大會臨時會集會補選總統、副總統，繼任至原任期屆滿爲止。

第十三條

司法院設院長、副院長各一人，大法官若干人，由總統提名，經國民大會同意任命之，不適用憲法第七十九條之有關規定。

司法院大法官，除依憲法第七十八條之規定外，並組成憲法法庭審理政黨違憲之解散事項。

政黨之目的或其行爲，危害中華民國之存在或自由民主之憲政秩序者爲違憲。

第十四條

考試院爲國家最高考試機關，掌理左列事項，不適用憲法第八十三條之規定：

一、考試。

二、公務人員之銓敘、保障、撫卹、退休。

三、公務人員任免、考績、級俸、陞遷、褒獎之法制事項。

考試院設院長、副院長各一人，考試委員若干人，由總統提名，經國民大會同意任命之，不適用憲法第八十四條之規定。

憲法第八十五條有關按省區分別規定名額，分區舉行考試之規定，停止適用。

第十五條

監察院爲國家最高監察機關，行使彈劾、糾舉及審計權，不適用憲法第九十條及第九十四條有關同意權之規定。

監察院設監察委員二十九人，並以其中一人爲院長、一人爲副院長，任期六年，由總統提名，經國民大會同意任命之。憲法第九十一條至第九十三條、增修條文第三條，及第四條、第五條第三項有關監察委員之規定，停止適用。

監察院對於中央、地方公務人員及司法院、考試院人員之彈劾案，須經監察委員二人以上之提議，九人以上之審查及決定，始得提出，不受憲法第九十八條之限制。

監察院對於監察院人員失職或違法之彈劾，適用憲法第九十五條、第九十七條第二項及前項之規定。

監察院對於總統、副總統之彈劾案，須經全體監察委員過半數之提議，全體監察委員三分之二以上之決議，向國民大會提出，不受憲法第一百條之限制。

監察委員須超出黨派以外，依據法律獨立行使職權。

憲法第一百零一條及第一百零二條之規定，停止適用。

第十六條

增修條文第十五條第二項之規定，自提名第二屆監察委員時施行。

第二屆監察委員於中華民國八十二年二月一日就職，增修條文第十五條第一項及第三項至第七項之規定，亦自同日施行。

增修條文第十三條第一項及第十四條第二項有關司法院、考試院人員任命之規定，自中華民國八十二年二月一日施行。中華民國八十二年一月三十一日前之提名，仍由監察院同意任命，但現任人員任期未滿前，無須重新提名任命。

第十七條

省、縣地方制度，應包含左列各款，以法律定之，不受憲法第一百零八條第一項第一款、第一百十二條至第一百十五條及第一百二十二條之限制：

一、省設省議會，縣設縣議會，省議會議員、縣議會議員分別由省民、縣民選舉之。

二、屬於省、縣之立法權，由省議會、縣議會分別行之。

三、省設省政府，置省長一人，縣設縣政府，置縣長一人，省長、縣長分別由省民、縣民選舉之。

四、省與縣之關係。

五、省自治之監督機關爲行政院，縣自治之監督機關爲省政府。

第十八條

國家應獎勵科學技術發展及投資，促進產業升級，推動農漁業現代化，重視水資源之開發利用，加強國際經濟合作。

經濟及科學技術發展，應與環境及生態保護兼籌並顧。

國家應推行全民健康保險，並促進現代和傳統醫藥之研究發展。

國家應維護婦女之人格尊嚴，保障婦女之人身安全，消除性別歧視，促進兩性地位之實質平等。

國家對於殘障者之保險與就醫、教育訓練與就業輔導、生活維護與救濟，應予保障，並扶助其自立與發展。

國家對於自由地區山胞之地位及政治參與，應予保障；對其教育文化、社會福利及經濟事業，應予扶助並促其發展。對於金門、馬祖地區人民亦同。

國家對於僑居國外國民之政治參與，應予保障。

附錄九：第三次中華民國憲法增修條文〈民國八十三年〉

中華民國八十三年七月二十八日第二屆國民大會第四次臨時會第三十二次大會三讀通過

中華民國八十三年八月一日總統〈83〉華總〈一〉義字第四四八八號令公布

為因應國家統一前之需要，依照憲法第二十七條第一項第三款及第一百七十四條第一款之規定，增修本憲法條文如左：

第一條

國民大會代表依左列規定選出之，不受憲法第二十六條及第一百三十五條之限制：

一、自由地區每直轄市、縣市各二人，但其人口逾十萬人者，每增加十萬人增一人。

二、自由地區平地原住民及山地原住民各三人。

三、僑居國外國民二十人。

四、全國不分區八十人。

前項第三款及第四款之名額，採政黨比例方式選出之。第一款每直轄市、縣市選出之名額及第三款、第四款各政黨當選之名額，在五人以上十人以下者，應有婦女當選名額一人，超過十人者，每滿十人應增婦女當選名額一人。

國民大會之職權如左，不適用憲法第二十七條第一項第一款、第二款之規定：

一、依增修條文第二條第七項之規定，補選副總統。

二、依增修條文第二條第九項之規定，提出總統、副總統罷免案。

三、依增修條文第二條第十項之規定，議決監察院提出之總統、副總統彈劾案。

四、依憲法第二十七條第一項第三款及第一百七十四條第一款之規定，修改憲法。

五、依憲法第二十七條第一項第四款及第一百七十四條第二款之規定，複決立法院所提之憲法修正案。

六、依增修條文第四條第一項、第五條第二項、第六條第二項之規定，對總統提名任命之人員，行使同意權。

國民大會依前項第一款及第四款至第六款規定集會，或有國民大會代表五分之二以上請求召集會議時，由總統召集之；依前項第二款及第三款之規定集會時，由國民大會議長通告集會，國民大會設議長前，由立法院院長通告集會，不適用憲法第二十九條及三十條之規定。

國民大會集會時，得聽取總統國情報告，並檢討國是，提供建言；如一年內未集會，由總統召集會議為之，不受憲法第三十條之限制。

國民大會代表自第三屆國民大會代表起，每四年改選一次，不適用憲法第二十八條第一項之規定。

國民大會第二屆國民大會代表任期至中華民國八十五年五月十九日止，第三屆國民大會代表任期自中華民國八十五年五月二十日開始，不適用憲法第二十八條第二項之規定。

國民大會自第三屆國民大會起設議長、副議長各一人，由國民大會代表互選之。議長對外代表國民大會，並於開會時主持會議。

國民大會行使職權之程序，由國民大會定之，不適用憲法第三十四條之規定。

第二條

總統、副總統由中華民國自由地區全體人民直接選舉之，自中華民國八十五年第九任總統、副總統選舉實施。總統、副總統候選人應聯名登記，在選票上同列一組圈選，以得票最多之一組爲當選。在國外之中華民國自由地區人民返國行使選舉權，以法律定之。

總統發布依憲法經國民大會或立法院同意任命人員之任免命令，無須行政院院長之副署，不適用憲法第三十七條之規定。

行政院院長之免職命令，須新提名之行政院院長經立法院同意後生效。

總統爲避免國家或人民遭遇緊急危難或應付財政經濟上重大變故，得經行政院會議之決議發布緊急命令，爲必要之處置，不受憲法第四十三條之限制。但須於發布命令後十日內提交立法院追認，如立法院不同意時，該緊急命令立即失效。

總統爲決定國家安全有關大政方針，得設國家安全會議及所屬國家安全局，其組織以法律定之。

總統、副總統之任期，自第九任總統、副總統起爲四年，連選得連任一次，不適用憲法第四十七條之規定。

副總統缺位時，由總統於三個月內提名候選人，召集國民大會補選，繼任至原任期屆滿爲止。

總統、副總統均缺位時，由行政院院長代行其職權，並依本條第一項規定補選總統、副總統，繼任至原任期屆滿爲止，不適用憲法第四十九條之有關規定。

總統、副總統之罷免案，須經國民大會代表總額四分之一之提議，三分之二之同意後提出，並經中華民國自由地區選舉人總額過半數之投票，有效票過半數同意罷免時，即爲通過。

監察院向國民大會提出之總統、副總統彈劾案，經國民大會代表總額三分之二同意時，被彈劾人應即解職。

第三條

立法院立法委員依左列規定選出之，不受憲法第六十四條之限制：

一、自由地區每省、直轄市各二人，但其人口逾二十萬人者，每增加十萬人增一人；逾一百萬人者，每增加二十萬人增一人。

二、自由地區平地原住民及山地原住民各三人。

三、僑居國外國民六人。

四、全國不分區三十人。

前項第三款、第四款名額，採政黨比例方式選出之。第一款每省、直轄市選出之名額及第三款、第四款各政黨當選之名額，在五人以上十人以下者，應有婦女當選名額一人，超過十人者，每滿十人應增婦女當選名額一人。

第四條

司法院設院長、副院長各一人，大法官若干人，由總統提名，經國民大會同意任命之，不適用憲法第七十九條之有關規定。

司法院大法官，除依憲法第七十八條之規定外，並組成憲法法庭審理政黨違憲之解散事項。

政黨之目的或其行為，危害中華民國之存在或自由民主之憲政秩序者為違憲。

第五條

考試院為國家最高考試機關，掌理左列事項，不適用憲法第八十三條之規定：

一、考試。

二、公務人員之銓敘、保障、撫卹、退休。

三、公務人員任免、考績、級俸、陞遷、褒獎之法制事項。

考試院設院長、副院長各一人，考試委員若干人，由總統提名，經國民大會同意任命之，不適用憲法第八十四條之規定。

憲法第八十五條有關按省區分別規定名額，分區舉行考試之規定，停止適用。

第六條

監察院為國家最高監察機關，行使彈劾、糾舉及審計權，不適用憲法第九十條及第九十四條有關同意權之規定。

監察院設監察委員二十九人，並以其中一人為院長、一人為副院長，任期六年，由總統提名，經國民大會同意任命之。憲法第九十一條至第九十三條之規定停止適用。

監察院對於中央、地方公務人員及司法院、考試院人員之彈劾案，須經監察委員二人以上之提議，九人以上之審查及決定，始得提出，不受憲法第九十八條之限制。

監察院對於監察院人員失職或違法之彈劾，適用憲法第九十五條、第九十七條第二項及前項之規定。

監察院對於總統、副總統之彈劾案，須經全體監察委員過半數之提議，全體監察委員三分之二以上之決議，向國民大會提出，不受憲法第一百條之限制。

監察委員須超出黨派以外，依據法律獨立行使職權。

憲法第一百零一條及第一百零二條之規定，停止適用。

第七條

國民大會代表及立法委員之報酬或待遇，應以法律定之。除年度通案調整者外，單獨增加報酬或待遇之規定，應自次屆起實施。

第八條

省、縣地方制度，應包含左列各款，以法律定之，不受憲法第一百零八條第一項第一款、第一百十二條至第一百十五條及第一百二十二條之限制：

一、省設省議會，縣設縣議會，省議會議員、縣議會議員分別由省民、縣民選舉之。

二、屬於省、縣之立法權，由省議會、縣議會分別行之。

三、省設省政府，置省長一人，縣設縣政府，置縣長一人，省長、縣長分別由省民、縣民選舉之。

四、省與縣之關係。

五、省自治之監督機關爲行政院，縣自治之監督機關爲省政府。

第九條

國家應獎勵科學技術發展及投資，促進產業升級，推動農漁業現代化，重視水資源之開發利用，加強國際經濟合作。

經濟及科學技術發展，應與環境及生態保護兼籌並顧。

國家對於公營金融機構之管理，應本企業化經營之原則；其管理、人事、預算、決算及審計，得以法律爲特別之規定。

國家應推行全民健康保險，並促進現代和傳統醫藥之研究發展。

國家應維護婦女之人格尊嚴，保障婦女之人身安全，消除性別歧視，促進兩性地位之實質平等。

國家對於殘障者之保險與就醫、教育訓練與就業輔導、生活維護與救濟，應予保障，並扶助其自立與發展。

國家對於自由地區原住民之地位及政治參與，應予保障；對其教育文化、社會福利及經濟事業，應予扶助並促其發展。對於金門、馬祖地區人民亦同。

國家對於僑居國外國民之政治參與，應予保障。

第十條

自由地區與大陸地區間人民權利義務關係及其他事務之處理，得以法律爲特別之規定。

附錄十：第四次中華民國憲法增修條文〈民國八十六年〉

中華民國八十六年七月十八日第三屆國民大會第二次會議三讀通過
中華民國八十六年七月二十一日總統〈86〉華總〈一〉義字第八六00一六七0二0號令公布

爲因應國家統一前之需要，依照憲法第二十七條第一項第三款及第一百七十四條第一款之規定，增修本憲法條文如左：

第一條

國民大會代表依左列規定選出之，不受憲法第二十六條及第一百三十五條之限制：

一、自由地區每直轄市、縣市各二人，但其人口逾十萬人者，每增加十萬人增一人。

二、自由地區平地原住民及山地原住民各三人。

三、僑居國外國民二十人。

四、全國不分區八十人。

前項第一款每直轄市、縣市選出之名額，在五人以上十人以下者，應有婦女當選名額一人，超過十人者，每滿十人，應增婦女當選名額一人。第三款及第四款之名額，採政黨比例方式選出之，各政黨當選之名額，每滿四人，應有婦女當選名額一人。

國民大會之職權如左，不適用憲法第二十七條第一項第一款、第二款之規定：

一、依增修條文第二條第七項之規定，補選副總統。

二、依增修條文第二條第九項之規定，提出總統、副總統罷免案。

三、依增修條文第二條第十項之規定，議決立法院提出之總統、副總統彈劾案。

四、依憲法第二十七條第一項第三款及第一百七十四條第一款之規定，修改憲法。

五、依憲法第二十七條第一項第四款及第一百七十四條第二款之規定，複決立法院所提之憲法修正案。

六、依增修條文第五條第一項、第六條第二項、第七條第二項之規定，對總統提名任命之人員，行使同意權。

國民大會依前項第一款及第四款至第六款規定集會，或有國民大會代表五分之二以上請求召集會議時，由總統召集之；依前項第二款及第三款之規定集會時，由國民大會議長通告集會，不適用憲法第二十九條及第三十條之規定。

國民大會集會時，得聽取總統國情報告，並檢討國是，提供建言；如一年內未集會，由總統召集會議爲之，不受憲法第三十條之限制。

國民大會代表每四年改選一次，不適用憲法第二十八條第一項之規定。

國民大會設議長、副議長各一人，由國民大會代表互選之。議長對外代表國民大會，並於開會時主持會議。

國民大會行使職權之程序，由國民大會定之，不適用憲法第三十四條之規定。

第二條

總統、副總統由中華民國自由地區全體人民直接選舉之，自中華民國八十五年第九任總統、副總統選舉實施。總統、副總統候選人應聯名登記，在選票上同列一組圈選，以得票最多之一組爲當選。在國外之中華民國自由地區人民返國行使選舉權，以法律定之。

總統發布行政院院長與依憲法經國民大會或立法院同意任命人員之任免命令及解散立法院之命令，無須行政院院長之副署，不適用憲法第三十七條之規定。

總統爲避免國家或人民遭遇緊急危難或應付財政經濟上重大變故，得經行政院會議之決議發布緊急命令，爲必要之處置，不受憲法第四十三條之限制。但須於發布命令後十日內提交立法院追認，如立法院不同意時，該緊急命令立即失效。

總統爲決定國家安全有關大政方針，得設國家安全會議及所屬國家安全局，其組織以法律定之。

總統於立法院通過對行政院院長之不信任案後十日內，經諮詢立法院院長後，得宣告解散立法院。但總統於戒嚴或緊急命令生效期間，不得解散立法院。立法院解散後，應於六十日內舉行立法委員選舉，並於選舉結果確認後十日內自行集會，其任期重新起算。

總統、副總統之任期爲四年，連選得連任一次，不適用憲法第四十七條之規定。

副總統缺位時，由總統於三個月內提名候選人，召集國民大會補選，繼任至原任期屆滿爲止。

總統、副總統均缺位時，由行政院院長代行其職權，並依本條第一項規定補選總統、副總統，繼任至原任期屆滿爲止，不適用憲法第四十九條之有關規定。

總統、副總統之罷免案，須經國民大會代表總額四分之一之提議，三分之二之同意後提出，並經中華民國自由地區選舉人總額過半數之投票，有效票過半數同意罷免時，即爲通過。

立法院向國民大會提出之總統、副總統彈劾案，經國民大會代表總額三分之二同意時，被彈劾人應即解職。

第三條

行政院院長由總統任命之。行政院院長辭職或出缺時，在總統未任命行政院院長前，由行政院副院長暫行代理。憲法第五十五條之規定，停止適用。

行政院依左列規定，對立法院負責，憲法第五十七條之規定，停止適用：

一、行政院有向立法院提出施政方針及施政報告之責。立法委員在開會時，有向行政院院長及行政院各部會首長質詢之權。

二、行政院對於立法院決議之法律案、預算案、條約案，如認為有窒礙難行時，得經總統之核可，於該決議案送達行政院十日內，移請立法院覆議。立法院對於行政院移請覆議案，應於送達十五日內作成決議。如為休會期間，立法院應於七日內自行集會，並於開議十五日內作成決議。覆議案逾期未議決者，原決議失效。覆議時，如經全體立法委員二分之一以上決議維持原案，行政院院長應即接受該決議。

三、立法院得經全體立法委員三分之一以上連署，對行政院院長提出不信任案。不信任案提出七十二小時後，應於四十八小時內以記名投票表決之。如經全體立法委員二分之一以上贊成，行政院院長應於十日內提出辭職，並得同時呈請總統解散立法院；不信任案如未獲通過，一年內不得對同一行政院院長再提不信任案。

國家機關之職權、設立程序及總員額，得以法律為準則性之規定。

各機關之組織、編制及員額，應依前項法律，基於政策或業務需要決定之。

第四條

立法院立法委員自第四屆起二百二十五人，依左列規定選出之，不受憲法第六十四條之限制：

一、自由地區直轄市、縣市一百六十八人。每縣市至少一人。

二、自由地區平地原住民及山地原住民各四人。

三、僑居國外國民八人。

四、全國不分區四十一人。

前項第三款、第四款名額，採政黨比例方式選出之。第一款每直轄市、縣市選出之名額及第三款、第四款各政黨當選之名額，在五人以上十人以下者，應有婦女當選名額一人，超過十人者，每滿十人應增婦女當選名額一人。

立法院經總統解散後，在新選出之立法委員就職前，視同休會。

總統於立法院解散後發布緊急命令，立法院應於三日內自行集會，並於開議七日內追認之。但於新任立法委員選舉投票日後發布者，應由新任立法委員於就職後追認之。如立法院不同意時，該緊急命令立即失效。

立法院對於總統、副總統犯內亂或外患罪之彈劾案，須經全體立法委員二分之一以上之提議，全體立法委員三分之二以上之決議，向國民大會提出，不適用憲法第九十條、第一百條及增修條文第七條第一項有關規定。

立法委員除現行犯外，在會期中，非經立法院許可，不得逮捕或拘禁。憲法第七十四條之規定，停止適用。

第五條

司法院設大法官十五人，並以其中一人為院長、一人為副院長，由總統提名，經國民大會同意任命之，自中華民國九十二年起實施，不適用憲法第七十九條之有關規定。

司法院大法官任期八年，不分屆次，個別計算，並不得連任。但並為院長、副院長之大法官，不受任期之保障。

中華民國九十二年總統提名之大法官，其中八位大法官，含院長、副院長，任期四年，其餘大法官任期為八年，不適用前項任期之規定。

司法院大法官，除依憲法第七十八條之規定外，並組成憲法法庭審理政黨違憲之解散事項。

政黨之目的或其行為，危害中華民國之存在或自由民主之憲政秩序者為違憲。

司法院所提出之年度司法概算，行政院不得刪減，但得加註意見，編入中央政府總預算案，送立法院審議。

第六條

考試院為國家最高考試機關，掌理左列事項，不適用憲法第八十三條之規定：

一、考試。

二、公務人員之銓敘、保障、撫卹、退休。

三、公務人員任免、考績、級俸、陞遷、褒獎之法制事項。

考試院設院長、副院長各一人，考試委員若干人，由總統提名，經國民大會同意任命之，不適用憲法第八十四條之規定。

憲法第八十五條有關按省區分別規定名額，分區舉行考試之規定，停止適用。

第七條

監察院為國家最高監察機關，行使彈劾、糾舉及審計權，不適用憲法第九十條及第九十四條有關同意權之規定。

監察院設監察委員二十九人，並以其中一人為院長、一人為副院長，任期六年，由總統提名，經國民大會同意任命之。憲法第九十一條至第九十三條之規定停止適用。

監察院對於中央、地方公務人員及司法院、考試院人員之彈劾案，須經監察委員二人以上之提議，九人以上之審查及決定，始得提出，不受憲法第九十八條之限制。

監察院對於監察院人員失職或違法之彈劾，適用憲法第九十五條、第九十七條第二項及前項之規定。

監察委員須超出黨派以外，依據法律獨立行使職權。

憲法第一百零一條及第一百零二條之規定，停止適用。

第八條

國民大會代表及立法委員之報酬或待遇，應以法律定之。除年度通案調整者外，單獨增加報酬或待遇之規定，應自次屆起實施。

第九條

省、縣地方制度，應包括左列各款，以法律定之，不受憲法第一百零八條第一項第一款、第一百零九條、第一百十二條至第一百十五條及第一百二十二條之限制：

一、省設省政府，置委員九人，其中一人為主席，均由行政院院長提請總統任命之。

二、省設省諮議會，置省諮議會議員若干人，由行政院院長提請總統任命之。

三、縣設縣議會，縣議會議員由縣民選舉之。

四、屬於縣之立法權，由縣議會行之。

五、縣設縣政府，置縣長一人，由縣民選舉之。

六、中央與省、縣之關係。

七、省承行政院之命，監督縣自治事項。

第十屆台灣省議會議員及第一屆台灣省省長之任期至中華民國八十七年十二月二十日止，台灣省議會議員及台灣省省長之選舉自第十屆台灣省議會議員及第一屆台灣省省長任期之屆滿日起停止辦理。

台灣省議會議員及台灣省省長之選舉停止辦理後，台灣省政府之功能、業務與組織之調整，得以法律為特別之規定。

第十條

國家應獎勵科學技術發展及投資，促進產業升級，推動農漁業現代化，重視水資源之開發利用，加強國際經濟合作。

經濟及科學技術發展，應與環境及生態保護兼籌並顧。

國家對於人民興辦之中小型經濟事業，應扶助並保護其生存與發展。

國家對於公營金融機構之管理，應本企業化經營之原則；其管理、人事、預算、決算及審計，得以法律為特別之規定。

國家應推行全民健康保險，並促進現代和傳統醫藥之研究發展。

國家應維護婦女之人格尊嚴，保障婦女之人身安全，消除性別歧視，促進兩性地位之實質平等。

國家對於身心障礙者之保險與就醫、無障礙環境之建構、教育訓練與就業輔導及生活維護與救助，應予保障，並扶助其自立與發展。

教育、科學、文化之經費，尤其國民教育之經費應優先編列，不受憲法第一百六十四條規定之限制。

國家肯定多元文化，並積極維護發展原住民族語言及文化。

國家應依民族意願，保障原住民族之地位及政治參與，並對其教育文化、交通水利、衛生醫療、經濟土地及社會福利事業予以保障扶助並促其發展，其辦法另以法律定之。對於金門、馬祖地區人民亦同。

國家對於僑居國外國民之政治參與，應予保障。

第十一條

自由地區與大陸地區間人民權利義務關係及其他事務之處理，得以法律爲特別之規定。

附錄十一：第五次中華民國憲法增修條文〈民國八十八年〉

中華民國八十八年九月三日第三屆國民大會第四次會議三讀通過增修條文第一條、第四條、第九條及第十條

中華民國八十八年九月十五日總統〈88〉華總〈一〉義字第八八00二一三三九0號令修正公布增修條文第一條、第四條、第九條及第十條

為因應國家統一前之需要，依照憲法第二十七條第一項第三款及第一百七十四條第一款之規定，增修本憲法條文如左：

第一條

國民大會代表第四屆為三百人，依左列規定以比例代表方式選出之。並以立法委員選舉，各政黨所推薦及獨立參選之候選人得票數之比例分配當選名額，不受憲法第二十六條及第一百三十五條之限制。比例代表之選舉方法以法律定之。

一、自由地區直轄市、縣市一百九十四人，每縣市至少當選一人。

二、自由地區原住民六人。

三、僑居國外國民十八人。

四、全國不分區八十二人。

國民大會代表自第五屆起為一百五十人，依左列規定以比例代表方式選出之。並以立法委員選舉，各政黨所推薦及獨立參選之候選人得票數之比例分配當選名額，不受憲法第二十六條及第一百三十五條之限制。比例代表之選舉方法以法律定之。

一、自由地區直轄市、縣市一百人，每縣市至少當選一人。

二、自由地區原住民四人。

三、僑居國外國民六人。

四、全國不分區四十人。

國民大會代表之任期為四年，但於任期中遇立法委員改選時同時改選，連選得連任。

第三屆國民大會代表任期至第四屆立法委員任期屆滿之日止，不適用憲法第二十八條第一項之規定。

第一項及第二項之第一款各政黨當選之名額，在五人以上十人以下者，應有婦女當選名額一人。第三款及第四款各政黨當選之名額，每滿四人，應有婦女當選名額一人。

國民大會之職權如左，不適用憲法第二十七條第一項第一款、第二款之規定：

一、依增修條文第二條第七項之規定，補選副總統。

二、依增修條文第二條第九項之規定，提出總統、副總統罷免案。

三、依增修條文第二條第十項之規定，議決立法院提出之總統、副總統彈劾案。

四、依憲法第二十七條第一項第三款及第一百七十四條第一款之規定，修改憲法。

五、依憲法第二十七條第一項第四款及第一百七十四條第二款之規定，複決立法院所提之憲法修正案。

六、依增修條文第五條第一項、第六條第二項、第七條第二項之規定，對總統提名任命之人員，行使同意權。

國民大會依前項第一款及第四款至第六款規定集會，或有國民大會代表五分之二以上請求召集會議時，由總統召集之；依前項第二款及第三款之規定集會時，由國民大會議長通告集會，不適用憲法第二十九條及第三十條之規定。

國民大會集會時，得聽取總統國情報告，並檢討國是，提供建言；如一年內未集會，由總統召集會議為之，不受憲法第三十條之限制。

國民大會設議長、副議長各一人，由國民大會代表互選之。議長對外代表國民大會，並於開會時主持會議。

國民大會行使職權之程序，由國民大會定之，不適用憲法第三十四條之規定。

第二條

總統、副總統由中華民國自由地區全體人民直接選舉之，自中華民國八十五年第九任總統、副總統選舉實施。總統、副總統候選人應聯名登記，在選票上同列一組圈選，以得票最多之一組為當選。在國外之中華民國自由地區人民返國行使選舉權，以法律定之。

總統發布行政院院長與依憲法經國民大會或立法院同意任命人員之任免命令及解散立法院之命令，無須行政院院長之副署，不適用憲法第三十七條之規定。

總統為避免國家或人民遭遇緊急危難或應付財政經濟上重大變故，得經行政院會議之決議發布緊急命令，為必要之處置，不受憲法第四十三條之限制。但須於發布命令後十日內提交立法院追認，如立法院不同意時，該緊急命令立即失效。

總統為決定國家安全有關大政方針，得設國家安全會議及所屬國家安全局，其組織以法律定之。

總統於立法院通過對行政院院長之不信任案後十日內，經諮詢立法院院長後，得宣告解散立法院。但總統於戒嚴或緊急命令生效期間，不得解散立法院。立法院解散後，應於六十日內舉行立法委員選舉，並於選舉結果確認後十日內自行集會，其任期重新起算。

總統、副總統之任期為四年，連選得連任一次，不適用憲法第四十七條之規定。

副總統缺位時，由總統於三個月內提名候選人，召集國民大會補選，繼任至原任期屆滿為止。

總統、副總統均缺位時，由行政院院長代行其職權，並依本條第一項規定補選總統、副總統，繼任至原任期屆滿為止，不適用憲法第四十九條之有關規定。

總統、副總統之罷免案，須經國民大會代表總額四分之一之提議，三分之二之同意後提出，並經中華民國自由地區選舉人總額過半數之投票，有效票過半數同意罷免時，即爲通過。

立法院向國民大會提出之總統、副總統彈劾案，經國民大會代表總額三分之二同意時，被彈劾人應即解職。

第三條

行政院院長由總統任命之。行政院院長辭職或出缺時，在總統未任命行政院院長前，由行政院副院長暫行代理。憲法第五十五條之規定，停止適用。

行政院依左列規定，對立法院負責，憲法第五十七條之規定，停止適用：

一、行政院有向立法院提出施政方針及施政報告之責。立法委員在開會時，有向行政院院長及行政院各部會首長質詢之權。

二、行政院對於立法院決議之法律案、預算案、條約案，如認爲有窒礙難行時，得經總統之核可，於該決議案送達行政院十日內，移請立法院覆議。立法院對於行政院移請覆議案，應於送達十五日內作成決議。如爲休會期間，立法院應於七日內自行集會，並於開議十五日內作成決議。覆議案逾期未議決者，原決議失效。覆議時，如經全體立法委員二分之一以上決議維持原案，行政院院長應即接受該決議。

三、立法院得經全體立法委員三分之一以上連署，對行政院院長提出不信任案。不信任案提出七十二小時後，應於四十八小時內以記名投票表決之。如經全體立法委員二分之一以上贊成，行政院院長應於十日內提出辭職，並得同時呈請總統解散立法院；不信任案如未獲通過，一年內不得對同一行政院院長再提不信任案。

國家機關之職權、設立程序及總員額，得以法律爲準則性之規定。

各機關之組織、編制及員額，應依前項法律，基於政策或業務需要決定之。

第四條

立法院立法委員自第四屆起二百二十五人，依左列規定選出之，不受憲法第六十四條之限制：

一、自由地區直轄市、縣市一百六十八人。每縣市至少一人。

二、自由地區平地原住民及山地原住民各四人。

三、僑居國外國民八人。

四、全國不分區四十一人。

前項第三款、第四款名額，採政黨比例方式選出之。第一款每直轄市、縣市選出之名額及第三款、第四款各政黨當選之名額，在五人以上十人以下者，應有婦女當選名額一人，超過十人者，每滿十人應增婦女當選名額一人。

第四屆立法委員任期至中華民國九十一年六月三十日止。第五屆立法委員任期自中華民國九十一年七月一日起爲四年，連選得連任，其選舉應於每屆任滿前或解散後六十日內完成之，不適用憲法第六十五條之規定。

立法院經總統解散後，在新選出之立法委員就職前，視同休會。

總統於立法院解散後發布緊急命令，立法院應於三日內自行集會，並於開議七日內追認之。但於新任立法委員選舉投票日後發布者，應由新任立法委員於就職後追認之。如立法院不同意時，該緊急命令立即失效。

立法院對於總統、副總統犯內亂或外患罪之彈劾案，須經全體立法委員二分之一以上之提議，全體立法委員三分之二以上之決議，向國民大會提出，不適用憲法第九十條、第一百條及增修條文第七條第一項有關規定。

立法委員除現行犯外，在會期中，非經立法院許可，不得逮捕或拘禁。憲法第七十四條之規定，停止適用。

第五條

司法院設大法官十五人，並以其中一人爲院長、一人爲副院長，由總統提名，經國民大會同意任命之，自中華民國九十二年起實施，不適用憲法第七十九條之有關規定。

司法院大法官任期八年，不分屆次，個別計算，並不得連任。但並爲院長、副院長之大法官，不受任期之保障。

中華民國九十二年總統提名之大法官，其中八位大法官，含院長、副院長，任期四年，其餘大法官任期爲八年，不適用前項任期之規定。

司法院大法官，除依憲法第七十八條之規定外，並組成憲法法庭審理政黨違憲之解散事項。

政黨之目的或其行爲，危害中華民國之存在或自由民主之憲政秩序者爲違憲。

司法院所提出之年度司法概算，行政院不得刪減，但得加註意見，編入中央政府總預算案，送立法院審議。

第六條

考試院爲國家最高考試機關，掌理左列事項，不適用憲法第八十三條之規定：

一、考試。

二、公務人員之銓敘、保障、撫卹、退休。

三、公務人員任免、考績、級俸、陞遷、褒獎之法制事項。

考試院設院長、副院長各一人，考試委員若干人，由總統提名，經國民大會同意任命之，不適用憲法第八十四條之規定。

憲法第八十五條有關按省區分別規定名額，分區舉行考試之規定，停止適用。

第七條

監察院爲國家最高監察機關，行使彈劾、糾舉及審計權，不適用憲法第九十條及第九十四條有關同意權之規定。

監察院設監察委員二十九人，並以其中一人爲院長、一人爲副院長，任期六年，由總統提名，經國民大會同意任命之。憲法第九十一條至第九十三條之規定停止適用。

監察院對於中央、地方公務人員及司法院、考試院人員之彈劾案，須經監察委員二人以上之提議，九人以上之審查及決定，始得提出，不受憲法第九十八條之限制。

監察院對於監察院人員失職或違法之彈劾，適用憲法第九十五條、第九十七條第二項及前項之規定。

監察委員須超出黨派以外，依據法律獨立行使職權。

憲法第一百零一條及第一百零二條之規定，停止適用。

第八條

國民大會代表及立法委員之報酬或待遇，應以法律定之。除年度通案調整者外，單獨增加報酬或待遇之規定，應自次屆起實施。

第九條

省、縣地方制度，應包括左列各款，以法律定之，不受憲法第一百零八條第一項第一款、第一百零九條、第一百十二條至第一百十五條及第一百二十二條之限制：

一、省設省政府，置委員九人，其中一人爲主席，均由行政院院長提請總統任命之。

二、省設省諮議會，置省諮議會議員若干人，由行政院院長提請總統任命之。

三、縣設縣議會，縣議會議員由縣民選舉之。

四、屬於縣之立法權，由縣議會行之。

五、縣設縣政府，置縣長一人，由縣民選舉之。

六、中央與省、縣之關係。

七、省承行政院之命，監督縣自治事項。

台灣省政府之功能、業務與組織之調整，得以法律爲特別之規定。

第十條

國家應獎勵科學技術發展及投資，促進產業升級，推動農漁業現代化，重視水資源之開發利用，加強國際經濟合作。

經濟及科學技術發展，應與環境及生態保護兼籌並顧。

國家對於人民興辦之中小型經濟事業，應扶助並保護其生存與發展。

國家對於公營金融機構之管理，應本企業化經營之原則；其管理、人事、預算、決算及審計，得以法律爲特別之規定。

國家應推行全民健康保險，並促進現代和傳統醫藥之研究發展。

國家應維護婦女之人格尊嚴，保障婦女之人身安全，消除性別歧視，促進兩性地位之實質平等。

國家對於身心障礙者之保險與就醫、無障礙環境之建構、教育訓練與就業輔導及生活維護與救助，應予保障，並扶助其自立與發展。

國家應重視社會救助、福利服務、國民就業、社會保險及醫療保健等社會福利工作；對於社會救助和國民就業等救濟性支出應優先編列。

國家應尊重軍人對社會之貢獻，並對其退役後之就學、就業、就醫、就養予以保障。

教育、科學、文化之經費，尤其國民教育之經費應優先編列，不受憲法第一百六十四條規定之限制。

國家肯定多元文化，並積極維護發展原住民族語言及文化。

國家應依民族意願，保障原住民族之地位及政治參與，並對其教育文化、交通水利、衛生醫療、經濟土地及社會福利事業予以保障扶助並促其發展，其辦法另以法律定之。對於澎湖、金門、馬祖地區人民亦同。

國家對於僑居國外國民之政治參與，應予保障。

第十一條

自由地區與大陸地區間人民權利義務關係及其他事務之處理，得以法律爲特別之規定。

附錄十二：第六次中華民國憲法增修條文〈民國八十九年〉

中華民國八十九年四月二十四日第三屆國民大會第五次會議三讀通過
中華民國八十九年四月二十五日總統〈89〉華總〈一〉義字第八九00一0八三五0號令公布

為因應國家統一前之需要，依照憲法第二十七條第一項第三款及第一百七十四條第一款之規定，增修本憲法條文如左：

第一條

國民大會代表三百人，於立法院提出憲法修正案、領土變更案，經公告半年，或提出總統、副總統彈劾案時，應於三個月內採比例代表制選出之，不受憲法第二十六條、第二十八條及第一百三十五條之限制。比例代表制之選舉方式以法律定之。

國民大會之職權如左，不適用憲法第四條、第二十七條第一項第一款至第三款及第二項、第一百七十四條第一款之規定：

一、依憲法第二十七條第一項第四款及第一百七十四條第二款之規定，複決立法院所提之憲法修正案。

二、依增修條文第四條第五項之規定，複決立法院所提之領土變更案。

三、依增修條文第二條第十項之規定，議決立法院提出之總統、副總統彈劾案。

國民大會代表於選舉結果確認後十日內自行集會，國民大會集會以一個月為限，不適用憲法第二十九條及第三十條之規定。

國民大會代表任期與集會期間相同，憲法第二十八條之規定停止適用。第三屆國民大會代表任期至中華民國八十九年五月十九日止。國民大會職權調整後，國民大會組織法應於二年內配合修正。

第二條

總統、副總統由中華民國自由地區全體人民直接選舉之，自中華民國八十五年第九任總統、副總統選舉實施。總統、副總統候選人應聯名登記，在選票上同列一組圈選，以得票最多之一組為當選。在國外之中華民國自由地區人民返國行使選舉權，以法律定之。

總統發布行政院院長與依憲法經立法院同意任命人員之任免命令及解散立法院之命令，無須行政院院長之副署，不適用憲法第三十七條之規定。

總統為避免國家或人民遭遇緊急危難或應付財政經濟上重大變故，得經行政院會議之決議發布緊急命令，為必要之處置，不受憲法第四十三條之限制。但須於發布命令後十日內提交立法院追認，如立法院不同意時，該緊急命令立即失效。

總統爲決定國家安全有關大政方針，得設國家安全會議及所屬國家安全局，其組織以法律定之。

總統於立法院通過對行政院院長之不信任案後十日內，經諮詢立法院院長後，得宣告解散立法院。但總統於戒嚴或緊急命令生效期間，不得解散立法院。立法院解散後，應於六十日內舉行立法委員選舉，並於選舉結果確認後十日內自行集會，其任期重新起算。

總統、副總統之任期爲四年，連選得連任一次，不適用憲法第四十七條之規定。

副總統缺位時，總統應於三個月內提名候選人，由立法院補選，繼任至原任期屆滿爲止。

總統、副總統均缺位時，由行政院院長代行其職權，並依本條第一項規定補選總統、副總統，繼任至原任期屆滿爲止，不適用憲法第四十九條之有關規定。

總統、副總統之罷免案，須經全體立法委員四分之一之提議，全體立法委員三分之二之同意後提出，並經中華民國自由地區選舉人總額過半數之投票，有效票過半數同意罷免時，即爲通過。

立法院向國民大會提出之總統、副總統彈劾案，經國民大會代表總額三分之二同意時，被彈劾人應即解職。

第三條

行政院院長由總統任命之。行政院院長辭職或出缺時，在總統未任命行政院院長前，由行政院副院長暫行代理。憲法第五十五條之規定，停止適用。

行政院依左列規定，對立法院負責，憲法第五十七條之規定，停止適用：

一、行政院有向立法院提出施政方針及施政報告之責。立法委員在開會時，有向行政院院長及行政院各部會首長質詢之權。

二、行政院對於立法院決議之法律案、預算案、條約案，如認爲有窒礙難行時，得經總統之核可，於該決議案送達行政院十日內，移請立法院覆議。立法院對於行政院移請覆議案，應於送達十五日內作成決議。如爲休會期間，立法院應於七日內自行集會，並於開議十五日內作成決議。覆議案逾期未議決者，原決議失效。覆議時，如經全體立法委員二分之一以上決議維持原案，行政院院長應即接受該決議。

三、立法院得經全體立法委員三分之一以上連署，對行政院院長提出不信任案。不信任案提出七十二小時後，應於四十八小時內以記名投票表決之。如經全體立法委員二分之一以上贊成，行政院院長應於十日內提出辭職，並得同時呈請總統解散立法院；不信任案如未獲通過，一年內不得對同一行政院院長再提不信任案。

國家機關之職權、設立程序及總員額，得以法律爲準則性之規定。

各機關之組織、編制及員額，應依前項法律，基於政策或業務需要決定之。

貳、英文部分

一、書籍（Books）

Cline, S. Ray, "U.S. Foreign Policy for Asia", in Ramon H. Myers, ed., A U.S. Foreign Policy for Asia: The 1980s and Beyond, Stanford California: Hoover Institution press, 1982.

Copper, J.F., "Political Development in Taiwan", China & Taiwan Issue, ed., New York: Praeger, 1979.

Cheng, Tun-jen, et. al., eds., Political Change in Taiwan, Boulder: Lynne Rienner Publishers, 1992.

Chu, Yun-Han, Crafting Democracy in "Taiwan, "Taipei: Institution For National Policy Research, 1992.

O'Donnell, Guillermo and Schmitter, Philippe c., eds., Transition from Authoritarian Rule: Tentative Conclusions, Baltimore: Johns Hopkins University Press, 1986.

Palmer, D.S., "The Politics of Authoritarianism in Spanish America", in Malloy, James M. ed., Authoritarianism and Corporatism in Latin America, Pittsburgh Pa: University of Pittsburgh Press, 1977.

Powell, G. Bingharm Jr., Contemporary Democracies: Participation, Stability and Violence , Cambridge: Harvard University Press, 1982.

Riggs, Fred, W., Administration in Developing Countries, The Theory of the Primatic Society, Boston: Hougton Miflin, 1964.

二、期刊論文(Articles)

Chou, Yang-Sun & Nathan, Andrew J., "Democratizing Transition in Taiwan: Asia Survey, (March 1987)

Symposium on ROC-US Relations under the Taiwan Relation Act: Practice and Prospect, Taipei, Taiwan: Institution of International Relations, National Chiengchi University, 1988.

Domes, Jurgen, "Political Differentiation in Taiwan: Group Formation within the Ruling Party and Opposition Circles, 1979-1980", Asian Survey, Vol.21, NO.10(Oct.1981)

Easton, David, "An Approach to the Analysis of Political System", World Politics, Vol.9, (April 1975)

Lipset, S.M., "Some Social Requisites of Democracy: Economic Development and Political Legitimacy", American Political Science Review, Vol.53, No.l, (March, 1959).

Rustow, Dankwart A., "Transition to Democracy: Toward a Dynamic Model",Comparative Politics, (April, 1970).

Tien, Hung-mao, "The Transformation of an Authoritarian Party- State: Taiwan's Developmental Experience", Issues & Studies, (July, 1989),

Wu, Nai-teh, "The Politics of a Regime Patronage System: Mobilization and Control within an Authoritarian Regime", Ph. D. dissertation, University of Chicago, 1987.

中華民國憲政發展與修憲

——一九四九年以來的變遷

作　　者／齊光裕
出 版 者／揚智文化事業股份有限公司
發 行 人／葉忠賢
地　　址／22204 新北市深坑區北深路三段 260 號 8 樓
電　　話／(02)8662-6826
傳　　真／(02)2664-7633
網　　址／http://www.ycrc.com.tw
E-mail／service@ycrc.com.tw
印　　刷／鼎易印刷事業股份有限公司
ISBN／978-986-298-214-3
初版一刷／2016 年 1 月
定　　價／新台幣 600 元

國家圖書館出版品預行編目（CIP）資料

中華民國憲政發展與修憲：一九四九年以來的變遷 / 齊光裕著. -- 初版. -- 新北市：揚智文化, 2016.01
面； 公分

ISBN 978-986-298-214-3（精裝）

1.中華民國憲法 2.憲法修改 3.中華民國史

581.25 104028871